January 18, 1999

What do I consider my most important Contributions?

- That I early on — almost sixty years ago — realized that MANAGEMENT has become the constitutive organ and function of the <u>Society of Organizations</u>;

- That MANAGEMENT is not "Business Management - though it first attained attention in business - but the governing organ of ALL institutions of Modern Society;

- That I established the study of MANAGEMENT as a DISCIPLINE in its own right; and

- That I focused this discipline on People and Power; on Values; Structure and Constitution; AND ABOVE ALL ON RESPONSIBILITIES - that is focused the <u>Discipline of Management</u> on Management as a truly LIBERAL ART.

Peter F. Drucker

我认为我最重要的贡献是什么？

- 早在60年前，我就认识到管理已经成为组织社会的基本器官和功能；
- 管理不仅是"企业管理"，而且是所有现代社会机构的管理器官，尽管管理最初侧重于企业管理；
- 我创建了管理这门独立的学科；
- 我围绕着人与权力、价值观、结构和方式来研究这一学科，尤其是围绕着责任。管理学科是把管理当作一门真正的人文艺术。

彼得·德鲁克
1999年1月18日

注：资料原件打印在德鲁克先生的私人信笺上，并有德鲁克先生亲笔签名，现藏于美国德鲁克档案馆。为纪念德鲁克先生，本书特收录这一珍贵资料。本资料由德鲁克管理学专家那国毅教授提供。

彼得·德鲁克和妻子多丽丝·德鲁克

德鲁克妻子多丽丝寄语中国读者

在此谨向广大的中国读者致以我诚挚的问候。本丛书深入介绍了德鲁克在管理领域方面的多种理念和见解。我相信他的管理思想得以在中国广泛应用，将有赖于出版及持续的教育工作，从而令更多人受惠于他的馈赠。

盼望本丛书可以激发各位对构建一个令人憧憬的美好社会的希望，并推动大家在这一过程中积极发挥领导作用，他的在天之灵定会备感欣慰。

Doris Drucker

注：本页照片和多丽丝寄语原文与亲笔签名由北京光华博雅管理研修学院提供。

旁 观 者
管理大师德鲁克回忆录

［美］彼得·德鲁克 著
廖月娟 译

Adventures of a
Bystander

彼得·德鲁克全集

图书在版编目（CIP）数据

旁观者：管理大师德鲁克回忆录 /（美）彼得·德鲁克（Peter F. Drucker）著；廖月娟译. —北京：机械工业出版社，2018.10（2024.5重印）

（彼得·德鲁克全集）

书名原文：Adventures of a Bystander

ISBN 978-7-111-60971-1

I. 旁… II. ①彼… ②廖… III. 德鲁克（Drucker, Peter Ferdinand 1909—2005）-回忆录 IV. K837.125.3

中国版本图书馆 CIP 数据核字（2018）第 216643 号

北京市版权局著作权合同登记　图字：01-2005-4161 号。

Peter F. Drucker. Adventures of a Bystander.

Copyright © 1994, 1978 by Peter F. Drucker.

Chinese (Simplified Characters only) Trade Paperback Copyright © 2019 by China Machine Press.

This edition arranged with Routledge, a member of the Taylor & Francis Group, LLC through Big Apple Tuttle-Mori Agency Inc. This edition is authorized for sale in the Chinese mainland (excluding Hong Kong SAR, Macao SAR and Taiwan).

No part of this book may be reproduced or transmitted in any form or by any means, electronic or mechanical, including photocopying, recording or any information storage and retrieval system, without permission, in writing, from the publisher.

All rights reserved.

本书中文简体字版由 Routledge（Taylor & Francis 集团成员）通过 Big Apple Tuttle-Mori Agency, Inc. 授权机械工业出版社在中国大陆地区（不包括香港、澳门特别行政区及台湾地区）独家出版发行。未经出版者书面许可，不得以任何方式抄袭、复制或节录本书中的任何部分。

本书两面插页所用资料由彼得·德鲁克管理学院和那国毅教授提供。封面中签名摘自德鲁克先生为彼得·德鲁克管理学院的题词。

旁观者：管理大师德鲁克回忆录

出版发行：机械工业出版社（北京市西城区百万庄大街22号　邮政编码：100037）	
责任编辑：贾　萌	责任校对：殷　虹
印　　刷：三河市宏达印刷有限公司	版　　次：2024年5月第1版第15次印刷
开　　本：170mm×230mm　1/16	印　　张：25.75
书　　号：ISBN 978-7-111-60971-1	定　　价：99.00 元

客服电话：（010）88361066　68326294

版权所有·侵权必究
封底无防伪标均为盗版

如果您喜欢彼得·德鲁克（Peter F. Drucker）或者他的书籍，那么请您尊重德鲁克。不要购买盗版图书，以及以德鲁克名义编纂的伪书。

| 目 录 |

推荐序一（邵明路）

推荐序二（赵曙明）

推荐序三（珍妮·达罗克）

新版序

旁观者的诞生

第一部分 | 来自亚特兰蒂斯的报告 / 1

第1章　老奶奶与20世纪 / 3

第2章　赫姆和吉妮亚 / 21

第3章　怀恩师 / 65

第4章　真假弗洛伊德 / 89

第5章　伯爵与女伶 / 108

第二部分 | 旧世界里的年轻人 / 131

第6章　波拉尼这一家 / 133

第7章　基辛格的再造恩人 / 154

第 8 章 怪兽与绵羊 / 173

第 9 章 英国最后一个异议分子 / 187

第 10 章 弗里德伯格的世界 / 205

第 11 章 银行家的女人 / 237

第三部分 ｜ 无私天真的夕阳岁月 / 245

第 12 章 美国报阀鲁斯 / 247

第 13 章 荒野上的先知 / 270

第 14 章 斯隆的专业风采 / 284

第 15 章 无私天真的夕阳岁月 / 327

| 推荐序一 |

功能正常的社会和博雅管理
为"彼得·德鲁克全集"作序

享誉世界的"现代管理学之父"彼得·德鲁克先生自认为,虽然他因为创建了现代管理学而广为人知,但他其实是一名社会生态学者,他真正关心的是个人在社会环境中的生存状况,管理则是新出现的用来改善社会和人生的工具。他一生写了39本书,只有15本书是讲管理的,其他都是有关社群(社区)、社会和政体的,而其中写工商企业管理的只有两本书(《为成果而管理》和《创新与企业家精神》)。

德鲁克深知人性是不完美的,因此人所创造的一切事物,包括人设计的社会也不可能完美。他对社会的期待和理想并不高,那只是一个较少痛苦,还可以容忍的社会。不过,它还是要有基本的功能,为生活在其中的人提供可以正常生活和工作的条件。这些功能或条件,就好像一个生命体必须具备正常的生命特征,没有它们社会也就不成其为社会了。值得留意的是,社会并不等同于"国家",因为"国(政府)"和"家(家庭)"不可能提供一个社会全部必要的职能。在德鲁克眼里,功能正常的社会至少要由三大类机构组成:政府、企业和非营利机构,它们各自发挥不同性质的作用,每一类、每一个机构中都要有能解决问题、令机构创造出独特绩效的权力中心和决策机制，这个权力中心和决策机制同时也要让机构里的每个人各得其所，既有所担当、做出贡献，又得到生计和身份、地位。这些在过去的国家中从来没有过的权力中心和决策机制，或者说新的"政体"，就是"管理"。在这里德鲁克把企业和非营利机构中的管理体制与政府的统治体制统称为"政体"，是因为它们都掌握权力，但是，这是两种性质截然不同的权力。企业和非营利机构掌握的，是为了提供特定的产品和服务，而调配社会资源的权力，政府所拥有的，则是维护整个社会的公平、正义的裁夺和干预的权力。

在美国克莱蒙特大学附近，有一座小小的德鲁克纪念馆，走进这座用他的故居改成的纪念馆，正对客厅入口的显眼处有一段他的名言：

> 在一个由多元的组织所构成的社会中，使我们的各种组织机构负责任地、独立自治地、高绩效地运作，是自由和尊严的唯一保障。有绩效的、负责任的管理是对抗和替代极权专制的唯一选择。

当年纪念馆落成时，德鲁克研究所的同事们问自己，如果要从德鲁克的著作中找出一段精练的话，概括这位大师的毕生工作对我们这个世界的意义，会是什么？他们最终选用了这段话。

如果你了解德鲁克的生平，了解他的基本信念和价值观形成的过程，你一定会同意他们的选择。从他的第一本书《经济人的末日》到他独自完成的最后一本书《功能社会》之间，贯穿着一条抵制极权专制、捍卫个人自由和尊严的直线。这里极权的极是极端的极，不是集中的集，两个词一字之差，其含义却有着重大区别，因为人类历史上由来已久的中央集权统治直到20世纪才有条件变种成极权主义。极权主义所谋求的，是从肉体到精神，全面、彻底地操纵和控制人类的每一个成员，把他们改造成实现个别极权主义者梦想的人形机器。20世纪给人类带来最大灾难和伤害的战争和运动，都是极权主义的"杰作"，德鲁克青年时代经历的希特勒纳粹主义正是其中之一。要了解德鲁克的经历怎样影响了他的信念和价值观，最好去读他的《旁观者》；要弄清什么是极权主义和为什么大众会拥护它，可以去读汉娜·阿伦特1951年出版的《极权主义的起源》。

　　好在历史的演变并不总是令人沮丧。工业革命以来，特别是从1800年开始，最近这200年生产力呈加速度提高，不但造就了物质的极大丰富，还带来社会结构的深刻改变，这就是德鲁克早在80年前就敏锐地洞察和指出的，多元的、组织型的新社会的形成：新兴的企业和非营利机构填补了由来已久的"国（政府）"和"家（家庭）"之间的断层和空白，为现代国家提供了真正意义上的种种社会功能。在这个基础上，教育的普及和知识工作者的崛起，正在造就知识经济和知识社会，而信息科技成为这一切变化的加速器。要特别说明，"知识工作者"是德鲁克创造的一个称谓，泛指具备和应用专门知识从事生产工作，为社会创造出有用的产品和服务的人群，这包括企业家和在任何机构中的管理者、专业人士和技工，也包括社会上的独立执业人士，如会计师、律师、咨询师、培训师等。在21世纪的今天，由于知识的应用领域一再被扩大，个人和个别机构不再是孤独无助的，他们因为掌握了某项知识，就拥有了选择的自由和影响他人的权力。知识工作者和由他们组成的知识型组织不再是传统的知识分子或组织，知识工作者最大的特点就是他们的独立自主，可以主动地整合资源、创造价值，促成经济、社会、文化甚至政治层面的改变，而传统的知识分子只能依附于当时的统治当局，在统治当局提供的平台上才能有所作为。这是一个划时代的、意义深远的变化，而且这个变化不仅发生在西方发达国家，也发生在发展中国家。

　　在一个由多元组织构成的社会中，拿政府、企业和非营利机构这三类组织相互比较，企业和非营利机构因为受到市场、公众和政府的制约，它们的管理者不可能像政府那样走上极权主义统治，这是它们在德鲁克看来，比政府更重要、更值得寄予希望的原因。尽管如此，它们仍然可能因为管理缺位或者管理失当，例如官僚专制，不能达到德鲁克期望的"负责任地、高绩效地运作"，从而为极权专制垄断社会资源让出空间、提供机会。在所有机构中，包括在互联网时代虚拟的工作社群中，知识工作者的崛起既为新的管理提供了基础和条件，也带来对传统的"胡萝卜加大棒"管理方式的挑战。德鲁克正是因应这样的现实，研究、创立和不断完善现代管理学的。

1999年1月18日，德鲁克接近90岁高龄，在回答"我最重要的贡献是什么"这个问题时，他写了下面这段话：

> 我着眼于人和权力、价值观、结构和规范去研究管理学，而在所有这些之上，我聚焦于"责任"，那意味着我是把管理学当作一门真正的"博雅技艺"来看待的。

给管理学冠上"博雅技艺"的标识是德鲁克的首创，反映出他对管理的独特视角，这一点显然很重要，但是在他众多的著作中却没找到多少这方面的进一步解释。最完整的阐述是在他的《管理新现实》这本书第15章第五小节，这节的标题就是"管理是一种博雅技艺"：

> 30年前，英国科学家兼小说家斯诺（C. P. Snow）曾经提到当代社会的"两种文化"。可是，管理既不符合斯诺所说的"人文文化"，也不符合他所说的"科学文化"。管理所关心的是行动和应用，而成果正是对管理的考验，从这一点来看，管理算是一种科技。可是，管理也关心人、人的价值、人的成长与发展，就这一

点而言，管理又算是人文学科。另外，管理对社会结构和社群（社区）的关注与影响，也使管理算得上是人文学科。事实上，每一个曾经长年与各种组织里的管理者相处的人（就像本书作者）都知道，管理深深触及一些精神层面关切的问题——像人性的善与恶。

管理因而成为传统上所说的"博雅技艺"（liberal art）——是"博雅"（liberal），因为它关切的是知识的根本、自我认知、智慧和领导力，也是"技艺"（art），因为管理就是实行和应用。管理者从各种人文科学和社会科学中——心理学和哲学、经济学和历史、伦理学，以及从自然科学中，汲取知识与见解，可是，他们必须把这种知识集中在效能和成果上——治疗病人、教育学生、建造桥梁，以及设计和销售容易使用的软件程序等。

作为一个有多年实际管理经验，又几乎通读过德鲁克全部著作的人，我曾经反复琢磨过为什么德鲁克要说管理学其实是一门"博雅技艺"。我终于意识到这并不仅仅是一个标新立异的溢美之举，而是在为管理定性，它揭示了管理的本质，提出了所有管理者努力的正确方向。这至少包括了以下几重含义：

第一，管理最根本的问题，或者说管理的要害，就是管理者和每个知识工作者怎么看待与处理人和权力的关系。德鲁克是一位基督徒，他的宗教信仰和他的生活经验相互印证，对他的研究和写作产生了深刻的影响。在他看来，人是不应该有权力（power）的，只有造人的上帝或者说造物主才拥有权力，造物主永远高于人类。归根结底，人性是软弱的，经不起权力的引诱和考验。因此，人可以拥有的只是授权（authority），也就是人只是在某一阶段、某一事情上，因为所拥有的品德、知识和能力而被授权。不但任何个人是这样，整个人类也是这样。民主国家中"主权在民"，但是人民的权力也是一种授权，是造物主授予的，人在这种授权之下只是一个既有自由意志，又要承担责任的"工具"，他是造物主的工具而不能成为主宰，不能按自己的意图去操纵和控制自己的同类。认识到这一点，人才会谦卑而且有责任感，他们才会以造物主才能够掌握、人类只能被其感召和启示的公平正义，去时时检讨自己，也才会甘愿把自己置于外力强制的规范和约束之下。

第二，尽管人性是不完美的，但是人彼此平等，都有自己的价值，都有自己的创造能力，都有自己的功能，都应该被尊敬，而且应该被鼓励去创造。美国的独立宣言和宪法中所说的，人生而平等，每个人都有与生俱来、不证自明的权利（rights），正是从这一信念而来的，这也是德鲁克的管理学之所以可以有所作为的根本依据。管理者是否相信每个人都有善意和潜力？是否真的对所有人都平等看待？这些基本的或者说核心的价值观和信念，最终决定他们是否能和德鲁克的学说发生感应，是否真的能理解和实行它。

第三，在知识社会和知识型组织里，每一个工作者在某种程度上，都既是知识工作者，也是管理者，因为他可以凭借自己的专门知识对他人和组织产生权威性的影响——知识就是权力。但是权力必须和责任捆绑在一起。而一个管理者是否负起了责任，要以绩效和成果做检验。凭绩效和成果问责的权力是正当和合法的权力，也就是授权（authority），否则就成为德鲁克坚决反对的强权（might）。绩效和成果之所以重要，不但在经济和物质层面，而且在心理层面，都会对人们产生影响。管理者和领导者如果持续不能解决现实问题，大众在彻底失望之余，会转而选择去依赖和服从强权，同时甘愿交出自己的自由和尊严。这就是为什么德鲁克一再警告，如果管理失败，极权主义就会取而代之。

第四，除了让组织取得绩效和成果，管理者还有没有其他的责任？或者换一种说法,绩效和成果仅限于可量化的经济成果和财富吗?对一个工商企业来说,除了为客户提供价廉物美的产品和服务、为股东赚取合理的利润,能否同时成为一个良好的、负责任的"社会公民",能否同时帮助自己的员工在品格和能力两方面都得到提升呢?这似乎是一个太过苛刻的要求,但它是一个合理的要求。我个人在十多年前,和一家这样要求自己的后勤服务业的跨国公司合作,通过实践认识到这是可能的。这意味着我们必须学会把伦理道德的诉求和经济目标,设计进同一个工作流程、同一套衡量系统,直至每一种方法、工具和模式中去。值得欣慰的是,今天有越来越多的机构开始严肃地对待这个问题,在各自的领域做出肯定的回答。

第五,"作为一门博雅技艺的管理"或称"博雅管理",这个讨人喜爱的中文翻译有一点儿问题,从翻译的"信、达、雅"这三项专业要求来看,雅则雅矣,信有不足。liberal art 直译过来应该是"自由的技艺",但最早的繁体字中文版译成了"博雅艺术",这可能是想要借助它在中国语文中的褒义,我个人还是觉得"自由的技艺"更贴近英文原意。liberal 本身就是自由。art 可以译成艺术,但管理是要应用的,是要产生绩效和成果的,所以它首先应该是一门"技能"。另一方面,管理的对象是人们的工作,和人打交道一定会面对人性的善恶,人的千变万化的意念——感性的和理性的,从这个角度看,管理又是一门涉及主观判断的"艺术"。所以 art 其实更适合解读为"技艺"。liberal——自由,art——技艺,把两者合起来就是"自由技艺"。

最后我想说的是,我之所以对 liberal art 的翻译这么咬文嚼字,是因为管理学并不像人们普遍认为的那样,是一个人或者一个机构的成功学。它不是旨在让一家企业赚钱,在生产效率方面达到最优,也不是旨在让一家非营利机构赢得道德上的美誉。它旨在让我们每个人都生存在其中的人类社会和人类社群（社区）更健康，使人们较少受到伤害和痛苦。让每个工作者，按照他与生俱来的善意和潜能，自由地选择他自己愿意在这个社会或社区中所承担的责任；自由地发挥才智去创造出对别人有用的价值，从而履行这样的责任；并且在这样一个创造性工作的过程中，成长为更好和更有能力的人。这就是德鲁克先生定义和期待的，管理作为一门"自由技艺"，或者叫"博雅管理"，它的真正的含义。

邵明路

彼得·德鲁克管理学院创办人

| 推荐序二 |

跨越时空的管理思想

20多年来,机械工业出版社关于德鲁克先生著作的出版计划在国内学术界和实践界引起了极大的反响,每本书一经出版便会占据畅销书排行榜,广受读者喜爱。我非常荣幸,一开始就全程参与了这套丛书的翻译、出版和推广活动。尽管这套丛书已经面世多年,然而每次去新华书店或是路过机场的书店,总能看见这套书静静地立于书架之上,长盛不衰。在当今这样一个强调产品迭代、崇尚标新立异、出版物良莠难分的时代,试问还有哪本书能做到这样呢?

如今,管理学研究者们试图总结和探讨中国经济与中国企业成功的奥秘,结论众说纷纭、莫衷一是。我想,企业成功的原因肯定是多种多样的。中国人讲求天时、地利、人和,缺一不可,其中一定少不了德鲁克先生著作的启发、点拨和教化。从中国老一代企业家(如张瑞敏、任正非),及新一代的优秀职业经理人(如方洪波)的演讲中,我们常常可以听到来自先生的真知灼见。在当代管理学术研究中,我们也可以常常看出先生的思想指引和学术影响。我常常对学生说,当你不能找到好的研究灵感时,可以去翻翻先生的著作;当你对企业实践困惑不解时，也可以把先生的著作放在床头。简言之，要想了解现代管理理论和实践，首先要从研读德鲁克先生的著作开始。基于这个原因，1991年我从美国学成回国后，在南京大学商学院图书馆的一角专门开辟了德鲁克著作之窗，并一手创办了德鲁克论坛。至今，我已在南京大学商学院举办了100多期德鲁克论坛。在这一点上，我们也要感谢机械工业出版社为德鲁克先生著作的翻译、出版和推广付出的辛勤努力。

在与企业家的日常交流中，当发现他们存在各种困惑的时候，我常常推荐企业家阅读德鲁克先生的著作。这是因为，秉持奥地利学派的一贯传统，德鲁克先生总是将企业家和创新作为著作的中心思想之一。他坚持认为："优秀的企业家和企业家精神是一个国家最为重要的资源。"在企业发展过程中，企业家总是面临着效率和创新、制度和个性化、利润和社会责任、授权和控制、自我和他人等不同的矛盾与冲突。企业家总是在各种矛盾与冲突中成长和发展。现代工商管理教育不但需要传授建立现代管理制度的基本原理和准则，同时也要培养一大批具有优秀管理技能的职业经理人。一个有效的组织既离不开良好的制度保证，同时也离不开有效的管理者，两者缺一不可。这是因为，一方面，企业家需要通过对管理原则、责任和实践进行研究，探索如何建立一个有效的管理机制和制度，而衡量一个管理制度是否有效的标准就在于该制度能否将管理者个人特征的影响降到最低限度；另一方面，一个再高明的制度，如果没有具有职业道德的员工和管理者的遵守，制度也会很容易土崩瓦解。换言之，一个再高效的组织，如果缺乏有效的管理者和员工，组织的效率也不可能得到实现。虽然德鲁克先生的大部分著作是有关企业管理的，但是我们可以看到自由、成长、创新、多样化、多元化的思想在其著作中是一以贯之的。正如德鲁克在《旁观者》一书的序言中所阐述的，"未来是'有机体'的时代，由任务、目的、策略、社会的和外在的环境所主导"。很多人喜欢德鲁克提出的概念，但是德鲁克却说，"人比任何概念都有趣多了"。德鲁克本人虽然只是管理的旁观者，但是他对企业家工作的理解、对管理本质的洞察、对人性复杂性的观察，鞭辟入里、入木三分，这也许就是企业家喜爱他的著作的原因吧！

德鲁克先生从研究营利组织开始，如《公司的概念》（1946年），到研究非营利组织，如《非营利组织的管理》（1990年），再到后来研究社会组织，如《功能社会》（2002年）。虽然德鲁克先生的大部分著作出版于20世纪六七十年代，然而其影响力却是历久弥新的。在他的著作中，读者很容易找到许多最新的管理思想的源头，同时也不难获悉许多在其他管理著作中无法找到的"真知灼见"，从组织的使命、组织的目标以及工商企业与服务机构的异同，到组织绩效、富有效率的员工、员工成就、员工福利和知识工作者，再到组织的社会影响与社会责任、企业与政府的关系、管理者的工作、管理工作的设计与内涵、管理人员的开发、目标管理与自我控制、中层管理者和知识型组织、有效决策、管理沟通、管理控制、面向未来的管理、组织的架构与设计、企业的合理规模、多角化经营、多国公司、企业成长和创新型组织等。

30多年前在美国读书期间，我就开始阅读先生的著作，学习先生的思想，并聆听先生的课堂教学。回国以后，我一直把他的著作放在案头。尔后，每隔一段时间，每每碰到新问题，就重新温故。令人惊奇的是，随着阅历的增长、知识的丰富，每次重温的时候，竟然会生出许多不同以往的想法和体会。仿佛这是一座挖不尽的宝藏，让人久久回味，有幸得以伴随终生。一本著作一旦诞生，就独立于作者、独立于时代而专属于每个读者，不同地理区域、不同文化背景、不同时代的人都能够从中得到启发、得到教育。这样的书是永恒的、跨越时空的。我想，德鲁克先生的著作就是如此。

特此作序，与大家共勉！

南京大学人文社会科学资深教授、商学院名誉院长

博士生导师

2018 年 10 月于南京大学商学院安中大楼

| 推荐序三 |

彼得·德鲁克与伊藤雅俊管理学院是因循彼得·德鲁克和伊藤雅俊命名的。德鲁克生前担任玛丽·兰金·克拉克社会科学与管理学教席教授长达三十余载,而伊藤雅俊则受到日本商业人士和企业家的高度评价。

彼得·德鲁克被称为"现代管理学之父",他的作品涵盖了39本著作和无数篇文章。在德鲁克学院,我们将他的著述加以浓缩,称之为"德鲁克学说",以撷取德鲁克著述在五个关键方面的精华。

我们用以下框架来呈现德鲁克著述的现实意义,并呈现他的管理理论对当今社会的深远影响。

这五个关键方面如下。

(1)**对功能社会重要性的信念**。一个功能社会需要各种可持续性的组织贯穿于所有部门,这些组织皆由品行端正和有责任感的经理人来运营,他们很在意自己为社会带来的影响以及所做的贡献。德鲁克有两本书堪称他在功能社会研究领域的奠基之作。第一本书是《经济人的末日》(1939年),"审视了法西斯主义的精神和社会根源"。然后,在接下来出版的《工业人的未来》(1942年)一书中,德鲁克阐述了自己对第二次世界大战后社会的展望。后来，因为对健康组织对功能社会的重要作用兴趣盎然，他的主要关注点转到了商业。

（2）**对人的关注**。德鲁克笃信管理是一门博雅艺术，即建立一种情境，使博雅艺术在其中得以践行。这种哲学的宗旨是：管理是一项人的活动。德鲁克笃信人的潜质和能力，而且认为卓有成效的管理者是通过人来做成事情的，因为工作会给人带来社会地位和归属感。德鲁克提醒经理人，他们的职责可不只是给大家发一份薪水那么简单。

对于如何看待客户，德鲁克也采取"以人为本"的思想。他有一句话人人知晓，即客户决定了你的生意是什么，这门生意出品什么以及这门生意日后能否繁荣，因为客户只会为他们认为有价值的东西买单。理解客户的现实以及客户崇尚的价值是"市场营销的全部所在"。

（3）**对绩效的关注**。经理人有责任使一个组织健康运营并且持续下去。考量经理人的凭据是成果，因此他们要为那些成果负责。德鲁克同样认为，成果负责制要渗透到组织的每一个层面，务求淋漓尽致。

制衡的问题在德鲁克有关绩效的论述中也有所反映。他深谙若想提高人的生产力，就必须让工作给他们带来社会地位和意义。同样，德鲁克还论述了在延续性和变化二者间保持平衡的必要性，他强调面向未来并且看到"一个已经发生的未来"是经理人无法回避的职责。经理人必须能够探寻复杂、模糊的问题，预测并迎接变化乃至更新所带来的挑战，要能看到事情目前的样貌以及可能呈现的样貌。

（4）**对自我管理的关注**。一个有责任心的工作者应该能驱动他自己，能设立较高的绩效标准，并且能控制、衡量并指导自己的绩效。但是首先，卓有成效的管理者必须能自如地掌控他们自己的想法、情绪和行动。换言之，内在意愿在先，外在成效在后。

（5）**基于实践的、跨学科的、终身的学习观念**。德鲁克崇尚终身学习，因为他相信经理人必须要与变化保持同步。但德鲁克曾经也有一句名言："不要告诉我你跟我有过一次精彩的会面，告诉我你下周一打算有哪些不同。"这句话的意思正如我们理解的，我们必须关注"周一早上的不同"。

这些就是"德鲁克学说"的五个支柱。如果你放眼当今各个商业领域，就会发现这五个支柱恰好代表了五个关键方面，它们始终贯穿交织在许多公司使命宣言传达的讯息中。我们有谁没听说过高管宣称要回馈他们的社区，要欣然采纳以人为本的管理方法和跨界协同呢？

彼得·德鲁克的远见卓识在于他将管理视为一门博雅艺术。他的理论鼓励经理人去应用"博雅艺术的智慧和操守课程来解答日常在工作、学校和社会中遇到的问题"。也就是说，经理人的目光要穿越学科边界来解决这世上最棘手的一些问题，并且坚持不懈地问自己："你下周一打算有哪些不同？"

彼得·德鲁克的影响不限于管理实践，还有管理教育。在德鲁克学院，我们用"德鲁克学说"的五个支柱来指导课程大纲设计，也就是说，我们按照从如何进行自我管理到组织如何介入社会这个次序来给学生开设课程。

德鲁克学院一直十分重视自己的毕业生在管理实践中发挥的作用。其实，我们的使命宣言就是：

> 通过培养改变世界的全球领导者，来提升世界各地的管理实践。

有意思的是，世界各地的管理教育机构也很重视它们的学生在实践中的表现。事实上，这已经成为国际精英商学院协会（AACSB）认证的主要标志之一。国际精英商学院协会"始终致力于增进商界、学者、机构以及学生之间的交融，从而使商业教育能够与商业实践的需求步调一致"。

最后我想谈谈德鲁克和管理教育，我的观点来自2001年11月 *BizEd* 杂志第1期对彼得·德鲁克所做的一次访谈，这本杂志由商学院协会出版，受众是商学院。在访谈中，德鲁克被问道：在诸多事项中，有哪三门课最重要，是当今商学院应该教给明日之管理者的？

德鲁克答道：

> 第一课，他们必须学会对自己负责。太多的人仍在指望人事部门来照顾他们，他们不知道自己的优势，不知道自己的归属何在，他们对自己毫不负责。
>
> 第二课也是最重要的，要向上看，而不是向下看。焦点仍然放在对下属的管理上，但应开始关注如何成为一名管理者。管理你的上司比管理下属更重要。所以你要问："我应该为组织贡献什么？"
>
> 最后一课是必须修习基本的素养。是的，你想让会计做好会计的事，但你也想让她了解其他组织的功能何在。这就是我说的组织的基本素养。这类素养不是学一些相关课程就行了，而是与实践经验有关。

凭我一己之见，德鲁克在2001年给出的这则忠告，放在今日仍然适用。卓有成效的管理者需要修习自我管理，需要向上管理，也需要了解一个组织的功能如何与整个组织契合。

彼得·德鲁克对管理实践的影响深刻而巨大。他涉猎广泛，他的一些早期著述，如《管理的实践》（1954年）、《卓有成效的管理者》（1966年）以及《创新与企业家精神》（1985年），都是我时不时会翻阅研读的书籍，每当我作为一个商界领导者被诸多问题困扰时，我都会从这些书中寻求答案。

珍妮·达罗克

彼得·德鲁克与伊藤雅俊管理学院院长

亨利·黄市场营销和创新教授

美国加州克莱蒙特市

| 新版序 |

多年前，我曾教过宗教学这门课，觉得其乐无穷，但对所谓的"神学"，却缺乏兴趣。有人告诉我，苍蝇共有3.5万种；依照神学家的说法，则只有一种，亦即所谓"真正的苍蝇"。天地万物，种类无穷无尽，皆为造物主之功，但天底下却没有一样东西比得上那两条腿的动物——男人与女人，那么变化多端的。在我还是个孩子的时候，就已经发觉：人真是形形色色，无奇不有。因此，我从未认为哪个人特别无趣。墨守成规的也好，传统的也罢，甚至是极其无聊的人，若谈起自己做的事、熟知的东西，或是兴趣所在，无不散发出一种特别的吸引力——每个人自此成为一个独特的个体。有一个人最初给我的印象似乎呆板无聊、满嘴废话，让人呵欠连连。这个人是新英格兰小镇的银行家。可是，突然间他话锋一转，谈到扣子的演变史，细说这个小东西的发明、形状、材质、功能和用途等，却叫我大开眼界。在谈论这个主题时，他那炽热的情感直逼伟大的抒情诗人。不过，我觉得有意思的，倒不是话题本身，而是他这个人。在一刹那间，他已变成了一个相当独特的人。

本书写作的目的就在于刻画一些特别的人，以及他们的特立独行。

从我写第一本书开始（大约是50年前）至今，我所写的一切无不强调人的多变、多元以及独特之处。我写的每一本书、每一篇文章，不管是触及政治、哲学还是历史，有关社会秩序或社会组织，论述管理、科技或经济等层面，都以多元化、多样化为宗旨。在强势政府或大企业高声疾呼"中央控制"的重要时，我则一再地说要分权、多做实验，并得多开创社区组织；在政府和企业成为唯一和整个社会相抗衡的机构时，我则认为"第三部门"㊀，也就是非营利、以公益为主的组织特别重要——在这儿，才能孕育独立和多元的特质，护卫人类社会的价值，并培养社群领导力和公民精神。

正如我指出的，社会的组成与其资讯的来源都会受到非营利、非官方机构的影响，例如大学或医院等，都有不同的价值与个性。

然而，此举犹如力挽狂澜，格外艰辛。

现在，时代的潮流终于转到我这个方向了。打着集体主义、中央集权大旗的，那整齐划一的队伍，终究只是幌子，连有效政府的基本雏形都谈不上，更别提经济发展、公民权的行使以及社区组织的建立。在西方的我们，正快速地"离心化"，或是"非中心化"。

- 第二次世界大战后的一代相信，疾病在医学中心才能得到最好的治疗，而且这个医学中心越大越好；现在我们却尽量把病人送到外围的医疗机构。
- 过去20年中，美国大企业的规模持续缩小。在这段太平盛世，无论在何地，惊人的就业成长都集中在现在的中小企业。

㊀ 第三部门（the third sector）：和公共部门（public sector）及私人部门（private sector）相对，前者即为政府，而后者代表企业界，第三部门又称社会部门（social sector），在美国传统上称之为非营利界（non-profit sector）。见德鲁克著《非营利组织的管理》（*Managing the Non-Profit Organization: Principles and Practices*）。

在第二次世界大战结束后的几十年当中，美国建立了许多庞大无比的学校。我想，这就是今天教育沉疴的祸首。现在的学校纷纷走向多元化而且非中心化，所谓的"磁铁学校"①就是一例。

当然，"小就是美"和"大就是好"一样是无聊、愚蠢的口号。我们看看造物者创造的那无穷无尽的物种就可了解。19世纪时期的政府多半小而无力，除此之外，只有地方教会和学校等机构。当然，你我都不可能再回归到那个时代，我们正快速迈向知识社会，而这个社会终究会走向由各种组织形成的社会，且这许许多多的组织将各有不同的面貌，离开中心，走向外围，而且形式迥异。这些组织的结构也不再是标准而整齐划一，如过去的公共行政和企业管理所秉持的信念那样，像"制造业的唯一标准结构"，或是"模范政府机关"等。未来是"有机体"的时代，由任务、目的、策略、社会的和外在的环境所主导，这就是我在40年前写的《管理的实践》（*The Practice of Management*，1954年出版）一书所倡导的。

我这50年来的论述，无不强调"有机体""离心化"以及"多元化"，这些都是抽象概念的问题。不少人利用我的作品，将之视为导师或是顾问。而我总是喜欢以一些人物为例来阐释，因为"人"比"概念"来得有趣多了。但这一路写来，我对概念的处理还是比较得心应手。

《旁观者》这本书是为我自己而作。然而这是一本有关"人"的书，不是以我自己为主题。英国版的书名副标题"记录其他人物以及我所历经的时代"（*Other Lives and My Times*）将本书主旨一语道尽。在我的著作中，没有一本书反刍的时间像这本书这么长——20年来，这些人物一直在我脑海中挥之不去，行、住、坐、卧，无所不在；也没有一本书这么

---

① 磁铁学校（magnet schools）：此词始于1965年的美国，这是一种公立学校，有着特别的课程设计与教学方式，以吸引各种背景的学生，希望有助于不同种族间的融合。

快就问世了——从我坐在打字机前写下第一个字，到完成全书，不到一年的光景。这本书虽不是我"最重要"的著作，却是我个人最喜爱的一本书。

读者的反应显然也是如此。本书的成功，真是令人高兴的事，从新版的发行就知道了，不必多加解释。但是，最让我感动的，还是常有读者写信给我，或参加会议时告诉我："你的著作，我几乎都读过了，对我的帮助相当大，特别是在工作上。但是，在你这么多作品里，《旁观者》给我的乐趣最多。"他们还常加上一句："我之所以这么喜欢，是因为其中的人物真是特别。"

本书可以说是一本短篇故事集，每一章都可独立。我希望借此呈现社会的图像，捕捉并传达这一代的人难以想象的那种精髓、韵味与感觉，比如两次大战间的欧洲、罗斯福的新政时期，以及第二次世界大战刚结束时的美国。事实上，早在肯尼迪执政时，写作此书的念头已开始萌芽。那些年代对我的孩子、我的学生以及许多年轻朋友而言，虽还不算是"历史"，却已如古亚述王国的尼尼微和阿苏尔⊖般遥不可及。

关于这些年代的记事，史书、传记和统计数字当然已数不胜数，但是"社会科学"是无法传达出一个社会的内涵、风味以及现实的，正如光靠度量衡无法说清一个人的长相与举止；同理，一张彩色照片拍得再好，也无法传达夏日亲身徜徉在绿色山丘的感觉。只有"社会图像"中的人物才能反映出社会的面貌。

这种"社会图像"也就是19世纪伟大的小说家留给我们的珍贵遗产，始自简·奥斯汀（或许她就是此一文类的始祖），接着是巴尔扎克、狄更斯、特罗洛普（Trollope）、托尔斯泰、契诃夫，以及三位美国小说家，亨

⊖ 尼尼微（Nineveh）是亚述王国的首都，而阿苏尔（Assur）则是他们崇奉的主神和战神。

利·詹姆斯（Henry James）、伊迪丝·华顿[1]以及薇拉·凯瑟[2]，直至乔伊斯（James Joyce）的《一位青年艺术家的画像》(*Portrait of the Artist as a Young Man*)，以及托马斯·曼（Thomas Mann）的《布登勃洛克一家》(*Buddenbrooks*)和《魔山》(*The Magic Mountain*)。这些小说中的人物都是活生生的，任何一个时代都可见到他们的身影。比方说，我们也许就见过简·奥斯汀的小说《爱玛》(*Emma*)里所有的角色。瞧，他们不就在街上，到了今天，行为举止还是没有多大差异。不管就个别还是整体而言，这些人物让我们得以感受19世纪初期英国社会的现实、感觉、意义，以及那和现代大大不同的"生活品质"。

我并没有野心想超越这些19世纪的经典之作，以及20世纪初期的小说家。此外，我更无法像那些描绘社会的大师一样，有能力去"创造"真实的人物，然而，我想我至少可以好好地"报道"一些人物吧。我之所以挑选这些人，并不是因为他们"有所指涉"，也不是因为他们是"赫赫有名的大人物"，而是因为他们是我生命中重要的人。对我而言，他们之所以重要，原因在于——他们将社会真相折射或是反射出来。例如，在本书最后一章"无私天真的夕阳岁月"中，我试图重现第二次世界大战前的美国，也就是"新政"最后几年的感觉、含义，社会、心理和情感的氛围。我想，在社会史上，没有一个时期像这个年代，混合着希望与失望、对知识狂热、不妥协与各种多元化的表现，这种种对于1937年从"瘫痪"的欧洲登陆北美的年轻人来说，是多么震撼。对于当时的欧洲来说，"战前"（亦即1914年之前）的陈腔滥调是唯一的选择，除此之外只有恐怖、集权主义与失落。

---

[1] 华顿（Edith Wharton，1862—1937）：美国小说家，以描写上层社会的小说闻名。
[2] 凯瑟（Willa Cather，1876—1947）：美国小说家，作品以描写美洲大平原的开拓者和边疆居民的生活为主。

其他各个章节都是以人物为主，一个章节谈到一个人，顶多两个人。我之所以拿他们作为主题，是因为这些人本身就具有极为精彩的故事。结合起来，可印证一点：社会终究是由许许多多的个人和他们的故事组合而成的。

彼得·德鲁克

| 旁观者的诞生 |

旁观者没有个人历史可言。他们虽也在舞台上，却毫无戏份，甚至连观众都不是。一出戏和其中的演员命运究竟如何，就要看观众了，然而旁观者的反应只能留给自己，对他人完全没有作用。但站在舞台侧面观看的旁观者，犹如在剧院中坐镇的消防队员[一]，能见人所不能见者，注意到演员或观众看不到的地方。毕竟，他是从不同的角度来看，并反复思考——他的思索，不是像镜子般的反射，而是一种三棱镜似的折射。

这本书并非记录"我们这个时代的历史"，或是"我的时代"，也非自传，其中人物登场的先后是依照他们在我这一生中出现的顺序。这也不是一本有关"个人私生活"的书——我个人的经验、生活和作品只能算是伴奏，而不是主题。然而，这本书极具主观色彩，正如一流的摄影作品想要表达的那样。很久以来，我一直很想把一些人物或事件记录下来，思考，再三地思索和省思，并将它们融入我个人的经验模式及对外在世界片断的印象与内心世界之中。

[一] 在欧洲，一些剧院每次演出都要等两个消防队的大胖子队员，他们在后台消防员岗位坐定，才能开演。

就在我 14 岁生日前一个星期，我惊觉自己已成为一个旁观者。那天是 1923 年的 11 月 11 日——再过 8 天就是我的生日了。在我童年时期的奥地利，11 日是"共和日"，是为了纪念 1918 年哈布斯堡王朝结束，共和国成立的日子㊀。

对大多数的奥地利人来说，这一天即使不是愁云惨雾，也该是庄严肃穆的——就在这一日，随着最后的战败，一场噩梦般的战争终于结束，几个世纪以来的历史就此灰飞烟灭。但是，在维也纳这个社会主义的大本营中，"共和日"却代表胜利辉煌、普天同庆的日子。午时以前，街上一片死寂，没有电车、火车，只有救护车、消防车和警车可以通行。过了中午，红旗飘扬，工人开始聚集，并从市区和市郊各地往市政厅前的大广场迈进。大家唱着革命时代的老歌，重新坚定信念，并听领导人一再地述说阶级压迫的故事以及无产阶级幸福的未来。维也纳的"共和日"是民众自发游行的首例，甚至比苏联的五一劳工大游行要来得早。这种活动已成为 20 世纪一种特殊的大众艺术形式：墨索里尼、希特勒，连阿根廷的贝隆都极力模仿维也纳的社会主义者。事实上，希特勒在 1933 年 1 月 31 日掌握大权后，发动的第一次自发游行——"波茨坦大游行"，负责指挥筹划的就是曾多次主导"共和日"游行活动的维也纳社会主义者。

在共和日大游行中，第一个出场的是子弟兵。几个小时后，市郊赫诺斯和欧塔克宁工业区的工人才开始聚集。不久，斯大林也学习这种模式。1923 年 11 月 11 日游行的第一支队伍，轮到第十九区多伯林的子弟。我就住在这一带，对我们来说，这可是无比光荣的事。走在队伍最前面的是一支年轻的社会主义队伍，队员都是预校（Gymnasium）的学生，也就是

㊀ 1914 年 6 月，奥皇储斐迪南大公在萨拉热窝被波斯尼亚人暗杀，触发了第一次世界大战。一开始，奥匈帝国即成为德国的附庸，奥军长期作战失利。帝国内各邦均成立民族政府性质的民族委员会，大战未结束，帝国已瓦解。1918 年 11 月查理皇帝宣告退位，以德意志人为主的奥地利共和国于是成立。

在同一区修习人文学科或是准备进大学的中学生。其中，有一位最近才加入"同志"行列的年轻人，他将威风凛凛地举着大红旗，走在队伍的最前面，向世人宣告"我们是追求社会主义自由平等的多伯林学生"——这个人，就是在下。

按理说，我还没有资格参加，"社会主义青年军"也不会要我，因为中学生得年满 14 岁才能参加政治活动。我想，在达到法定年龄的前 8 天参加游行，应该无关紧要。不过，我还是尝到了一点"违法"的兴奋，才愿意加入。那时的我，是个独来独往的小子，在同学间没什么人缘，因此，当那令人敬畏的青年军干部来找我，要我带领游行队伍时，我简直是欣喜若狂，脑子里几乎一片空白，忘了她叫什么名字，只知道她是一个身材高大、嘴上好像长着胡子的医科女学生。

本来还和弟弟同住在小孩房的我，初秋开学后，就搬到一个人住的大房间。那儿是间屋檐下的阁楼，屋顶是复折式的，还有两扇高高的天窗，向外看，下面是主屋顶，再过去是葡萄园，并可远眺维也纳森林的小丘。在那个时代，成人的象征是一个闹钟以及房子的钥匙，父母已经把这两样东西交给我了，但我还没机会用呢。每天清晨，6 点半刚过，女佣就会来敲门叫我起床，学校上课是 8 点钟，但得走一段远路，所以要早点起身。出门前女佣会帮我打开那道厚重的门，放学回来时，也是如此。

就在游行这一天，我将启用自己的闹钟和钥匙。我把闹钟调在凌晨 4 点半，或者更早，铃一响，我就立刻冲到窗前。由于上床时，屋外正下着倾盆大雨，因此我很担心次日气候不佳，得坐着电车游行——这样被拖着走，何来荣耀？结果，虽然不是云淡风轻，不过，雨已经停了，还可以见到星星的光芒破云而出。

我们在校门外集合。每天行走、熟悉的街道顿时变得陌生起来，即使是那平凡无趣的学校好像也不一样了，看起来有点儿神秘，好像在隐藏什么似的。我们走到大街交叉口，邻近地区的中学生也到这儿来和我们会合，并在后面排好。大家高歌之时，我就骄傲地展开那一面大红旗。一群群年轻的学徒和工人也加入我们的行列，大家都跟在我身后，12个人一列齐步走，我单独走在众人前头，后面逐渐聚集了数不清的人群。我想，这真是我生命中最快乐的一天了——或许是吧。

我们一行浩浩荡荡地穿过辐射状的大街，越过广场、市政厅——那仿哥特式建筑的大怪物已落在我们后头。突然间，我看到正前方有一汪狭长形的积水，看来还不浅，该是昨夜大雨留下来的吧。

从前我很喜欢积水，现在依旧。一脚踩到积水中，那"扑通扑通"的声音真叫人心满意足。通常，我还会故意走到有积水处，涉水而过。但今天不是我自己想走到这滩积水前，是众人驱使我到这儿来的。我尽最大的努力想绕过去，然而身后那整齐的步伐声、源源而来的人潮和整齐划一的动作，好像对我施了魔法。我大步越过那汪积水，到了另一头，我一语不发，把手中的旗帜交给背后那个高高壮壮的医科学生，随即脱离队伍，转身回家。长路漫漫，我大概走了两三个小时，路上尽是一群群的社会主义者，12个人一列抬头挺胸，撑着红旗，从我身边走过。此时此刻，我觉得格外孤寂，渴望加入他们之中，同时却有一种飘飘然的快乐，以及无法形诸言语的得意。

到家之后，我生平第一遭用自己的钥匙开门进去。父母本来以为我傍晚才会回家，看到我这么早回家，有点儿担忧，问道："你身体不舒服吗？"

"我从来没这么高兴过，"我老实回答，"我终于发现我不属于那一群人。"

就在那萧瑟的11月天，我发现自己是个旁观者。我们这种人天生如此，而非后天刻意培养出来的。我想，这一点在我8岁参加朋友家的圣诞派对时，已经有迹可循。

时值第一次世界大战。那年秋天，奥地利爆发了第一宗有关"发国难财"的丑闻，连着好几个星期，报纸的头条新闻都是以此为题。我还记得主角的名字——克伦兹，维也纳高级饭店的老板，因黑市交易而被逮捕、起诉。其实，维也纳真正的"坏年头"还没来呢！然而根据配额制，每个成人所能分到的那一丁点儿的肉根本买不到，若是可以买到，一定是不能吃的。在克伦兹的餐厅里，却有上等的货色，都是从黑市买来的。因此，很快地他就成为家喻户晓的"大坏蛋"。事实上，他并没有跟顾客多要一分钱，供应的分量，正如配额所规定的，也依法向顾客收取粮票，而法律也只是确定肉品价格而已，当初在起草时，想不到有人愿意花更多的钱来买。法官却振振有词地控告克伦兹，说他是"有计划地"哄抬价格，之后再把脑筋动到没有收费规定的项目上，比如，饭店的住宿费和餐厅的最低消费额等，以填补肉品的高成本。媒体和群众都一致鼓掌附和法院的裁决。

那年圣诞，我参加为上层社会家庭儿童举办的派对。我们都只是八九岁的小孩，却已开始交头接耳地谈论这桩"克伦兹案"。这不足为奇，因为当时人们一天到晚谈论的，就是战争新闻。每个人都有亲友在前线，我们看到父母一大早起来，就鬼鬼祟祟地带着惊惶的神情翻看报纸的第2版，看是否有亲友已被列在阵亡的名单上。因此，我的玩伴跟我就是看着死亡名单和粗黑框的讣告学认字的。一瞥过去，看看哪些名字是我们熟知的人，已失踪的亲友在不在上面。

那时，我已是附近公立学校三年级的学生，每天都得在一个老人的监督下把粮票贴在配额本上。那个老人比这件呆板的工作更令人厌烦，由于年轻的老师已被征召入伍，原已退休的他，只好再出来帮忙。我们还得当心大人的"骚扰"：有些骨瘦如柴的女人，常常会偷偷塞钱给我们，想多要几张粮票；还有一些女人振振有词地说："我的丈夫刚刚为国捐躯，我可以多拿一些粮票吧。"

我们这些小孩无法记得大人所说的"战前"的景况，觉得这场战争就和永恒一样长。像我这样年纪的小男生都已意会到，"长大"就是"被征召到前线打仗"。

因此，在圣诞派对上，小孩子就自然而然地谈起克伦兹案，在另一间房间的父母也对此事议论纷纷。有一个小孩要我解释一下这个案子的来龙去脉，我居然慷慨激昂地为克伦兹辩护——其实，该说是赞美这个"人民公敌"。至于他到底是否犯法，这个大家不断讨论的主题，对我来说却是不值得一提的。我认为，此人令人敬佩：他提供顾客期待的东西，遵守自己的诺言，让顾客每一分钱都花得值得，何罪之有？

我说完，顿时派对上鸦雀无声。其他的小孩都为我这番话羞红了脸。那次派对是在贝贝家办的，她是我的好朋友，也是我的玩伴。多年后，她还一直责怪我破坏派对的气氛。不过，在我说得慷慨激昂时，大人也进来听了，还面带微笑。这次聚会是庆贺贝贝的父亲返乡，他是我父亲的老朋友，在战壕里打了三年仗，最近因受重伤，几乎致命，才得以回家。他把我拉到一旁，对我说："你的观点很有意思，我从来没听过有人这么说。至少，我们在另一间大厅吃饭时，没有一个人提出这种意见。不过，彼得，你不要觉得伯伯在批评你。你对克伦兹的看法或许没错，但只有你一个人这么想。如果要做个特立独行的人，一定要有技巧，而且要很小心。伯伯建议你注意自己的行为，多为自己想想，惊世骇俗是不可取的哦。"

旁观者注定从不同的角度看事物，所以经常会听到这样的告诫。我已牢牢记住伯伯的话，但有时还是不免掉以轻心，写作本书时亦然。

彼得·德鲁克

1

第一部分

来自亚特兰蒂斯的报告

ADVENTURES OF
A BYSTANDER

很久很久以前，有座城叫作亚特兰蒂斯，因城中的人骄傲、自大和贪婪而没入海中。有个水手在船触礁之后，发现自己身在其中。他发觉在这沉没之城中，还有许多居民，每个星期天，钟声响起，大家都到奢华的教堂做礼拜，为的就是希望一个星期的其他六天都可以把"上帝"抛在脑后，互相欺诈……那个从阳世来的水手，目睹了这一切，顿时目瞪口呆，他知道自己要小心，不能被发现，要不然，就永远见不到陆地与阳光，不能享受爱情、生命与死亡。

第 1 章 | CHAPTER 1

老奶奶与 20 世纪

  1955 年我回维也纳讲学时，已阔别家乡 20 载。上一次回维也纳做短暂停留，是在 1937 年从英国到美国的途中，在这之前，则很少回来。我在 1927 年念完大学预科，就离开维也纳了，那时的我还未满 18 岁，此后返乡，都是为了同父母过圣诞，而且每每不到一个星期就走了。

  因为讲学的缘故，我于 1955 年得以在维也纳小住。我到维也纳的第二天清晨，在下榻的饭店外散步，途经一家食品店，记得这家店在我小时候已是远近驰名。来维也纳之前，我答应妻子帮她带瓶奥地利酒，于是就走进去。过去我并非这家店的老主顾，所以已记不得是否来过。一进门，看到高高坐在收银机旁的，不是年轻的伙计，而是个鸡皮鹤发的老太太——过去，这是家常便饭，今天则是难得的景象了。她一眼就认出我来，随即大声地叫我的名字。

  "彼得先生，您能大驾光临，真是太好了！我们从报上得知您来讲学，还不知是否能见您一面呢。很遗憾，令堂在去年过世了，您那位安娜阿姨也作古多年。但是，听说令尊还挺健朗的。我们明年是不是真可以在维也纳庆祝他老人家的80高寿？您的汉斯姨父几年前在这儿得到荣誉博士学位时，那葛瑞塔阿姨也回来了。几十年来，我们一直为贵府服务，凭着这点交情，送篮水果和一张卡片到您下榻的饭店，该不为过吧？我们刚收到您那葛瑞塔阿姨的回信呢。这些女士真是通情达理。现在的年轻人啊，"她朝店里销售人员的方向点了点头，"已分不清轻重厚薄了。哎呀，彼得先生，您听我说，现在没有人可以比得上您的祖母大人。她实在是好得没话说，再也没有第二个像她那样的人了。而且呢，"她微笑着说，"她这个人实在是太风趣了。您还记得她给侄女拍的结婚贺电吗？"她咯咯大笑，我也笑了。

虽然这件事是在我出生之前发生的，我还是了如指掌的。当时，奶奶因为无法参加侄女的婚礼，于是就发了一封电报过去，上面写道：

就打电报而言，务求精简，这是最适当而且最好的表达方式，故在此庄严隆重的一天，祝汝等：**幸福快乐！**

这件事因此在我们家族中代代相传。听说奶奶一直抱怨，她只不过写了四个字，电报费却高得离谱。

奶奶年轻的时候十分纤巧，娇小玲珑而且容貌出众。但是，我所看到的奶奶已是迟暮之年，看不出一点青春美丽的痕迹，不过她还留着一头亮丽的红棕色卷发，这点让她引以为豪。她不到40岁就做了寡妇，而且百疾缠身。由于得了一种严重的风湿热，造成心脏永久的损伤，因此好像老是喘不过气来的样子。关节炎使她成了跛子，所有的骨头，特别是手指，都又肿又痛，加上年事已高，耳朵也不灵了。

但是，这一切却未能阻挡她到处溜达的雅兴。她风雨无阻地走遍维也纳的大街小巷，有时搭电车，不过多半步行。她的随身"武器"就是一把可做拐杖的大黑伞，她还拖着一只几乎和自己一样重的黑色购物袋，里面装满了一大堆包装得好好的神秘小包裹：有准备送给一个生病老太太的一些茶叶，为一个小男生准备的邮票，从旧衣上拆下半打"高级"金属纽扣打算给裁缝……

奶奶家中有六姊妹，每个人至少生了四个女儿，所以侄女就多得数不清了。这些侄女小时候或多或少都被奶奶带过，因此跟奶奶特别亲，甚至和自己的妈妈都没这么亲近。在她拜访之列的，还有从前的老仆人、贫困的老太太、以前跟她一起学音乐的同学、年迈的店主和工匠等，甚至连去世多年的朋友家的仆人，她都不忘问候。

有一回奶奶想去看住在郊外的"小葆拉"。这个老寡妇是奶奶已过世的表哥的侄女。她说："如果我不去看这个老女人，还有谁会去呢？"家族中的老老少少，包括奶奶自己的女儿还有那一大堆侄女，都一律喊她"奶奶"。

不管和谁说话，奶奶的声音都愉快而亲切，并且带着老式的礼数。即使多年不见，她仍然记得人家心中牵挂的事。有一次，奶奶有好几个月没见到隔壁的女管家奥尔加小姐，再次看到她时，就问她："你那侄儿近来怎么样？通过工程师考试了吗？这孩子可真了不起，不是吗？"她偶尔也会到老木匠的家里走动，并问他："科尔比尔先生，市政府不是跟你们多课了些房屋税吗？后来解决了没有？我们上回见面的时候，你不是还为这件事心烦吗？"奶奶的妆奁就是这位老木匠的父亲做的。

奶奶公寓旁的街角常有个妓女在那儿拉客。奶奶和这个妓女说话一样是客客气气的。其他人对这妓女视若无睹，只有奶奶会走向前去跟她寒暄："莉莉小姐，你好。今晚可真冷，找条厚一点的围巾，把身子包紧一点吧。"有一天晚上，她发现莉莉小姐喉咙沙哑，于是拖着一身老骨头爬上楼，翻箱倒柜地找咳嗽药，之后再爬下去交给那个妓女。在战后的维也纳几乎没有一部电梯可以使用，所以奶奶只好这样爬上爬下。

奶奶有个侄女就很不高兴，告诫她说："奶奶，跟那种女人说话，有失您的身份。"

"谁说的？"奶奶答道，"对人礼貌有失什么'身份'。我又不是男人，她跟我这么个笨老太婆会有什么搞头？"

"但是，奶奶您居然还给她送咳嗽药去！"

"你啊，总是把性病当作洪水猛兽。对此，我虽无能为力，但是我至少可以使她的感冒赶快好起来，不至于让那些男人被她传染，得了重感冒。"

奶奶有个侄女咪咪，也许是曾侄女吧，是个小演员，演过几部电影和音乐剧。在一些比较耸人听闻的星期天报纸上，常可看到她的绯闻。

奶奶说："希望他们不要再报道咪咪跟某人在她的闺房里打得火热这种新闻。"

有个孙女说："奶奶，别假正经了。"

"闹绯闻其实是她的手段，她还希望报纸大肆渲染呢，这样她才有戏可演。不然，像她这样歌声不怎么样演技又差的，哪有什么发展？希望她在受访时，别提到那些男人的名字。"

"但是，奶奶啊，那些风流男子巴不得自己能因此出名呢。"

"这也就是我最看不惯的——煽动那些老色鬼的虚荣心，让他们沾沾自喜。我觉得这和'卖淫'简直没什么两样。"

奶奶的婚姻显然十分幸福。直至死前，她一直把爷爷的相片挂在卧房，每逢爷爷忌日，她一定闭门静坐。不过，听说爷爷却是个"多情种子"。17岁那年，有一次我在维也纳的大街上行走时，被一辆旧式豪华大轿车拦住了，坐在车后的女人摇下车窗，跟我招手。我走向前去一看，前面是司机，后座有两个女人，一个戴着厚厚的面纱，另一个身穿围裙，应该是女仆。

那个女仆跟我说："夫人问，你就是斐迪南·邦德的孙子，是不是？"

"是啊，他是我爷爷。"

"他是我们夫人最后的情人。"说完,车子就扬长而去。

当时,我困窘得不知如何是好,但是还做不到守口如瓶的地步。这件事终于传到奶奶的耳朵里了。她把我叫进房里,对那戴面纱女人的事提出质询。

"我想,她一定是达格玛·西格菲顿。我相信你爷爷的确是她最后一个男人。这个女人说来也是挺可怜的,实在算不上漂亮。不过,我敢担保,她一定不是你爷爷最后的情妇。"

"不过,奶奶啊,"我们这些做晚辈的一直都想跟奶奶说的话,终于找到机会说了,"爷爷这么风流,您难道不伤心?"

"当然啰。不过,没有情妇的男人一样令人担心。这样,我就不知道他究竟跑到哪儿去了。"

"不过,您会不会害怕爷爷一去不回?"

"一点也不。爷爷一定会回家吃晚饭的。我虽然只是个笨老太婆,不过倒很清楚——胃也是男人的性器官。"

爷爷去世后,留给奶奶一笔为数庞大的遗产。但是,因为奥地利通货膨胀得厉害,奶奶还是穷得像教堂里的老鼠。她本来有一栋两层楼的公寓房子,有许多仆人可以使唤,现在却住在从前家里女仆住的小房间,而且得自理家务。她的健康状况越来越差,却很少听她发牢骚,如果有的话,也只是抱怨风湿和耳朵不好,因此不能弹琴、听音乐。

奶奶年轻的时候,钢琴弹得极好,是克莱拉·舒曼的学生。她在老师的要求下,在勃拉姆斯跟前演奏过好几次——这是奶奶一生最光荣的一刻。当时有教养的女人是不能公开演出的,不过奶奶在爷爷去世后,自己健康尚可时,倒是常在慈善演奏会中露一手。马勒在1896年职掌维也纳歌剧院不久,在一次指挥演出中,奶奶也曾共襄盛举,担任钢琴的部分。但是自此以后,奶奶就不再公开露面了。一般维也纳人总喜欢那种热情澎湃的音乐,奶奶却嗤之以鼻，认为这种音乐鄙俗，说是给"炒股票"的人听的音乐。

事实上，奶奶颇有先见之明，早在半个世纪前，就懂得欣赏近20年来才流行的那种听起来有点儿冷冰冰、无装饰音且讲求精确的法国曲风。她弹钢琴时，从来不踩踏板，不喜欢音乐中夹带着太多感情。我们这些小孩练琴时，奶奶总会坐在一旁。她对我们说："不要光弹'乐曲'，把'音符'弹出来。如果曲子作得好，音乐自然会流泻出来。"像吕里⊖、拉莫⊜，特别是库伯兰⊜等17、18世纪的作曲家，当时可是大冷门，奶奶却封之为法国的巴洛克大师。这些大师的作品在她指下，全成了一种冰冷、均匀，像是大键琴般的音色，而没有平台钢琴的那种回肠荡气。那些作曲家创作的时候，平台钢琴当然尚未问世。

奶奶的记忆力过人。有一次我在练习奏鸣曲的时候，奶奶从隔壁房间走来，跟我说："把那小节再弹一次。"我照她的话做了。

"这里应该是降D大调，你却弹成了D大调。"

"不过，奶奶，乐谱上明明印着D大调。"

"不可能。"

她把谱子拿来一看，果然是D大调，于是她就打电话给乐谱的出版商。这位出版商的夫人也是她的侄女。奶奶跟她说，在他们出版的《海顿奏鸣曲》第二册的第几页第几小节，印刷错误。两个小时后，出版商回电话了，奶奶果然明察秋毫。

我们大家问她："奶奶，您怎么知道那儿有错？"

"我怎么会不知道，"她答道，"我在你们这个年纪就开始弹这首曲子了，而且以前弹琴，一定要背谱的。"

⊖ 吕里：Lully（1632—1687）：法国音乐理论家、作曲家，被誉为"法国歌剧的先驱"。
⊜ 拉莫：Rameau（1683—1764）：法国音乐理论家、作曲家、和声学的改革者。
⊜ 库伯兰：Couperin（1668—1733）：法国风琴竖琴演奏家、作曲家。

大家都很敬爱奶奶，不过觉得奶奶真是好玩。就像那位食品店的老太太，一谈起她，嘴角就浮现一丝微笑，一想起"奶奶的故事"，便不禁捧腹大笑。尽管她有数不尽的好处，却是个不折不扣的傻瓜。家里的每一个人，不论老少，无不对"奶奶趣谈"大肆发挥。在我们家，即使是最无趣的、笨嘴拙舌的人，一谈起奶奶的趣事就成了宴会的焦点。童年时，玩伴常常会吵着说："最近有没有新的'奶奶趣谈'？说来听听嘛！"听了之后，无不笑闹成一团。

比方说，奶奶从未整理过碗柜，多年来她那些女婿一直跟她发牢骚，要她好好清理一番。有一天，奶奶终于整理好了，然后很骄傲地展示成果。上面的架子上钉着一张卡片，写着古色古香的草体字："没有把手的杯子。"下一层也贴了张卡片，赫然是："没有杯子的把手。"

有一天，奶奶那两个小房间终于容纳不下她那堆东西了。于是她就把不需要的东西通通放在一个大购物袋里，然后拖着那一大包东西去城里，到她存钱的银行。那时，她的账户上大概只有几毛钱。爷爷就是那家银行的创办人，直到死前，一直是那银行的总裁，由于奶奶是遗孀，职员对她还是相当客气。但是，当她把那一大包东西拿出来，要求存在自己的名下时，银行经理不由得对她咆哮："'杂物'不能存在账户里，只有'钱'才可以！"

"这么做实在是卑鄙无礼，"奶奶不甘示弱地说，"因为我是个笨老太婆，你才会这么放肆。"

于是，她立刻把账户结清，取出最后结余的几毛钱，然后跑到同一家银行在附近开的分行，重新开户，这会儿却没提到她那一大袋的东西了。

"奶奶，"我们问她，"如果您认为那家银行态度恶劣，为什么还是到他们的分行去开户呢？"

"那家银行还算不错，"奶奶答道，"毕竟是爷爷一手创立的啊。"

"为什么您不要求那家分行的经理让您存放那一袋东西呢？"

"我从来没在那家分行交易过,他们不欠我什么啊。"

奶奶和房客的争执也闹出了不少笑话。她把两层公寓分租给一位牙医,一层让他做诊所,还有一层给他住,自己只留后面几间小房间。这个牙医搬来没多久,就和奶奶吵得难解难分,而且一开战就打了好几年——他们互相控告对方损坏自己的财产,甚至还双双提出诉讼。然而,奶奶还是继续到这位施塔姆医师的诊所治牙痛、做假牙。

"奶奶,您既然告这个医师侵害罪,为什么还要去他的诊所?"

"我只是个笨老太婆,"她依旧答道,"不过,我很清楚,他是个好牙医。不然,他怎么租得起两层楼呢?而且,找他看牙比较方便,我不必冒着风雨跑出去,也不用爬楼梯。更何况,我的牙齿又不是租约的一部分!"

还有一个故事是,她居然把一个女服务生从餐厅里轰了出去。我记得,那回她带了我们四五个小孙子去参加夏令营。在换车等火车之际,我们就在车站餐厅吃饭。奶奶注意到有个女服务生对顾客爱理不理的,就趁她走过来时,用伞柄钩住她,并且用愉快的声调跟她说:"你看起来像是受过教育的聪明女孩。这个地方的服务人员连最基本的礼仪都不懂。你不想和这些野蛮人共事吧?滚吧!"奶奶用力一推,女服务生就被伞推到出口。

"再回来时,要有礼貌一点!"

这个女服务生乖乖地出去了,回来时,态度果然好多了。

我们这群小孩子羞得脸都红了,抗议道:"奶奶,您何必如此?我们又不会再来这儿。"

"是啊,我也希望不会再来,"奶奶说,"不过,那个女服务生可是要再回到这个地方服务的。"

奶奶还时常语重心长、若有所指地告诫孙女辈:"姑娘啊,出门时要换上干净的内衣裤哦。天晓得会发生什么事。"

听了这话，有个孙女又好气又好笑地跟她说："奶奶，我又不是那种女孩子。"

"天晓得，哪天碰上了，你就知道啦。"

奶奶有许多观念，特别是对钱币的概念，还停留在"战前"，然而她的标准却不是1913年以前，而是爷爷生前的时代。19世纪大概都是以银币古登作为通行货币，1个古登等于100个克鲁泽。在1892年，奶奶当时还只是个35岁左右的年轻妇人，奥国把通行的银币改成金币克朗，1个克朗约是100个海勒，而原来的每个古登则可换成2个克朗。30年后，由于通货膨胀严重，克朗变得一文不值，要7.5万个克朗才能买到战前1克朗能买的东西，于是另一种新的货币先令又出现了，每个先令可换2.5万个克朗。这种新货币通行一年左右，大家都习惯了，只有奶奶不行。她去买东西，一定要换算成原来的旧币古登，只好不厌其烦地把先令换算成现在交易的克朗币值，再换算成战前的克朗，最后再变成古登和克鲁泽。

她大声嚷嚷着说："天啊，蛋怎么这么贵？一打居然要35克鲁泽，以前绝不会超过25克鲁泽的。"

"老太太啊，"老板说道，"您晓得吗，最近要喂这些母鸡得花不少钱。"

奶奶说："骗人！母鸡又不信奉什么主义。它们不会因为改朝换代，变成共和国了，就吃得比以前多。"

爸爸也是家中的经济学家，就试着跟奶奶解释价格变动的道理："妈妈，您要了解，因为战争和通货膨胀的关系，钱币的价值已经变了。"

她反驳道："儿啊，你怎么这么说？虽然我只是个笨老太婆，却知道得很清楚，你们这些经济学家把钱当作是价值的标准。你不妨告诉我，我已经变成'1米8高'，因为原来的量尺单位变了，而身长'1米8'的我，还是一个矮冬瓜。"

由于奶奶实在是"朽木不可雕也"，爸爸只好放弃说服她的计划。但是，他还是和我们一样喜爱奶奶,而且尽力帮她。至少,他可以帮她简化那复杂的计算公式——先乘以 2.5 万,再乘以 3,再乘以 2,以换算回 1892 年的蛋价。他还做了一张换算表,呈递给奶奶。

"儿啊,你真好。不过,这么做也没有多大帮助,除非这张表能指出我要买的东西,在过去值多少钱。"

"妈妈,您自己不是知道得很清楚吗?您常常指着那些鸡蛋啦、莴苣啦,还有香菜,说过去值几个古登。"

"我虽只是个笨老太婆,"奶奶答道,"不过,脑子还是应该装比较重要的东西,而不是一些芝麻小事,天晓得 30 年前的香菜多少钱?那时候,我不常上街买东西,那些事都是管家和厨子打点的。"

"但是,"爸爸面红耳赤地说,"您不是口口声声地跟小贩说,当年的价钱是多少?"

"儿啊,我当然得这么说啦,不然一定会被骗。"

若是谈到去政府机关办事,或是有关政治的事,奶奶的手腕不是高明得令人佩服,就是令人啼笑皆非。

在 1918 年以前,没有人持有护照,更没听过所谓的签证。原本通行无阻的世界,突然间变得没有护照和签证就寸步难行,特别是要从旧奥匈帝国到另一个国家,可是大大地不易。在帝国分裂后的几年间,新成立的民族国家特别制定出严格的出入境法来刁难来自邻近国家的旅客。申请护照,光是排队就得花上好几个小时,而且每每因为文件不对,或是不知道要准备何种文件而跑好几趟;同样地,办签证时,又要排几个小时,并来来回回地跑。当然,这一切都得亲自办理,随行家人也要一同前往。到了边境的检查站,大家也必须再排队,一等就是几个小时,而且不管刮风下雨,一律在外头等待;到了海关,又得重复一遍这样的步骤。因此,在 1919 年的夏天,奶奶宣布要到匈牙利的布达佩斯去探访前一年嫁到那儿的大姑姑时，大伙儿无不大力劝阻，希望她打消这个可怕的念头。然而，奶奶一旦下定决心，没有人能让她回心转意。

当时，爸爸是奥地利经济部的高级官员。奶奶没有告知他，直接到经济部去找那儿的信差，要他办好了。过世的爷爷是英国臣民，不用问，大家都知道，他已过世20年了，但是她还是取得了一本英国护照。奶奶在维也纳住了一辈子，因此也拿到奥地利护照。爷爷在世的时候，经常到布拉格出差，就在那儿买了栋公寓，当然，他去世后，房子也卖了，不过这一点却不必向当局报告备案，因此奶奶又取得捷克护照。然后，她又写信给布达佩斯的大姑姑，要她帮她申请一本匈牙利护照。之后，她又如法炮制，取得了四本护照所需的签证。

爸爸知道此事后，暴跳如雷，大声吼道："部里的信差是公仆，岂能私用？"

"当然。"奶奶说，"我知道这一点，不过，我不也是国家的一分子？"

而且，我因为将陪奶奶出国，也取得了所有的护照和签证。于是爸爸问："为什么您一定要彼得陪您去呢？"

"你不是很清楚吗？"奶奶说，"只有我在一旁他才会练琴。这孩子天分不高，少了两个星期的练习，影响可是很大的哟。"

我们到了边境时，警察命令大家把所有的行李拿着下车。直到最后一个人通过月台末端的检查站时，奶奶才从座位起身，一手拿着黑雨伞和购物袋，一手牵着我，迈着蹒跚的步子走到检查护照的办公室。等我们走到那儿，差点就关门了，而且服务牌已经取下了。

办事员对我们咆哮："你们为什么不早点来？"

"你那时不是忙得很，"奶奶说，"因此叫大家排队办理吗？"接着，"啪"的一声，她把四本护照丢在桌上。

那人吃了一惊，说道："没有人能拿到四本护照的。"

"你怎么这么说呢？难道我不是'人'吗？"

这个办事员被奶奶打败了，他柔顺地说："但是，我只能盖一个章。"

奶奶又发火了："你是个受过教育的男人，而且还是个官员呢，而我只是个笨老太婆。你何不帮我挑一本，让我在兑换匈牙利货币时，得到较佳的汇率？"

他盖好章，奶奶就把所有的护照收好，放在购物袋里，对他说："你真是个知书达理的年轻人，帮我提行李，带我们过海关吧，这么重，我自己实在提不动，"她又朝我点点头，"我还得照顾这个小男孩呢。我每天都要盯着他，要他好好练琴。"这个原本目空一切、傲慢的办事员只好乖乖照做。

20世纪20年代似乎特别漫长，奥地利慢慢地被掷入内战之中。奥地利社会主义者以雷霆万钧之势，拿下了最大城市维也纳，天主教的保守势力也不甘示弱，攻下了其他地区。两方互不相让，而且拥兵自重，争相从国外购买武器，等待最后摊牌的一刻㊀。到了1927年，已是山雨欲来风满楼，颇有一触即发之势。大家都在想，经过了漫长的等待，谈判结果宣布后，不满的一方一定会抗议，利用示威游行发动攻击。问题是——谁是打输官司的那一方？在最高法院做出判决的那一天，大家纷纷躲避，街上空无一人，家家户户门窗紧闭，只有奶奶例外，她还是和往常一样在街上散步。在她的公寓一两条街外有所大学，她那天从那儿走过时，注意到学校那平坦的屋顶和往常不同。当时暑假刚过了一半，学校的门都锁着，然而奶奶还是知道如何找到后门，从那儿的楼梯爬上去。她就这样一路拖着大雨伞和购物袋走了六七层阶梯爬到顶楼。乖乖，上面聚集了一整营身穿军服、荷枪实弹的士兵，正瞄

㊀ 1920年秋，奥地利的基督教社会党执政，社会民主党成为反对党。两党互相倾轧，组织武装，准备进行内战。

准下方的国会广场。(这种防备并非虚张声势。几个小时后,果然发生暴动,暴民焚毁法院,并向国会大厦攻击,之后一个星期,维也纳皆陷入枪林弹雨中。)当时,奶奶直接去找司令官,跟他说:"叫这些带着枪的白痴滚蛋吧。他们难道不知道,子弹是不长眼睛的?"

我最后见到奶奶时,已是30年代初期。有一天,我带奶奶搭电车,准备一起回家过圣诞时,在车上碰到一个高大的、脸上有青春痘的年轻人,他的西服翻领上有着偌大的纳粹标志。奶奶站起来,一步步走向他,用伞尖戳那年轻人胸前的肋骨,说道:"不管你的政治立场是什么,也许我有些观念还和你们一样呢。嗯,你看起来像是有教养的青年……不过,你难道不知道,"她指着他衣领上的纳粹标志,"这东西会让某些人无法忍受?说别人信仰的不是,是无礼的行为,笑别人脸上的青春痘,更是粗鲁的做法。你不想被别人唤作'麻脸小子'吧?"奶奶此举,让我紧张得窒息,那时,纳粹标志岂可让人取笑?在街上公然佩戴纳粹标志的年轻人都可以把老太婆的牙齿踢落,而没有一丝悔意。这小子却乖乖地把那纳粹标志取下来,放在口袋里。过了几站,他在下车前,向奶奶脱帽致敬。

家人听说奶奶这么大胆,都露出惊惶的神色。继而想到她的天真、无知和愚蠢,不禁捧腹大笑。

"纳粹不就是一种青春痘吗?哈!哈!哈!"奶奶的侄女婿罗伯特说道,他就是当时命令军队进驻大学屋顶的国防部次长。当初他听到奶奶到那儿"以一介愚妇之言,干预法律秩序"时,可是大大地不乐。

"哈!哈!哈!"父亲也笑了,他曾努力把纳粹党赶出奥地利,却徒劳无功,"看来我们得让奶奶无时无刻不坐电车满街跑。"

"哈!哈!哈!"奶奶另一个侄女婿亦大笑。他太太过世后,他又再娶,并开了家铁厂,因铸造纳粹标志发了一笔财,因此大家都怀疑他同情纳粹。这时他也笑着说:"奶奶简直以为政治和淑女训练课程是一样的东西!

哈哈！"

我也和大家一样笑得一塌糊涂，但是，同时也开始注意到，大家都把奶奶当作家族里的傻瓜。她虽愚不可及，在各国边境关卡重重的战后，她却通行无阻；杂货店老板也给她比较便宜的价格；而她也可以轻易叫那乳臭未干的小子乖乖地取下纳粹标志。古拉丁文有句话说：即使是神，和傻瓜交手也是白费功夫。我仔细一想，这一切都还得归功于她的傻气。我曾和纳粹分子激辩过好几年，以事实、统计数字举证，晓之以理，却完全起不了作用。然而奶奶以"贻笑大方"为由，就可让人服服帖帖的。我当然知道，那小子在远离奶奶视线之外时，一定会马上把那纳粹标志别上衣襟，但他还是一度觉得羞耻。

当然，奶奶不是"聪明过人"的知识分子，而是头脑简单、一条肠子通到底的人。她很少看书，要有时间看，也多半是浪漫的幻想小说，而非什么"正经书"。她的反应很快，却谈不上精明。我最后慢慢了解到，她或许是大智若愚，不是世故、厉害，更算不上聪颖。当然，奶奶是很好笑——不过，说不定奶奶才是对的。

赞同或是反对20世纪的一些事物，都和奶奶无关，正如她的说法，这些不是一个"笨老太婆"可以理解的。然而，她却有先见之明，她懂得：如果身处一个身份证明比人本身来得重要的时代，证明文件是越多越好，而且在货币处于政府的控制之下时，所持的身份证明文件会影响到汇率。此外，官僚一旦掌权，"公仆"反成了公家的主人。奶奶直觉性地以为，这些人若不能真正地为小老百姓服务的话，就不算是"公家机关"。而那有关枪杆子的对话，无疑地，如她所说，子弹是不长眼睛的，伤了人怎么办？

我们觉得很好笑，奶奶居然不了解货币与通货膨胀的关系。其实，即使是经济学家，也没有人能真正了解这回事。尽管奶奶当时使用的那种稳定的货币已成历史，我们把这种观念拿来一想，就不觉得好笑了。证管会对企业界开的那一帖"通货膨胀会计"⊖，正和奶奶那一套土法炼钢的换算方式不谋而合——我们的薪金、退休金、税金等不是皆以"指数"⊜来表示吗？年度收入与支出等不是用"定值美元"⊜来计算吗？奶奶已意识到20世纪的基本问题：如果钱还是钱，一定要是价值的标准，若这个标准由政府任意操控，钱就没有价值了。在1892年一打蛋要多少克鲁泽并不是价值的标准，不过总比毫无标准来得好。

对奶奶而言，女性在两性关系中的地位，这个议题也不是她这个"笨老太婆"可以理解的。她知道的是，这是一个男人的世界，女人最好心里有所准备。身处于一个对女性不同情的社会，女人所能做的也只是换上干净的内衣裤。男人所积极追求的，她却不以为意。妈妈告诉我，以前爷爷一开始在饭桌上大谈经济或政治时，奶奶就说："股票交易？如果你们这些男人要把股票交易搬上餐桌的话，最好还是趁我不在的时候。"然后起身离去。但奶奶也接受这世界还是要有男人的概念，只好继续忍受，即使他们不断拈花惹草，跟别的女人挤眉弄眼。还有呢，不在一旁盯着，就不练琴（我实在怀疑，奶奶把钢琴看得比性、婚姻和情妇的问题来得重要）。奶奶知道世上有许多规则是男人制定的，不过像她这么一个"笨老太婆"还是有一点呼风唤雨的力量。

奶奶那许许多多聪明的侄子、侄女、女婿以及孙子辈，还有那些店老板，认为她之所以傻得可爱，就在于对基本价值深信不疑，而且力行不懈。奶奶也试着把这些观念注入20世纪，至少在自己的周围发挥影响力。

⊖ 通货膨胀会计（inflation accounting）：一种试图不按成本，而按当时价值估计资产，将通货膨胀影响计入的会计制度，以零售物价指数为基础，调整资产负债表的每一个数字，或将实物资产按重置成本估价，或者将经营损益与持有利润分开。

⊜ 指数（indexation）：指西方国家在通货膨胀严重的情况下，按反映通货膨胀率的某项指数来调整工资、价格、利息、租金等办法。

⊜ 定值美元（constant dollars）：或称不变美元，用以消除货币贬值影响的估值方式。

就婚姻大事而言，岂能马虎？然而，若是日后情海生变，各分东西，奶奶也不会太惊讶的。不过结婚典礼当天，众人皆应以最郑重、庄严的态度为新人庆贺，即使在现代社会受到不少束缚——如奶奶说的："就打电报而言，务求精简……"不过，在寥寥数字的祝词之前，还是应该好好地解释一番。

近来所谓的"中产阶级"一词，特别是其在现代英语中的含义，并不能用在奶奶身上。她应该属于更早的"市民阶级的时代"㊀，也就是在工商业勃发、股票交易大兴以前的时代。奶奶的祖先大概是从欧洲西部的佛兰德㊁或荷兰来的，多以染丝、纺织以及贩卖丝织品为业，17世纪定居于苏格兰纺织大城佩斯利，就在格拉斯哥的附近。最后，至1750年许，他们被招募到维也纳来，到新的奥匈帝国丝织品中心工作。他们技艺娴熟，而且也是负责任的公会分子。他们的世界很小，但是自成一格、团结一致，而且敬业、自重，虽无财富可言，但都懂得中庸和节制。

"我只是个笨老太婆。"这句话正呼应那个时代工匠的自我限制——他们不羡慕这个世界的伟人，也不梦想成为上流阶级的人物，只希望做自己，并做好自己的本行。在这样一个时代，工作和工作者皆受到相当的尊重。

今天，那可怜的妓女出卖肉体，图的只是一口饭，实在令人同情，我们还是该待之以礼；但是那个利用躯体来换取演出角色和公众注目的小明星咪咪，虽然成功了，却毫无"光彩"可言，只是丢人现眼而已。

而不尊重自己的工作、敷衍马虎的女服务生，只会为自己带来不快乐。她之所以应该好好学习礼仪，不单是为了顾客，更是为了自己好。

不管奶奶对于纳粹标志的态度是多么令人忍俊不禁，其中还是蕴涵着智慧。如果不尊重个人，无视他人的信仰、决心以及情感，就是步向毒气室的

㊀ 在机器时代的早期，也就是欧洲中世纪时期，城市工匠成为优势阶级，称为市民阶级。欧洲特有的城市，还有哥特式风格与文艺复兴时代，都是他们创造出来的。

㊁ 佛兰德：欧洲西部一地区，濒临北海，包括比利时东部、西法兰德省和法国北部、荷兰西南部的部分地区。

第一步。

总而言之，这个看似见地狭隘、滑稽的女人知道，所谓的社区并非收入、工作阶级和医疗资源的分配，而应以关心别人作为出发点：好比记得奥尔加小姐是如何看重侄儿，得知他通过考试得到学位时，喜悦之情不亚于这个年老干瘪的老处女；好比千里迢迢地跑到郊外去听那"小葆拉"呻吟，她不过是已故仆人的亲人；又好比拖着酸痛的关节在五层楼梯上爬上爬下，就是要拿咳嗽药给一个老妓女，她因为在附近的街角拉客，多年下来，也成"老邻居"了。

然而，这种市民阶级的世界和社区组织也有缺点——既狭小，又短视近利，简直令人窒息，而且淹没在流言中，有着一股臭水沟的味道，不但不重思考，排他性强，而且充满了剥削与贪婪。在这种环境之下，女人注定会受苦。又好比奶奶为公寓所做的争斗，为了这种小事居然到了与人势不两立的地步。然而，这个世界也有它的价值，像是尊重工作以及技艺、对人关心、注重社区组织的构成价值——这些都是 20 世纪欠缺而且需要的。没有这些价值就没有"中产阶级"或是"社会主义者"，而成了"游手好闲的流氓无产者"，好比那个佩戴纳粹标志的小子。

那么，"没有把手的杯子"和"没有杯子的把手"又怎么说呢？这和 20 世纪又有何关联，又能告诉我们什么？说实在的，我也想了很久，百思不得其解。直到 1955 年左右，我终于恍然大悟：奶奶真是先知先觉！她那原始而简单的方式，简直是第一个电脑程序。奶奶把厨房碗柜里"不需要的"和"不能用的"东西都区分出来，实在是一种"完全信息系统"。

奶奶死时，也和生前一样，留下了一则"奶奶趣谈"。

有一天，风狂雨急，她仍和平常一样风雨无阻地到处溜达，走着走着，竟走上了车道。司机看到她，想绕过去，但还是让她摔了个跤。于是，这司机连忙下车搀扶。奶奶虽毫发无伤,不过却吓坏了。

司机说:"老太太,我送您到医院去一趟,好吗?还是让医师检查一下,比较妥当。"

"年轻人,你对我这个笨老太婆实在太好了,"奶奶答道,"还是麻烦你叫辆救护车来好了。车上多了一个奇怪的女人,可能会损及你的名誉——人言可畏啊。"10分钟后,救护车抵达时,奶奶已因严重的心肌梗死而死亡。

弟弟知道我和奶奶很亲,因此打电话告诉我。他以哀伤的语调说道:"我有一个非常令人难过的消息要告诉你……奶奶今天一早过世了。"但是,他一开始描述奶奶死亡前的故事,音调就有点儿改变,最后终于笑了出来:"想想看吧。只有我们的宝贝奶奶会这么说,高龄七十几岁的她,居然还担心和一个年轻人同车会给他带来'绯闻'的困扰!"

我也笑了。不过,我倒想到一件事:一个75岁的老太婆自然不会损及这个年轻人的名誉,但要是一个陌生老太太在他车内死去的话,他要如何向世人解释?

第 2 章 | CHAPTER 2
赫姆和吉妮亚

　　我没有成为小说家，实在对不起赫姆和吉妮亚。

　　从小，我就立志要写出一些好作品，也许这就是我唯一的志向。的确，我愿意朝着这方向努力。小说写作无疑是作家的试金石。我一向对"人"相当感兴趣，不喜欢"抽象概念"，更别提哲学家的定义与分类了——对我来说，这简直和囚衣一样可怕。"人"不只比较有趣，更有着许多不同的形态，也较有意义，因为人会发展、表露、改变并成为一种新的形态。

　　我很早就认识赫姆和吉妮亚了。他们的全名是：赫姆·施瓦兹瓦尔德博士和尤吉妮亚·施瓦兹瓦尔德博士，娘家姓氏为诺斯本。施瓦兹瓦尔德伉俪是我一生所见到的最有趣的人。如果我要写故事，一定不会遗漏这两个人物。

　　然而，我很早就知道要把这两个角色描绘得栩栩如生可不是易事。瑕疵的部分比较容易描述，但是要写活他们那既耀眼，又矛盾复杂的个性与人格，实在是一大挑战。这两个人物对我的吸引力是无穷的，让我一直目眩神迷；同时也困扰着我，使我萌生退避三舍之心。因为每当我想拥抱他们，满怀的却只是一片虚无……

乍看之下，赫姆和吉妮亚无奇特复杂之处，一个是天才型的政府官员，另一个则是天赋异禀的女教育家。他们的故事之所以不同于同一时代的人，似乎只是早年成功，享有盛名。

赫姆瘦骨嶙峋，发已全秃，从学生时代开始，头顶就出现一块光溜溜的小丘。深邃的眼睛上方像是突出的山陵，耳朵尖尖、硬硬的，下巴亦"犀斗"得厉害。他那修长的双手，像是只剩骨头似的，硕大的关节和手腕裸露在大衣袖口之下，使得他的衣服看来老是不够长。他只有中等身高，骨架却很大，看起来就像稻草人般消瘦。他的嘴巴很小、很薄，常常紧紧地抿着嘴唇，一副不苟言笑的样子。他的声音高亢，一开口常像是几个猛烈、断奏的音符。他很少说话，但一开口，就叫人不快。

有一次，我母亲去巴黎玩，花了一大笔钱买了件出自名设计师之手、极为时髦的洋装。她对这件衣服喜欢得不得了，打算等到重大场合，也就是施瓦兹瓦尔德家举行盛宴，或是圣诞晚会时，再拿出来亮相。我们这些小孩也一同前往。那天，赫姆看了我母亲一眼，就说："凯洛琳，回家去把那件衣服脱下来，送给家里的女佣吧。这件衣服看起来，就像是跟她借来的一样。"我那固执、好辩且向来独立的母亲竟一声不响地回去，乖乖地把衣服脱下来，给了女佣。

我母亲是吉妮亚的学生，赫姆一律叫她们"吉妮亚的小孩"。在这些年轻女学生中，其实母亲是最得赫姆喜爱的。这个骨瘦如柴看似冷酷的赫姆，偶尔还是会显露出藏在他内心深处的仁慈的。虽然不轻易开口，但有必要说句话以挽回情势时，他还是会强迫自己说的。

我在1933年回到维也纳和父母亲一同过圣诞节时，已经离开家乡一段时间了，那时的我，是二十几岁的年轻人。前一年春天，希特勒已经掌权，于是我离开德国，跑到伦敦一家大保险公司当练习生，做了几个月，到圣诞节时，这个工作就没了，又找不到另一个差事，因此相当沮丧。我一直不想回维也纳，从 14 岁开始，我就想离开那个地方了，高中一毕业，我就远走高飞。之后，我在伦敦遇见了一个年轻女子，她后来成为我的终身伴侣。1933 年那次回维也纳时，我饱尝与妻两地相思之苦。一日不见，如隔三秋，我恨不得立刻飞回她身旁。

然而，家乡生活的舒适与安逸，对我的惰性来说，是一大引诱。不知有多少人不断地劝说，要我留下来，比方说在奥地利外交部里，担任新闻官员。我明知自己无意留下，却再三徘徊。直至 2 月初，我终于下定决心要走了，但还是因和亲友一一告别，延宕了离开的时刻。其中非亲自造访不可的，就是施瓦兹瓦尔德家。吉妮亚对我非常亲切而且关心，提出种种问题，问我在伦敦的工作机会如何（可说是希望渺茫），以及我的财务状况（更是凄惨），也问到维也纳所提供的工作，并说，这可真是难得的肥缺。

突然，赫姆走进来。听了一会儿之后，他对吉妮亚说出了几乎让人难以入耳的话，我从未听过他对吉妮亚这么说："吉妮亚，放了这小子吧。你这个样子，就像个愚不可及的老太婆！"然后转过头来，跟我说话。

"我是看着你长大的，一直很欣赏你的独立，不人云亦云，甚至不会被我们的意见影响。你高中一毕业就决定离开维也纳到国外闯天下，这一点让我颇以为傲。去年希特勒在德国主掌大权，你毫不犹豫地离开德国，叫我不得不为你喝彩。不留在维也纳是对的，这个国家已成明日黄花，就快完蛋了。但是，彼得啊，"他把我从椅子上拉起，"回家整理行囊。往伦敦的火车明天中午就要开了，你一定得搭上这班车。"

他粗野地用力把我拖到门边，几乎要把我推下楼。他看我走到了楼下，准备打开大门离开，就大声吼叫："不要担心工作的事。工作总会有的，而且一定会比这里的好。找到差事后，给我们寄张明信片，可别把我们忘得一干二净哦！"

第二天，我就搭了那班火车离开了。甫抵伦敦，不到 6 个小时，我就找到了工作，的确要比维也纳提供的任何机会都好。我在伦敦一家商业银行做经济分析员，并担任合伙老板之一的执行秘书。之后，我遵照赫姆的话，给他寄了张明信片。

其实我欠他的实在不少，或许是太多了。这样帮我，对这个已退休而含蓄的人来说，不知已尽了多少力。因此，我想给他写封热情洋溢的信，但又害怕被嘲笑说滥情，最后只好作罢。后来，我一直无法原谅自己没写那封信——因为我再也见不到赫姆了，没有机会对他诉说心中的感激了。直到三年后，我和太太搬到纽约之前，每年圣诞节我还是会回维也纳，每次回去，我一定去拜访吉妮亚，但是已无缘见到赫姆了。他在1934年的夏天中风，后来身体虽无大碍，却逐渐丧失了心智能力。当然，他还有清醒的时候，可是那时我却不在他身边。多年后，有人告诉我，赫姆在神智稍微清醒之际，有时还会问："为什么总没有彼得·德鲁克的消息？"

大人都很怕赫姆，对他那尖酸刻薄的嘴愤愤不平，同时因为赫姆不让人接近，因此人人对他敬而远之。他对小孩子一样很凶——事实上，他对三岁孩儿的态度和对大人的态度没什么两样。也许正因为这样，小孩子一点都不怕他，而且挺崇拜他的。在他晚年，身边总围绕着一堆七八岁的孩子，和他吼来吼去。然而，他有一个身体特征却使小朋友害怕，那就是他的跛行。他一只脚比另一只脚短得多，因此成了可怕的畸形足。他的臀部向外突出，大腿又缩回来，和身体形成一个很奇怪的角度，膝盖以下小腿的部分又向后扭曲。如果不用拐杖，赫姆简直是寸步难行，即使有拐杖，他也几乎只能像螃蟹一样侧着颠簸横行。爬楼梯或是上斜坡对他来说，都是难事，然而他还是设法克服，并拒绝所有人的帮助。到了平地，他就可加大步伐，曳足而行，速度之快连壮硕的小伙子都难以赶上。根据谣传，赫姆的跛足是小时候一次意外造成的：有人说，他在襁褓时，摔到地上；又有人说，他从窗户上跌了下来；最通行的说法是，他小时候骑着快马，从马上坠下，才成了今天这副德性。然而，赫姆本人却不会谈及自己的残疾，也绝口不提家人、童年，以及少年时代的事。

大家都知道的是，他在1870年（或是更早）生于奥属波兰的最东边，距离俄国边界只有数英里①之处，是家中最小的男孩。他的家一贫如洗，过着仅足以糊口的生活。他父亲听说是个游手好闲的小贩，家计靠做产婆的母亲来维持。不过，之后他们还是得以向前迈进一大步，晋身为成功的中产阶级。赫姆的舅舅，后来搬到维也纳，成为当地的名律师，也是第一个领导维也纳律师协会的犹太人。舅舅没有子嗣，因此相当照顾自己的外甥，特别是早慧的小赫姆。他让这些外甥都完成中等教育。赫姆的一个哥哥便住在维也纳的舅舅家，并上了大学，后来成了一位受人尊崇的维也纳下级法院法官。赫姆比同辈的孩子早两年完成预校的学业，因此在毕业后一两年间，大家和舅舅都认为赫姆应该会和哥哥走上相同的路子。

那时候的赫姆，应该不到17岁。然而，他那不按牌理出牌的"天赋"和意志力都已成熟了。他拒绝到维也纳上大学，而选择在奥属波兰以德文为主要语言的索斯诺维次大学。奥属波兰另外还有两所大学，一所是以波兰语为主的克拉科大学，另一所则是以乌克兰语为主的兰博克大学。索斯诺维次大学的学生清一色是犹太人，因为只有奥属波兰的犹太人说德语（或意第绪语）。除非有特殊原因，即使是波兰的犹太人也不上索斯诺维次大学，无不使用各种手段到"西方"，也就是维也纳或布拉格去上大学。就算索斯诺维次大学是官方承认的大学，也不被社会所认可，更非成功生涯的起点。在奥匈帝国下的索斯诺维次大学，犹如19世纪二三十年代纽约的市立学院②，学

---

① 1英里 ≈ 1609.344米。
② 市立学院：纽约市一所由公家管理的男女学校，正式名称为纽约市立大学附属学院，为市立大学附属高级学院里最古老且最具规模者。建于1847年，1866年定名为纽约市立学院，1929年改成"市立学院"。

生之间虽竞争激烈，但若有机会进别的大学，没有人会上这里来的。

因此，赫姆一宣布要进索斯诺维次大学，就受到外界极大的压力，要他改变心意。我父亲和他舅舅很熟，我记得他们提起过，只要赫姆愿意到维也纳来求学，他的舅舅愿意租一间房间让他单独使用；要是赫姆想到德国、瑞士、法国或是英国留学，学杂费也没有问题，完全由舅舅负责——能到那几个地方求学几乎是每个奥地利青年梦寐以求的。最后，这位舅舅不得不改口威胁他：再不听话，就要断绝一切经济援助。但是赫姆完全不为所动，还是到索斯诺维次大学就读，并以第一名的成绩从法学院毕业，同时，他也是该校有史以来，最快取得学位的人。

现在，赫姆终于要回到维也纳来了。他的舅舅于是设法利用自己的影响力来帮赫姆这个法学院高才生找全奥地利最好的公职。赫姆既非有土地的贵族之子，又是个犹太人，然而他的舅舅还是帮他在财政部的顾问室找到了一个空缺。赫姆虽想从事公职，但财政部却不是他的志愿，他已打算到外贸局服务。

如果说前往索斯诺维次大学就读是他一时兴起，那么拒绝财政部而选择外贸局可谓愚不可及，并有故意宣示的意味。众所皆知的是，外贸局是奥地利历史最悠久的政府机关，在18世纪就成立了，远早于19世纪才创设的各个现代的"部"，此外这个外贸局主要负责促进奥地利的出口贸易，并主办各种商展，故自18世纪始，素以"商业博物馆"著称。虽然这个机关和外交部、经济部形成一种巧妙的平衡关系，但仍算一个自主的单位，独立在外交部之外，同时也办理领事服务事宜，所以和它们也有所竞争。

在这个"商业博物馆"的管理之下，还有两所大学：一所是东方学院，另一所则是领事学院。赫姆进入这个单位服务后不久，他们又创办了奥地利第一所商学院，亦即"出口贸易学院"，也就是现今维也纳外贸大学的前身。这所学校颇为有趣，也有许多很有意思的人。然而，在外贸局这种单位服务，既不能享受特权，也没有什么未来——这个地方就像一潭死水。

相形之下，财政部可不同了，特别是其中的顾问室，掌控着奥地利高级首长的职位，以及企业的高级职位。当时的三大"特权"部门——农业部、内政部和外交部的要职还是留给伯爵或男爵，其他开放给非贵族的高级职位，无不在财政部的控制之下。顾问室里的官员，不是出任财政首长，就是在其首长办公室担任资深要员，或是去领导较小的部门，如商业部和司法部，或是成为大银行的总裁。

赫姆选择外贸局，放弃财政部的"肥缺"，简直是匪夷所思，这是一种具有政治意味的宣示。财政部是官方的"自由派"，官员皆受过高等教育，度量不错，有见识而且明智，在保守的奥国政府中，他们可谓"忠诚的反对党"。但外贸局却是个故意"唱反调"的机构：奥地利政府力行保护主义，外贸局却高唱自由贸易；奥地利是个农业国，外贸局却提倡发展工业。

当时的工会组织，如果没遭到警察镇压，也会受到政府当局公开的反对，但是外贸局不但认同这些工会成员的信念，还鼓励工会为成员开一些大学程度的科目，并为他们延揽教师。此外，外贸局还主张确保劳工安全、实施儿童劳动法、减少每周工时等。更糟的是，这个外贸局是18世纪奥地利启蒙运动的产物，因此与共济会有着某种关联，而这共济会在奥地利与其说是社会的或是公益的社团，不如说是一个政治组织——他们反对神职（即使不是反天主教），抨击大地主，也不赞成土地操控在少数人的手里；更重要的是，他们极其反对军国主义。

奥地利政府居然能让这种具有"颠覆"因子的机关存在，不是心胸宽广，就是本身组织大有问题，这点就留待历史学家去研究吧。当时，外贸局的存在已成事实，大家只好忍耐。但是，明明可以到财政部就职的人，却跑到外贸局去，这就不是"古怪"一词可以形容的了。赫姆此举，让大家都觉得脸上火辣辣的，好像被打了一巴掌一样，而且知道他是公开挑战。

原来赫姆之所以选择外贸局，并不是有志于此。像我父亲10年后加入外贸局就是因为个人的志趣，大多数加入外贸局的官员也是这样。但赫姆进入外贸局为的只是和家人划清界限，他如此费尽心机，就是要让他们伤心。

而赫姆那热心的舅舅不但为他取得财政部的职位，还帮他订了火车头等席并把车票寄给他。在19世纪90年代初期，只有将军和高级银行主管才能如此奢侈。这个舅舅很体贴，想到赫姆从来没到过维也纳，于是亲自在凌晨时分跑到火车站去接这个远道而来的外甥。他第一眼看到赫姆时，简直吓呆了：他原知道赫姆的脚有点儿不方便，但是没想到竟会如此严重。赫姆提议，不妨在清晨爽朗的阳光下，步行回舅舅的住处。这个舅舅十分欣喜，心想可以在路上跟他谈工作的事和为他的生活做的种种安排。他邀请赫姆住在他家，同时又很有技巧地说，如果他想一个人清静的话，可以在舅舅家附近的饭店休息。他还跟赫姆说，他已和最有权势和影响力的人谈过，说他那聪明绝顶的外甥马上要到维也纳来了，请他们多关照。

他们走了约一个小时，赫姆却一句话也没说，让做舅舅的觉得有点儿不安。最后，他们走到一条安静的街道，舅舅和舅妈就住在这里，这时赫姆终于开口，希望舅舅能给他几分钟，他马上回来。这个舅舅日后回想道："那时，我心里想着，这个年轻人真是难得，或许是要去买束花，送给素未谋面而将一起生活的舅妈吧。"一个小时后，他不见外甥身影，两小时，三小时，四个小时都过去了，还是没等到。最后，到了下午，舅妈已经快歇斯底里了，而这个舅舅也准备打电话报警时，信差送了一封信来，上面写着："我已决定到'商业博物馆'任职，请把我的行李交给信差。"

从此，这个舅舅和舅妈再也没见过赫姆，也没有他的消息。在赫姆到维也纳的前几年，他那些好心的亲戚年节时还邀请他过来玩或是共度周末，他们的邀请函却原封不动地被退了回来。赫姆也从不和自己的哥哥联络，不回信，连电话也不回。

这种做法真是十分怪异，最后终究会被人认为是目中无人。在赫姆搬到维也纳约十年左右，他的母亲过世了，他那一无所长的父亲也放弃了这个儿子。舅舅于是把赫姆的父亲带到维也纳来，并帮他找了份闲差，也就是在财政部大楼里卖点小东西。当然官方是不准政府机关有小贩出入的，还是托人靠着贿赂或是关系，才得以入内贩售各式各样的小东西，如刮胡刀等，有时也做一些跑腿的工作，像买胸花什么的，年轻的官员要约会就代购戏票啦，年长的官员周六下午要带家人出去踏青，就为他们准备野餐篮子啦，到街上代为采买文具以赚个一成小利……总之，部里的小事、各种小礼物都可以由他一手包办。

这种专门在政府机关服务的小贩并非奥地利所特有。从特洛伊普19世纪50年代写的小说中，就可发现英国政府办公室也有这等人存在，德国俾斯麦政府里也有。20世纪三四十年代纽约办公大楼不是也有"擦鞋童"吗？他们都有自己的地盘，专门卖领带、衬衫等杂物。据我所知，这些人今天仍可得见。这些政府大楼里的小贩可算是一种高级仆役，不过社会地位不高，但和开一家小店相比，这种工作还算稳当、高尚。这种小贩没有什么竞争对手，也不会"降格以求"，公然开起店来。所以老施瓦兹瓦尔德，也就是赫姆的父亲，终于找到了一个有保障、生活无虑的工作。不料，后来赫姆入主财政部时，第一件事就是把这老人赶出去。父亲可怜兮兮地要求见儿子一面，跟他求情，却被拒绝了。

一度是弗洛伊德的弟子，后来成为其竞争对手的心理学家阿德勒⊖和赫姆很熟。他认为赫姆这种行为完全是由畸形身躯所引发的典型"过度补偿"（overcompensation）心理。阿德勒认为，赫姆在下意识里，一定责怪他的父母把他生成一个跛子。因此，他对自家人持这种态度绝不是"古怪"而已，

⊖ 阿德勒（Alfred Adler，1870—1937）：奥地利精神病学家，设计了一种灵活的支持性心理治疗方法，以指导有自卑感的情绪障碍患者，成为对社会有用的人。他于1911年坦率地批评弗洛伊德，并与之分道扬镳，和追随者建立个体心理学体系。

就像他当初选择外贸局，弃财政部如敝屣这件事，才不是认同外贸局的基本做法和方针呢。比方说，外贸局秉持着自由贸易的信条，赫姆却一点也不相信自由贸易，认为只有在严密的控制之下，才能赞同自由贸易；又如外贸局主张工业化，创造人口稠密区的就业机会，赫姆却偏好农业，而且宁可弃婴儿于不顾，也要防止人口增长；此外，外贸局之所以创立，为的是帮助商人，赫姆却是彻头彻尾地反商、反中产阶级，认为他们都是寄生虫。总之，他的理想是中国，这辈子唯一写过的文章就是赞扬中国古代的复本位币制○一，并大力抨击奥地利当时通行的币制与经济理论。

现在回想起来，赫姆应属于凯恩斯学派○二，却比凯恩斯早了40年。他认为国家干预有其必要，然而一般传统的看法则不能接受经济受到政府的干预和操控，或者只相信供给面的管理。赫姆认为政府应该操控货币、信用和金钱，但传统的看法却认为这种操控没有效果，终将失败；他更相信增加消费者的购买力将是经济复苏的万灵丹。然而在1890年的时候，却无理论工具，也没有资料来支持这种革命性的理论。从某方面来看，赫姆实在是个不善表达的先知，而不是有系统的思想家。从赫姆的经济学观点来看，可看出他的怪异，和他对父亲的态度有点儿异曲同工之妙。这点，我们要从赫姆所崇拜的经济学英雄杜林○三谈起。

如果说杜林在经济学历史上有什么地位，那就是他是恩格斯的箭靶。在

○一 复本位币制（bimetallism）：如金银二本位制，在二者间保持一定的兑换率。
○二 凯恩斯（John Maynard Keynes，1883—1946）：英国著名经济学家，经济政策的制定者和评论家，有成就的金融家。在20世纪20年代，他没有直接批判过自由放任政策，但到30年代，由于面临经济大危机，政治家和经济学家对传统政策丧失信心，迫切需要新的理论和政策，于是凯恩斯在其著作《就业、利息和货币通论》（*The General Theory of Employment, Interest and Money*）中提出因应之道，而此书也为他奠下不朽的声誉。他主张国家干预，并认为通过政府的充分就业政策可以使经济从衰退中复生。
○三 杜林（Eugen Dühring，1833—1921）：哲学家、政治经济学家、作家，也是德国主要的实证主义者。因攻击军国主义、宗教和犹太教而树敌甚多。

《反杜林论》（*Anti-Dühring*）这本马克思主义的经典之作中，恩格斯对杜林进行了严厉批评。不用读完全书，我们就知道恩格斯的立场了。对《反杜林论》一书的读者而言，杜林已经完了；只有一个人例外，那就是赫姆·施瓦兹瓦尔德。赫姆在索斯诺维次大学求学时就读过《反杜林论》一书，自此反而对杜林佩服得五体投地，终生不渝。在第一次世界大战爆发之前，赫姆每年都会去德国东部的耶拿——一所小小的大学，他的英雄就长眠于此。赫姆在杜林的墓前献上花圈，流连凭吊。但是杜林之所以吸引赫姆，并不是因为他的经济学，赫姆至为精明，知道杜林的脑筋实在是像一团糨糊。让赫姆倾心的原因，是19世纪的经济学家中，只有杜林极端而且强烈地反犹太。

这种反犹太的情结当然要比希特勒来得早。当时反犹太不见得一定会有什么后果，赫姆并不是唯一以反犹太来解决自己内心冲突的欧洲犹太人，和赫姆同时代的人，如维也纳的弗洛伊德以及法国的柏格森⊖也是，借着反抗，来面对自己的犹太血统。弗洛伊德晚年的主要作品《摩西与一神教》（*Moses and Monotheism*）就探讨了这个问题。赫姆的妻子是犹太人，他唯一的好友，一位维也纳的银行家，也是犹太人；当时那些银行家大都是犹太人出身的。这个银行家好友信奉的是正统的犹太教，从他教导儿子的方式可见他的宗教狂热。他儿子是我的同班同学，班上那么多犹太人，就他一个人每星期六都不读书、不写字或是不背书。犹太长老的儿子也在班上，他都没这样。

当然，赫姆不会刻意隐瞒自己纯正的犹太血统，然而他还是认为犹太人是现代世界的罪恶之源，更因为犹太人多是中产阶级，贪得无厌而且精打细算，而认为他们是毒害社会者。身为犹太人对他来说，并不是种族或是宗教的问题，而与态度和精神有关。赫姆自己知道他已弃绝犹太人多年了，而且

⊖ 柏格森（Henri Bergson，1859—1941）：法国哲学家、作家，1927年诺贝尔文学奖得主，生命哲学和现代非理性哲学的主要代表。

尽可能表现得完全不像个犹太人。

当时，奥地利的官场可说是相当冷酷，派系恩怨很多而且见不得别人好，因此实在令人想不到像赫姆·施瓦兹瓦尔德这种人会有立足之地。他这个人脾气暴躁、粗鲁，欠缺谋略，令人退避三舍；从名不见经传的索斯诺维次大学毕业，而非自维也纳大学出身，还放弃财政部的要职，跑到"商业博物馆"服务。他的妻子和他一样激进、反犹。他们没有钱，也没有显赫的家世、背景，却对每一件事都有意见，而且常高声表达自己的"高见"，不是惹火了别人，就是让人觉得可笑，再加上那恶毒的舌头，和他交往过的，多半成了敌人。这样的一个人就像是阿雷钦（Sholem Aleichem）作品中的反英雄角色，或是伊撒·辛格（lsaac Bashevis Singer）写的犹太人悲喜剧中的人物。

然而，赫姆还是力争上游。有一次，他终于有机会晋身成为枢密顾问官，也就是奥地利文官制度中的最高首长，和德国的"枢密官"或"内廷参事"相当，他却差一点毁了这个机运。远在赫姆成为资深官员以前，犹太人已慢慢"咸鱼翻身"为大众所接受，并掌控政府高级职位。但是，在一些具有特权的部门中，仍保留着过去要职皆由基督教徒担任的传统。也就是说，原本在比较小的单位担任首长的犹太人在晋升"大臣"前，都得悄悄地进行一种古老的"受洗仪式"：为了秘密进行，多半凌晨5点由宫廷里的神父为之主持仪式，而成为天主教徒，或是请维也纳最大的路德教会的牧师到家里来，并请这牧师的夫人或牧师的儿子做见证。一切行事极为小心谨慎。

因此，赫姆将升官到"天下第一部"财政部做枢密大臣时，有人就向他建议进行"受洗仪式"，但是他却大声咆哮。

"我才不管什么仪式，"他说，"对我而言，受洗一点意义都没有。即使不做犹太人，我还是不会因此而受洗的。我已不是犹太人了。多年前，还在求学时，我就已经彻底去除自己精神中的犹太成分了。"

向他进言的官员知道赫姆这个人素以顽固闻名，只好打消念头，撤销他的提名。然而这件事还是引起了皇帝的好奇心。当时的奥皇已是70多岁的老人了，他要求属下给他一份调查报告，毕竟任命枢密顾问大臣的不是那些部长，而是皇帝自己。于是这个老皇帝亲自写了一封信给赫姆。这封信赫姆曾给我父亲看过，后来就被怒发冲冠的赫姆焚毁了，信上面写道：

施瓦兹瓦尔德博士：

　　寡人从未独断地决定任何一个臣民的信仰，也尊重各种宗教。但登基时，已宣誓吾国将继续基督教国家之法统。对汝等而言，此举可能过于迂腐，但寡人还是希望在吾国任公职者，皆能信仰基督。寡人虚长多岁，看在年纪的分上，或许卿愿意稍作退让。

但赫姆还是坚决不肯妥协。就这样僵持了6个月后，赫姆终于成功，晋升成为枢密顾问官，那"受洗仪式"也悄悄地废除了。之后，赫姆却提出正式声明，请即将成为高官的犹太人皆能先除去其犹太精神！

总之，赫姆成就非凡，事实上他是奥地利有史以来最伟大的公职人员。"为什么呢？"在我十四五岁，第一次注意到所谓的"赫姆·施瓦兹瓦尔德现象"时，请父亲为我解释。

"因为我们需要像他这样的人，"父亲答道，"有时，我们碰到一些极为棘手、难以处理的事情，必须找一个毫无惧色的人来处理的时候，就会想到赫姆；或是事情复杂到没有人能理解时，也只有赫姆可以解决。他具有直指核心的洞察力，并愿意去面对最艰难的任务。"

"你还记得吗，"父亲停顿了一下继续说，"在你差不多四五岁的时候，爸爸妈妈不是带你去亚得里亚海岸度假吗？"

我点点头，隐隐约约还记得沙滩、海浪以及和妈妈一起堆沙堡的情景。

当时，妈妈穿着一件非常奇怪的泳衣。

"你是不是还记得，那次我们没玩儿多久就回家了？"当然，我对停留的时间已无印象了。

于是，他继续说："就在那年夏天，战争爆发了。之前，我们为这次的旅行已经计划了很久。有好几年，我一天假都舍不得请，就等着日后带你妈妈、你，还有你弟弟去玩儿一整个夏天。我们一到海滩，就听到奥地利王位的继承人斐迪南大公在萨拉热窝遇刺的消息。当然，这件事带给我们很大的震撼，但是没有太难过。我们心想，下一个外交危机该是什么呢？当时坐镇在办公室的老板拍了封电报给我，要我先别回来。但是赫姆马上预料到，这事件不只是个危机，奥地利军方一定会设法加入战争。特别是大公死了，他们随时都可能失去权势。赫姆也了解，军方想要和塞尔维亚速战速决是不可能的，战事一定会升级。于是，赫姆传唤我以及其他几位资深官员回去——我们都是所谓的'自由派'或是主和者，赫姆希望我们能一起有计划地阻挡这次的军事行动。我们各自去游说各个部会首长，劝说所有的政治人物，设法突破多位老侍臣所形成的重围以见年迈的奥皇一面，联络主教、商人、工会代表以及报界，甚至还去动员已被大公'鹰爪'驱逐的退休老将军。然而，这一切都徒劳无功。包括我自己在内，赫姆的同僚也是，一开始没有人把他的警告当真。直到最后，我们才知道，赫姆真是已经预见到大难即将来临。他说得果然没错——他总是对的。不过，明知会惨遭失败，他还是全力以赴。"

不管如何，赫姆的确有所建树。他是奥地利史上第一个平民枢密大臣，在此之前只有贵族血统的王储才有这份荣耀。一般而言，伯爵或是王子必须等到40岁过了之后，才能担任枢密顾问官，平民更是要等到50岁以后才有希望，赫姆却在35岁之时就已得到这个殊荣，那时他已转调到原本遭"嫌弃"的财政部，掌管财政和货币政策。在第一次大战爆发时，他更立刻晋升为副国务卿，全国的货币与财政都操控在他一人之手。

当时的奥匈帝国已是四分五裂，内部冲突严重，境内约有"一打"不同的种族相互敌对。就财政而言，没有外汇储备，也没有黄金，只有一小块工业区，其余都是落后的农耕地。政治或是军事的领导力都很薄弱——当时的奥皇已是风烛残年的老人，若是作战，奥国顶多只能撑上四年。当时国家的支柱就是赫姆·施瓦兹瓦尔德：他稳固奥国在战时的财政状况，以发行自愿公债来筹措奥地利的战争经费，以避免加税；在他掌权的那几年，奥地利的货币不论在国内或是国外都还保持一定的水准；此外，反对以黄金为本位的他，居然还设计增加奥地利的黄金储备。

赫姆最大的成功，最后还是成了最可怕的失败。奥地利一战败，他就离开财政部，打算为伤残士兵的复健工作尽一份心力，这个机构就是现在所谓的退伍军人协会。此时，币值却一直下滑，战后通货膨胀的脚步已经临近。1921年夏天，赫姆又被奥地利政府召回，重新掌管财政部。这次的权力比先前更大，然而他还是一败涂地，也许以当时的情况而言，奥地利的财政已经无回天之术了。就政治方面而言，媒体的报道无法控制，使得原本严重的失业问题更是雪上加霜。赫姆开的药方就是加快印制钱币，并刺激民众的购买力。他终究是前凯恩斯派的，6个月后，奥国原本通行的货币克朗跌到战前的千分之一，赫姆也就丢了官。

他的继任者熊彼特○一样遭到挫败，尽管这位是全奥，不，该说是全欧最伟大的经济学家。和赫姆不同的是，他知道如何对症下药。然而，当时的他虽是财政部长，还是无法力挽狂澜。当时的奥国政治仍是国家主义派当权，拒绝缩减公共支出。一年之后，熊彼特只好黯然下台。之后，他先到德

○ 熊彼特（Schumpeter，1883—1950）：奥地利裔美籍经济学家、哈佛大学教授，提出用以解释资本主义特征的"创新理论"，著有《经济发展理论》《资本主义、社会主义与民主》（*Capitalism, Socialism and Democracy*）（1946）等。

国的波恩大学任教，并在1929年到了哈佛大学。他在1922年离开维也纳时，通货膨胀已经恶化到7.5万克朗才能买1914年1克朗所能买到的东西。不过，大体而言，在1918年春，钱币还是能买到一点东西。熊彼特认为通货膨胀已是一种政治问题，和经济的理论与政策无关，于是辞职，并且强烈怀疑：这样的自由社会是否愿意采取必要的政治手段来解决问题？

在《资本主义、社会主义与民主》这本经典之作中，熊彼特下了一个悲观的结论：由于无法制止通货膨胀，加上政治意志力薄弱，民主最后还是会沦丧。比起1946年成书之时，这种预言在现在看来，更为正确。他的醒悟是一种痛苦的体验，是他1922年在赫姆之后继任财政部长时学到的惨痛的一课。熊彼特果真说中了。后来奥地利通货膨胀的问题之所以能解决，是靠一个反动派的政治家牧师赛佩尔——这个人完全不懂经济，只是敢冒险，他不怕失业率再度攀升，断然缩减军费。

那时，赫姆又遭到了另一次挫败，也是最后一次了。他曾是奥地利最高金融主管，这回则当上了维也纳最大一家银行，也就是英奥银行的总裁。赫姆唯一的好友就曾经领导过这家银行，也就是我们先前提到的那位非常传统的犹太银行家。这个人后来自杀了，有人说，他就是赌赫姆可以解决奥地利通货膨胀的问题，而使这家银行到了毁灭的边缘。又传说，赫姆就是为了这位好友，觉得自己有责任让这家银行起死回生才这么做的。然而，此举已注定失败。当时的维也纳，银行可说是多得出奇，有12家或15家银行的总部设在这里，原来是为人口6000万的旧奥匈帝国服务的，现在却只剩下一个在阿尔卑斯山、人口只有600万的小共和国。就在几年内，这些银行一家接着一家倒闭，到了20世纪30年代初期，只剩两家了，其中的一家还是因为破产而由政府接管。但是，在这场银行倒闭风暴中，英奥银行——一家有实力的老银行，却是第一个倒的。赫姆接手这家银行还不到一年呢，因此令人相当震惊。正如银行名称所示，这家银行是英资的，许多伦敦的大银行都是背后的大股东。最后英格兰银行宣布接手,并保证所有的主管和职员,包括赫姆在内都可以拿到退休金,但是英格兰银行又引进一大堆自己人来清理债务,抢救财物。当时的赫姆还不到60岁,见状只好退休,从此销声匿迹。

他并没有怨天尤人,曾经说过的话只是:如果说他不该为通货膨胀或是英奥银行的倒闭负责的话,也不必赞扬他使奥地利有能力作战,毕竟那是一场不该打的仗。外表虽然还算平静的他,已是个历尽大风大浪的人了。他通常都待在家里下棋,或是一个人沉思棋术,也打台球,听古典音乐。他所收集的早期录音作品多得相当惊人,都是他钟爱的作品,不过已刮痕累累,听得快坏了。他的话也变得越来越少,一开口就尖酸恶毒,实在是标准的刀子嘴。

如果说赫姆长得有棱有角,他的夫人吉妮亚则是圆滚滚的。虽然有点儿丰腴,却不算是肥胖,她只是圆圆的。印象中的赫姆像只老乌龟,而吉妮亚则总是让我联想到红色的松鼠。

吉妮亚略矮。有这样的身体组合,可谓相当不幸——一个大头接在奇短无比的颈子上;身躯很大,腿却很短,所以看起来比实际浑圆。还有,她的长相实在让人不敢恭维,不过,吉妮亚本人不在意的话,那就没什么关系了。

她的眼睛却出奇地迷人,那种眼神像是一个认真的孩子,各种情绪——惊讶、爱意或是伤痛,都在她的眼底浮现。那双眼就像一对磁石,让观者欲罢不能。然而,她却故意把眼部的妆画得浓烈无比,叫人望而生畏。同样地,她有一头秀发,栗色中闪耀着红色,并有着自然的波浪,但从学生时代开始,她就把头发剪得不能再短了,更显出五官的粗糙。她的衣服都很昂贵,却不适合她——像是为芭蕾舞演员那样身材修长的人设计的。显然,她希望自己生成那样的身材,不过穿上那种衣服,只有更突出她那像公牛般粗壮的脖子、硕大的臀部以及萝卜腿。毋庸置疑的是，假如能生为古典美人，吉妮亚一定愿意放弃一切表现、成功以及过人的才智。

吉妮亚年纪越大，外表的缺点就越明显，但是赫姆好像永远都不会老。吉妮亚的梳妆台上摆着一张赫姆20岁大学毕业时照的相片，这一生他再也没有拍过第二张了。45年后，在他晚年时，看起来还是跟照片上的他一模一样。但是吉妮亚却老得很快，而且很难看。她一生滴酒不沾，然而在40岁前鼻子和脸颊都已浮现扩张的红蓝色静脉，皮肤更是不曾健康红润过，看来蜡黄松垂，而且有很多皱纹。

吉妮亚这个人老是矫枉过正。比方说，她涂的那一大堆不适合的化妆品只有让她看起来更老、更憔悴。她的情人也是——交了一大堆，都只是昙花一现，每个都比她年轻，却是娘娘腔又没有什么用的男人。然而，这些短暂的恋情还是引起轩然大波，成为公众谈论的焦点。每一次桃色事件结束后，吉妮亚总是会帮那个男人找个老婆，通常是找嫁不出去的老秘书或是行政助理来养她过去的情人。

这种种都显示出吉妮亚把事情越搞越糟的"天赋"。她的鉴赏力不足，歌喉又欠佳，完全没有音乐修养，连最简单的曲子都会被她唱得荒腔走调，但是她却喜欢带领大家唱歌，而且总是最俗不可耐的歌曲。然而，她又刻意隐藏自己绘画的天分，不希望任何人知道这个秘密。儿童和动物在她的画笔下栩栩如生。有一回人家问她，为什么只有老朋友和十分亲密的朋友才能看到她的画作，她答道："光做得好还不成，一定要不断地突破。"这句话也许就是她个性的最佳写照。

是的，有些地方吉妮亚不但做得不错，而且无人可比。从许多方面来看，她的成就甚至胜过赫姆，给人的印象更为深刻，并展现出更惊人的想象力。

吉妮亚和赫姆一样，出生于奥属波兰和俄国相当接近的边界地带。她的父亲是当地的木材商人,赫姆的老爹则一文不名。听说,吉妮亚是私生女,也就是他父亲和波兰女仆一度春风后的结晶。不过,吉妮亚的父亲在死前还是正式娶了这个女仆,为的就是给已长大成人的女儿一个名分。从吉妮亚的口音听来,这样的传说多少有点儿可信,吉妮亚所说的维也纳德文中确实带着些微的波兰腔——语调中有轻柔的抑扬顿挫,而我小时候在维也纳听到波兰或俄国犹太人说意第绪语都有非常浓浊的喉音。赫姆就是一个例子,他在维也纳住了 40 年,那种口音还是很重。吉妮亚的容貌也相当具有斯拉夫民族的特色,特别是她那高耸的颧骨、阔嘴、狮鼻和弓眉。不管有关吉妮亚身世的传闻是否为真,在还是少女时,她就继承了一大笔财产,而且得以过着自由独立的生活,之后立刻跑到苏黎世。在世纪交替之时,只有苏黎世有招收女学生而以德文为主要语言的大学。过了几年,大概是在 1903 年或 1904 年吧,吉妮亚取得了德国文学的博士学位,当时的她才 20 出头,便立志到维也纳,拆除当时奥地利大学体系对女子设下的藩篱。从法律上来看,奥地利并没有禁止女学生上大学,只要通过了大学入学考试,就可以自由选择一所大学就读。事实上,女学生一向被排斥在外。这种阻力通常是来自家庭,一般所谓的"世家之女"都被家人阻挡,因此无法入学。就以我母亲为例,她比吉妮亚小几岁,因此当吉妮亚出现在维也纳时,她正是上大学的年龄。当然她已表达过强烈的意愿,要准备大学入学考试。母亲的双亲皆已过世,生活起居是由监护人照顾的。这位监护人就帮她请来一位梵文教授做她的家教,并宣称这样她就没有好抱怨的了,因为他并没有阻碍她得到学习的机会,然而这位教授教的却完全无助于她的大学入学考试。

"你将来又不当老师,"这位监护人对母亲说,"用不着上大学吧。你既美丽,又有钱,要是再拿个大学学位,包管会把所有合格的年轻人吓跑的。"

但是,母亲不是泛泛之辈,而且是个不折不扣的自由派,成绩又是绝顶好,同时还是个危险的极端分子,因此家中亲戚都曾坚决反对这个人来做母亲的监护人。

　　那些想要克服家庭障碍、通过考试的女孩，常常会受到恐吓。然而，在纳粹入侵的二三十年前，维也纳却出现了一位女性小儿科权威医师，也就是我们敬爱的"特鲁迪（格特鲁德的昵称）阿姨"。她和我们家族没有血缘关系，而是和父亲一起长大的好朋友。在我小时候，特鲁迪阿姨是欧洲唯一的女医师，并在大医院担任主任等要职。然而，在奥地利各大医院的主任中，只有她没有得到那令人羡慕的名衔——"教授"。一般只要是主任就应顺理成章成为"教授"，唯独她没有。

　　当年，她一心一意进医学院，没有人能阻挡或说服她放弃。然而，校方却叫她坐在最后一排，绝不可提出任何问题或是发表自己的意见，而且在上学、当实习医师那几年的穿着打扮一定要和其他男学生一样，亦即穿衬衫、打领带，加上长裤、夹克等，才不至于"惹人注目"。即使特鲁迪阿姨容貌出众，美丽动人，而且人家并不会搞错她的性别，她还是规规矩矩地打扮成标准的男士。她的医学学位证书更是写着格特鲁德·比思"先生"。制定这些陋规的人不是个反女性主义者，就是个专讲歪理的官僚，然而这个人却是她自己的伯父——那所医学院首屈一指的解剖学教授。他在特鲁迪阿姨还小的时候，就鼓励她研究医学，特鲁迪阿姨的数学和物理学都是他亲自教导的。通常女生在参加大学入学考试时，几乎没有人准备这两个科目。

　　女生进大学最大的障碍还在于，没有一所女学生可以就读的大学考试预备学校。女生虽然可以进中学，但是却少了两年大学入学考试准备课程。16岁，也就是中学毕业时，女学生通常进私立"精修学校"○，修习以文化和礼节为主的课程。当然，这些女校不会教大学考试的主要科目，她们只研读现代语言、文学、音乐、艺术，还有一点点植物学，而拉丁文、希腊文、

○ 精修学校（finishing school）：为已受普通教育的青年女子进入社交界做准备的一种私立学校，内授音乐等课程。

数学、物理以及基本的历史常识都是大学入学考试的必考科目。如果教育体系一直是如此，女学生就没有通过大学考试的希望了。不管是"明智"的教育部门，还是"开明"的社会大众都认为应当如此。

因此，吉妮亚计划创办一所专为女子而设的大学预备学校，执意向当前的教育系统挑战，而且绝不含糊。就像所有的激进分子一般，她也是古爱尔兰定义中的"爱好和平者"：先把对手打倒再说，然后才愿意好好地听人解释。她在最繁华的地段租了一大栋公寓，然后准备请老师来授课。不消几天，她就发掘了一些热心教育的老师。他们都年轻、充满热诚，且是在政府机关任职的自由派。她先在他们那儿登记上课，上了几堂课，就决定请这些老师到自己的学校任教。她认为这些老师不但教得好、不专制，而且鼓励学生发表意见。

我父亲就是她请来的第一个老师，赫姆则是第二个。有一次我问父亲："吉妮亚到底是怎么说服您的？"

"你应该很了解她。她不是说服我，而是'命令'我去的。有一天，我在办公，听到有位'努斯鲍姆博士'来访。我看到的是一个矮矮胖胖的女人，剪个小男孩发型，身穿鲜艳的苏格兰花呢装，一句问候的话都没有，劈头便问：'你愿意教星期一、三晚上，还是二、四晚上？'我吞吞吐吐地说，我星期一晚上通常都有事，吉妮亚就说：'好吧，那你就教二、四晚6点半到9点吧。我们会帮你准备晚餐的。'"这就是吉妮亚，她这种作风我自己也领教过。

然而，大家还是对她开设学校不以为然。学生从哪儿来呢？由于家人反对，那些女生的学费恐怕没有着落。吉妮亚于是在维也纳报纸上登了全版广告，宣布招生事宜以及为大学考试所教授的科目，而且男女兼收。广告下方还有一行小字："无须在意学费，收费标准可商榷。"

我母亲上完一节讨厌的梵文课后，刚好看到这则广告，于是立刻取出她那不值几文钱的珠宝，打破了存钱的小猪扑满，匆匆忙忙拿了几件换洗的衣服就往广告上登的地址跑。母亲当晚就开始上课了，吉妮亚还到我家里要求与监护人一谈。他当然拒绝付学费，不过吉妮亚很富有，愿意帮母亲预付学费，等母亲拿到了继承的财产再说。即使是身无分文的女孩，吉妮亚也可以帮她找到奖学金。

据说，开学的前两周，报名者已有300人之多，其中有100个是男生。不过，吉妮亚却告诉这些男生，他们还有其他学校可以念，所以就婉拒了他们的入学。在这申请入学的200个女生中，得到入学许可的有五六十个。两年后，有30人顺利通过了大学入学考试，而且名列前茅。为了庆祝这个空前的胜利，吉妮亚嫁给了赫姆。过了两年，吉妮亚的学校已经得到教育当局的认可，成为奥地利第一所真正的女子大学预校。就在几年前，德国刚成立这样的学校。吉妮亚在奥地利创办的女子预校也比法国要早10年以上。在吉妮亚学校成立的翌年，奥地利出现了第一所男女生兼收的小学。到了1910年，吉妮亚的学生已有600人之多，并准备迁校，搬到维也纳第一栋四层楼高的办公大楼。这种大胆的作风又让维也纳人吃了一惊。在我的印象中，只有这所学校没有尿骚味或是地板蜡的味道。

当时，吉妮亚才刚过而立之年。

这所施瓦兹瓦尔德学校日益蓬勃，直到希特勒侵占维也纳，令这所学校关门为止。不过在建校成功之后，吉妮亚却慢慢淡出了。虽然如此，她仍不想完全放弃教书这件令她满足的事，当有老师缺席、生病或是请假时，她就充当代课老师，一星期总会上几堂课。

她实在是个非常有魅力的老师。这么多年来，在我看过的人当中，只有舞蹈大师玛莎·格雷厄姆可与之比拟，散发出同样的魔力，让学生目不转睛。但据我所知，玛莎·格雷厄姆除了现代舞之外，没教过别的。吉妮亚却是任何科目、任何程度的课程，从一年级到最高深的十三年级，都可一手包办。我中学并不是在施瓦兹瓦尔德学校就读的，因为这所学校只收女生，但我常往那儿跑，因为有好几年，我无可救药地爱上了那些女生，爱慕的对象一次还不少于三个，而且过几个星期又爱上其他几个，就这样老是陷入没有结果的单恋中。但我若听到吉妮亚要代课的话，就把那些女孩抛到九霄云外，偷偷地跑到吉妮亚那儿去了。

她不讲笑话，不说故事，只是下令，就有本事让三年级的学童着了迷一般练习乘法表。她说："你可以做得更好。"或是说："你必须在 7 的倍数上多多加油。"她追求完美的个性深深地影响了这些 8 岁大的孩子。我也听过她对 18 岁的学生朗诵希腊剧作家埃斯库罗斯的作品《波斯人》(The Persians)，作为准备入学考试的语文课程。吉妮亚坚持他们要逐字翻译，因为这就是大学考试将采取的方式。下课前 15 分钟则停止练习，她以平和而带点沙哑的声调念着历经沧桑的薛西斯一世○和合唱队之间最后的对话，把那种悲伤、哀凉表露无遗。突然间，课堂上的每一个人都被静穆震慑住了，久久不能动弹。

因此，除了偶尔代课教个几小时，吉妮亚已经慢慢淡出这个自己一手创办的学校。她成立了一个信托委员会来管理学校（我父亲一直是这个委员会的主席，直到希特勒入侵为止），并为学校聘请专业的行政主管，自己则辞去所有的职务，根本不向学校领取分文。严格说来，她对办教育的兴趣不很浓厚，更别提管理学校了。她之所以兴学，是因为不这么做的话，女性将永远被摒弃在大学的门外。一旦目标达成，她的兴趣也就转移了。

之后，她努力为各种社会活动奔走，以解决或缓和某些问题。比方说，

○ 薛西斯一世（Xerxes，约公元前 519—前 465）：波斯国王，曾镇压埃及叛乱，率大军入侵希腊，洗劫雅典，在萨拉米斯大海战中惨败，晚年深居简出，被宫廷的阴谋者杀害。

为了帮助在前线作战军人的妻儿，使他们不致终日活在忧虑的阴影下，吉妮亚在1915年成立了"家庭营"。在大战结束前，吉妮亚曾经一口气办了十来个家庭营。俄国战败投降时，还有数十万的战俘滞留在奥国，这些人处处可见，简直快收容不下了。在奥地利还有许许多多中上阶层的太太们，因先生上战场，天天在等待与忧虑的煎熬中度日。于是吉妮亚不顾那些将军的大声斥责，把这些妇女集合起来，成立了一支义工大队，为俄国的战俘提供人道援助。接下来，还组成"儿童营"呢，这在欧洲可是创举，这是为了那些父亲战死的孩童组织的公益团体。1917年，饥荒侵袭时，吉妮亚便办了"合作餐厅"，每个家庭只要付一点钱，就可以到这儿享受一顿简单但富营养的午餐。1919年，正值饥荒严重肆虐，维也纳就有15～20个这样的餐厅。1923年年初，奥地利的货币终于稳定下来，德国却突然遭受通货膨胀的大难，吉妮亚的合作餐厅也就越过国界，在柏林生根。

在危机解除、大功告成后，吉妮亚结束了柏林的合作餐厅。这会儿，她的"公益活动"又转向了，摇身一变成为小老百姓的"包青天"——没有任何官方头衔，也无任何酬劳，却代表个人四处奔走，与繁文缛节以及冷酷无情的官僚体系作战。就在这几年当中，"文件"开始变得重要。现在实在很难想象，在第一次世界大战以前，护照、身份证、工作许可证和驾驶执照等都不存在，没有人需要这些东西，甚至连出生证明都没有。突然间，一个没有证件的人就不足以为人了，而且得将各种文件小心地收藏好。维也纳到处都是没有文件的人：因为俄国大革命涌来的难民就有好几千人，布达佩斯也有很多人往维也纳跑，沦为难民；在这之后，所谓的白色"反恐怖"又产生另一批难民；还有不能回家的战俘、没有退伍令的返乡士兵，以及其他许许多多的人。

这些可怜无助的人可说是20世纪初战乱、变动的受难者，最后都到了吉妮亚学校里那间拥挤不堪的小办公室。那儿有四部电话，成天响个不停。

吉妮亚接了电话后，先仔细聆听，问几个问题，然后再请一个秘书打几通电话去查证来电者所言是否属实。她很厉害，可以大概听出哪些人是存心诈骗，哪些人才是真正受到命运捉弄的。不过，她也知道，自己一定要搞清楚真实情况，才能与人交涉。

"大家都在等着看好戏，看我哪一天被一个冒牌艺术家骗了。这样，就认为我完了。"她说。

秘书在核对的时候，她就在一旁闭着眼睛思考，拟出一套策略，之后又变得生龙活虎，到处打电话。当时，她已经相当出名了。政府机关、专业组织和企业界等上层社会很少有人不知道她的大名。这些要人娶的多半是吉妮亚教出来的女学生，或者自己的女儿或侄女就在吉妮亚的学校就读。吉妮亚办事时，总是直接找最高负责人，不管认不认识。然而，除非知道要做什么，否则她绝不会打电话过去。她的至理名言就是："不要问一个人该怎么办，直接告诉他怎么做就可以了。"她又说道："如果这么做不行，或是有更好的方法，那人自然会回来告诉你。但是，你不告诉他们怎么做的话，他们就什么也不做，只会'研究研究'而已。"还有，吉妮亚不会求助于人。她只是借着"施惠于人"的方式，直截了当地告诉别人如何解决难缠的问题。

"您不是为了某件事担心吗？我已经找到问题的答案了。"这是她的开场白，然后才说，"我想您最近可能很忙，没有时间回某某女士的电话。还记得她吧？年纪轻轻的，丈夫就战死了，三个儿子还在上中学呢。这些孩子应该可以得到学费减免吧。她的丈夫在俄国成了战俘，在俄国发生革命和内战之后下落不明。据他的战友带回来的消息，他已经死了。当然，这样是无从拿到死亡证明的。我晓得您的立场很为难。不过，想想看吧，假如这位战士可以生还、回家，提出申请的话，这些孩子因为是退役士兵的子女，不是也可以得到学费减免吗？如果有死亡证明，他们的母亲一样可以提出申请。我想，我们现在可以先把学费减免条件审查放在一边，我会请这位太太带一份文件到您的办公室,您就帮她签个字吧。您还认得我的助理吧?她是您侄女苏茜的同学呢。她会陪这位太太去找您,您只要签字,她就会帮您把文件送到相关单位。这件事大概用 20 分钟左右就可以办妥了。能帮您处理好这件事,我实在太高兴了!"

多年以后,不知是在 20 世纪 50 年代还是 60 年代,我也如法炮制,看看吉妮亚这招到底管不管用。我那时是纽约大学管理学院的教授,有一天,一大批前任将官突然蜂拥至我的办公室,询问我的意见并要求协助。这些都是曾打过第二次世界大战的中年将官,因已到达一定的年纪,军方要求他们退休,除非他们能晋升到更高的职位。这些人之所以来找我,是因为想在学校拿个博士学位,并在大学谋得教职。其实,这些中年人需要的就是一份工作,以重建自信,证明自己还有能力以及男性气概。但是,他们都只有在军方服务的经历,不是陆军,就是海军、空军,在 45 岁时,突然被宣告"不合晋升条件",犹如晴天霹雳一般。

我就套用吉妮亚的招数,先了解这些人的经历和专长,接着调查他们说的是否属实。一开始,给长官或同僚打电话时,我还有点儿不好意思,因为这些待价而沽的将官就在我办公桌前。但是,这事还是非做不可。我想清楚了他们适合担任的工作,就开始打电话。

我的开场白也是一样:"您好,很冒昧打电话给您,不过我想我可以帮您一点忙……"那时,每个人在应用电脑方面都有一点问题,这么说可是万无一失。

"我为您找到一个最好的人选来帮您解决问题。如果您动作快一点,应该可以招揽到这个人。他就是前某某司令官,加州西边美尔岛海军基地的电脑系统就是他完成的……是的,我想他在一个小时内,就可以到您的办公室了……能帮您这个忙,我真是太荣幸了。"

这招可说屡试不爽,如果有一点问题的话,对方通常会说:"对不起,等一下！您说的这位先生好像是我朋友要找的人。我这个朋友是哥伦比亚大学出身的企业经理人，昨晚我们一起搭火车时，他告诉我，他需要这样的人才来帮他解决问题。请稍候，我现在立刻用另一部电话跟他联系。"

不过，吉妮亚的功力还是比我强多了，而且她所处理的个案，常常是高难度的。即使我照着她的方法，帮那些人安插了职务，而且通常第一次打电话时就办成了，我还是觉得吉妮亚所表现的诚信实在无人可比。后来我发觉，最难的要算是审慎诚实地告知申请人的条件与缺点，这点实在是太重要了，但要在申请人的面前明说，可是不易，例如："他所能做的就是建立电脑系统，其他事情请别叫他做。"或者是："如果清楚地指示他该做什么，他会做得很好。但是，要他运用一点想象力，可就难了。在这方面，他完全不行。"可是，这些话还是要说，不然就失去了自己的信用。

我记得有时候还必须说："是的，如果要轻轻松松地拿到一个比较高级的学位，你或许还要花上3年的时间。然而，目前我实在无法帮你找到可能聘用你的雇主。"

吉妮亚一方面和烦琐的文件表格作战，这些文件正如可怕的巨龙，如第一次世界大战般慢慢地吞噬人性；另一方面，她也开始退隐了。当初她来到维也纳时，正值20世纪揭开序幕时，她还很年轻，刚拿到博士学位，之后一直是活跃的公众人物。就在她嫁给赫姆时，还开了家"沙龙"，然而那时她并没有用心经营。到了20世纪20年代，沙龙变成了她生活的重心——在这之前，只有在冬天的时候，每星期营业一两个下午；后来则是一整年经营，一周营业5天，其中有9个月是在维也纳的家中。之后，她又在隆尔兹堡附近的湖边买了一栋旧的度假饭店，加以改建，并邀请一些客人前来，当然这些人会付费的。这么一来，她的沙龙就可以全年开放了。

那时候的美国还不知道"沙龙"为何物。即使是英国，我能想到的也只有两个沙龙：一个是 18 世纪末的瑟雷夫人（Mrs. Thrale）为"自命不凡"的文学泰斗约翰逊㊀开的沙龙，那时鲍斯威尔㊁可说是第一个战地记者。沙龙中的人物经常出现在亨利·詹姆斯（Henry James）的小说里，特别是《笨拙的年代》（The Awkward Age）一书。显然，他写作时，是参照真实的人物。沙龙在欧洲北部一样少见，特别是以德文为主的国家，只有在起源处，也就是法国，较为兴盛。因此，吉妮亚的沙龙可算是一个特例。后来之所以大兴，正如吉妮亚想的，因为沙龙不是个人的，而是一种公众活动。吉妮亚也知道，沙龙本身就是一种表演艺术，就像歌剧或芭蕾，其他表演艺术都是属于中产阶级和后文艺复兴时期的东西。我相信，她一定知晓，就中产阶级时代的表演艺术而言，只有沙龙不是为了迎合男性的自我和虚荣，不是为了使男性得到满足而摆布女人——歌剧和芭蕾就是这种例子。沙龙是女人经营、管理和主导的，可以提高女人的价值，并使她们得以掌控一切。

在我的想法里，沙龙好比古代神秘的宗教仪式，是由女人所主导的，而文化大抵上还是以男性为主。男人控制人们的身体和心智，而古希腊伊洛西斯谷物祭典或是克里特秘教仪式中的女祭司却控制人们的灵魂——她们是没有姓名的一群，舞台没有她们的份儿，要找她们就到后台去吧。在 20 世纪初现代舞兴起以前，除了沙龙，没有别的以女人为主、由女人所控的表演艺术。

吉妮亚也知道，即使是像亨利·詹姆斯那样敏锐的观察家，看到的也只是浮光掠影。沙龙所需投注的心力相当多，你得下功夫，整个活动看起来才会自然、流畅并有即兴效果。当然，我们到现在才学到这点，知道制作所谓的"即兴电影"，因为没有剧本，反而更辛苦，需要更周全的安排、准备；

㊀ 约翰逊（Samuel Johnson, 1709—1784）：英国诗人、评论家、散文家和辞典编纂家，被奉为当代文人的先导和文学泰斗。

㊁ 鲍斯威尔（Boswell, 1740—1795）：苏格兰作家，以为密友约翰逊作传而闻名，除《约翰逊传》外，另著有《科西嘉岛纪实》（Account of Corsica）。

所谓不经彩排的广播或电视节目,事前必须考虑周详,要比那些有剧本、排演过的表演多花两倍的准备功夫。经过一番体验后,我们才了解,即兴演出和几个男人聚在一起信口开河是不同的。吉妮亚的沙龙就呈现即兴、自由、弹性和明快的风格。她之所以让沙龙成为这么成功的公众艺术,一定投注了不少心血。

她的沙龙就是一种表演,从舞台设计就可以看出端倪。施瓦兹瓦尔德家位于维也纳中低阶级的住宅区。在1830年时,虽已靠近市区,还是很乡野的,但到了19世纪中期,已处处是六至八层楼高的公寓房子,住着一些清贫但受人尊重的人,像小店老板、海关人员、钢琴教师、银行职员、牙科医生等。这种公寓住宅不但毫不起眼,甚至有点儿阴森森的。走进他们家,不是爬上楼梯,到达一个阴冷、可怕的门厅,却是直直地通到后院。就在这儿出现了一栋18世纪风格的小巧别墅,像是小贵族或是富商的消暑小屋,有着莫扎特和海顿那个时代最爱用的黄色砂岩和美轮美奂的铁栅栏。

走进去,来访者就到了一个空旷的大厅,有楼梯通到楼上。施瓦兹瓦尔德家的厨子玛莎就站在楼梯口。她是赫姆和吉妮亚的养女,也是楼下的总管。玛莎娇小可爱,有着愉悦而白净的脸庞,一头乌黑动人的秀发。她和善地主动亲吻每一个客人,然而那些害羞的少年却不在此列。他们必得先亲吻她,她才会回吻。玛莎帮大家挂好帽子和外套,并告知楼上已有哪些人,以及谁还未抵达等。爬了十阶后,就到了一层楼中楼,这些楼梯分别向两边延伸,到了上方才又交会。另一个女仆,也是他们家的养女——米策,就站在楼中楼等候。

她和玛莎一般高,金发碧眼。玛莎只能算是漂亮,米策才是美丽的女子。这两个女孩在他们家待了好多年,在第一次世界大战之前,一直跟着赫姆和吉妮亚。她们俩15年后看起来还是和明信片上的农家女一样可爱。米策倒是一视同仁地亲吻每一个来访者,包括那些腼腆小子。她有着动人的大眼睛，民间故事说，这种眼睛是女性之美的极致，因此14岁少年被她一亲，也不觉得害羞了。听米策说话是一大享受——她总是对我母亲说："卡罗琳，你今天实在是太美了。"或是跟我说："彼得，你不是喜欢库伯兰的音乐吗？男高音罗斯温吉今天也来了。等会儿，他会表演一下，我已经要求他为你唱几首库伯兰的曲子。"再走个15阶左右就到楼上了，安妮特就站在那儿。

如果说玛莎漂亮、米策美丽动人，安妮特则是真正的绝世美女。她身材修长、眼珠有金色的亮点，是我这一生所见最优雅、最懂得穿着打扮的女人。比较起来，玛莎友善，米策平易近人，安妮特总是与人保持距离，像是浆过的浅绿色棉布。她从不和任何人亲吻，而是用力地像是男人似的握手。她的声音甜美，犹如长笛般，也会告诉你赫姆现在是否正在打台球，可以见他，或请勿打扰；或是他正在下棋，如果要见他，必须等到棋局结束。安妮特还会告诉你，现在活动进行得如何了，谁正坐在吉妮亚旁的表演者位子上。然后，马上请你进去，并带你就座。

我实在想在外面多留恋一会儿，不愿马上就被请进去。安妮特不仅是个美丽的可人儿，听她说话更是一大享受。此外，她还是个不折不扣的奇女子——父亲是陆军副元帅，在旧奥军队只有皇太子才能担任这个职位。安妮特就跟我母亲一样，在吉妮亚登招生广告的第一天就马上申请入学，是吉妮亚的第一届学生。当时许多军方将领的女儿都是吉妮亚的学生，这点不足为奇，因为旧奥的军人并不是"贵族"，更非所谓的"上流社会"的人，就像英国简·奥斯汀那个时代的陆、海军军官。在她的作品《劝导》(*Persuasion*)中多有着墨——他们近乎士绅，但算是中下阶级。当然，如果晋升至主将级的官阶，可以尊为贵族，但仍不算是真正的"贵族"，只是维也纳人一种无关紧要的称谓罢了，正如当时咖啡屋的小弟，只要看到穿着大屁股礼服的客人都叫"爵爷"。同样地，在政府机关做了10年事的公务员以及到了退休年纪、没倒闭过或只倒闭一次的银行家等，都可以得到这种尊称。

真正的贵族在19世纪50年代就不再担任军职了，因为那时平民，特别是犹太人开始在军方担任要职。因此，要伯爵或是王子向平民将领敬礼，或对犹太人说声"遵命"，是不合法统的。此外，军方根本就没有钱，这些军人都是靠子女吃饭的，因为军官之女通常都嫁不出去，而且只能担任初级学校教师或是教钢琴。

很多美国人看了理查德·施特劳斯（Richard Strauss）生平所作最后一出歌剧杰作《阿拉贝拉》（*Aradella*）（完成于1930年或1932年）都认为是出闺房闹剧，但对老一辈的奥地利人而言，他们还清楚地记得战前发生的事，因此剧中那一幕——军官要求小女儿女扮男装，好让姐姐们先钓到金龟婿，不是闹剧，而是残酷的现实。对这些军官之女来说，施瓦兹瓦尔德学校可使她们在专业领域一展所长，不至于沦为没人要的老处女教员，因此无不跃跃欲试，想进这所学校，她们的家长也大表赞同。

因此，安妮特是陆军副元帅之女，并不值得大惊小怪。然而，她日后的成就却是不同凡响的。施瓦兹瓦尔德学校的毕业生进入大学后，大多研究医学、文学、社会工作或是教育，安妮特则是奥地利史上第一个攻读经济学的女人。那时，约是在1906年，奥地利经济学派的声势可说是如日中天。当时，这个学派的重要人物，如维赛尔（Wieser）、柏姆-巴维克（Boehm-Bawerk）以及菲利波维奇（Philipovich）还在人世，而且尚在任教，他们的弟子也很优秀，经济学家米瑟斯（Ludwig von Mises）就是安妮特的同学。但是大家都公认安妮特是超级明星，不管在理论还是数学分析上她都展现了过人的天赋。就连米瑟斯都承认安妮特更胜一筹，这位经济学家可不是女性主义者，也不是过于谦卑。多年以后，在20世纪50年代，米瑟斯已经上了年纪，更是非常出名的人物，我们俩是同事，都在纽约大学任教。不过，我们不常见面。他认为我"离经叛道"，背离了真正的经济学。他这么想，当然是有理由的。

有一天，我们一起搭电梯下楼时，他转身对我说话："你认识安妮特吧，不是吗？如果她是男人，有条件继续研究的话，她一定可以成为自李嘉图[⊖]以来最伟大的经济学家。"

可惜她不是男人，也没有人支持她继续研究。毕业后，她只能担任研究助理。身为女人的她，是不可能得到什么学术地位的。还好，因为女性研究人员"所费不多"，商业博物馆和财政部金融、财政研究部门等公家单位还愿意延揽她们来服务。此时，吉妮亚的学校日益蓬勃，正需要一位行政管理人员，安妮特不但成为吉妮亚工作上的最佳伙伴，而且也是她的密友。第一次世界大战爆发后，赫姆是奥地利最高财政首长，安妮特则是他最得力的助手。在这方面，安妮特的贡献颇大，只有她能使赫姆的火气降下来，让脾气暴躁的他有效率地处理事件，并使他的想法付诸实践。后来，吉妮亚开始进行公益活动，安妮特涉入的程度也越来越深。

之后，安妮特和赫姆成为一对恋人。

战争结束后，安妮特获得两个非常重要的工作机会。一是在新成立的奥地利国家银行担任研究部门的最高主管；这种待遇对女人来说，可说是空前绝后，以前当然没有女人得此殊荣，之后也很少。大约到20世纪50年代，才有两个女人得到类似的职位：她们是我教过的学生，一个在纽约的联邦储备银行，一个在菲律宾的联邦储备银行。另外，中欧有一家大型企业集团也希望安妮特去当他们的财务副总。同时，赫姆也决定与吉妮亚离婚，并向她求婚。不过那两次工作机会和赫姆的求婚都被她拒绝了。她之所以放弃工作机会，是因为决定和赫姆一起生活，而拒绝和赫姆结婚是因为，她不想让吉妮亚难堪。其实，吉妮亚也答应离婚，这桩婚事还是这位原配提出的。

⊖ 李嘉图（David Ricardo，1772—1823）：英国经济学学者、英国古典政治经济学的代表，主张自由贸易，反对谷物法，并提出劳动价值论。

安妮特还是搬进赫姆家，在顶楼侧翼的房间住下。她依旧是吉妮亚的密友，也是吉妮亚所有活动的执行者，不管是学校行政、儿童营，或是吉妮亚的避暑别墅都少不了她。

这些事迹足以使她成为传奇人物，而对于一个少年来说，她更是令人好奇。还有，听说她是双性恋者。安妮特除了住在赫姆家，在几条街之外还有一栋公寓，就在那儿和一位知名女艺术家同居。她是这么奇特而美丽，难怪当时还 14 岁的我想在她身边徘徊，恋恋不舍。

然而安妮特总是直接把客人带进沙龙，引领他们就座，通常都是从后面的位子开始坐。

从历史上来看，沙龙有两种。最原始的一种是由路易十四时代的巴黎才女所创，由女性来管理，里面的表演者和主讲也都是女人。还有一种沙龙是亨利·詹姆斯在 1880 年和 1890 年在伦敦流连忘返时形成的。这种沙龙形式似乎是伏尔泰的夫人所创，地点在日内瓦湖上一个宁静休闲处，主持人是女性，却以知名"男客"为主角，正如瑟雷夫人力捧约翰逊博士一般。直到 20 年代初期，瑟雷夫人还一直为他进行这样的活动。

但是，吉妮亚的沙龙不属于以上所述的两种，而且让我大感不解。多年后，一直到我看到电视节目上的脱口秀，如《面对媒体》(*Meet the Press*) 或是《约翰尼·卡森秀》(*The Johnny Carson Show*)，我才恍然大悟。当然吉妮亚的大厅没有电视摄影机，然而若吉妮亚邀请某位客人和她一起坐在那张有靠背的长椅上，这个人就知道他已经"上镜头"了。吉妮亚就是女主持人，而且是我所见过做得最好的。她从来不会使"特别来宾"感到羞辱，总是亲切而体贴地设法让大家看到这人最精彩的一面。但是，若是来宾乏善可陈的话，她也知道如何让他下台。

这位特别来宾的背后总有许多"配角"和他配合，这些人可不是泛泛之辈，他们仔细聆听、发问，并为现场制造轻松的喜剧效果；来宾犹如主唱者，这些配角就是"和声"。就和许多唱和声的人一样，这些人通常是"壮志未酬"，未能扬名立万的人。比方说，其中有一个是自动推进器工程师，他在1910年左右完成了这件大发明，我想这是一种电动启动装置。但是，在他准备申请专利时，却被可恶的美国人抢先了一步。于是，他就成了一个"不得志"的天才。还有一个是专门研究北欧语言的学生，他准备写一本书，造成北欧语法的革命。但是，他却忙着和赫姆下棋，并研究布棋的奥妙，以至于没有时间写成这本书。另外，有位奥国将军的三个孩子也在其中——两个男的，还有一个非常美丽的女儿，他们是相当激进的"左派"分子，而且幻想成为作家，不过在现实生活中，只能当个小记者。

这些阵容强大的配角责任重大，他们必须提出精彩的问题，鼓励主角说下去，并带动整个谈话的气氛。这些配角还包括旧时的自由主义者，大多数是大学教授以及他们那热衷于战前宗教改革的夫人。首先我要提到的就是拉德马切尔（Ludwig Rademacher）和他的太太利齐。他们不是奥地利人，而是德国的新教徒，有好几代的祖先不是大学教授就是牧师。拉德马切尔曾在维也纳大学担任过古典神学讲座，可说是正义的化身。他坚守俾斯麦德国之前的基本伦理，后来搬到奥地利，大抵是因为对"帝德"（the Germany of the Kaiser）深表不屑。赫姆来到维也纳时，拉德马切尔已到了退休的年龄，但他还是奋力地抗拒纳粹，后来更被监禁在集中营里，所幸最后得以保住一条老命。第二次世界大战结束后，他已是七八十岁的老人了，还重建了奥国科学院以及维也纳大学。

接着，我们来谈谈那些上场的"明星"，他们很少是"名人"。吉妮亚正如一流的电视或广播节目制作人那样，了解一个道理：并非名人皆可上脱口秀，然而一旦上了脱口秀，就可成为名人。

我曾在吉妮亚的沙龙里见过托马斯·曼。那天，他的表现可说是叫人倒尽了胃口。那时的我，大概是16岁，而托马斯·曼虽过几年才拿到诺贝尔奖，却已是家喻户晓的"大作家"。他在沙龙朗读自己写的一篇故事"失序与早来的忧伤"（Disorder and Early Sorrow）。大家当然都读过了，我们这一辈的年轻人无不对文中流露的那种矫揉造作和降贵纡尊深恶痛绝，里面还充斥着我们现在所说的"通俗心理学"。我们这种态度使托马斯·曼大为不悦，不过更糟的还在后头呢。他不是当晚的"明星"，那一晚坐在吉妮亚旁最受瞩目的却是个二十来岁的女孩。她也是施瓦兹瓦尔德学校的毕业生，在美国东部一所知名的女子学院做了一年交换学生。我们本以为对美国的教育了解得相当多了，但是她的报告——美国年轻人求爱、约会、对异性的爱慕之情以及故意"滥交"的情形，真是让我们大开眼界。"性"在当时的维也纳来说，已是完全放任、自由，但比起美国，仍有不及。

接着，吉妮亚转向托马斯·曼，请他评论一下这码子事。他以一个传统的、受过教育的欧洲男性的角度，振振有词地论述美国人的"因循守旧"。

"嗯，我不确定是否如此，"吉妮亚说道，"毕竟我看过不少十来岁的年轻女孩。该来的还是会来，我们在'性'方面虽是完全开放，完全不设限，但在那个年纪还是会遭受挫折和痛苦。美国人有计划地这么做，也许可以减轻不少痛苦。"托马斯·曼博士很快就离开了，而且再也没有回来过。

吉妮亚沙龙里的人，都有希望成为"明星"。我在十四五岁时，第一次登上了吉妮亚身旁的"表演者宝座"。那个年纪进沙龙也许还算太小，不准进场呢，不过我还是去了。那次，我只过了几分钟的"明星瘾"——在某人论述后，我问了一个问题，于是吉妮亚说："我听不见你说的话，你何不来这儿坐在我旁边，告诉大家你的想法？"所以，我就"上台"了。

几年后，在我高中毕业的前一年，也是即将远离维也纳之前，我又去了吉妮亚的沙龙。我迟到了，于是向大家道歉，并解释说我一直在图书馆查资料，准备一篇大学入学要考的论文。吉妮亚问我："你在写什么呢？"她对每一件事都很好奇。

"我的题目是巴拿马运河对世界贸易的影响。这个运河 10 年前才通航，还没有人研究过这个课题。"

"真是有趣，"吉妮亚说，"过来吧，坐在我旁边，跟大家报告一下吧。"

然后，她又提高声调，加了一句："赫姆、安妮特，你们两个也过来听听彼得·德鲁克发言。或许你们会认为他研究的东西颇为有趣。"

说完了之后，赫姆开口了，他声如洪钟，这些话语让我一生受用不尽。

"在处理统计数字时要记住：绝对不要相信这些数字。不管知不知道这些数据是谁提出的，都要怀疑其可靠性。过去，我管政府的出口统计数字管了 12 年，这点我再清楚不过了。"

安妮特看到我惊讶的神情也说话了，其声音如长笛般轻柔。

"你不是说没有人出版过这方面的研究成果吗？"我点点头，"那么，你非得把这论文出版不可——这里有一张期刊的名单，或许你可以投稿给它们。"

明星中有一些是业余的，或是偶尔来做客的，还有几个则是"固定的"沙龙明星，所到之处，不管是在维也纳或是吉妮亚的湖上沙龙，都会引起一阵旋风。我印象最深的有两个：一是毛奇伯爵，还有多乐丝·汤普森。

毛奇是普鲁士军事英雄的曾孙，后来成为德国对抗纳粹的精神领袖，并设法在 1944 年暗杀希特勒，也是纳粹恐怖最后的牺牲者；而汤普森女士则是美国 20 世纪三四十年代最有影响力的专栏作家。这两位都具有吉妮亚最欣赏的"明星特质"——才智过人、独立，而且有着叫人目眩神迷的容貌。他们两人都很高、头大如狮——毛奇黝黑，汤普森则是亮丽的金发美女，皆有不同凡响的魅力，是天生的赢家和领袖人物。他们和施瓦兹瓦尔德家的要员玛莎、米策和安妮特一样，都是美的象征。赫姆和吉妮亚有自知之明，这点是他俩永远比不上的，也就是超越肉体的外在之美。

赫姆树敌很多，这些对手都认为他是重量级的人物。反之，吉妮亚却常常被小看了。她是个"大忙人"，她自己也承认。她这个人不仅不够圆滑、粗犷，凡事过于认真，常常分不清什么是幽默、什么是滑稽；她更是个不甚敏感的人，但是，这种迟钝却是一种很大的力量，任何的嘲弄和批评都伤不了她。纵使面临令人困窘的情况，羞得让人想在地上找个洞钻进去，吉妮亚还是无动于衷，她是个从不害羞的人。

记得有一回吉妮亚办的活动，就使我羞得无地自容。那次她发起了帮助老人的运动，却名之为"救救老古董"。"老古董"在德文中指的是那些已到风烛残年，快走到人生尽头的人。第一次世界大战后的老人，经历了饥饿和通货膨胀的摧残，的确十分需要援助，而不管是政府或私人的公益活动都没有帮助他们的计划，因此吉妮亚这个构想实在是不错。然而，在吉妮亚宣布活动开始之时，却没有几个"老古董"肯前来登记，因为这些老人宁可自力更生，也不愿接受援助；此外，"老古董"一词引人注目，也使得老人裹足不前。

然而，吉妮亚还是想出了一个绝佳的点子来进行这个活动。她把所有维也纳的少年都动员起来，叫这些十二三岁的孩子到各处去找"老古董"，然后向救世军总部报告这些老人的姓名。之后，施瓦兹瓦尔德学校的女学生就会带领着一群高中生去这些老人的家中访问，看看他们需要什么帮助，并完成任务，比方说帮这些老人做家务等。为了使参与这个活动的少年热衷于这项工作，吉妮亚还创办了《老古董通讯》这份刊物，并公布每周拉到最多"老古董"的冠军少年。找出这些"老古董"，要比当时流行的收集橄榄球明星或电影明星的卡片来得有意义，因此我们这一群13岁的孩子一齐冲到外面，"猎取"那些需要援助的"老古董"。

我找到一家三姊妹，是过世已久的军官之女，她们的母亲以前跟奶奶学过钢琴，也过世了。因此，这三姊妹可说是和我母亲同一辈的，而非老得不能动的"老古董"。这三姊妹其中之一是我的钢琴老师，另外两个则在初级中学教书。她们受不了我的"纠缠"，终于同意我把她们的名字报上去，我也就得以在《老古董通讯》上大出风头。不料过了一个月，我们都受邀去参加这三姊妹之一的婚礼。即使是一个没有人生经验的13岁少年都看得出，这场婚礼是拖到了"最后一刻"才举行的，因为没有几天，这个"老古董新娘"就生了个健康的娃娃。在这几个星期中，我们都被笑惨了。这个"救救老古董"的活动原本立意甚佳，至此成了众人的笑柄。

吉妮亚的反应却十分简单："下一步该做什么？"别人批评她"没有原则"，她却完全不当一回事。她在教育蔚为风潮之时，也就是教育家杜威和蒙台梭利的时代创办了学校，没有依据什么教育理论，更认为这些理论根本没用，她说老师教得好才是最重要的。创办学校对她而言，只是一种手段，目的在于为女人争取平等。

我想，吉妮亚极为重视考试课程。如果大学入学考试包括编篮子以及占星术，吉妮亚一定会开这些课，而且一定教得很好。同样地，她并不信奉什么有关政治或社会的"主义"。当然，自从她在苏黎世求学开始，她一定接触了不少理论，因为苏黎世正是所有理论的中心，从马克思主义、无政府主义到人神合一的通神学以及犹太复国主义等一应俱全。但是，她只对特殊的公益活动有兴趣，并很重视结果。

在1932年左右，吉妮亚已远离"社会活动"一段时间了，这时她却被卷入公共辩论之中，成为曝光率颇高的公众人物；她虽厌恶如此，但也由不得她。当时，中欧最具影响力的企业家，也就是一个定居在维也纳的捷克企业集团领袖，和其纺织工厂工会发生冲突。这个企业家认为机不可失，此时正可一举消灭工会。在这萧条之时，库存量还很多，因此企业不怕劳工进行长期罢工，因此相形之下，工会的力量可谓较为薄弱。然而，即使屈居下风，工会还是觉得要发动攻势。这些在捷克的工会成员皆以德语为主要语言，是由保守的社会民主党领导的，工会还遭到纳粹的破坏，而纳粹之所以攻击工会的借口是，工会领导者主要是犹太的社会主义者，老板也是犹太人，因此那些工会首领会出卖劳工。在这种情形之下，工会就觉得非诉诸行动，进行罢工不可。

吉妮亚知道这个事件后，大动肝火，她认为3万名劳工为了骄傲、虚荣和权力抛下工作，实在是不负责任的行为。她想，得有人出面调解，于是就去跟双方说，他们应该如何如何。她最后赢得许多企业家、工会领导人、报界以及政治人物的支持，使得劳资双方终于坐在谈判桌上，签署她一手规划的协定。

然而，却没有一个人感谢她。后来，劳资双方都指责她，说她害他们"违背自己的原则"。有个年轻记者在探访她的时候问道，强迫劳资双方放弃自己的原则，是她所乐意的吗？她的感想如何？她简单明了地答道："对于叫别人做牺牲的原则，我实在不敢恭维。"在这个一切追求绝对的时代——不管是教育、心理、生态、经济、政治或是种族方面，都在歌颂"牺牲精神"，以追求"多数人的福利"的时代，吉妮亚这么说，简直是异教邪说。不过，被斥为异端的吉妮亚，到底还是个举足轻重的角色。

为什么我们会觉得赫姆和吉妮亚这般不同于凡俗？说起来他们实在是有趣的人物，或许行为夸张、奇特，更常犯了度量狭小的毛病，但是他们一点也不神秘，的确是属于这个世间的真实人物，而且一点污泥都沾染不上他们的身。和他们亲近的人听到有人批评他们，或是取笑他们，或许皆不以为然，但还是觉得有种奇诡、不安的气氛围绕着他们俩。就是这种潜藏的诡异之感让我很早就体会到，我可以以他们为主角写一本小说，但永远捕捉不到他们的真面目。

　　直到多年之后，我才在梦中找到答案。瑞典作家拉格洛夫（Selma Lagerloef）写了一个儿童冒险故事《尼尔斯历险记》（Nils Holgersson），不但引人入胜，而且让人对瑞典的历史、地理留下深刻的印象。早在童年时，我就对这本书爱不释手，前前后后不知读了多少遍。至今，我虽没去过几次瑞典，却自认比任何人都了解这个国家。

　　这本书中有一段特别吸引我，那就是瑞典版的亚特兰蒂斯古神话——一座沉没大陆的故事：有个水手在船触礁之后，发现自己身在海底的一座沉没之城。骄傲、自大和贪婪是这座城没入大海的原因，而里面的居民所受的惩罚就是永世不得安息。每到星期天，钟声响起，大家都到奢华的教堂做礼拜，为的就是希望一星期的其他六天都可以把"上帝"抛在脑后、互相欺诈，以不存在的货品做交易。这些人穿着华丽的古装，互相争奇斗艳。其实，这已是座死城，而那些人也没有生命了。这从阳世而来的水手，目睹了一切，顿时目瞪口呆，但他也知道要小心不被发现，不然也会跟他们一样，变成行尸走肉，永远见不到陆地和阳光，不能享受爱情、生命与死亡。

　　读了这故事之后几年，大概是在10岁的时候，我做了个梦，梦见我就是那名水手。那座奇异的城市叫我目眩神驰，但又胆战心惊，生怕因服装不同，被人识破而引起大家的叫嚣，遭来追捕。但是我实在太想看看那些居民的样子，我想，若没有人注意到我，说不定可一窥他们那宽边帽下的容颜。但是，突然间，有人转过身来，瞪着我——就在这一刻，我从噩梦中吓醒了。

　　长大之后，这个梦境就很少出现了。自我移居美国后，更是再也没有做过这样的梦了。但是，10年后，约在第二次世界大战结束后几个月，听说好多好多人都死了，幸存者此起彼落地从灰烬中爬出，我又做了一次那样的梦，但这梦境却有不同的结局。就在半梦半醒之间，我突然看到那宽边帽下的面容——啊，是赫姆和吉妮亚！

介于两次大战中的维也纳，以及全欧，都对"战前"充满着迷恋。只有赫姆和吉妮亚得以回到那个时代。他们的沙龙就是已没入大海的亚特兰蒂斯，他们已逝，却无法真正地死亡。这就是他们吸引人的地方，也是他们令人觉得奇异又骇人之处。

在20世纪20年代和30年代的维也纳，倒是很少有人会缅怀古老的奥匈帝国。大多数的人都同意奥地利作家穆西尔（Robert Musil）的说法，称战前的维也纳为"卡卡尼亚"（Kakania），也就是"贵族的"之意。"卡卡尼亚"是旧奥匈帝国官员的简称"K&K"，原为Kaiserlich & Koeniglich，指"皇家贵族"之意。穆西尔所著《无品之人》(*The Man Without Qualities*)一书，今天虽已被人遗忘，但在30年代初期的维也纳可真引起了一波文学风潮。然而，这"卡卡尼亚"中的"卡卡"也是奥地利的童言童语，指的是"粪便"，因此"卡卡尼亚"又成了"粪屎之地"，然而那"尊贵的战前"可是衡量一切的标准。

比方说，在20年代初期，维也纳歌剧院是由两位伟大音乐家所指挥，也就是沃尔特（Bruno Walter）和施特劳斯。后来，他们都被迫下台，就是因为他们的风格不像"战前的"马勒。后来的继任者顶多是平庸之辈，或者懂一点马勒那种形式主义而已。和马勒同一时代的歌唱家也老了。比方说，有一位丹麦男高音罗斯温吉（Helge Roswaenge）（他也是赫姆和吉妮亚的朋友）每回到歌剧《罗安格林》(*Lohengrin*)或《纽伦堡的歌手》(*Die Meistersinger*)中客串演出时，总是佳评如潮，但他却无法得到一纸合约，就是因为他和战前的风格有点儿差异。

还有一件事：维也纳保守派政府为了安抚德国国家主义者，赢得他们在国会的支持，曾宣称维也纳大学不得让任何犹太人做正式的教授，然而事实上却让一个能力平庸、才学相当浅薄的犹太人取得了这个教职。他从未出版过任何东西，说起来是个相当差劲的老师，他的幸运只因他的父亲是"战前"大名鼎鼎的教授，他后来继承了父亲的全套讲义，因此得以顺利踏入维大。以反对犹太人著称的部长在国会上遭到质疑时，居然声称"这样我们就有'战前的'学者了"。

在我们住家附近，有一家大型的美食店开业了，里面卖的酒、蜜饯、乳酪和香肠等都和一些高级昂贵的店是同一个品牌，价格却便宜多了，不但近，而且可以免费送货。因此，邻近的妇女常常惠顾，而且非常满意他们的服务，但若"有人同行"的话，她们还是会到城里较为昂贵的店去买。她们的丈夫会问："明明是一个牌子，为什么要大老远地多花好几个小时去城里挑？更别提多付了冤枉钱！"这些夫人的回答是："不过，他们保证有'战前'的品质啊！"

每次我需要一套"像样的"西装时，我母亲就带我到圣斯蒂芬大教堂对面的大型"战前"男士服装店。最后，这家店的伙计总会从柜台倾身过来，在我们耳边轻轻地说："我们还有几套有'战前'品质的西装，这是特别为了像您这样的'战前'贵客保留的。"然后，他就展示一些和方才看到的一模一样的西装给我们看，不过标价是原来的一倍半。

这种对于"战前"的迷恋，并不止于琐事，也不是只发生在奥地利而已。在 20 年代，经济与社会统计学开始勃兴，原因就在于拿当代与"战前"相比，不管是谈到马铃薯的产量（"差不多和'战前'一样"），还是暴力犯罪的数目（"哎，许久以来，大多数国家都不及'战前'的标准，直至纳粹兴起，这种情况才得以挽救"），以铁路运送成吨的邮件也是如此。"战前"像一股四处弥漫的瘴气，使得人人瘫痪，所有的思想和想象力也都为之停滞。对"战前"的迷恋也可解释纳粹兴起之因。

我在 1939 年出版的《经济人的末日》（*The End of Economic Man*）一书中谈到，直到第一个国家被纳粹拿下，大家才惊醒，之前纳粹的魔力几乎无人能挡。我想,我是第一个指出这一点的,后来,陆陆续续又有许多学者和作品证明了,如《柏林日记》(*Berlin Diary*,1941)和《第三帝国的兴亡》(*The Rise and Fall of the Third Reich*,1960)的作者夏尔(William Shirer),以及近来卢卡斯(John Lukacs)的巨著《最后的欧战》(*The Last European War*,1976)。纳粹是令人作呕,但是在一切"回归过去"时,套用飞行家林白(Charles Lindbergh,1902—1974)的话,纳粹却是一股来势汹汹的"未来的浪潮"。

在我还是个青涩少年时,已本能地想要逃避"战前"。我确信这就是我很早就决定要尽快离开维也纳的原因。然而,在欧洲其他地方,"战前"还是一样阴魂不散,直到1937年我到达美国后,才得以远离"战前"。但是,当时的美国还是存在着一种"之前症候群"("pre" syndrome),所谓的"经济大萧条前"就是衡量的标准,但主要还是运用在经济上,如钢铁产量、就业率以及股价等,在其他方面,美国的"新政"正在前头等着呢。罗斯福总统最伟大的成就即是避免"经济大萧条前症候群"继续蔓延而使美国的想象力瘫痪,不像意志和远见都已被"战前"消磨光了的欧洲。我想,这也就是我那亚特兰蒂斯之梦为何在我横渡大西洋之后就消失了的原因。

当然,"战前"是无法定义的,似乎没有任何人、事、物可以触及,就连马铃薯的产量也无法和战前相比拟。唯一的例外就是,赫姆和吉妮亚。他们所成就的,如吉妮亚的沙龙,好像是天真的虚幻小说。在穷苦犹太人住的波兰小镇,亦即赫姆和吉妮亚成长的地方,一定有人向往那"西方之都"——想象那自由开放的时代和文化陶冶的都市,如维也纳、柏林或巴黎所代表的"人间天堂"。这样的"战前",没有残酷的经济现实。事实上,在吉妮亚的沙龙中,未曾出现过任何一个商人。在"战前"的天堂里,犹太人和非犹太的异教徒和平共处,相安无事,正如吉妮亚沙龙里那些客人的表现。在"战前",没有畸形足,没有皮肤松弛下垂、又矮又胖的女人,只有吉妮亚沙龙明星那过人的才貌散发的光芒,如安妮特、毛奇伯爵以及多乐丝·汤普森等。

希特勒在 1938 年大举入侵奥地利时,使得"战前"灰飞烟灭,永远走入历史。就在纳粹入侵的几个星期前,吉妮亚发现乳房有个恶性肿块,她完全不动声色,自己安排到哥本哈根做个演讲,好悄悄地进行乳房切除手术,并在那儿的医院静养。之后,她再也没回到维也纳,而是去了苏黎世。很快地,赫姆也过去和她会合。那时赫姆已退休 15 年,老迈得几乎神志不清了,但他还是名列为纳粹的"通缉要犯"。赫姆从前有个同事因为贿赂而被起诉,后来因为赫姆的帮助才获救。然而,这个人后来却成了纳粹在罗马尼亚最残酷的刽子手,并公开宣布赫姆是个"危险人物"。安妮特的父亲,也就是那位陆军副元帅,几个星期前刚过世,于是安妮特利用自己父亲的护照,帮助赫姆出境,逃到瑞士。

就在那一年,赫姆和吉妮亚都撒手人寰。

第 3 章 | CHAPTER 3
怀 恩 师

我见识过许多一流老师的教学风采,也见过几个相当伟大的老师。然而,在教过我的老师当中,我认为一流的只有两位,也就是我小学四年级的老师——埃尔莎小姐和苏菲小姐。她们不仅称职,更是杰出的教师。然而,她们还是没有教会我该学的东西。

埃尔莎小姐是校长,也是我们的导师,每星期有 6 天,一天 4 小时都有她的课。我们星期六还是要上课,只是可以比平常早放学而已。9 月学年开始时,埃尔莎小姐告诉我们,一连两三个星期都要进行测验和考试,看看我们学习的成效如何。听来虽然可怕,其实挺有趣的——她要我们为自己评分,并和同学相互打分数。考了三个星期后,她和我们个别会谈。

"来,坐在老师旁边。告诉老师,你觉得自己在哪些方面表现得比较好?"

于是,我告诉她。

"现在，再说说你表现得不好的地方吧。"

听了我的回答后，她说："是的，你的阅读能力不错。事实上，像你这样的书虫不必在阅读上下功夫了。我也不准备帮你安排阅读方面的作业，只要继续读你想读的东西就可以了。只是，彼得，你要注意，阅读光线要充足，不要让眼睛太劳累。有时，你认为老师没看到，就把书放在桌子下，偷偷地读。这样不好，书本要放在桌上读。我要把你的座位调到大窗子旁，这样光线就不至于太暗。你的拼字不错，因此不必再加强练习了。记住，遇到生字时，一定要查字典，不知道的时候，不要乱猜。还有哟，"她又加上一句，"你还有一个长处没说到，是什么，你知道吗？"我摇摇头。

"你的作文写得不错。不过，还要多练习。不是吗？"我点点头。

"好了。我们现在可以拟定目标了。每个星期，你必须交两篇作文，一篇自由命题，另一篇由老师决定。此外，"她继续说，"你低估了自己的算术能力了。你的算术好极了，因此老师决定，在这个学年中，你应该学会中年级所有的算术课程，也就是分数、百分比和对数。你会喜欢对数的，对数实在是很巧妙。然后，你就可以准备学习高年级的数学，也就是几何和代数。"

以前教我算术的老师常常骂我，因此我总以为自己的算术很糟，听了埃尔莎小姐的话，我不禁大为惊讶，因此跟她实话实说。

"当然啦，你的算术成绩不好。但是，原因不是你不会，而是太粗心，而且不检查。你犯的错误并不比别人多，但是却没注意到。所以，在这个学年，你要学会检查。为了确定你做好这一点，你必须要检查自己那一排以及前一排小朋友所做的题目。还有啊，彼得，你的字迹，不只是如你自己说的'很差'，简直是丢脸。我班上的小朋友不可以有字写得这么难看的。字迹潦草实在很不好。你喜欢写字，不过没有人看得懂你的鬼画符。这是可以避免的，你可以学着写一手像样的字。在这个学年结束后，你的字迹就可以像这样——"她撕下两张纸，放在我面前。一篇是我写的作文，第一行虽然写得不很好，还清晰可读，第二行之后，就潦草得令人无法辨识了。另一篇跟前篇相同，一字不差，但通篇都像第一行，清清楚楚的。

埃尔莎小姐指着第二篇作文说："这就是你这个学年努力的目标。你也可以写得像样一点，但是，不要模仿老师的笔迹哦。"我实在猜不透，她怎么知道我心里想的？

"每个人都有自己的笔迹。瞧，这就是你的风格。"

"同意吧？"我表示赞同，她继续说，"我们把这一切记录下来。这样，你和我就很清楚你要做的事。这些是你的练习簿，每个月一本，我的桌上也有一套完全相同的。你瞧，老师没有要你多阅读或做拼字练习，但是，我想你还有时间写下你读过的东西、内容摘要、你喜欢的地方、是否计划重读以及学习心得。像你读得这么多的人都该常常这么做。你也要记录每星期所写的作文，而且每周一定得写两篇。还有，这是你练习做算术的地方，有两个部分：一是测验你学过的加减乘除；另一部分是学习新的，我们先做分数。每个星期都要记载：你希望做到的，以及实际的学习情形。此外，你也得练习写字。每周写作文时，尽你最大的努力，多写一行清晰可读的字，这样的要求应该合理吧？"

"每个星期我们一起检查你的作业。当然啦，有任何问题，欢迎随时问我。好好保留你的作业簿。再过一段时间，如果你要看看老师这边的本子也可以。这样做，对老师也有帮助。班上的小朋友很多，我又得管理整所学校，常常忙不过来。"

每天我们都有一个半小时的美术和工艺课，教我们的是苏菲小姐。她就坐镇在一间东西很多、五颜六色的大工作室里。没有人见过她离开这里。这个工作室，一边是美术教室，有画架、蜡笔、画笔、水彩、陶土，还有一些准备切割、用树脂黏合的色纸，以供手指作画之用；另一边是工艺教室，有着跟我们这些孩子一般大的缝纫机（当然是用踏板的，小朋友莫不深深被这机器吸引），一长排的工具，锯子、老虎钳、钻孔机、铁钻和刨刀等一应俱全。靠工作室的第三面墙上则有煮锅、平底锅、炉子，还有一个大水槽。

头三个星期苏菲小姐让我们随意活动，她在一旁，随时提供协助，但从不告诉我们怎么做才对，也不会批评我们。

之后，她对我说："你好像对绘画或捏陶都没兴趣，是不是？"

"我实在不行。"

"你不是不行。到学年结束前，你应该学会用一点简单的工具。嗯，做个挤牛奶的小凳子给妈妈用，怎么样呀？"

听了这话，我有点儿惊恐，结结巴巴地说："我们……我们家没有母牛。妈妈要这种挤牛奶的凳子做什么？"

"但是，这是你唯一可能做出来的东西呀。"

这么说也有道理，不过我还是怀疑自己是否真做得到。

埃尔莎小姐和苏菲小姐是姊妹。她们家的老二，克拉拉，也在本校教五年级，也就是奥地利小学的最高年级。这三个中年未嫁的老处女可说是截然不同。克拉拉身材魁梧，像是普鲁士精锐部队的士兵——肩膀宽阔、瘦骨嶙峋，且比大多数的男人还要高。埃尔莎只有中等高度、胖胖的，而且不修边幅。苏菲则娇小玲珑，连小学四年级的学生都比她高了。埃尔莎是三姊妹中的老幺，比克拉拉小3岁左右，比大姐苏菲小6岁。我四年级受教于埃尔莎小姐时，她已40多岁。这所学校比起施瓦兹瓦尔德开办的小学和男女兼收的学校要早12年，校长一直由埃尔莎小姐担任。她看来就像个一本正经的老处女教师，十分可笑，身上总穿一种像是丧服的斜纹黑丝洋装——希望这种布料现在已经绝迹了。她全身上下都是黑的，只有颈部和手腕是白的，看起来就像一只大甲虫。她的裙子前面鼓鼓的，臀部的部分却异常得紧，倾身向前，就会发出可怕的声音，好像要裂开了一般。她用黑色缎带系住夹鼻眼镜，这眼镜虽没掉下来过，但总是歪歪的，只有脚下那双有着扣子、款式新颖的鞋子还算"合宜"。

但是，她还是展现了十足的权威。她可以一边在黑板上书写，连头都不回，一边轻声地说："彼得·德鲁克，放手！不要抓丽比的头发。"或是说："彼得·德鲁克！是谁允许你随便走动的？马上回到座位坐好。"

我们花了好几个小时辩论老师是怎么发现的。同学中分两派。理性派相信她的手中一定有面镜子，或是黑板的某个地方藏着镜子。于是，我们在黑板的上下左右不断地搜寻，几乎要把黑板拆了，还是找不到。另一派倾向于神秘主义，他们说老师一定有某种魔力，要不，在她脑袋后面，那像老鼠毛、盘绕到头顶的发辫下还有一双眼睛！

她好像从来就不曾检查过我们练习簿上自己打的成绩。但是，一旦有人作弊，练习簿上的成绩总会被更正过来，上面就是她工整流利的笔迹。如果我们继续作弊，就会被叫到前面，骂得狗血淋头。然而，老师总是私下责骂我们，没有旁人听得到。

学期一开始，她已经告诉过我，因为我的阅读和拼字本来就不错，因此她不会再称赞我这两方面的表现。她果然说到做到，顶多只是说："很好。"或是说："比上星期进步一点了。"然而，若是我们没有改进或增强该加油的部分，特别是本来就有潜力的地方，如我的作文，她就像复仇天使般紧盯着我们。埃尔莎小姐并不是特别喜欢孩子的人，事实上她对孩童并没有多大的兴趣，她注重的是他们的学习。第一天上课，她就记住了5个小朋友的名字、特色，在一周内，每个学童的长处，她都了如指掌了。

我们不爱这位老师——我想，如果说爱她，对她是一种冒犯，应该说大家都崇拜她。50年后，妇女解放运动者声称"上帝"是女性时，我一点也不惊讶。我早就认为"上帝"可能是女的，就像埃尔莎小姐一样——黑丝斜纹洋装、夹鼻眼镜以及时髦的鞋子，这一切一点儿都不会让人不悦。她确实让人联想到上帝（至少这上帝知道我这可怜罪人的优点），不过不像做礼拜时牧师跟我们讲的上帝。

反之，小朋友总是围绕着苏菲小姐。她的膝上常常有着一个小男孩或小女孩。即使是急于表现大人样的五年级学生也会毫无顾忌地在她怀里放声大哭。当然，高兴得意时，他们也会跑去向苏菲小姐报告。她总是轻拍我们的头表示赞许，亲吻我们，给我们一句鼓励或恭贺的话。但是，她却从来不记任何一个小朋友的名字，即使大多数的学生已经跟她学了5年的美术和工艺（她是这两个科目唯一的任课老师）。她一律叫我们"孩子"。我想，苏菲小姐可能分不清眼前是男生，还是女生，反正她也不在意。她的主张在当时颇具革命性——男生都要会缝纫和烹饪，而女生也要学习使用工具，修理东西——因此难免面临家长的反对。例如，有一次她要每个母亲送一双有洞的袜子来学校，让我们学习缝补袜子。她解释道，这样就可以"练双手和眼睛的协调动作"。许多母亲都很生气，写信给她："我们这种家庭怎么会有破袜子呢？"苏菲小姐则回答："胡扯，如果家里有个正常的9岁孩子，一定会有破袜子的。"

在当时的欧洲，要"好人家"的孩子动手做事可能还是新鲜事。从事艺术方面的创作，如果不过分，当然还是可以。女孩子还是要学习缝纫、针线和编织，然而烹饪可就不是"好人家"出身的女孩做的事。一般女主人是不会踏入厨房的，不然有自尊心的厨师就会愤而离去。因此，每一户人家都请厨子来料理三餐。所谓"中下阶级"家庭的定义就是，家中仆人少于两个。不过，学习烹饪对年轻女子来说，虽是件好事，但要女孩，甚至男孩，动手修理什么，那就太过分了。

事实上，女人如果会修补东西，并不是坏事，只能算颇为奇特的行为，当然前提是不缺钱用，不是以此为生。因此，有人听说我的母亲会修水管或修补房顶等，并不会太吃惊，不会觉得不成体统。就男人而言，如果是真正的"嗜好"，也不足为过。法皇路易十六不就会制造、修理钟表吗？（虽然有人说他是脑筋有问题才会做这种事。）大抵绅士不是"用手的"劳力阶级。不过，倒是没有人像中国古代官吏留着长长的指甲以告众人：他们不是做工的。

但是，19世纪的欧洲也相去不远。记得小时候，有一次看到爷爷留下来的西装（他是在1899年过世的，那时母亲只有14岁），我注意到这套衣服除了背心有个表袋，没有其他口袋。奶奶解释说："你爷爷是位绅士。20年前，绅士的后面总是跟着一个仆人，给他们提东西。绅士是不自己动手的。"

苏菲小姐要我们做工艺、劳作，这种奇怪的念头并不是她发明的。事实上，这已经有一段很长而复杂的历史，可以追溯到19世纪初期的一个教学研究家，也就是幼儿园之父福禄贝尔㊀。他的理念之一是，小学教育应包括工艺。结果，在欧洲无法推展，反倒被喜欢和体制作对的人士，如美国的震颤派（Shakers）采用。约在19世纪中叶，这些震颤派回到欧洲，在瑞典进行学校工艺运动。苏菲小姐年轻的时候就是在这儿受训的。虽然她取得了令人刮目相看的瑞典文凭，但女孩拿刨刀、男生学针织还是颇令人侧目。

然而，更令人侧目的是苏菲小姐的外貌。娇小的她看来就像只小老鼠——有着长长的、不时翕动的红鼻子，上唇常有几根散落的硬发，加上一对小得像是两颗扣子、骨碌碌的近视眼。这样一只小老鼠，该是贝尔尼

㊀ 福禄贝尔（Wilhelm August Froebel，1782—1852）：德国学前教育家，幼儿园创始人，建立学前教育理论，强调儿童自我活动和自发性原则，把游戏作为幼儿教育基础，著有《人的教育》等。

尼①或是其他巴洛克时代的雕塑家创作出的吧。她浑身上下包裹着各色薄绸丝巾——淡紫、深红、天蓝，一层又一层飘舞在这间密不透气的工作室里。（这间教室总是关得紧紧的，而且异常闷热，然而埃尔莎小姐的教室，每一扇窗都大开着，天气冷时亦然。）在这个丝巾狂舞的班里，她那低沉的声音却可以盖过一百个儿童的吵闹声。

每星期有一堂课，埃尔莎小姐会和每一个学童单独会谈，讨论上星期的表现和下星期的计划，并看看学习上有无问题，症结何在。但是，在讨论问题之前，她一定会先提到我们做得好而且容易达成的部分。如果任何一个学童有问题，或是某件事想征求她的同意，随时可以去找她。她观察入微，在功课上遭遇困难的孩子，总会突然间发现埃尔莎小姐的眼睛正盯着自己。抬起头时，埃尔莎小姐已经知道问题在哪儿，说道："你忘了跟上来了。"或是说："你跳了一页，难怪不晓得课上到哪里了。"除了每周复习和计划课程之外，埃尔莎小姐都让我们自己做作业。

而苏菲小姐总是跑来跑去，不停地在小朋友的身边盘旋，而且绝不会在同一个地方停留太久。她是不用语言教学的，事实上她很少发出声音。她总是先观察一会儿，然后把她的小手放在我们头上，或是轻轻地抓着我们的手，让我们在使用锯子或画笔时，保持正确的姿势。或者，她先一瞥某个小朋友想要画的东西，比方说小猫吧，然后拿出图画纸和蜡笔画出纯几何图形、抽象的线条：圆圆的屁股、颈后有一凹陷处、有着特殊棱角的头部以及构成整个脸部造型的耳朵。即使是像我这样一点都没有美术细胞的人，一看就知道是"猫"，然后哈哈大笑。苏菲小姐脸上也露出会意的微笑——这是她表示赞美的唯一方式，但小朋友看了无不高兴得飘飘然。

多年后，我才遇到像苏菲小姐那样伟大的老师，他就是画家纳茨（Karl

---

① 贝尔尼尼（Giovani Lorenzo Bernini，1598—1680）：意大利建筑师、雕塑家和画家，巴洛克艺术风格的代表人物。

Knaats）。20 世纪 40 年代中期，他在本宁顿学院教了两年书。在那两年当中，没有人听他说过一句话。他总是站在学生旁边咕哝着"嗯……啊……哼"，学生就会转过头来，和苏菲小姐的学生一样，露出恍然大悟的微笑，然后就有截然不同的表现。

苏菲小姐和纳茨不同的是，她会讲话，我们也都听过。她的声音极为低沉，吐出的句子总是简短精确："不要画狗。狗儿最笨了。"或是说："画猫吧。要把愚蠢的人画得好，可不容易。"当然，她的说法不一定是对的。维拉斯格（Velasquez）和戈雅㊀就把哈布斯堡和波旁王朝的国王与西班牙皇后画得惟妙惟肖。但是，苏菲小姐说的也有几分道理，走一趟博物馆就知道了。不是有句话说："就木工而言，最难做的部分就是抽屉，因为抽屉是用来把东西隐藏起来的。"

埃尔莎小姐是标准的苏格拉底学派，而苏菲小姐则是禅宗大师。然而，我还是没有学会她们认为我该学会的东西：我既学不成写一手好字，也仍旧不会使用工具。

苏菲小姐相信，我该可以做一张挤牛奶用的凳子给妈妈。于是，开始动手后，她帮我做了椅座，并在上面钻孔，以接上椅腿。然后，她抓着我的手，让我搞清椅腿的长度，看接上之后，是否能够站稳。她让我先用棍子练习，然后教我利用斜榫切割。我们一起量了高度后，我就按照和老师一起做的记号小心翼翼地锯。然而，最后那三条腿还是不等长——一支是标准的 17 英寸㊁，另一支则是 19 英寸，第三支只有 14 英寸。我对自己说："好吧，这下子，妈妈只好去找一只特别矮的母牛。"于是，我准备把三条腿都锯成

㊀ 戈雅（Goya，1746—1828）：西班牙画家，作品讽刺封建社会的腐败，控诉侵略者的凶残，对欧洲 19 世纪绘画有很大影响，作品有铜版组画《狂想曲》、版画集《战争的灾难》等。

㊁ 1 英寸 ≈ 0.025 米。

14英寸。哎呀，锯好后，发现还是长短腿。最后锯成三支奇短无比的腿，但是，还是不等长。

苏菲小姐从未责骂或是批评过我们。她真的伤心的时候，总是坐在那个小坏蛋旁边，握着他的小手，摇摇头。她那一头铁灰色的头发异常浓密，用发夹随便盘绕在头顶上。因此，她一摇头，发夹就会掉落；摇得厉害时，发夹会落到很远的地方，那时她的头发就像瀑布一样，倾泻而下。小朋友看了，无不哈哈大笑，乐不可支地在地上打滚。最后，苏菲小姐也笑了，大家就一齐出动，在教室的各个角落帮忙找她的发夹，让她能再把那头乱发盘绕回去。始作俑者也回去做作业了，通常都会做得很好，至少会比上一次好。

但是，我就是做不来，试了两次，凳子腿依旧是长短不一，第三次再锯，做好后一量，结果各是5英寸、7英寸和9英寸，而且接面的角度皆不同。苏菲小姐却没有摇头。

她转向我，轻轻地带着哀伤的语调说："你妈妈用哪一种笔写字呢？"

"自来水笔。"

她问道："你确定吗？她不用钢笔尖吗？"

"是的，她讨厌钢笔尖。"

"好，你就做一支小小的鹅毛笔吧。"

多年后，这项作品还是摆在母亲的书桌上，她一次都没用过。这是我拔取火鸡尾部的毛，用铁丝系紧做成的。妈妈和我都很清楚，这已经是我所能做的极限了。苏菲小姐也这么认为。

但埃尔莎小姐就不一样了。她很清楚我的字迹没有改进后，立刻请我的父亲到学校。她从未单独和家长谈过话，一旁总有个孩子。因此，她就当着我的面对父亲说："德鲁克先生，我有坏消息要告诉您。我知道您之所以让彼得从公立学校转到这儿就读，是因为他的字一直写不好。到现在，他的字还是没有改进，恐怕以后也不会。我建议您——现在就为他申请进入中学就读。"

这话真令人惊异。通常要四年级之后，才能开始申请参加中学考试，这样等于越级就读了，除非表现极为优异，否则难以得到这种殊荣。

父亲答道："我不明白您说的……"

"很简单啊，"埃尔莎小姐回答，"他唯一该学会的，还是学不会。何必浪费一年的时间，就为了学好写字？何况，他再怎么学也写不好。我知道他现在进中学还太早。不过，他是 11 月出生的，只要是 12 月以前生的，都可以申请。考试的主要科目是阅读和算术，彼得的表现都在水准以上。他一定可以通过考试的。还有，"她继续说，"我要彼得直接进中学的原因是，我不想让我的姐姐克拉拉为他烦心。她的健康状况欠佳，又是杞人忧天型的。升上五年级后，导师就是克拉拉，她一样会对彼得的字束手无策。在教学方面，我比克拉拉强过两倍，连我都没有办法，更何况是她呢。彼得只有让她沮丧、给她挫折而已。"

父亲想和她争辩，但是埃尔莎小姐还是占了上风。那年秋天，我成了中学一年级里年纪最小的一个。

然而，父亲还是不肯放弃。过了几年，我的字迹非但没有进步，还越来越糟。于是，他拉着我到一家书法学校，接受密集课程的训练。老师是费尔德曼先生，学校就在老旧市区一条可怕的街上。他在一楼的展示窗里摆着学生写的样本，上书："这是我上费尔德曼先生的书法课之前写的字。"真是和我的字迹一样惨不忍睹。旁边另有一行字，署名是同一个人，但字迹却是秀丽的斯宾塞草写体或是那写得美轮美奂的花体字："这是我上过费尔德曼先生的书法课后写的字。"于是我在父亲和费尔德曼先生的面前也写下这么一行字："这是我上费尔德曼先生的书法课之前写的字。"然后交学费。

我一星期有三天，放学后都必须到费尔德曼先生那儿练字，每回都坐在一张饭厅椅子上写着:"这是我上过费尔德曼先生的书法课后写的字。"等我写到一张可以让费尔德曼先生放在展示窗里,足以对照第一次报名时写的字时,课程就结束了。后来,连父亲也死心了。

自从狄更斯的时代开始,欧洲文人都不免回想起自己在中学时所遇见的虐待狂先生或暴君老师,然而在我念中学时,倒没有一个这样的师长。我在这所颇负盛名而且相当传统的中学就读的8年中,碰到的几个老师都相当平庸。在美国人的想象中,这种欧洲中学几乎是圣地。事实上,大部分老师不仅让学生觉得枯燥乏味,恐怕连自己都教得无趣。

在受教于埃尔莎小姐和苏菲小姐之前的三年,我所遇见的老师也是一样乏善可陈。后来,在大学时碰见的老师也只是普普通通。除了小学四年级时的埃尔莎小姐和苏菲小姐这两位,其他堪称好老师的,是我早年工作中的两位上司,一位是德国晚报的编辑主管,另一位则是伦敦商业银行界的名人,他们虽然年事已高,但十分睿智。我20岁出头就开始在大学教书了,许多同事都和我的中学老师差不多——不是令人生畏就是能力不足。

或许是因为我跟着埃尔莎小姐和苏菲小姐学了一年的后遗症吧,更正确的说法该是,她们对我影响之深远,已到了无可救药的地步。

我差一点成为一个教员——有一段时间,我极需要一份工作和稳定的收入,无法挑三拣四。或许,我会就此发现自己还是挺喜欢教书的,而且能够愉快胜任。然而,因为需要钱,以收入多少作为考虑,最后我还是选择了其他工作,比如在商业银行做事,要比当教员赚得多。由于埃尔莎和苏菲小姐的关系,我才明白真正的教学绝不同于填鸭式地要学生把拉丁文法、希腊戏剧或世界历史生吞活剥下去。我觉得那些科目其实还蛮有趣的,这点连我自己都大感意外。事实上,我发现每个学科都有它的趣味。在大学任教时,我教过许许多多的学科,涵盖人文和社会科学各方面,从神学到哲学,包括文学和历史，以及政府、企业管理、经济学和统计学等。

我还是得承认，中学时期的我原本对拉丁文的兴趣不大，我们一星期六天，每天两小时，都得把时间花在这门极度容易而空洞的学科上。而希腊文就不同了，我认为这是种优雅、饶富趣味的语言，老师却教得无聊透顶。原因不是老师差劲，就是学生是不可雕的朽木，所以老师自己都教得厌烦。这时，我往往想起埃尔莎和苏菲小姐。我还记得很清楚，除法就没有罗马历史来得有趣，老实说，实在是挺无聊的。然而埃尔莎小姐觉得有趣，她从来就不觉得除法无聊，而且设法使之变得好玩儿。苏菲小姐亦然，即使我怎么都学不会，她还是一步步地教我如何握好铁锤，笔直地朝钉子砸下去。

在我的记忆中，如果没有埃尔莎小姐和苏菲小姐这两位老师，我这一辈子大概都不想教书。或许，我不会在意让他人厌烦，正如一意孤行、没考虑到读者反应的职业作家。而我曾犹豫再三的是——是否连自己都觉得无趣？正如我中学时期碰到的老师。

当然，多年后我才仔细地思索这一切。那种感觉是很清楚的。我也晓得，从很早开始我就感知到，我从埃尔莎小姐和苏菲小姐那儿学到的，要比我没学会的那些更重要，这些东西在我心中的地位也是中学老师教导的一切所不能比的。苏菲小姐是没能让我工于工艺，正如最伟大的音乐家无法使不辨五音者成为乐师。但是因为她的教导，使我一生都懂得欣赏工艺，看到干净利落的作品不禁为之欣喜，并尊重这样的技艺。至今，我仍记得苏菲小姐把她的手放在我手上，引导我感觉那顺着纹路刨平而且用砂纸磨光的木材。埃尔莎小姐教给我的是工作纪律与组织能力，有好几年我都"滥用"这种技巧。进了中学后，一学年中有八九个月我几乎都不念书，只花心思在自己有兴趣的东西上。之后，老师警告我说，如果不被劝退的话，至少也得留级一年。于是我把埃尔莎小姐给我的那本尘封已久的练习簿找出来，立下目标并组织自己的思考。照着这种有计划、有目标的方式，努力几个星期，我就可以名列班上的中上水平；这也是我在二十一二岁取得博士学位的读书方式。那时，我已是一家报纸的资深编辑。自从中学毕业后，我就开始全职的工作了。在准备博士考试时，我几乎没有上过课，却已在教一些法学院方面的课，如契约法、犯罪法或是诉讼程序等，我对这些学科可说是缺乏兴趣，但是想到埃尔莎小姐给我的练习簿，那种计划方式以及表现测评，正如我在小学四年级时拟定的作文计划，那三天的博士考试口试以及论文写作也就轻松过关。

最后，我发觉埃尔莎小姐和苏菲小姐让我学到：高品质的教导与学习，充沛的活力与乐趣，这些都可并行不悖。这两位女士为我们立下了最好的典范。

直到两三年后，我才遇见另一位真正的老师。在那之前，我几乎要和同学以及他们的父母秉持着相同的信念，也许全世界大多数的学生也是这么认为，那就是学校实在是个无聊的地方，而许多老师更是能力欠佳。我虽没忘怀埃尔莎小姐和苏菲小姐，但对我来说，她们已是神话中的人物了。

我能遇到施纳贝尔[一]真是三生有幸。当然，我没有资格当他的学生，他只教一些可望崭露头角的年轻钢琴家。我只见过他一次，而且只有短短的两小时。那天，由于他的课程表有点儿混乱，在阴差阳错之下，使我得以旁听他的课。真正上课的是一个同学的姐姐，她的天赋非凡，而且已经开始其职业演奏生涯了。在20世纪20年代的时候，施纳贝尔并不像后来名气那么大。事实上，他是维也纳人，因为认为维也纳太过"单调"才跑到柏林。在希特勒掌控德国时，他又远走美国，之后才大大出名。

那回上课的头一个小时，实在是再平常不过了。施纳贝尔先要同学的姐

[一] 施纳贝尔（Artur Schnabel，1882—1951）：奥地利钢琴家，擅长演奏贝多芬和勃拉姆斯的作品，著有《对音乐的见解》，也是《贝多芬钢琴奏鸣曲集》的编者。

姐弹上次指定的作业,也就是一个月前在这儿学过的。我还记得是莫扎特和舒伯特的奏鸣曲。即使我只有 12 岁,听她一弹,也知道这样的技巧已是非常高深,而她大概只有 14 岁(那时的她,已经以技巧娴熟闻名维也纳)。施纳贝尔称许她的技巧,请她把某一个乐章再弹一次,然后再针对另一个乐章问问题。他说,某一小节或许可以弹得慢一点,或者再强调一下。这和教过我的那些平凡的钢琴老师可谓无大不同。

然后,施纳贝尔给她留下一回的作业,也就是一个月后要上的,要她先读谱。我再一次发现她的技巧实在是非比寻常。施纳贝尔也说到这一点。之后,他回到前一个月上的课程。

他说:"利齐,你知道吗,这两首曲子你都弹得好极了,但是你并没有把耳朵真正听到的弹出来。你弹的是你'自以为'听到的。但是,那是假的。对这一点我听得出来,听众也听得出来。"利齐一脸困惑地看着他。

"我告诉你,我会怎么做。我会把我自己亲耳听到的舒伯特慢板弹出来。我无法弹你听到的东西,我不会照你的方式弹,因为没有人能听到你所听到的。你听听我所听到的舒伯特吧,或许你能听出其中的奥妙。"

他随即坐在钢琴前,弹他听到的舒伯特。利齐突然开窍了,露出恍然大悟的微笑,正如我在苏菲小姐的学生的脸庞上看到的。就在此时,施纳贝尔停了下来,说道:"现在换你弹了。"

这次她表现的技巧并不像以前那样令人眩目,就像一个 14 岁的孩子弹的那般,有天真的味道,而且更令人动容。我也听出来了,我的脸上必定露出一样的微笑,因为施纳贝尔转过身来对我说:"你听到了吧!这次好极了!只要你能弹出自己的耳朵听到的,就是把音乐弹出来了。"

然而,我对音乐的鉴赏力还是不够好,因此不足以成为一个音乐家。但是,我突然发觉,我可以从成功的表现中学习。我恍然大悟,至少对我而言，所谓正确的方法就是去找出有效的方法，并寻求可以做到的人。我了解到——至少我自己不是在错误中才能有所体认，我必须从成功的范例中学习。

但是，多年后，我才明白自己当年无意中已经发现了一种方法。大概我是在阅读德国犹太哲学家布伯（Martin Buber）一本早期著作时才恍然大悟的。书中提到一位1世纪犹太智者所言："上帝造出来的人都会犯下各式各样的错误。不要从别人的错误中学习，看看别人是怎么做对的。"

自从在施纳贝尔教琴的一角有所顿悟后，我就一直在寻找真正的老师。我不遗余力地在探访他们的身影，观察他们教学的方式，并从中得到无穷的乐趣。我一听说谁是"大师级"的老师，就设法溜进这位老师的课堂上旁听、观看。若是不得其门而入，也设法问学生，看这位老师是怎么教的，他成功的地方在哪儿。

因此，多年来，"教学观摩"一直是我最大的喜好。好比看精彩的运动比赛，绝无冷场。至今，这种观察的兴味仍不减当年。

有一件事，我很小的时候就知道了，那就是学生总是可以辨认出老师的好坏。有的只是二流老师，但是舌灿莲花，机智幽默，因此留给学生极为深刻的印象；有些则是颇负盛名的学者，但是不算是特别好的老师。但是，学生总可以识别出一流老师。第一流的老师并不经常广受欢迎，事实上，大受学生欢迎的老师，并不一定能对学生造成冲击力。但是，如果学生谈到上某位老师的课："我们学到很多。"这样的话可以信赖，因为他们知道什么样才是好老师。

我还发现，"老师"实在是不易定义。或者说，"教学得力的因素何在"这样的问题是没有答案的。我从未看过做法完全相同的两个老师，每个老师都有其独特的表现方式。使一个老师成为第一流的方法，似乎对另一个老师来说完全没用，而另一个老师或许也不会采用这种方式。这种现象真令人困惑，至今我仍大惑不解。

有些老师是不用语言的，就像苏菲老师。施纳贝尔亦然。然而，同一时代还有两位卓越的音乐老师却很爱说话：过去50年来，在美国最厉害的钢琴老师就是列维涅（Rosa Lhevinne），她上课老是说个不停，很少做示范；在老年成为美国首屈一指的声乐老师的奥地利女高音勒曼㊀也是。

我还看过两位外科手术专家，他们也是难得的好老师，其中的一位也不出声。他就站在总医师身后，看他做手术，从头到尾都不吐一个字。总医师每做完一个动作，就回头看，那位外科专家或点头，或摇头，或是轻轻地举起一只手，或者是扬起眉毛。在场的每一个学生自然而然地都了解每一个手势、动作的代表意义。另一位名医则在病人被推进手术室后，巨细不遗地把手术的每一个过程都讲解一次。在手术中，他希望学生问他问题，他也会一一作答。这两位都教出了很多成功的外科医师。有一天，我跟一个朋友谈起这件事，他本人也是外科手术的好老师。

他笑着说："你说的一定是德巴基医师㊁和库利医师（Dr. Denton Cooley），休斯敦的心脏外科医师。一位不爱说话，另一位又老是说个没完。我猜，这就是他们俩处不好的原因。"接着他又说："你知道吗，真遗憾，我出生得晚，未能受教于哈佛的库兴医师㊂。我在哈佛医学院接受训练时，大家对他记忆犹

㊀ 勒曼（Lotte lehmann，1888—1976）：以演出瓦格纳歌剧而著名的抒情戏剧女高音，1938年移居美国。
㊁ 德巴基医师（Dr. De Bakey，1908—2008）：美国外科医师，首创用塑料管代替移植物，成功地将机械装置植入病人胸腔，以辅助心脏活动，成为用外科方式治疗循环系统缺损和疾病的先驱。
㊂ 库兴医师（Harveg Williams Cushing，1869—1939）：美国神经外科医师，颅内肿瘤诊断和治疗专家，首次把面部和躯干肥胖病症归因于垂体功能障碍，研究出在局部麻醉下进行手术的方法。

新。听说,他也是不发一言的老师。我自己碰巧是爱用语言表达的老师——有时候,我真希望不用说话就可以教会学生。"

有的老师比较会教高深的课程,有的老师则较适合教初学者。20世纪两位卓越的物理学家也是伟大的老师:他们是哥本哈根的玻尔[一]和费米[二]。费米晚年时就在芝加哥教书,但是玻尔只教天才学生。我听物理系的学生说,即使是最有天分的学生,也发现玻尔几乎让人无法理解。玻尔在上课前亦下了很多的准备工夫,然而学生却不能从他的授课和主持的学术研讨会得到什么。现代物理的第二代大师,从海森堡[三]到薛定谔[四],乃至奥本海默[五],在研究所深造时都接受过玻尔的指导,他们都把自己能成为科学家归功于玻尔。相形之下,费米比较会教大学部的学生,特别是新生、不准备踏入物理这个领域的,或是从来没有修过物理的学生。现代舞大师玛莎·格雷厄姆(Martha Graham)也是一位很厉害的老师,不管是初学者或是卓然有成的舞者,她都教得很好,而且用的是同一套教学法。

有些老师比较会上大班课,即在众多学生的面前讲课。富勒[六]的课堂上足足有2000个学生,大家可以连续7个小时目瞪口呆地听他讲课。有的老师则在教小班课时,比较得心应手,女高音勒曼就是最好的例子。还有些

[一] 玻尔(Niels Bohr,1885—1962):丹麦物理学家、量子物理学的先驱,因研究原子结构而获得1922年诺贝尔物理学奖,1957年获第一届美国和平利用原子能奖。

[二] 费米(Enrico Fermi,1901—1954):美籍意大利物理学家,研究慢中子人工引发原子衰变,最早实现受控键式核反应,获1938年诺贝尔物理学奖,1939年赴美,1942年主持建立世界上第一座原子核反应堆。

[三] 海森堡(Werner Heisenberg,1901—1976):德国物理学家,创立量子力学,提出测不准原理和矩阵理论,获1932年诺贝尔物理学奖。

[四] 薛定谔(Erwin Schroedinger,1887—1961):奥地利物理学家,因建立量子力学的波动方程式与P. A. M. Dirac同获1933年诺贝尔物理学奖。

[五] 奥本海默(Julius Robert Oppenheimer,1904—1967):美国物理学家,曾任美国研制原子弹的"曼哈顿计划"实验室主任,制成第一批原子弹后任原子能委员会总顾问委员会主席,因反对试制氢弹而被解职。

[六] 富勒(Buckminster Fuller,1895—1983):美国建筑师、工程师、发明家、哲学家,也是诗人,被誉为20世纪下半叶最具有创见的思想家。

老师像马克·霍普金斯[○]则在一对一教学时，教得最好。有一句老话说，最好的学校就是要"霍普金斯站一头，一个学生在另一头"。然而，我本人还未见识过这样的老师。好老师就像是节目主持人，他们需要观众。还有的老师是用书写的方式教学，而不是用口语。第二次世界大战的美国将领马歇尔（George Marshall）就是一例，通用汽车总裁斯隆（Alfred Sloan）也是。斯隆的书信也汇集在他再版的书《我在通用汽车的岁月》（*My Years with General Motors*）当中，此书也是教学的大师之作。当然，教给我们基督教传统的老师圣保罗[○]也是最伟大的老师，他是以书信教导后人的。

表演者的能力和教师的才能似乎没有什么相关，研究学问与教学或是技巧与教学之间也没有关联。在欧洲传统的大画家中只有丁托列多（Tintoretto）的学生很多，但是没有一个学生可以达到二流画家的水准。格列柯（El Greco）例外，所有大画家几乎都是名不见经传的平庸画家教出来的。尽管奥本海默是卓越的管理人才，却未能跻身于相对论、量子物理和原子物理的伟人之列，但他是个天才老师，激发年青一代美国物理学家的创造力，使他们发光发热。像我这样对物理一无所知的人，聆听他在普林斯顿的讲座，也觉得眼前像是浮现出了壮丽的高山、大海。海顿、莫扎特和贝多芬在维也纳时，也受教于一位伟大的老师——迪亚贝利（Diabelli），而他留给后世的不过是些枯燥无味的手指练习曲。再下一代的名师并不是舒曼、勃拉姆斯、瓦格纳，也非李斯特、柏辽兹，这些只能算是不错的老师，真正的名师是舒曼的遗孀克拉拉[○]，她才是有史以来最伟大的钢琴教师。

通过"教学观摩"，我很早就下结论道：老师没有一定的类型，也没有

○ 马克·霍普金斯（Mark Hopkins，1802—1887）：美国教育家、道德哲学家，曾任威廉斯学院院长，提倡自我教育、密切的师生关系和德智育并重。
○ 圣保罗（St. Paul，10—67）：犹太人，曾参与迫害基督徒，后成为向非犹太人传教的基督教使徒。
○ 克拉拉·舒曼（Clara Schumann）：音乐家舒曼之妻，德国女钢琴家、作曲家，曾在法兰克福霍赫音乐学院任教。

完全正确的教学法——教学就像一种天赋，像贝多芬、卢本斯和爱因斯坦等那些人与生俱来的卓绝才华；教学是个人特质，与技巧和练习无关。

多年后，我又发现了另一类老师。更正确的说法该是，他们会激发学生学习。他们之所以能做到这一点，并非因为他们有特殊的天赋，而是凭借着一种方法来引导学生学习，正如我小学四年级的老师埃尔莎小姐。他们发掘每个学生的长处，并为他们立下近期与远程的目标，让他们更上一层楼。然后，再针对每个学生的弱点下对策，使他们在发挥自己的长处时，不至于受到弱处的牵制。这些老师还使学生从自己的表现中得到相当的回馈，进而培养自律、自我引导的能力。这样的老师多半会鼓励学生，而不是一味地批评，但是他们也不会滥用赞美的言辞，以免失去刺激的效果。他们认为该给学生的主要奖励就是满足感和成就感。他们并没有"教"学生，而是为学生设计出学习的方法。因为总是采取一对一的方式，这种教学法几乎适用于每一个学生。因此，教学并不是指某个学科的知识，或是所谓的"沟通技巧"，而是一种特质。对苏菲小姐那样的老师而言，教书和人格特质有关；至于埃尔莎小姐，教学则是一种方法。

就成果而论，这两种方式实在是差不多。教学最后的产物不是老师得到什么，而是学生到底学到什么。埃尔莎和苏菲小姐都会激发学生去学习。

关于这一点，是在我观察了几年别的老师教学之后，才觉察的。我开始注意别人教学，是在1942年，也就是我开始在本宁顿学院任教时。当年，那所学校只是新英格兰的一家小型女子文理学院，1932年才创立，极具实验色彩。它们的目标不在于大，而在于精。这个理想在20世纪40年代，琼斯校长（Lewis Webster Jones）上任后短短几年间几乎实现了。他原本在该校教经济学，1941年荣任校长（他在1946年时，转任为阿肯色大学校长，后来又成为新泽西拉特格斯大学的校长）。

琼斯先生在本宁顿学院校长任内，把一时俊彦都延揽到校——现代舞的玛莎·格雷厄姆、心理学家弗罗姆[一]，建筑师诺伊特拉[二]等。然而他最在意的并不是这些人的声誉，而是他们是不是会教，以及学生是否能学到东西。在短短的几年中，他就为学校招募了一流的师资，虽然人数不多，只有45个人左右，但是几乎每一个都是相当有能力的老师；教得较差的，是无法在琼斯校长任内得到续聘的。其中有十几个老师都是大师级的水准，表现得叫人叹为观止，并具有相当的影响力。优秀老师的比例之高可说是前所未有的。而且，这些老师对学生的冲击力之大，远超过学生所能吸收的。

世上的老师何其多，个个都不同。以弗罗姆为例，他在小组教学方面，实在是其中的佼佼者，他的个别教学，却只是马马虎虎，若在大讲堂上课，效果就更差。建筑系的诺伊特拉后来也被换掉了——要是教学的对象是建筑师，他可说是最好的老师，然而就文理学院的建筑入门课程而言，他说的实在让人不知所云。过了几年，他满怀挫折地离开本宁顿学院，回去做建筑师。

还有一些虽不是"大师级的老师"，却能调教出"大师级的学生"。在学校的同行中，我知道有好几位就颇能运用教学法，引导学生学习。最典型的，就是另一个"玛莎"——一样教现代舞的玛莎·希尔（Martha Hill）。和玛莎·格雷厄姆不同的是，她本身并非伟大的舞蹈家，没有特别吸引人的特质，也不像玛莎·格雷厄姆上起课来，全班学生为之震慑。她是那么不起眼，站在人群中，没有人能认出她，然而她的学生从她身上可以学到的，不会少于从玛莎·格雷厄姆那儿学来的，或许还更多呢。而且学生一致认为她作为老师的能力，比起"大师"玛莎·格雷厄姆毫不逊色。

[一] 弗罗姆（Erich Fromm，1900—1980）：德国出生的美国心理学家，提出不同于弗洛伊德的观点，认为将精神分析原则用于社会病的治疗，便能设计出一个心理平衡的"健全社会"。

[二] 诺伊特拉（Richard Neutra，1892—1970）：奥地利出生的美国建筑师，以将国际建筑风格介绍到美国而闻名。

玛莎·希尔所运用的，就是一种教学法，也就是四年级教我的埃尔莎小姐所做的。她花几天或几星期去观察学生的表现，思考每个学生的能力、他们该怎么做。她为每一个学生设计出一套课程，然后让学生各自发展，自己只在一旁观看。她还不断地催促学生在原来做得不错的地方力求突破。她总是和颜悦色，但不常称赞学生，当然学生若表现得不错，她还是会让他们知道。

还有一个人是本宁顿学院里学生公认最杰出的老师，他就是研究但丁的名家弗格森（Francis Ferguson），然而他也不能算是"教师"，而是学习课程的设计者。但是，学生一走出他的课堂，眼中无不闪烁着兴奋的光芒——不是为弗格森说的或做的，而是为他引导他们说出来或做出来的。另一位在教学法上卓然有成的陶艺家穆瑟西欧（Hertha Moselsio）也采用同样的方式。她是个高大的德国女人，坚持无懈可击的技艺，并要求学生不可因现在的成就而自满，一定要力图突破。

因此，有两种截然不同的老师：一种是天赋型的，另一种则为学生设计学习课程，以方法为主。教书是一种天赋才能，天生的老师可自我改进并成为更好的老师；以方法为主的老师则有一套几乎人人适用的学习法。事实上，天生的老师再运用一点教学法，就可以成为伟大的老师，也可成为无所不能的名师，不管是在大讲堂上课、小组教学、教初学者或是指点已相当精进的学生都能愉快胜任。

苏菲小姐就有天生老师的魅力，而埃尔莎小姐则有自己的一套方法；苏菲小姐让学生豁然开悟，埃尔莎小姐则教给我们技能；苏菲小姐把梦想传达给我们，而埃尔莎小姐引导我们学习——苏菲小姐是教师，而埃尔莎小姐则是利用教学法的人。这种区分并不会使古希腊的先哲，如苏格拉底大为意外。传统上，苏格拉底亦被称为伟大的老师。对此称呼，他本人应该没什么意见。但是，他从来就没有说过自己是个老师，事实上他也是一个利用教学法、引导学生学习的人。

苏格拉底的方法并不是"教的方法",而是"学的方式",一种特别设计的学习法。苏格拉底对诡辩学派的批评就是因为他们太强调教的一方,并认为老师教的是"学科"。苏格拉底则觉得这种看法没有意义,他以为:老师教的不是"学科",而是"学习方法",学生从而学到该学科的知识。"学"是有成果的,"教"则是虚假的。这种看法使他成为阿波罗神话中"希腊最有智慧的人"。

然而,过去两千年来,主张教学是可教的诡辩学派一直是主流。他们最后的大胜利就是美国高等教育盲目的信条,认为博士学位或是对某一学科的深究就是教学的先决条件。还好,诡辩学派所能主导的,也只有西方。其他文化中的老师并不像西方诡辩学派所说的。印度文里的老师就是"宗师",亦即灵性的导师。这些"宗师"是天生的,而不是后天学成的;他的权威不是出自对某一个大学学科的研究,而是由精神而来。同样地,日本人所称的"先生"就有"大师"的意思,也不是单指老师。但在西方传统中,我们却把教书视为一种技巧而忘却苏格拉底的话:"教书"是天赋,"学习"则为一种技巧。

直到20世纪,我们才重新发现苏格拉底对"教"与"学"的定义。过去100年来,由于我们比以前更认真地研究"学习"这个课题,所以才能重新体认苏格拉底的话。我们发现,学习是深植于每一个人身上的,人类以及所有的生物都是照着一定方法学习的"学习体"。研究了一整个世纪后,我们对学习的认识,还是比不上埃尔莎小姐,但是我们很清楚,她的所知所行都是对的,而且适用于每一个人。

从苏格拉底的时代至今,两千年来,我们一直在辩论"教"与"学"到底是属于"认知的"还是"行为的"范畴。这真是一场无谓的战争。其实,两者皆是,也是另一种东西,那就是热情。天生的老师一开始便满怀热情;

而善于利用教学法的老师在学生有所领悟时,而获致热情。学生脸上那心领神会的微笑比起任何药物或麻醉品更令人上瘾。老师自己都教得烦闷无趣的话,教室就犹如被瘟疫肆虐一般,不管是教书或学习都会受到相当大的阻碍——这种病症,只有"热情"能够解救。教与学好比是柏拉图式的爱,也就是柏拉图《会饮篇》中谈到的爱[一]。每个人心中都有一匹尊贵的柏拉图飞马,从教或学当中,才能找到伴侣。对天生的教师而言,热情就在他们身上;对利用教学法的老师来说,则可在学生的身上看到热情。但是,不管教与学,都是热情,一种是天生就有的热情者,另一种则是陶醉于热情而不可自拔者。

天生的老师和利用教学法的老师又有一个相同点:他们都非常负责。

第二次世界大战结束后,我得知埃尔莎小姐还在人世,过着穷困潦倒的日子。于是,我给她寄了些日用品包裹,附上一封小心翼翼用打字机打好的信,只有签名的部分是我自己的笔迹。过了几个星期,我收到她的亲笔信,字体秀丽,是10岁时的我所仰慕不已的,那印象不管是岁月还是困厄都磨灭不去。

她写道:"你一定是同一个彼得·德鲁克。我教书多年,很少失败,然而你就是我教学失败的一个例子。你唯一必须从我这儿学习的,就是写好字,但是你依旧写不好。"

对真正的老师而言,没有所谓的坏学生、笨学生或是懒学生之别,只有好老师和差劲的老师之分。

[一] 《会饮篇》(*Symposium*) 为对话集中的一篇,与《斐德罗篇》《理想国》和《普罗塔哥拉篇》并列为柏拉图第一时期尖峰之作。《会饮篇》的主题就是讨论"爱"的本质。

第 4 章 | CHAPTER 4

真假弗洛伊德

在我童年时期的维也纳，若弗洛伊德不是那么有名的话，我就不会注意到有关他的迷思与真相之间那显著的差异。

我的双亲和弗洛伊德有多年的交情。弗洛伊德大约比我父亲大 20 岁，因此父亲在阿尔卑斯湖边的小路上遇见弗洛伊德时，总会毕恭毕敬地向他行礼（弗洛伊德家的避暑别墅就在湖畔，和施瓦兹瓦尔德家为邻），弗洛伊德也会向父亲回礼。母亲当年念医学院时，对精神医学很感兴趣，曾在苏黎世一家心理治疗诊所工作过一年。那家诊所的负责人布洛伊勒医师○就是弗洛伊德相当尊敬的一个人。

母亲在出嫁前，就常买弗洛伊德的书。我手中有 1900 年出版的《梦的解析》初版，那本书原本是母亲收藏的。当年初版只卖出了 351 本。母亲还有《日常生活的精神分析》一书的修订版，印行年代是 1907 年，书中包

○ 布洛伊勒（Eugen Bleuler，1857—1939）：最有影响力的瑞士心理学家之一，弗洛伊德精神分析学说的早期支持者，后因学术问题和弗洛伊德分道扬镳，以对精神分裂症患者的研究而享有盛名。

含有名的"弗洛伊德语误"。这两本书仍夹着母亲的书签，上面的签名仍是娘家姓氏。母亲婚前曾上过弗洛伊德的课，不知是在大学，还是在精神科医学会。显然，母亲是在场的唯一女性。她津津乐道，自己的出现总是让讨论"性"和"性问题"的弗洛伊德大为尴尬。

有人把我介绍给弗洛伊德时，我才八九岁。在第一次世界大战期间，吉妮亚办的一家"合作餐厅"就在伯格斯，弗洛伊德家的公寓就在隔壁。在维也纳闹饥荒的那几年，弗洛伊德和家人有时会在那儿吃午饭，我们家也是，还会在同一张桌子上用餐呢。弗洛伊德认识我的父母，因此我就被介绍给他，并和他握手。

但是，我和弗洛伊德仅接触过这一次。小时候，不知握过多少大人的手，而我之所以特别记得弗洛伊德，是因为后来父母对我说："你要好好记住这一天，你刚刚遇见的人是奥地利，嗯，或许该说是在欧洲最重要的人了。"那时该是在大战结束前，因为听了这话，我问道："比皇帝更重要吗？"父亲于是回答："是的，比皇帝更加重要。"这件事留给我深刻的印象，因此我还记得，即使那时的我只是个小孩子。

重要的是：我的父母都不是弗洛伊德的信徒。事实上，母亲还常常批评他这个人和他的理论，但是他们仍认为他是"在欧洲最重要的人"。

关于弗洛伊德，有三件事是大家深信不疑的，至少在以英语为主的国家是如此。第一，他一生穷困，为生活所苦，几近赤贫；第二，他因反犹太的情结而痛苦万分，而且因身为犹太人，无法得到他应得的大学教职和学术界的认可；第三，则是他被当时的维也纳医学界所轻视。

这三件事，可说是纯然的"迷思"。其实，少年时代的弗洛伊德家境不错。此外，作为一个年轻医师的他，一开始执业就赚了不少。没有人因为他是犹太人而歧视他，一直到晚年，希特勒入侵，才使他流亡国外。而且，他是奥国医学史上最早得到学术界正式认可的人才。如果依照原来那种严厉的标准,他是门儿都没有。总之,维也纳医学界并未忽略他,只是将他"排拒"在外。弗洛伊德之所以被拒,是因为他严重破坏了医学伦理。而他的理论被抗拒的原因,则是——看来冠冕堂皇,却只道出一半的真理;与其说他的理论是医学或是治疗法,不如说是"诗"。

关于弗洛伊德和他在维也纳的生活,这些迷思要不是他自己深信不疑,对他本人或其精神分析理论,可说是微不足道而且不相关。其实,这些迷思就是他捏造、宣扬开的。特别是在他的书信中,无不一再强调。透过书信,这个骄傲、自律并重隐私的人把他的忧虑发泄出来。换言之,这些迷思对他本人而言非常重要。这是为什么呢?

弗洛伊德非常刻苦,从不发怨言,最厌恶自怨自艾,唉声叹气在他看来最为可耻。即使肉体遭受极大的痛苦,他也不吭一声。不管是他自身还是家庭生活的苦,他都极能忍受。然而,他却不断地抱怨那种"想象的折磨"——比如生活穷困、受到反犹人士的歧视以及被其他维也纳医师轻视等。

就其他方面而言,弗洛伊德可谓坦白得可以,特别是对他自己。他在自我检视时,几近残酷——对普通人来说是无伤大雅的嗜好,他则恨之入骨,巴不得连根拔除。令人无法想象的是,弗洛伊德会这样捏造并宣扬有关自己的神话与迷思;更让人不解的是,弗洛伊德难道不知道那些声明与抱怨,都不是"事实",而是子虚乌有?在维也纳,每一个人都很清楚这点,纷纷谈论弗洛伊德的这种"怪癖"。

我们可以用弗洛伊德自己的理论来分析他,并得到答案:这些迷思也是他说溜嘴的"语误"。即使他自我剖析、高度坦诚,并自律甚严,也无法面对一些深层的现实与创痛。我们就是从弗洛伊德那儿学到,这种"语误"绝非无关紧要。如果有一本"弗洛伊德正传"的话,里面的他该是个严厉而唯一的神——如奥林匹斯山的宙斯,或是《旧约》中的耶和华。从他的"语误"

来看，他则是永远不得解脱的普罗米修斯。在弗洛伊德所有的作品当中，最常提及的神话人物就是普罗米修斯。

弗洛伊德家虽非维也纳人说的"巨富"，然而也算是生活无忧的中产阶级。他出生于1856年，父亲是个成功的商人。那时的维也纳刚快速地发展成都会。他们家位于旧市区外，是个四五层楼高的"深宅大院"，里面有点儿阴暗，摆满了各式各样的家具，只有一个浴室，不过还是相当宽敞。而且像那种"中产阶级"家中总有两三个仆人，每周另有女清洁工来家中清扫，还有裁缝每个月来缝制新衣。他们常在维也纳近郊的温泉或山上消暑；星期天全家人到维也纳森林散步；孩子都上中学；家中藏书甚丰，音乐声不断；此外，他们每星期都上剧院。

这就是弗洛伊德一家人过的生活。他的弟弟亚历山大曾为商业部出版了一本有关铁路运费关税的参考书籍，当时主事的商业部长就是我父亲。这个弟弟就对弗洛伊德的说法表示愤怒，不知道哥哥何以坚持自己"家境清寒"，这样对死去的父亲简直是种侮辱，因为他实在是让家人衣食无缺的好家长，而且培养每一个兄弟上大学。弗洛伊德年轻时，有三四年以上在巴黎求学，甚至在完成医学和专业训练后，还靠家人资助，过着相当舒服的日子，口袋里总有钱可以买书、听歌剧或看戏。当然，他们不是有马车代步的"有钱人家"，但是弗洛伊德一家到维也纳附近的温泉胜地巴登或弗斯楼过暑假时，总会租一辆马车。而且，弗洛伊德从巴黎学成归国开始执业后，因为治疗精神官能症的技巧显著，求诊的病人一直络绎不绝。

他也很早就得到学术界正式的认可。在奥地利，医师只要能得到"教授"的头衔，就好比拥有自行印钞票的执照，收费也就跟着水涨船高，多达原来的三四倍。正因为如此，不到60岁的奥地利医师，很少有人可以荣获这个头衔，然而弗洛伊德不到50岁就拿到了。这个头衔本来是特别留给大医院的主任，以弥补他们不开业损失的利润，并奖励他们的义诊。即使弗洛伊德未曾在大医院行医，而且只收自费的病人，他还是被尊为"教授"。

至于他一再地诉说自己因为是犹太人而受到歧视，比如大学医学院提供他神经医学讲座的教职时，他得到的不是"正教授"的头衔，而只是"副教授"。事实上，大学医学院的讲座规定是法律制定的，有任何更改，必须征得国会的同意。在医学院所谓的"正教授"资格都属于比较"旧"的学科，也就是18世纪设立的，如内科医学、产科学和外科，其他科别的讲座都只是"副教授"。在大学医院具有领导地位的教授，例如神经科提供给弗洛伊德的职务，过一两年就可升格为"正教授"。其实，弗洛伊德进入大学医院的时间，就比任何一个维也纳医师都早。因此，若是弗洛伊德不谢绝这个机会，早就拿到"正教授"的头衔了。然而，他却敬谢不敏，后来还抱怨身为犹太人的他受到歧视！

在18世纪末期，不管一般维也纳的小店主或是工匠多么反犹太，法律也好，政府机构以及"受过教育"的人也好，特别是维也纳的医学界，都反对这种歧视行为。在弗洛伊德行医时，约是从1880年到20世纪初，维也纳医学界多数的领导人都是犹太人，即使不信犹太教，也是具有犹太血统的。根据奥匈帝国史学权威麦卡特尼（C. A. McCartney）的研究，1881年弗洛伊德开始执业的时候，维也纳六成以上的医师都是犹太人；到了1900年，大学医学院的临床医学讲座、各大医院主任、军方外科总医师、皇帝御医以及为皇族接生的产科医师，几乎都是犹太人。由此可见，弗洛伊德声称因为自己身为犹太人才不能得到神经医学正教授的资格，实在有违事实。不管是不是犹太人，跟他执业、在医学上的地位，以及是不是为维也纳医学界所接纳，根本没有关系，特别是这个医学界本已是犹太人的天下。

事实上，维也纳医学界发现弗洛伊德令人无法苟同的主要原因，正是因为这个医学界相当"犹太"。第一波反对弗洛伊德的声浪就是精神分析的信仰者所发出的，他们宣称弗洛伊德破坏犹太的医学伦理，说他不仅不肯办义诊，还口口声声地说精神分析不可免费，如果不收取相当的费用，病人从治疗中得到的好处就很有限。对大多数秉持犹太传统的维也纳医师来说，弗洛伊德简直是"不道德"。当然有很多医师是以赚钱为目的，包括一些人称"吸血鬼"的犹太医师。在不得不注重那些"吸血鬼"的医术时，一般医师还是会把病人转介给他们。但是大家还是认为这些"吸血鬼"是可耻的。然而，即使是最可怕的"吸血鬼"在大学医院当主任的同时，还是会照顾贫苦的病人；尽管贪婪，依然大力宣扬医学伦理和无私的奉献。

弗洛伊德就不一样。他耻笑这种做法，直接向最崇高的犹太医学伦理挑战。他把行医当作是一种"交易"。更糟的是，维也纳医师开始猜想：说不定弗洛伊德是对的。然而，就心理障碍或精神治疗而言，坚持高收费有"疗效"而且"无私"，实在是大害。

更让人困惑的是，弗洛伊德坚决主张医师和病人之间不可有任何情感。做医师的当然都知道对折磨、死亡、痛苦，必须习以为常，而且要无动于衷。因此，医师不治疗自己的家人是很合理的。然而，医疗信念的中心思想就是——关爱和照顾是适用于任何病症的处方。当然，没有爱心，也可治好骨折，但是有爱心更佳，而且受病痛折磨的"人"最需要一位有爱心的医师。弗洛伊德却要医师摒除同情心，不可对病人发生兴趣。他还说，关爱对病人有害无益，因为这样病人会变得更依赖，阻碍疗效。所以，不要把病人当作是自己的兄弟，而应将他们视为"物体"相待。

如此一来，原本救人一命的医师就有可能沦为"工匠"。对维也纳所有的医师来说，不管是不是犹太人，这都和他们当初行医的使命相悖，等于是公然侮辱他们的自尊和专业。更令人难堪的是，许多人由此产生怀疑，至少从精神分析的层面而言，弗洛伊德或许是对的。

维也纳一位犹太资深外科医师哈耶克（Marcus Hajek），不但是大学医院的耳鼻喉科主任，而且拥有"正教授"的头衔。有一天，他在我家吃晚饭时说道："假如弗洛伊德说的没错，精神分析就是一种麻醉药了。当医师的不管其中的危险性，故意让病人上瘾的话，不但是犯罪的行为，也有违医者神圣的职责。"

把精神分析当作是治疗和科学方法来讨论，比探讨其伦理价值的来得多。弗洛伊德是属于维也纳"现代医学"的第二代。所谓的"现代医学"，历经一个世纪以上缓慢的孕育过程，最后终于在维也纳开花结果，也就是在弗洛伊德出生的前几年。到了弗洛伊德那一代已意识到，医学所能成就的和"前科学时代"的医学，也就是莫里哀戏剧里那些可鄙的庸医所为，可谓有着天壤之别。"现代医学"不仅能做诊断、治疗，且是一门可学、可教的学问。那一代的"现代医学"成果非凡，比方说细菌学的研究发展，使得传染性疾病的预防和治疗能力大为提升；借助麻醉进行外科手术；由于消毒和无菌的进步，使得病人在接受手术后，不会因感染而死亡。

约在1700年，由于荷兰的布尔哈夫医师㊀以及英国的西德纳姆医师㊁的出现，医学才不再是江湖郎中的信口开河，并脱离了以往空洞的理论与臆测。疾病都是特别的，有其特殊的缘由、症状与治疗方法。细菌学的大胜利就是由弗洛伊德那一代的医学所缔造的，正因为他们证明了每一种感染都是很特别的，因为某种特殊的病菌，由独特的带源者传播，如跳蚤或蚊子，并以某种方式对特别的组织产生作用。在现代医学史上，一旦忘记布尔哈夫和西德纳姆给我们的教训，如主张顺势疗法的哈内曼学派㊂，很快地就会被人讥笑为"无稽之谈"（弗洛伊德出生时，哈内曼刚好过世）。然而，精神分析学

㊀ 布尔哈夫（Hermann Boerhave，1668—1738）：第一位临床医师教师，通过学生对日后爱丁堡、维也纳和德国的医学教育产生影响，被公认为新的医学教育体系的创立者。

㊁ 西德纳姆（Thomas Sydenham，1624—1689）：英国医师，公认的临床医学及流行病学的奠基人，因为强调对患者要详细观察并做出精确的记录，故被称为"英国的希波克拉底"。

㊂ 哈内曼学派：由德国医师哈内曼（Samuel Hahnemann，1755—1843）创立。

派却认为所有的精神失调都可依循一个通则；许多执业者（虽然不包括弗洛伊德本人）还宣称，精神病是"情感的"而非"肉体的"疾病，是由本我、自我与超我表现出潜意识里的性压抑而来的。

有人告诉我，在1900年左右，维也纳医学会曾在派对中演出一出讽刺短剧，模仿莫里哀的剧作《想象的病》（Le Malade Imaginaire）。其中有个庸医说道："如果病人爱上母亲，是因为患了精神病；反之，若他恨母亲，也是同样的精神病。不管是什么病，原因都一样；不管原因为何，都是一样的病。治疗方式也相同：21个小时的心理治疗，收费奥币50克朗。"㊀

当然，这是对精神分析的嬉笑辱骂，却又一针见血，弄得哄堂大笑。有一位精神分析医师告诉我，那天他就在场，那时的他还是位医科学生，不但不以为忤，甚至笑得眼泪都流出来了。

对任何熟悉医学史的人来说，如果精神分析的方法令人质疑，那么效果呢？医学会领导人物看过太多的病例，知道医学并非纯然理性，有些是神奇而无法解释的。因此，精神分析就着重于效果的发表并强调对比试验。维也纳医师要求精神分析的效果时，不禁感到困惑。弗洛伊德本人是精神治疗大师，这点不容否定，但是精神分析的效果如何，又是另外一回事了。

首先，弗洛伊德和他的信徒拒绝为"效果"下定义。所谓的"效果"是回复到原来的能力，还是焦虑的解除？精神分析真能"治愈"一个人吗？如果答案是肯定的，为什么有些病人终生无法痊愈，或是必须一再地回去接受心理治疗？是否是慢性症状的减轻？如果病人对"治疗"上瘾，这样好吗？不管如何定义，治疗的结果要如何测试呢？每一个在维也纳执业的医师都看过"精神异常"的病人。这样的病人，特别是青少年，很多无须接受治疗，自然而然就好了，至少症状消失了，或是有很大的改善。因此，精神失调自行痊愈的比例大约为多少？而接受精神分析治疗的病人病情改善的话，到底

㊀ 根据弗洛伊德提出的俄狄浦斯情结，爱上母亲或是仇恨母亲，都是同一种心理病态。

改善多少？以上问题所需资料皆不够。精神分析学家，始自弗洛伊德，都拒绝讨论这个问题。

似乎所有的精神治疗方法效果都差不多，或者都没有什么效果。到了 1910 年才有人出来挑战弗洛伊德学派，阿德勒^㊀是一个，还有荣格^㊁以及德国的孔斯坦（Oskar Kohnstamm）——今天"人文"心理学的先驱，一位受人敬重、成功的心理治疗学家，他的方式和弗洛伊德学派完全相反，主张心理治疗师该融入病人的生活和问题中。

此外，还有各种信仰治疗法和意识疗法：精神派、催眠师、有一只"魔箱"的人，更不用说卢尔德^㊂朝圣和哈西德派^㊃的神秘教士了。

关于精神治疗效果的研究，约略形成于 1920 年，显示结果都差不多：精神治疗或许有神奇的效果，但数据不够完全，且不能证明哪一种方式比较好，或与另一种的差异为何。这代表双重意义：一是弗洛伊德的精神分析是对某些人有用的特殊疗法，并不能用来治疗所有的精神问题；二是治疗成果言过其实。不管结论为何，都不是弗洛伊德以及精神分析学派能接受的，因为这等于全然否定弗洛伊德的理论。

记得有一天晚上，比勒（Karl Buehler）和摩根斯坦^㊄在我家餐桌上谈论到一项有关精神治疗效果的重要研究。比勒是维也纳大学的心理学教授，略微倾向弗洛伊德学派（他的夫人夏洛特就是弗洛伊德学派的精神分析医师），

㊀ 阿德勒（Alfred Adler，1870—1937）：奥地利精神病学家，设计了一种灵活的支持性心理治疗方法，以指导有自卑感的情绪障碍患者达到成熟，成为对社会有用的人；1911 年坦率地批评弗洛伊德，与之分道扬镳，和追随者建立个体心理学体系。

㊁ 荣格（Carl Jung，1875—1961）：瑞士心理学家，首创"分析心理学"，和弗洛伊德的"精神分析学"不同。

㊂ 卢尔德（Lourdes）：法国南部普罗旺斯－阿尔卑斯－蔚蓝海岸区上庇里省的朝圣城镇，相传圣母玛丽亚曾在此现身多次。

㊃ 哈西德派（Hassidic）：犹太教的一个虔修流派，日渐广传后，信徒礼拜活动内容亦随之多样化，有的大声呼喊、纵情歌舞、狂动暴饮以达狂喜入神的状态。

㊄ 摩根斯坦（Oskar Morgenstern，1902—1977）：生于德国的美国经济学家，曾在维也纳大学、普林斯顿大学和纽约大学任教。

而摩根斯坦当时还是个学生，后来在普林斯顿大学任教，并成为统计理论的权威。比勒说道，效果可以显示，对许多心理疾病而言，精神分析是有力而特殊的一种治疗法；并且说，我们该好好研究精神分析可以适用的范畴。

摩根斯坦回答说："不对。如果看统计数字的话，要不是这个病人本来就没有所谓的心理疾病，就是病情之所以改善是由于病人对方法信赖产生的信心，而非方法本身所致。"

"不管怎么说，"另一位在座的眼科手术医师说，"弗洛伊德精神治疗法的效果不明显，因此没有医师可以凭着良心来推荐或运用。"

对维也纳所有的医师来说，最困惑的就是不知道弗洛伊德和他的弟子说的是"治疗病人"，还是"文艺批评"。前一分钟他们才试着去治疗某一种特别的疾病，比方说害怕过马路或是阳痿，下一分钟他们又用同样的方法、语汇以及分析方式来看《格林童话》或是《李尔王》。医师大都心悦诚服地认为："对小说艺术而言，精神分析居功至伟。"正如托马斯·曼在弗洛伊德80岁大寿的讲演中所言。对文化、文学、宗教以及艺术，弗洛伊德是最有影响力、想象力，慧眼独具的批评家。以上姑且不提的话，许多人都一致认为，他为长久以来紧闭的灵魂开了一扇窗。由于这点，他足以被誉为"奥地利最重要的人物"。

然而，弗洛伊德的精神分析，就像牛顿的物理学、康德的形而上学，或者是歌德的美学，可以成为一种治疗法吗？弗洛伊德和他的追随者声称，精神分析确实是一种疗法，但这一点却是一般维也纳医师所不能接受的。

只要有人暗示弗洛伊德的理论是"诗"，而不是"科学"，他就觉得受到莫大的伤害。即使是他亲自邀请托马斯·曼在他生日时演讲，却又深深地厌恶他的"赞美"。当然，不管精神分析是否是真正的科学，弗洛伊德还是伟大的艺术家。也许，他是20世纪最卓越的德语散文作家——他所写的，是那么清晰、简明与精确，如不可言传的上乘诗作。在没有特别指明患者为谁的病史记录中，他以两段文字就把一个人的全貌勾勒出来，比许多长篇小说，如托马斯·曼写的，还要高明。他所创造的语汇，不管是"肛门的"，还是"口欲的"，或是"自我"与"超我"，都是伟大的"诗的想象"。然而，这种种却使得弗洛伊德那"科学的医学"更不自在，且在听别人盛赞他是"诗人""艺术家"时，让他本人和他的信徒勃然大怒。

在我童年时，这些都是大人不断讨论和辩论的主题。我想，稍早的时候，约从1890年到1910年，更是如此。那期间弗洛伊德的巨著问世了，他已是一流的神经医学专家，在临床治疗上，特别在诊治女病人方面，有了不起的成果，也是所谓"风潮"的领导人。然而，问题却一再地浮现：弗洛伊德的道德问题、精神分析的医学伦理与效果、精神分析效果的衡量标准，以及宇宙哲学是否适用于临床治疗等。

千真万确的是：没有人忽略弗洛伊德。大家都很郑重地讨论他，然后决定加以排拒。

精神分析的起源，常被解释为对"维多利亚时期性压抑"的反动，特别在美国被视为如此。在美国或许是有这种"压抑"，但在英国，除了短短的几年，是否有这种现象则令人存疑。就奥地利而言，不管是在弗洛伊德年少时，或是他执业的时代，都没有所谓的"性压抑"。反之，在19世纪末期的维也纳，性是极其自由、开放的。约翰·施特劳斯的歌剧《蝙蝠》就象征弗洛伊德时代的维也纳。1874年首演时，弗洛伊德正是18岁的少年。这出歌剧公然描写交换爱人和公然的性——妻子一看丈夫不在，就投向前任男友的怀抱中；女仆偷偷潜入化装舞会，找个有钱的"老爹"，做他的情妇，并要求他资助其舞台生涯；另一个要角，也就是舞会的举办人奥洛夫斯基王子则是一个同性恋者，他在咏叹调中鼓励所有的客人"爱其所爱"——在场的成人观众认为这简直是"同性恋解放运动"！

这样的情节在今天看来，可能算不上"限制级"，但也绝不是老少皆宜的家庭同乐节目。此外，歌剧的场景是在严谨的奥皇避暑胜地，而不是什么光怪陆离的幻境。然而，对于这一切，却没有人感到骇然。

在维也纳的 19 世纪末期，有一位非常受欢迎的剧作家施尼茨勒（Artur Schnitzler），就是弗洛伊德从前在医学院的同学。他最为人知，而且最叫座的剧本《轮旋曲》（*La Ronde*）被形容为一出"音乐床上戏"，舞台上简直是赤裸裸的性行为！

当然，在那个时代，女性的婚前性行为是不被许可的（与其说这是出自道德规范，不如说是对意外怀孕的恐惧）。女人多半早婚，但是婚后就可做自己爱做的事，只要"谨慎"点就可以了；男人的婚前性行为则没有特别的限制。这并非"双重标准"，而是因为男人要先有经济根基以养家糊口，不得不晚婚，因此没有人想到在这种情况下，他们还必须坚持贞洁甚或禁欲。

然而，许多中产阶级的妇女之所以会有性方面的焦虑，特别是弗洛伊德早期诊治的那些女犹太病人，正是由于维也纳的性开放，以及到处弥漫的性气氛。那些女人多半出身自犹太市镇的贫民区，好比弗洛伊德家的祖先，原本来自摩拉维亚的犹太小市镇（现已为捷克的一部分）。在这种小贫民区里，性的确是受到压抑的，对男女来说皆是。婚姻全凭媒妁之言，在新郎、新娘还小的时候就决定了。一旦他们"成人"，就举行婚礼，在此之前，这对新人都还没有见过面呢。

婚后，女人便过着非常封闭的家庭生活，除了家人外，几乎没有机会和外界接触，更别说是别的男人。他们在宗教聚会、家庭或是在社区里都尽量不谈到与性有关的事。在这种"无性"气氛中成长的年轻犹太女性，一下子投身到维也纳这个"性的大染缸"中，看到不断的舞会、华尔兹和性的竞争，知道自己不时要表现得"性感"以吸引男性——这一切使得她们为性生活和性的角色所苦，变得神经质。

弗洛伊德本人不曾提过维也纳的"性压抑"问题。这个名词是很久以后在偶然间出现的，而且是美国人所造的。没有一个维也纳人相信有"性压抑"这回事。

很明显，弗洛伊德并不主张"性自由"。"父权是本世纪性解放之因"——这种说法很多人认为是弗洛伊德提出的，若他本人有知，必定加以驳斥。弗洛伊德是清教徒，他怀疑性说不定对人类有害，虽然性本身是无可避免的。至于男人使女人变成"性的物体"，这种看法在弗洛伊德眼中，可能是个差劲的笑话。犹太人有个古老传说谈到亚当的第二个太太丽丽丝⊖很邪恶。这点他相当清楚，并认为这传说代表某种真理。丽丽丝从夏娃那儿夺走亚当，使女人成为高等动物中唯一可以随时交媾者，其他高等动物的雌性每个月则只有几天会"发情"，其"性生活"都有相当实际的目的。总之，根据弗洛伊德学派，造成性压抑与精神异常的"性驱力"是与文化和传统习俗无关的。这种性驱力是架构于成人与孩童的关系，而非某个社会两性之间的关系。

然而，在弗洛伊德留下的文献中，主题经常是性焦虑、性挫折和性功能的失调。但是有一种精神官能症却是19世纪末的维也纳未曾记录过的，事实上这时在整个欧洲也未提起过，那就是：金钱引起的精神官能症。在弗洛伊德的时代，维也纳受到压抑的念头并不是性，而是金钱。金钱主导一切，但也是一般人避讳不谈的。

在19世纪初期，如简·奥斯汀的小说所呈现的，钱是可公开谈论的。她的小说一开头就告诉读者每个人的年收入是多少。75年后，也就是弗洛伊德长大成人时，大家无时无刻不想到金钱与财富，却从不互相讨论。狄更斯谈到钱，也是很公开的，正如他说到性、私生子、奸情、罪恶的渊薮以及

⊖ 丽丽丝（Lilith）：又译夜妖，为犹太民间传说中的女妖，各犹太智者著作对丽丽丝的说法不一。一说，亚当和夏娃离异，娶丽丽丝这一夜妖而生群魔，另说丽丽丝是其第一任妻子，因性情不合而离异。

年轻女子成为妓女的教训等。特洛伊普只比狄更斯小三岁,更是"维多利亚时代中期"的人,他谈到性时,也相当露骨,不像是个"传统的维多利亚人"。然而,他的小说大部分还是谈到钱的问题,比方说笔下的主角[如《钻石》(*The Eustace Diamonds*)中的非正统派女主角]在钱方面遇到问题,但又无法启口。亨利·詹姆斯可说是和弗洛伊德差不多同时代的小说家,在他的作品里,谈到金钱时那种鬼鬼祟祟和紧张的气氛,犹如美、欧之间的对峙。

在弗洛伊德成长时代的维也纳,没有家长会跟子女讨论自己的收入情况,他们总是小心翼翼地避免谈到这件事。然而,钱这个念头还是在彼此的心中萦绕不去。我们现在知道了,在一个经济飞快成长的社会,都有这种现象。

简·奥斯汀笔下的英国,可谓相当死板。一个人的收入是一桩无法改变的事实,除非靠着婚姻,或是某个有钱的姑姑正好在某个时候死了,财富是无法通过个人的努力获得的。70年后,经济发展使得个人收入有了相当大的改变。同时,所有的社会在经济快速成长的早期,也出现了所谓的"赢家"与"输家"。少数几个人获利极巨,财富满盈,还有一群人(仍是少数)勉强可以算是富足——正如弗洛伊德年轻时的家境。我想,他们的经济情况已是水准以上。大多数的人突然间发现可以抱着更大的希望,远离贫苦的小镇生活。然而,他们的收入不是没有提高,就是远远落后于原本所期望的。

第一个谈到"期望的浪潮"的是史蒂文森(Adlai Stevenson),这种现象在他提出的150年前就浮现了。最古典的例子则是萨克雷(Thackeray)的小说《浮华世界》㊀,比史蒂文森提出那个名词早了一个多世纪,而且是以

㊀ 《浮华世界》(*Vanity Fair*):又译《名利场》,以19世纪20年代摄政时期为背景,主角是一个没有道德原则的投机女子。

"发展程度较低的国度"为背景，也就是19世纪20年代的英国，而非亚洲或南美洲。

在19世纪末，欧洲没有一个国家的发展像奥地利那么神速，特别是捷克地区（波希米亚和摩拉维亚），亦即弗洛伊德家族的出生地。许多犹太中产阶级家庭都从那儿移居至维也纳。因此，绕着金钱打转的秘密与压抑——通常又称为"穷人精神官能症"——就越来越流行，成为我小时候老一辈的中产阶级的通病。（年轻人比较不会有此倾向，那时奥地利的经济发展已趋于停滞，还有萎缩的情况。年轻人已经一无所有了，因此根本不担忧有朝一日会变得穷困。）"穷人精神官能症"所显现的，就是常常害怕有一天会身无分文，老是担心赚得不够，不能达到社会、家人甚至邻人对自己的期待。此外，动不动就提到钱，还斩钉截铁地说自己对钱"一点兴趣都没有"。

显然，弗洛伊德也有这种"穷人精神官能症"。从他早年寄自巴黎写给未婚妻的信中，可见端倪。即使他对自己极度坦白，却也无法面对这个事实。他说自己的职业所得不合理，老是活在经济的压力与焦虑之中。这些错误的说法显示出那种他无法面对、只好逃避的焦虑，借由"语误"——他自创的心理机制名称——压抑着这种病症。这也可以解释，为何他没有从自己的病人身上察觉出这种异常，也没有在病史中记载过。这个事实对他来说过于痛苦，因此他不得不将之转为"非事实"。

至于弗洛伊德说到他是反犹风潮下的牺牲者，这种抱怨同样地也被掩饰了，同时也显露出另一桩弗洛伊德无法面对的事实：他对非犹太人的无法容忍。

在中欧，特别是奥地利，弗洛伊德那一代的犹太人全心全意地，几乎带着复仇的情绪，企图变成德国国家主义者——不管是在文化吸收、自我认同，还是在政治的结盟与倾向上，都表露无遗。在文化上，没有人比弗洛伊德更强烈地认为自己是个德国人。然而，精神分析清一色是犹太人的天下，至少没有非犹的奥地利人或中欧人。弗洛伊德尽力在吸引他们，但是等到他们一加入，又将之排拒在外。

在精神分析的"英雄时代"，约从 1890 年至 1914 年，弗洛伊德驳斥每一个非犹的追随者或同事。他们多半是奥地利人、德国人或是以德语为主的人，甚或是来自中欧的男性。他弃绝荣格，迫使荣格和他决裂就是一个实例。他唯一能容忍的非犹者，就是外国人，要不然就是像法国波拿巴公主那样的女人——在弗洛伊德的世界里，女人当然是没有同等地位的。

从各个方面来看属于弗洛伊德那个圈子里的人——他们所受的德国文化教养动不动就搬出德国诗人与作家、德国大学预科里的人文主义、强烈的瓦格纳主义（Wagnerianism）以及德国人文教育下的美学传统［其品位皆源自于布克哈特（Jakob Burckhart）的《意大利文艺复兴时期的文化》（*Culture of the Renaissance in Italy*）］。可见他们根本无法褪去强烈的犹太气质。他们开的玩笑也是犹太式的——笑话最可以表现出内心的真实，这个信念也是弗洛伊德教给我们的。非犹太人对他们来说，简直难以忍受——乖僻、陌生，甚至望而生厌，不得不去之而后快。

然而，这一点至少对弗洛伊德自己而言，是这位大师无法正视的。他必须找个理由来归罪于别人，因此又产生另一种"语误"——众人对犹太人的歧视，乃至压迫。举个例子来说，大家都知道瓦格纳·尧雷格㊀与另一家医院神经精神部门的主任想要参加弗洛伊德的精神分析学会。前者是著名的精神科医师，也是维也纳大学神经精神科的主任，后者的职位本来该由弗洛伊德担任的，弗洛伊德却拒绝了该院的邀请。这两位都不是犹太人，因此被公然拒之门外。但是根据弗洛伊德自己的说法，是这两个人排斥他的，因他是

㊀ 瓦格纳·尧雷格（Wagner Jauregg，1857—1940）：奥地利精神病学家、神经病学家，因通过人工诱导疟疾治疗梅毒性脑膜炎，首创休克疗法成功，获 1927 年诺贝尔医学奖。

犹太人而不认可他的努力。

弗洛伊德需要一种"语误"来自圆其说，事实上，是他自己无法去除自身的犹太成分。那样做的痛苦是他无法面对并接受的。他只好在最后的巨著《摩西与一神教》中，把摩西变成一个非犹太的埃及人。

在弗洛伊德的"语误"中，最为重要且透露最多真相的要算是——维也纳的医学界故意"忽略"他。他必须压抑自己不去承认他们把他排拒在外的事实，因此只能假装大家不讨论他的事、不怀疑他，也不排拒他，只是把他"忽略"了。我怀疑，弗洛伊德心中和很多人一样，对精神分析的方法有所怀疑。但是，他无法深究这些疑点。如果就这些疑点提出讨论的话，等于是强迫自己放弃自己的主要成就：他那极其"科学"与理性的理论，已超越了理性主义，进入"潜意识"的境界，也就是到达梦与幻想的内在空间，如托马斯·曼所言，已走入"虚构故事"的非科学经验，亦即"小说"这种文体当中。

弗洛伊德领悟到，启蒙时代盛行的理性主义不能解释感情的动力，尽管现代医学是其最伟大的成果。此外，他无法放弃世界和这个世界的科学观。到死时，他仍坚持精神分析是极"科学的"，相信心理的运作可以用理性和科学的名词来解释，亦即用化学或电流的现象或物理学的定律来说明。弗洛伊德的精神分析旨在使科学理性的世界和非理性的内在经验合而为一，这可是了不起的努力；也代表超理性的弗洛伊德（启蒙主义之子）与梦想者弗洛伊德（灵魂深处的诗人）合为一体。这种合成使得精神分析异常重要，而又格外脆弱，为精神分析本身带来冲击，也使之合乎时代需要。19世纪的思想体系对西方世界的影响至深，如马克思、弗洛伊德与凯恩斯。这三者的相同点在于强调逻辑与实证研究。

弗洛伊德很清楚自己的立足点相当狭窄，再过去一寸就落入荣格的东方神秘主义，进入神话乃至民族经验、易经八卦、巫师和女妖的世界；也有可能掉进另一个弟子赖克（Otto Reich）所划的"宇宙能匣柜"㊀里；若往另一方向再走一寸，就是阿德勒的"过度补偿"㊁，借由这种过度的转换作用，原来的"自卑情结"便为希腊英雄般的"自我膨胀"所取代。因此，弗洛伊德一定要在理性与非理性之间，维持一个巧妙的平衡，要不然他那一套就成了宗教治疗师的魔法，或是18世纪超理性主义者徒劳无功的手法，如颅相学㊂或是带着电击棒的催眠师。所以，在弗洛伊德的陈述中，临床治疗的科学方法和"宇宙哲学"缺一不可。

我们今天知道弗洛伊德所要维持的那种平衡是多么岌岌可危，因为那种平衡到今天已被破坏了。就其科学而理性地对大脑作用的探讨而言，弗洛伊德所预言的——大脑及其疾病与身体其他部位一样，会受制于化学治疗、饮食、手术和电流治疗等，这些已经可以证明了。然而，弗洛伊德所处理的现象，也就是我们今天所谓的"感情"，现在因应的方法并不能假装是属于科学领域的，用弗洛伊德的术语清楚地来说，该是"迷信"。例如，超越的冥想、意识精神的提升，或是精神动力学㊃的技巧。我不知道这是好还是坏。我们和弗洛伊德那一代的人已经大不相同了，似乎可以接纳世界变成好几个不相容的宇宙。

然而，弗洛伊德还是得维持住那种平衡，不知道他是否想过这一点。弗洛伊德没有把他思考的过程记录下来让他人研究。没有一个大思想家像他一样，在呈现完工的建筑物供大家观览之前，就把脚手架小心翼翼地拆下来

㊀ 宇宙能匣柜（orgone box）：为维也纳心理学家赖克（1897—1957）所创。他在1934年与心理分析运动决裂后，专注于"宇宙能"的研究。他认为心理疾病是"宇宙能"不足所致，故须将病人放在一个特制匣柜中治疗。他也把这个制品当作商品来治疗癌症，后因陷入官司，死于狱中。
㊁ 过度补偿（over compensation）：1907年阿德勒撰文论述"器官低劣研究"，以及个人如何补偿和过度补偿的缺陷。论文叙述其童年患软骨症的亲身经历。
㊂ 颅相学（phrenologists）：由头盖骨的形状和大小来推断一个人的性格和心智能力的学问。
㊃ 精神动力学（psychodynamic）：研究精神行为中的各种现象和相关问题的学说。

了。但是他知道自己还是需要把理性和非理性合成在一起。他一定了解即使只是在他的潜意识中——他一讨论批评者提出的问题，他的理论就会在瞬间崩溃了，亦即方法论的问题、有关"效果"的定义、控制试验的问题、为什么精神分析所得出的效果都如出一辙或近似（包括一些极神奇的病例）、精神分析的两元性格（既是科学理论，又是治疗法），以及个性的迷思与人的哲学等。为了自己的理论，他只好忽略以上种种问题。而且，他必须假装，特别是对他自己，表示维也纳的医师忽略精神分析，并借此对他们"视而不见"。

我认为，真实的弗洛伊德要比传统迷思中的弗洛伊德有趣得多。他实在比寻常人复杂——他自己就是一名悲剧英雄。尽管弗洛伊德的理论实在是薄弱，他企图把笛卡儿的理性世界与灵魂的黑暗世界合而为一，并故意忽略所有不利的问题，然而，这终究会支撑不住。但我还是要说，这样的理论仍然非常迷人，透露出不少玄机，而且深深地触动人性。

CHAPTER 5 | 第 5 章
伯爵与女伶

特劳恩-特劳聂克伯爵（Count Traun-Trauneck）和女伶玛丽亚·米勒（Maria Mueller）是我父母的密友。他们住在维也纳近郊一个独立自足的村落，到我们家很方便，穿过一片葡萄园和果园就到了，约 20 分钟的路程。但是，他们一年只到我家两次，就是在圣诞节和新年。大家都称玛丽亚·米勒为玛丽亚小姐，她是维也纳最著名的"柏格剧院"的领衔女角。这家剧院本是皇家剧院，玛丽亚小姐不但参与演出，也是制作人和舞台经理。她认为自己有责任监督每一场的演出，所以不管当天是不是有她的戏，她都会待在剧院，除非剧院休息，也就是耶稣受难日（复活节前的星期五）、圣诞节和新年。

因此，特劳恩-特劳聂克伯爵和玛丽亚小姐得以在圣诞节和新年那两天光临。他们总是到得挺早的，在吃中饭前就抵达了，并为我们带来美酒与鲜花。陪同他们前来的，是伺候伯爵多年的男仆和常伴玛丽亚小姐的服装师。饭前，他们总和我父母闲话家常。和其他来客不同的是：我们总和他们用英语交谈,事实上,他们俩独处时,也只说英语。英语和德语,说来都是玛丽亚小姐的母语,只是她的英语有些微的德语口音,反之亦然。伯爵虽具奥地利皇家血统,但是他的维也纳德语有很浓的英语腔。用过中饭后,玛丽亚小姐总是禁不起我们再三请求,只好为我们朗读或背诵一段。这不只是父母亲和我们这些孩子一整年最期待的一刻,家里所有的女仆、厨子和住在邻近与我们熟识的小朋友也会跑来。

我从未听过比玛丽亚小姐的声音更为优美动人的——一种温暖、震颤的女中音,似完美的木管乐器演奏出来的乐曲,亦如巴洛克管风琴所发出的声音,而且能够控制音色,借由音调、节拍和抑扬顿挫的改变,完美无瑕地呈现每一丝情感和每一种特色。同样的音律,她可从最弱发到最强,或从最强到最弱。她是舞台上最后也是最伟大的诗歌朗诵者,她知道如何以口语表达韵文之妙,而非只是大声念出;她晓得怎么样控制呼吸,用何种语调才能使诗歌听起来像自然的言语。她不是名演员,严格说来,她不能算是"女演员",而是"演讲者"。她在舞台上,除了加一点点一般的手势,几乎一动也不动,只是站在那儿说话,然而,却像圣灵降临那一阵狂风冽冽,使现场观众为之一颤,全神贯注地听她娓娓道来。

对每一出剧和其中的角色,她都了如指掌。在圣诞和新年的午后,她为我们朗诵的部分,多半出自德国主要的诗剧,如歌德的《依芙吉妮》(*Iphigenie*)或席勒的《奥尔良姑娘》(*Maid of Orleans*)和《玛丽亚·斯图尔特》(*Maria Stuart*),以及她所喜爱的希腊名剧,特别是索福克勒斯(Sophocles)的《安提戈涅》(*Antigone*)和欧里庇得斯的《美狄亚》(*Medea*)。当然,她是以英语朗诵的,因此最常念的还是莎士比亚的戏剧,如《李尔王》《暴风雨》,还有她本人情有独钟,也是我最喜欢的《辛白林》。在不同的剧目中,她会插入一首短诗,像荷尔德林(Hölderlin)或诺瓦利斯(Novalis)的作品,当然更常吟咏的是英国诗人但恩(John Donne)和布雷克（William Blake）的小诗。那两位如今名震于世的英国诗人，那时却少有人知。

我们就坐在愈来愈沉的暮色中听她朗诵，不敢惊扰她。不久，灯火通明，大家鸦雀无声地享用简便的晚餐。之后，朗诵的作品总是弥尔顿的《失乐园》。节目的最后通常以一两首莎士比亚十四行诗结尾。然后，她停下来，问我们是否要再挑另一本书。这是暗示她的服装师该出现了，她从中午过后，就一直躲在父亲书房的一角。这时，她前来向大家行礼，说道："玛丽亚小姐，您明天还有得忙呢。"宴会就此结束。

大家都被玛丽亚小姐的声音迷住了，因此一整个下午和晚上都没注意到伯爵。他也刻意不引人注目。然而，他从未让玛丽亚小姐离开他的视线之外。如你一瞥他所在的角落，就会发现他一直凝视着她，而且总是坐在暗处，面对众人的总是身体的右侧。因为，他整个左侧已严重受伤，变成可怕的畸形。即使他左半边脸有黑色的罩子，别人还是看得到他那被撕裂的左眼窝和暴突的眼珠。他整个左脸颊松松垮垮的，满是恐怖的疤痕，左手也断了，取而代之的是覆盖着黑色小山羊皮的假肢，末端有个钢钩，可让他握住杯子或是转动叉子进食。他的左脚跛得很厉害，显然，左脚也受了重伤。然而，他并不特别在意自己的残缺，也不会因此感到尴尬，不过他还是尽可能躲在人家注意不到的地方，或是以另一边完好的脸庞和身躯向着众人。

当时，也就是20世纪20年代的初中期，即使是年纪很小的孩子也知道不可对这种畸形表现出好奇心，更不可以多嘴。有人说，伯爵是在第一次世界大战中受的伤，这种伤兵在我们身边比比皆是。但是，我们家的女仆埃米告诉我们，伯爵是在攀岩时发生意外受伤的。

1914年的夏天，第一次世界大战爆发前夕，伯爵带领着一群人首度远征阿尔卑斯山的泰洛林峰。有一个队友被落石击中，昏了过去。身为领队的伯爵因此卸下身上的绳子，准备爬下去救那个受伤的队友。他成功地把队友拖到落石击不到的安全地带，自己却不幸被击中。由于没有绳索的保护，他笔直跌落到数百尺下的大岩石上。大家都不抱任何希望，认为他必死无疑，只有玛丽亚小姐深信他一定可以活过来。她寸步不离地照料他，不知过了几个月，伯爵才慢慢康复。

伯爵和玛丽亚小姐的故事，也是埃米跟我们说的。我们的父母从来不会在朋友的背后道长论短，我们自己也觉得随便发问有失教养。根据埃米的说法，伯爵和玛丽亚小姐是一起在英国长大的青梅竹马的朋友，也就是都在奥国的驻英使馆。伯爵的父亲曾任大使多年，而玛丽亚小姐的父亲则是一名士官，也就是大使身边的护卫。伯爵和玛丽亚小姐从小就坠入情网，虽然伯爵的家人极力反对，他们俩还是决定，一完成学业就结成连理。伯爵在维也纳上大学的时候，有个表妹（当然也是位女伯爵）死心塌地爱上了他，并威胁伯爵娶她，不然她只有一死。这个表妹的精神状态不太稳定，常常深陷沮丧之中。伯爵出于同情心而娶她为妻，希望她能因此恢复正常。然而，这么做还是徒劳无功。埃米说，新娘就在新婚之夜发了疯，从此必须被关在精神病院的隔离病房。在旧奥不得以配偶有精神病为由，诉请离婚，身为天主教徒的伯爵因此终身不得再娶。然而，他和玛丽亚小姐还是住在一起，表面上住在不同的楼层，后面却有梯子相通。在奥匈帝国解体后，离婚和再婚都已是法律许可时，伯爵因此提出和原配离婚，并迎娶玛丽亚小姐。玛丽亚小姐却反对，虽然她自己已不是天主教徒，但只要伯爵还是，她就不让伯爵为了她触犯教规。

埃米的丈夫本是刑事组的警探，婚后不久，就在第一次世界大战中殉国。埃米在短暂的婚姻生活中，听了太多堕落与邪恶的故事，变得愤世嫉俗，特别是对男女间的关系。她还是个火药味十足的社会主义者，对所谓的阶级或头衔，根本不屑一顾。至于她认为"有价值"的事，则想象力大发，日常看的浪漫轻歌剧、星期天报纸的连载小说以及费尔班克斯（Douglas Fairbanks）早期的电影……都在她脑中发酵，从而跑出坏心的继母、被调包的婴儿以及曲折离奇的罗曼史。故事中，真正的继承人最后一定得以验明正身，并迎娶客栈老板贤淑的女儿为妻。她明确表示，特劳恩-特劳聂克伯爵就是"身价非凡"的人。我们这些孩子听她说起伯爵受伤的经过、他那美丽而疯狂的新娘，还有童年时与士官女儿的恋爱等，不免过度地加以怀疑。但是，日后我慢慢发觉，伯爵的故事并不是她一手编造出来的。

伯爵和玛丽亚小姐的确是在伦敦的奥地利使馆一起长大的。伯爵是资深外交官之子，母亲是英国贵族，和诺福克公爵（Duke of Norfolk）有亲戚关系。玛丽亚则出身农家，父亲被征召入伍后，担任大使馆的护卫，母亲就做使馆里的洗衣工。伯爵念的是英国有名的公学，是耶稣会教士依照伊顿（Eton）和哈罗（Harrow）的理想创办的，学生多半是英国天主教贵族之子。之后，伯爵进牛津大学研究现代史，后来才又回到奥地利，在维也纳大学求学。所以，他的英国出身与教育仍表现在口音中。那时，玛丽亚也完成了艺术的学业，并为柏格剧院所招募。此外，伯爵的确有个关在精神病院的太太。她去世后，也就是在20世纪30年代初期，伯爵和玛丽亚就悄悄地结婚了，然而他们并未改变原来的生活方式。

有关山难的事，也是真的。我父母和伯爵的结识正是由于那一次意外。母亲在年轻时，对攀岩和登山非常热衷，同好者自成一个亲密的团体。多年后，在父母都过世后，我在他们的文件堆中发现一张照片，其中一个少女就是母亲，那时的她应该还不到18岁。她攀附着一条绳索，带头的就是面容仍完好无缺、年轻的特劳恩-特劳聂克伯爵，跟在母亲后面的是和伯爵差不多年纪的玛丽亚。那次意外之所以会发生，正因伯爵奋不顾身地援救队友。我后来才知道，那名队友就是母亲爱慕的表哥。过了几年，第一次世界大战爆发，这个表哥被派到意大利前线，不久就战死沙场。

听了这一切，让人不禁对特劳恩－特劳聂克伯爵大感兴趣，至少我已开始注意到他了。然后，我发现父母亲虽很喜欢玛丽亚，和我们一样为她着迷，对伯爵却抱着敬而远之，甚至冷漠的态度。记得有一次听到父亲对母亲说："伯爵是全奥地利最有能力的人啊。真遗憾，他得把自己藏起来。"母亲轻轻地加上一句，也许父亲没有听到："唉，他不得不啊。"

伯爵担任的官职可说是微不足道，只是国家图书馆主任的助理，协助图书馆的财务和管理工作。他很少说话，偶尔开口也只是谈谈天气或是说孩子长得真快等客套话，或者问我们最近在剧院里看玛丽亚小姐演出的感想如何（也许该说是"聆听的感想"吧）。每回大人们在谈话时一提起伯爵的名字，就会肃然起敬地说："什么？你认识特劳恩－特劳聂克伯爵啊！他可真是个奇人，不是吗？"

显然，特劳恩－特劳聂克伯爵不只是玛丽亚的伴侣而已。但是，我看到的他，总是和玛丽亚形影不离，然而她那极具魔力的声音总是让我们忘了一切，包括伯爵的存在。直到我长大成人，差不多要离开维也纳时，偶然间我和伯爵有了密切的接触，做了短短几个小时的密友。

我在差不多14岁的时候就知道，中学毕业后，我将尽快远离维也纳和奥地利。离高中毕业虽还有一年半，但我已下定决心。我想，离开维也纳最快而且最容易的方式，就是在德国或英国的银行或商行当练习生。若能如愿，我就不必再枯坐于学校的板凳上了。那时的我，觉得学校的老师教得乏善可陈、令人生厌。我和我自己的能力对谈，最后一致同意：我已经在学校坐得够久了，该是离开的时候了。我想成为大人中的小大人，不喜欢被当作毛头小子的感觉，也不爱和那些停留在青少年阶段的大学生混在一起。我要自食其力，获得经济独立。此外，再支援我上四年的大学，对父亲来说，也是沉重的负担。虽然他不以为苦，反而相当乐意。从20世纪20年代中期维也纳的生活水准来看，我们是够富裕了，但那是因为战后的奥地利已变得一贫如洗，所以相形之下，我们的家境算是不错。但家人已决定把弟弟送进医学院就读，对家中经济，这可是不轻的担子。我想，至少现在我可缓解父亲的经济压力。

那时，不上大学并非是什么有失颜面或是危及前途的事。如果你不想浪费四年坐在课堂里，没有人会说你"不行"。你已是有责任感而成熟的大人了。此外，进欧陆的大学和"学养"不一定相关，你获得的只代表某种"教育程度"，离专业还有一段距离。所谓的"人文教育"到中学毕业就结束了，至今仍是。之后，应是接受法学、宗教、医学或是工程等的训练。

当时欧洲还有一项传统（虽然比起汉堡、阿姆斯特丹、伦敦和巴赛尔等商业都市，奥地利比较不强调这点），那就是"好人家"里最能干的儿子是不上大学的，他们根本不需要。从14岁起，他们就开始学习商业实务。几年后，我在汉堡做"练习生"时，和一个贵族家庭熟识，他们家兄弟中有一个是历史悠久的大公司的负责人，他认为自己就是家中最聪明、最有学养的人——很多人都同意他的说法。当然，他在14岁的时候，就开始从商了，并且瞧不起自己的两个兄弟，说他们是"愚蠢的汉森人"。其实，这两位之中，一个是欧洲北部最好的法院"汉森高等法院"院长；另一个则是欧洲北部最大的新教徒组织领导人，倡导新教复兴，更是瑞士神学家巴特⊖和美国

⊖ 巴特（Karl Barth，1886—1968）：瑞士基督教神学家，1919年发表《罗马书注释》，在此书的影响下出现了辩证神学派。

的尼布尔兄弟㊀等人尊敬的导师。

我知道，进商业界做"练习生"并不等于放弃大学学位，还是可以一边做全职工作，一边取得博士学位，特别是法律方面的。我身边就有好几打人物是如此。然而，又要工作，又要念法学院，实是不易。

近来海军上将里科弗㊁提出了他的教育理念，拿"努力不懈"的欧洲大学生和美国"由你玩四年"的大学生相比较。他的说法在今天也许有几分道理，但我心中仍存疑。五六十年前，美国高等教育界的确有这种错误的观念，正如当时欧洲人认为每一个美国人不但是浸礼会教友，而且是百万富翁一样是无稽之谈。事实上，不管是以德语为主的国家、北欧国家，或是意大利，所有的法律系学生都差不多，无特别之处。

在我年少时，若有人告诉一个老太太，说他是"大学生"，这个老太太就会问他："你是到校上课的学生，还是自修法律的？"当年，注册或付学费都可以用邮件办理，几乎只要申请奖学金，学费都可以得到减免，而且不必到校上课。没有学期考试，也不用写报告，只要在四年后参加毕业考试就可以了。因此，大多数的学生都去补习，临时"填鸭"几个月，就可过关。（我也试着去上过一两个晚上的补习班，但后来觉得完全没必要，就不去了。埃尔莎小姐的练习簿胜过任何补习班。）纵使是法学院的全修生，也不必四年苦读，一心放在法律上。在这四年中，1/3 的时间是"性"，2/3 的时间是"酒"，构成"乐陶陶"的大学生涯。不过，我确信，以上两点，不用做全修生也可以得到。

然而，做事就等于是"从商"。我们家引以为自豪的就是没有英国士

㊀ 尼布尔兄弟：理查·尼布尔（Richard Niebuhr，1894—1962），美国神学家，教会运动兴起之前，对宗教进行社会学研究，著作有《宗派主义之社会根源》和《基督与文化》；莱茵霍尔德·尼布尔（Reinhold Niebuhr，1892—1971），美国神学家，曾任纽约协和神学院教授，宣扬"基督教的现实主义"，著有《道德的人与不道德的社会》等。

㊁ 里科弗（Hyman Rickover，1900—1986）：美国海军将领暨工程师，曾参与发展世界首座核子动力引擎。

绅看不起"下层社会"那种狭隘的偏见。我们家族成员中就有一个是生意人，也就是姑姑的第二任丈夫。她的前夫是个心脏科医师，在大战中阵亡。她后来嫁给一个匈牙利人，一家非常大的木业公司的老板。然而，我们在谈到这位姑夫时，措辞还是尽可能谨慎，说他曾是非常专业的军官，还是位将军呢，到了1918年匈牙利军队解散了，才不得不进入家族企业。我的父母有一个好友是经营纺织厂的企业家，但是在介绍他或他的子女给我们的玩伴时，我们总是强调，他本来是个风景画家，在他父亲死前曾开过画展，但父亲早逝，只好担起经营家族产业的重任。银行业呢，还可以，只要他们有大学文凭，但是工厂或商行的"练习生"就会让人说："很好，不过嘛……"

我父亲非常希望我能进维也纳大学。毕竟我们家族出身的，不是官员，就是律师或医师。他也怀疑我可能没有从商的本能和天赋。这点是不错，但对我而言，最大的压力就是逼我成为大学教授。不知有多少叔叔、伯伯、表哥、堂弟等亲友，把我团团围住。他们不是在维也纳，就是在布拉格、瑞士、德国等大学任教的教授，也有在牛津和剑桥的，教法律、经济、医学、化学、生物学的都有，甚至有教艺术史和音乐的。乍看起来，教书生涯实在不错，可以放长长的暑假，责任又少。当然，更别提那尊贵的社会地位——"教授阁下"，在奥地利这样的地位更胜于在德国，甚至比有土地的"贵族"更令人钦羡。

但是，要成为教授，就得留在维也纳了，因为我没有理由去别的地方念大学。然而，我认为在学术界"够格"并不等于"杰出"，取得那稀罕的教授头衔对我来说，是不能让我就此心满意足的。（此外，在维也纳上大学我还是得想办法自食其力。）于是，我就争辩说，从商只要做个二流人物，我就可以达到目的。因为从商的目的就在赚钱，二流人物也可赚很多钱。但是，进入学术界则不然，非得做一流的学者和研究人员不可。我知道我能写作，但不确定自己是否可以做好研究并进行学术性的思考。就在进入大学之前，我想不如试试自己的能力，如果发现自己不是块学术料子，就干脆从商。

但要研究什么呢？我很清楚自己的兴趣是在政府、政治史、政府机关，甚至经济方面。在欧洲这些都是法学院教的东西。因此，我向汉斯姨夫请教——他是著名的法学学者，后来成为柏克莱首屈一指的法学专家，于1970年过世，享年90多岁。小小年纪的我问他，在法律哲学里最难的问题是什么？他的答案是："解释刑罚的理论基础。"因此，16岁的我就决心研究这个问题，并计划写一本书解释清楚。

为了研究，我必得到图书馆去。公立图书馆是美国的理念，在我少年时代，欧洲的图书馆是只让书进来，把人赶出去的。就以维也纳的大学图书馆为例，甚至不准学生自由进出，只能在特别的阅览室里读指定的书。只有卓越且有终身教职的学者能够借书，然而他们仍不能直接从书架拿书。尽管我有很多叔伯阿姨是大学教授（我父亲本人也在大学任教多年），但还是不得踏入图书馆。幸好，特劳恩－特劳聂克伯爵在国家图书馆任职。他很高兴让我以他私人访客的名义进入，并允许我在他办公室旁空无一人的小房间里，阅读我想看的任何一本书。因此。每天下午放学后，我就到那儿，沉浸在法律哲学和社会学中。

那是我第一次接触到社会学术语。那次的震撼非比寻常，且在我心灵上烙下永恒的创伤。很快地，我也发现为什么汉斯姨夫认为法律哲学里最难的就是刑罚的问题。果然，这是个相当棘手、复杂的难题。每一个伟人的学说，从亚里士多德到阿奎那（St. Thomas Aquinas），至休谟（Hume）、边沁（Bentham），以及现代的庞德（Roscoe Pound）、埃尔利希（Ehrlich），以及我的汉斯姨夫，对于刑罚，都提出不同的解释，例如，为了报复、保护社会、仪式性的涤清作用、感化，或是防范等。然而，不管他们对刑罚的认知为何，最后都认为还是要有刑罚。从古至今，不论在何种文化、文明，或是法律规范下，刑罚似乎大同小异：死刑、毁伤四肢或器官、放逐、监禁或罚金。很明显地，在每一个文明和文化之中，都有刑罚的存在。

那时的我，不太喜欢刑罚学，现在的我亦然。但是，懵懵懂懂地读了几个星期以后，终于得到了一个结论：那些伟人可能都弄错了。如果有一打的解释都有完全不同而且相当清楚的前提，最后的结论却相同，那么用最基本的逻辑概念就可了解——那些都只是推理，而非解释，且偏离问题。对我而言，重点应该不是刑罚。刑罚是人类社会的一个事实，不管你如何为这件事辩解，刑罚还是无所不在，反而需要解释的是犯罪。我想，那已超出我的能力范围了。

在堆积如山的文献中，只有两本小册子和我思考的路径差不多，都针对犯罪而发。这两本手册的作者我从未听过，作者名叫"卡尔·隆特"（Karl Raunt）。

不过，我已经有结论了——我的计划已告失败，最好把所有的书归还给图书馆，谢谢特劳恩－特劳聂克伯爵大力襄助，并请父亲帮我在商行找个练习生的差事。但我还是想再看一眼那两本手册，因为我认为只有这两本书触及问题的核心。我站在窗边，手中握着书册，就在此时，门开了，伯爵走进来。他本想让我一个人静一静，但对我正在做的事，他似乎非常好奇。他看到我手中的红色小册子时，面露紧张的神色，问我："这两本手册写得怎么样？"他的语气让我有所警觉，所以我只是淡淡地说，在汗牛充栋的书当中，只有这两本对于犯罪问题有所解释。他似乎对这个答案很满意，微笑着说："这两本册子居然还在这儿。你知道作者是谁吗？"我摇摇头。他指着作者的名字"卡尔·隆特"（Karl Raunt）说："你把姓的最后一个字母 t 搬到最前面看看。"我恍然大悟："是特劳恩（Traun）！"他笑道："卡尔是我的别名。我受洗时的名字是卡尔·法兰兹·约瑟夫（Karl Franz Josef）。身为政府官员，即使小到埋没在国家图书馆，也不能写什么手册。我想，或许有人会怀疑'隆特'可能原本是'特劳恩',但还是没有人起疑。你想听听这个故事吗?"

他的故事说来话长,光是一个下午是述说不尽的。伯爵一旦开口,就停不下来了。这个畏缩而残疾的人,心中不知藏了多少东西,一宣泄就如排山倒海而来。我不知道他是否清楚眼前谈话的对象是谁,或许连他都不知道自己在说话。他跟我说的,不只是他个人的故事,更是一个失落的时代,一个断了线的梦……

"你知道吗,20年前的特劳恩-特劳聂克伯爵是一个相当活跃的社会主义者。那时,我们或多或少都可算是社会主义的信徒,只是我比较能言善道。我明白,你今天看到那些手册,一定会觉得其中论点太过天真。也许晚几年,我就不会写出那样的东西了。成书时,我只有23岁,那时,我们都期待社会主义引领我们进入一个新社会。当然,很少有人读过马克思的学说,也不在意经济的问题。我们关心的只是——和平。"

"老一辈的人,即使是令尊那一代的——他顶多比我大10岁吧——并不相信战争就要来临。万一真的发生战争,他们想,也不过是小事一桩,像19世纪的战争,不出三个月就烟消云散了,欧洲依旧完好如初。我们则比较清楚实际情况。我们的发言人是饶勒斯㊀。听过这个人吗?"我说,是的,但仅闻其名。

"他是欧洲最卓越的社会主义领袖,也是法国社会主义党的领导人。那个党当初是欧洲最大的政党,在法国也是最大党。饶勒斯是我见过的最伟大的演说家。大战一开始,他就被暗杀了。多年来他一直警告大家,第一

㊀ 饶勒斯(Jean Jaurès,1859—1914):1914年以前法国社会主义运动的主要领导人。文学、史学、哲学等方面的学识俱丰,又长于雄辩。1904年成为《人道报》的创办人之一。1914年第一次世界大战爆发时,被一个认为他要将法国出卖给德国的狂热分子暗杀。

次世界大战即将席卷整个法国,把欧洲和文明破坏殆尽。但法国的政界和军方都不相信这种说法,只有我们知道他所指为何。那时,社会主义已经存在了,这是自基督教以来第一次群众运动,即使社会主义党人没有选举,也没有国会,却是欧陆唯一最大党,在多国蔚为风潮,包括法国、意大利、德国、奥地利,当然还有俄国。社会主义有纪律,也有领导人。从多次罢工运动可以看出,服膺社会主义的群众都相当听从领导人的指挥。此外,社会主义是致力于和平的——这也就是当年我们成为社会主义者的原因。"

"我们认为我们成功了。听过1911年国际社会主义代表大会吗?"我摇摇头。

"那次大会就在维也纳召开,欧洲所有社会主义党都庄严地宣誓,将动员所有的党员反对欧洲发生战争。万一战事真的发生,就发动大规模的罢工。我就是该大会的秘书长,当然已化名为'卡尔·隆特'。我们预定1914年10月在维也纳举行另一次更大规模的会议。为了那次大会,我几乎安排好所有的事宜了,不料却发生了意外。本来会上准备讨论在布鲁塞尔或是阿姆斯特丹设立永久的反战机构,我也将出任该会的秘书长。这就是当年作为社会主义者的我们所持的理想。"

"你说的'我们'是哪些人?"我问道,"你们可有一个组织?属于这个组织的还有谁呢?"

"没有,我们没有所谓的组织,那不是我们运作的方式。令尊不是有个朋友叫马瑟尔·雷(Marcel Ray)吗?如你所知,他现在是驻法大使。但是,当年他还是索尔本(Sorbonne)的年轻德国文学教授时,就想组成一个组织,并想好了一个很好的名称——'和平骑士',足以和荣获法国高级勋章的荣誉媲美。但我们的一切还是相当非正式:没有会员制、组织,也没有什么必须遵守的规则。然而,我们就是知道谁是同志,因为那时的欧洲要比现在小得多，受过教育的年轻人彼此都认识。我们一同爬山、参加派对、一起上学，因此大家都是朋友。当然，还有不少受过教育的富家子弟只会追逐享乐，比如在度假胜地里维耶拉狩猎、在印度猎野猪，或是追合唱团里的女孩。这些对有钱有闲的富人来说，都是无伤大雅而且花费低廉的娱乐。然而，这种纨绔子弟的行径到处可见，惹人侧目。因此，有许多人认为欧洲不能再这样下去，否则大难即将临头。那时，特别是在奥地利、法国和俄国还有很多人沉迷在美学当中，写了些不堪入目的诗，并自费用淡紫色的纸印刷。我保证令堂一定有一大箱这样的诗集。她可是相当有人缘的女孩子，那些年轻的自恋狂都送给她一本自己写的诗。"我说，是的，像那种可笑的作品，我在家里的确看过一些。

"但是，"他又继续说，"还有不少人像我们，想要追求不同的东西。这些人就是我所说的'我们'，比方说马瑟尔·雷和他的夫人苏珊就是。你知道吗，苏珊就是弗兰西斯①的亲生女儿。"这点我倒不知。

"她很有办法，可以找到饶勒斯，并说服他在维也纳召开1911年的和平大会。他就像所有年长的社会主义政治人物，非常多虑，知道自己在政界举足轻重，又怕被指控不爱国。但是这位雷夫人就说动了他。还有一群年轻的法国学者，如历史学家布洛克（Marc Bloch），以及许许多多具有潜力的政坛新秀，像赫里克（Edouard Herriot）很快就崭露头角，而且开始发挥影响力。"

"我们在俄国也有朋友，例如，叫齐瑟曼（von Zissermann）的年轻军官，他就是建造满洲铁路的军事工程师。有人告诉我，他现在正为中国军阀做事。你应该知道他太太，她可是维也纳有名的美人，最近才到满洲与夫婿重逢。还有一大伙德国年轻人、教授，像经济学家奥本海默，在海德堡跟

---

① 弗兰西斯（Anatole France，1844—1924）：法国小说家、文艺批评家，关心社会问题，后逐渐倾向社会主义，1921年加入法国共产党，同年获诺贝尔文学奖。

着马克斯·韦伯㊀学习的研究生、韦伯的弟弟亚弗德，以年轻哲学家齐美尔㊁为首的一群人以及一些银行家和经济学者等。特别值得一提的是一位非常杰出的年轻银行家沙赫特（Hjalmar Schacht），现在已是德国中央银行的总裁。大多数年轻有为的大学讲师和奥地利年轻政府官员也都是我们这个圈子里的人。我想，你一定知道这几个人：令堂的表哥历史学家阿尔尼姆（Arnim），在我登山发生意外那一次，他也在场；你的汉斯姨夫和他三个兄弟，以及同事维德斯（Alfred Verdross）。较长一辈的，像你的父亲和赫姆·施瓦兹瓦尔德还是自由派的，但是二十几岁的那一代了解，光靠自由主义是无法避免战争的。所以我们都转向社会主义这股力量，认为只有信守承诺、有组织，且有民众基础的社会主义才能阻止战事的发生。"

"在英国，还可能以自由主义为信条，"他继续说，"正如你所知，我有一半英国的血统。家母还健在时，我一年会回英国四五趟，并会见当年在牛津一起求学的旧友。他们的生涯都在起飞的阶段，有的是大学教师，有些服务于外交界或印度，也有律师，还有些则是伦敦的银行家。然而，他们都对社会主义不感兴趣，而且确信英国将会如19世纪般，置身于欧洲战场之外。"

"如果你以为我们必有某种暗语或秘密组织，那就错了。然而，当年欧洲受过教育的一小群人已自成一个团体，每一个人都知道何去何从，也晓得同一个圈子还有谁，也都互相往来，因此我们没有必要用暗语来辨明同志。"

"后来呢？"我插嘴道，"为什么你们会失败？"

"我们并没有失败，但当时社会主义尚未完善。欧洲社会主义的领导

㊀ 韦伯（Max Weber, 1864—1920）：德国社会学家、政治经济学家、现代社会学奠基者之一，对社会学理论有很大的影响，著有《新教伦理和资本主义精神》《经济与社会》等。
㊁ 齐美尔（George Simmel, 1858—1918）：德国社会学家、新康德派哲学家。主要以社会学方法论的著作闻名。

者，也就是我们仰赖的人，虽然缺乏勇气实践1911年维也纳大会的诺言，发动全面罢工，但确实是反战的。然而，即使罢工，结果还是一样。广大的劳动阶级，也就是爱好和平与提倡同胞爱的主力，像是一股不可收拾的火苗，使得爱国的烈火愈烧愈旺。现在普遍把第一次世界大战归咎于胆大妄为的军人、外交人员或是商人，但是，真正希望引发战争的，则是那些极端的爱国主义大众。叫嚣得最大声的就是他们，因此后来整个欧洲都被战争所席卷。这正是饶勒斯警告过我们的——这一天也就会给社会主义带来灾难。"

"当然，你会说今天在欧洲有投票权的社会主义者要比1914年以前多得多，然而那时的社会主义是基于希望，而不是人数；今日的社会主义则不是如此。那个令人无可言喻的小丑墨索里尼，最了解这一点。战前，他就是最好战的集权主义者，总是想拉拢我们，帮他的报纸写文章。在1911年维也纳社会主义大会时，他大声疾呼，万一欧洲发生战争，他一定会使我们的'革命'成功的。然而，我想他看到了发生的事，恐怕一切都逃不过他的眼睛。奥地利本地的社会主义者，和那些在德国、法国和英国的工党党员，都是可敬的人，远比今天在奥地利有权有势的神职人员要值得尊敬。假如我的职位显赫一点，像令尊一样的话，在两年前天主教取得政权时，也会和他一同请辞。"

"战争爆发的时候，"他继续说，"我正躺在医院的病床上，昏迷不醒。你一定听某人说起过我的意外。醒来后，过了几个月，目睹战争的一切，我真想一死了之。我不时悔恨，想着如果当场死在那座岩壁下就好了。我也常羡慕那些在战争中丧生的人。当然，那时我们有不少同伴都死在沙场上。"

"你还小，因此不能理解。那次战争带来最大的伤痛，并不是毁灭了想要创造另一个世界的希望，而是杀死了许多本来能拯救欧洲的人。整个领导层大半魂归西天。我在英国念的学校是耶稣会教士办的公学，毕业时班上有48个人，现在还活着的，只剩18个，其他的已躺在弗兰德斯的墓园里。我不是提过你的汉斯姨夫，也就是娶了你的格里塔阿姨的那一位吗？他有三兄弟，甚至比他还杰出，然而，现在却安眠在蒂罗尔的军官墓地。令堂的表哥阿尔尼姆也葬在那儿。他的运气真是好，因为我的援救，在那次意外中，得以逃过一死。不料，还是躲不过战争的魔掌。你知道那位汉斯姨夫最小的弟弟欧内斯特吗？"我摇摇头。

"他被活埋在俄国的一处矿坑，后来虽然获救，但已经残疾，只能在教会做个杂役，洗洗碗、端端盘子等。他原来可是个非常卓越的工程师，也是电学和电话方面的天才。我是家中唯一存活下来的孩子，我的四兄弟个个能力都比我强，然而都丧生在无情的战火中。我那可怜的元配有三兄弟，那些巴拉顿伯爵们，也都英年早逝。家母出身于非常大的英国家族，我的堂、表兄弟等有好几十个，到现在只剩四五人。有时候，我觉得自己很像约瑟夫国王。你知道吗，他就是把维也纳皇家公园开放给平民进入的人。有一次，一个贵族仕女跟他抱怨说，没有一个像样的地方可以接待和她同等阶级的人。国王答道，即使他想和他的同辈一叙，也没有地方可去——除非去哈布斯堡的皇家墓穴。我呢，想要见我这一辈的，只有去凡尔登、木斯群岱尔、俄国前线，或是依颂佐等地的墓园。躺在那儿的，今天若是安在，必然是欧洲的领导人。"

"彼得，你知道吗，共和时代来临，社会主义者组成政府时，他们会邀请我担任教育部部长。那是我唯一想要出任的官职。我一直在等待着这一天。但是，我却不能面对这个事实：年轻时结交的密友和有着共同梦想的同志都不在人间了，因此这个机会才轮到我。有时候，我觉得非常内疚，为什么像我这样的废人，还能苟且偷生？我本可了此残生……要不是玛丽亚小姐需要我，唉。"

伯爵此时已有点儿迷乱，即使是 16 岁的我也感觉得到，他的神智不很清楚了。对他突如其来的告白，我实在有点儿恐惧，真想早点脱身。我怀疑伯爵所说的欧洲精英拯救和平的伟大计划或许只是他的幻想。（多年后，我从苏珊·雷夫人口中得到证实。她和伯爵共过事，并和其他几个朋友设法说服饶勒斯召开 1911 年的维也纳国际社会主义代表大会。会中众人皆庄严宣誓，欧战一爆发将会共同发动大罢工。另一次更隆重的反战大会则计划在 1914 年的 10 月召开，秘书长正是特劳恩－特劳聂克伯爵。）

至于伯爵是否夸大了自己的角色，以及他的罪恶感，也就无关紧要了。西欧社会主义的确在 1914 年 8 月战火发动的那一刻面临危机——群众不再在爱好和平的精神下团结一致，反而热切地拥抱国家主义，迫不及待地想投入战争。抱持早先梦想的一些梦想家，最有名的如美国的哈林顿（Michael Harrington），一再地诉诸原始的理想，宣称现实不值得一顾，这种现实只有扭曲真正的信仰。然而，还是徒劳无功。这可以解释为何西欧社会主义自 1914 年起，就出现衰落了。早先，欧洲伟大的心灵不断地在与知识分子的承诺和社会主义的问题交战。1914 年后，在欧洲只有一个第一流的智士和社会主义有所关联，亦即意大利的葛兰西（Antonio Gramsci）。他因为遭到墨索里尼的监禁，不能与现实接触，才能保有战前的天真。

欧洲的社会主义党在介于两次大战之间确实获得了一些选票。但是，他们所能得到的，仅限于此，而且没能发挥什么作用。他们不再有梦想、信念、承诺和信条，也不再相信什么了。在凡尔赛和约和第二次世界大战间的 20 年，欧洲政治简直是一场可笑的闹剧。在这期间，虽然在每个国家的执政者当中，都有信奉第一次世界大战前社会主义的老政治家，但社会主义在欧洲政治舞台上已无任何分量。此外，自第二次世界大战后卷土重来的社会主义信念，就其本质而言，和从前的"社会主义"并不相同，而是诞生了新的政权和开始了新的斗争。

若那一代欧洲领导者不致被战火摧毁殆尽，是否会有所不同？我不知道。但是今天很少有人能了解第一次世界大战对欧洲领导者的破坏，特别是在美国。

尽管当年伯爵跟我说了这么多，我也不甚明了，直到几年后，我年长一点，约是在20岁出头时，才有所体会。那时的我，是一家大报的资深编辑。我之所以能得到这个职位，并不是因为我的能力有多强，而是因为比我年长一代的人根本就不存在了。在我20岁的时候，周遭没有30多岁的人——他们都躺在弗兰德斯、凡尔登、俄国前线，或是依颂佐的军官墓地了。能逃过此劫的，较幸运的是那些只有肢体受到伤害者，更多、更可怜的是永远受创伤折磨的心灵。这种情况在德国也得见，如魏玛共和（Weimar Republic）最后一任国务大臣布委宁（Heinrich Bruening），一个出类拔萃、令人景仰的人，他的意志力终被蚀尽，深信这个世界最后只剩罪恶。

今天，我们习惯于追溯英国的式微至维多利亚时期或是爱德华时代的早期。但是，最主要的因素的确是第一次世界大战，许多英国领导人因之魂归西天，侥幸存活者道德又日益沦丧。英国比其他国家损失了更多年轻军官；相形之下，其他国家并没有要求年轻人去做个"置个人生死于度外"的绅士。结果，英国比欧陆其他国家缺乏更多受过教育的年轻人，因此在20世纪20年代也出现较多由女作家所著、以孤寂为题的动人作品，例如布里顿（Vera Brittain）写的《青春的见证》（Testament of Youth）——和她一同成长的年轻男子无一幸存。第一次世界大战开始时，丘吉尔已是40岁的人了。之后，如艾登[一]和麦克米伦[二]那一代，从战壕回来时带着永远的创痛，到丘吉

[一] 艾登（Anthony Eden，1897—1977）：英国首相、保守党领袖，因英法入侵埃及失败，于1957年1月辞职，之后被封为终身贵族。

[二] 麦克米伦（Harold Macmillan，1894—1987）：英国首相、保守党议员，曾任空军大臣、国防大臣、财政大臣等，继艾登任首相。

尔死后，轮到他们自己负责时，已无法承担大任。

然而，危害英国最烈的，正是由于欧洲主要国家中，唯独它只有一个领导阶级，且为大家一致接受。在法国，大革命前的旧制度就已分成两大互相对立的领导阶级，一是拿破仑的君主政体，一是中产阶级所组成的政体。结果，当然就是两者必须互相较劲，没有一个是既定的政权。德国也是，有好几个领导阶级相互竞争：一是有社会地位，但没有雄厚财力的容克党⊖；一是新富，但缺乏社会地位的中产阶级；另一个则是由专业人士和学术界人士所组成。三者不断地较量，没有一个是普遍能被大家接受的。英国则不然，只有一个领导阶级，要踏入也很容易，从贵族到乡绅、专业人士之子，乃至于富商的孙子都可以迈入这个阶级。甚至不属于这个阶级的人，或是不想东施效颦的人（不觉得自己的行为得像个"绅士"的中下阶级或是维多利亚时代的劳工阶级）也都认为"绅士"就是他们正统的统治阶级。然而，在这个阶层被战火践踏、摧毁，自信心崩溃了之后，就形成真空。欧陆其他国家的确要比维多利亚时期的英国在意阶级的区分。在巴黎、柏林、维也纳或是1890年的圣彼得堡，公爵之子和银行家同为一个俱乐部的会员，实在是匪夷所思；这两人周末时也绝不可能同时出现在一个家庭派对上；像英国爱德华时代的宽宏大量，让这两位"分享"一个情妇的做法也是前所未见的。但这也正是英国的弱点，战争使得这个领导阶级元气大伤，乃至支离破碎、声誉日下。在法国，有所谓的"技术官僚"，也就是由出自"名校"的高级知识分子来担任领导角色；在德国，第二次世界大战之后，组织、企业或是贸易公会的主管人员都可以晋身为领导阶级；但在英国，失去的一代无替代人选，没有一个人的权威足以服众，也没有人足以担当大任。

⊖ 容克（Junkers）：普鲁士与德意志东部的地主阶级，德意志帝国（1871～1918）及魏玛共和国时期强大的政治势力。俾斯麦就是出身容克阶级。

经过好几个下午，我才得以摆脱伯爵和那排山倒海而来的自白。然后，我们又恢复到原来的关系。他再也没提起过那几个小时的慷慨激昂，照例在每年的圣诞和新年与玛丽亚小姐到我家做客，一样静静地坐在角落，目不转睛地看着他的爱人，除了简短的客套话，几乎不发一言。但是，他又跟我说过一次话，那也是我最后一次见到他和玛丽亚小姐了。

在 1937 年 2 月末或是 3 月初，我和妻准备从英国到美国度蜜月，并在途中回维也纳拜见父母。在离开前，我到伯爵和玛丽亚简朴的居所话别。玛丽亚那时已成为伯爵夫人了。伯爵把我拉到一边说话。

"我很担心令尊和令堂。你我都知道希特勒任何时刻都有可能入侵，但是令尊就是不信。他认为希特勒不会到维也纳来，即使来，对他也不会怎么样。但是，我们都知道他说的不是真话。不晓得他是否告诉过你，他是奥地利共济会的领袖？"

我知道，但不是父亲告诉我的，而是从他严守会社规范、神秘兮兮的样子猜到的。

"不知道你对共济会有何看法，"伯爵继续说，"我从未加入这个组织。但是，我确信令尊的名字一定是纳粹秘密警察手上黑名单的前几名。多年来，我一直试着劝他在必要的时候准备离开。然而，他总是不肯听我的话。"

我告诉他，要他别担心："我弟弟去年秋天已经去美国了。那房子对他们两位老人家来说太大了，家母一个人也照顾不了。因此，去年我回来过圣诞时，他们就准备把房子卖掉了，现在刚脱手，价钱还不错，都是现金。他们已经把钱存放在苏黎世的银行，只要几个星期，等我在纽约安顿下来，就会把钱转到美国，放在我的名下，这样纳粹就拿不到了。而且，他们也会来美国和我会合。不久，他们会暂时搬到一栋小公寓。我这次回来，已经催父亲去几个奥地利邻国的领事馆办签证，瑞士、捷克、匈牙利和南斯拉夫○这

○ 已于 1992 年解体。

几国都办好了，连同家母的证件，有效期限是两年。"

伯爵说："很好。我想，能做的也就是这些。"

"纳粹来时，伯爵您打算怎么办？想去哪里？"

"我们不会出国的。我们和令尊令堂的情况不同，我们没有孩子。"

不到一年的光景，纳粹真的大举入侵，救了父亲一命的就是家里的旧址。纳粹派兵到他一年前卖掉的房子搜查，到纳粹恍然大悟时，父亲已在前往苏黎世的火车上了。由于前一年已办好签证，因此通行无阻。

特劳恩-特劳聂克伯爵和玛丽亚·米勒小姐也逃离了这一切——在德国大军以胜利者的姿态迈入维也纳的那一天，这一对鸳鸯悄悄自尽了。

2

第二部分
旧世界里的年轻人

ADVENTURES OF
A BYSTANDER

我觉得自己很像一个人类学家，正在观看"活着的先祖"，如亚马孙的印第安人，看他们狩猎、设陷阱捕捉动物，内心充满无限感动，忘了推土机就在数里外不远处，正在建筑高速公路，一寸寸地蚕食石器时代的文明……

第 6 章 | CHAPTER 6

波拉尼这一家

我在1927年首度回维也纳过圣诞节时，已在汉堡一家贸易出口公司做了四个月的练习生。回国后，《奥地利经济学家》邀请我参加新年特刊的编辑会议。我从十二三岁起，就开始阅读这份杂志，但是却没有见过该周刊任何一位编辑。那时还在政府单位任职的父亲，从《奥地利经济学家》1907年创刊以来，一直是忠实订户，也是该杂志社的朋友和顾问，常为他们写稿。

当时在欧洲，《奥地利经济学家》可是最卓越的出版物之一，原本仿效伦敦的《经济学人》，很快地就有了自己的特色：风格活泼，不但讨论企业和经济，还述及国际政治、科学和科技。这回《奥地利经济学家》之所以邀请我参加他们的编辑会议，虽是为了让家父高兴，然对我而言还是一项难得的殊荣。更让人得意的是，邀请函的下方有一行编辑亲自用铅笔写的字，加上名字缩写："阁下论述巴拿马运河一文，实为上乘之作。"

那篇谈到巴拿马运河与其在世界贸易中的地位的文章，是在前一年为大学入学考试而作，几星期前刚被一家德国经济季刊采用。即使这篇文章多半是统计图表，但是首次看到自己的文字印刷面世，加上来自《奥地利经济学家》编辑的赞美，我还是不由得欣喜若狂——这真是我收到过的最昂贵的圣诞礼物。

会议预定在圣诞节当天上午8点钟召开。他们希望我准时抵达，于是我在8点整到。其他人也是，包括创刊人以及受人敬重的主编——一个留着白胡子、耳朵已聋的老绅士。但是，到了9点，我们依旧三三两两地坐着闲聊。于是我问其他编辑，为什么会议迟迟不开。"我们在等副总编辑卡尔·波拉尼先生（Karl Polanyi）。"从他们答话的神情，可以想见，这位波拉尼先生绝非等闲之辈。

约莫又等了40分钟，我注意到会议室里每个人都面带微笑。之后，听到有人喃喃地说一些奇怪的名字。突然间，一个两手提着扁扁的行李箱、身材高大的人冲入室内，继续低吼着那些对我们而言毫无意义的音节。之后，停了半晌，才大声说："圣诞快乐！"接着一屁股坐下来，椅子几乎承受不住他的重量要垮了，而他还是继续念着奇怪的字句。

他打开一只箱子，倒出一大堆的书本、报告、杂志和信件。他的声音低沉，快速，像是从火山口爆发出来的岩浆："此次年度特刊，将有4篇主题文章：一篇论及中国形势，也就是张作霖、蒋介石和其他军阀的内战……（又是一大堆让人听不懂的语言）……这些就是未来5年最重要的世界大事；另一篇是有关全世界农产品价格的滑落——这表示再过几年我们即将面临严重的经济不景气；第三篇讨论俄国的斯大林、列宁主义和共产革命；最后，我们还有一篇文章论及英国经济学家凯恩斯，就是写《1919—1920年和平的经济结果》（Economic Consequences of the Peace in 1919—1920）的那一位。他现在又有一些令人兴奋的新理论，企图向传统的经济学挑战。"他又打开另一只箱子，书本、小册子和报告又堆成另一座山。

然而，波拉尼的同僚不但不赞赏，反倒有点儿恼怒。

主编问："我们怎可省略今年夏天在国内进行得如火如荼的内战呢？"

波拉尼的回答是："那件事不提也罢。我们5年前就知道会发生了。"

另一个编辑问："我们怎可没有一篇对英镑重新评估的特别报道呢？你不是亲口告诉我们，那项大错必会危害到英国和整个世界经济？"

"是的，"波拉尼说，"但是那件事我们已经谈过不止一次了。"

"波拉尼先生，那美国股市的兴旺呢？"

"德国赔款事宜呢？"又有人问。

"华尔街股票大涨不过是资本主义的错觉，"波拉尼严正地说，"而德国赔款事宜5年前就决定了。我们已经很清楚，不管签订什么条约，德国不会赔偿，也没有偿债的能力。"

就在此时，他注意到我，问我是谁，了解我是何人后，问道："你对我们的主题文章有什么建议没有？"

方才其他编辑纷纷提议，波拉尼一一加以反驳时，我恰好有时间思考一下。因此，我得以想到这么一个问题："何不谈论希特勒席卷德国的危险？"

"胡说八道，"所有的编辑同声反对，"纳粹在上次德国大选中一败涂地，差不多要被送进坟墓了。"

我说："我知道这点，但是我还是害怕……"

"这的确是很重要的主题，"波拉尼说，"你可以写篇三页的文章，告诉我们缘由吗？"

然而，波拉尼请我写稿的计划，最后还是被否决了，入选的都是没有争议的、传统的主题，而编辑们所谓波拉尼那些"臆测"，变成短短的几段，而且沦落到杂志后面的篇幅。

但此时，我只对波拉尼一个人有兴趣。于是，我问他可否在会后一同乘车到他家，听听他对原先提议的主题进一步的看法。他立刻邀请我和他全家人共进圣诞晚餐。

在离开会议室时，杂志经理交给他一张当月的薪资支票。波拉尼两手都提着箱子，因此请我先帮他拿一下支票，他好找支笔来签收。支票在我手上，又没放在信封内，我不得不注意到上面的金额。以1927年奥地利的标准来看，这笔钱可是多得让人眼睛为之一亮。

我们一起坐电车到了位于贫民区的总站，再换另一条线到一处林立着小工厂和仓库的工业区。到了终点，下了车，走过一排破烂的木屋、废车场，还有几个城市共用的垃圾场，最后才来到一栋孤零零的出租旧公寓。下面的楼层都住满了，我们一路爬上五楼，他还提着那两大箱的文件、资料。

终于到顶楼了，一片漆黑。门开了，波拉尼的夫人伊洛娜、丈母娘（一位上了年纪、守寡的匈牙利女伯爵），还有他那8岁的独生女，都出来迎接我们。我们立刻坐下，共进晚餐。这真是我这一生吃过的最难以下咽的食物。这样形容一点都不夸张，因为只有一些存放已久、几乎没有削皮、半生不熟的马铃薯，连人造奶油都没有。这可是他们的"圣诞大餐"呢！

没有人注意到我，他们对食物也是食之泰然。接着，他们家四个人，包括那个小女孩，都吵得脸红脖子粗，说波拉尼赚的钱下个月怎么够付账单。他们需要的数目实在少得可怜，约略只有波拉尼那张支票的一小部分，也比我在汉堡做练习生的所得要少。这么一点钱实在难以维持起码的生活水准。

最后，我实在忍无可忍，于是说道："请原谅我多管闲事。我在离开编辑会议室时，无意中看到波拉尼博士那张支票上的金额。有了这么一笔钱，不是可以过得挺好的吗？"

四个人都闭上了嘴，静默像永恒那么长。然后，他们都转过头来瞪着我，几乎异口同声地说："真是好主意！把支票上的钱都用在自己身上！这种事我们可没干过。"

"但是,"我结结巴巴地说,"大部分的人不都是这样吗?"

波拉尼夫人严正地说:"我们可不属于'大部分的人',我们是头脑清楚的人。维也纳到处都是匈牙利难民,不是为了逃离迫害,就是躲避其后的白色恐怖。好多人都无法赚钱谋生。我先生有能力赚钱,因此把他的支票全数捐出,帮助其他贫苦的匈牙利人,是理所当然的事。至于我们所需的生活费,只要他再设法赚一点就可以了。"

卡尔·波拉尼在家里五个孩子中,排行第四,父母一样不是等闲之辈。这一家人是我所见所闻中,最了不起而且成就最为惊人的,每一个都非常成功而且深具影响力。但是,最叫人叹为观止的,还是他们全家人,起自维多利亚时期的父亲,乃至卡尔和他的小弟迈克尔,也就是19世纪60年代的那一辈,都致力于超越19世纪,找寻自由的新社会:一个既非中产阶级,也非属于自由派的,欣欣向荣而不为经济所操控的,公有共享的社会。他们一家人,包括做母亲的,虽然都有自己的一条路,目标却是一致的——让我想到朝着不同方向行进,追寻同一个圣杯的圆桌武士。

每个人都找到了"答案",也明白这并不是唯一的解答。从世俗的标准来看,我的确没见过比他们更为成功的一家人。(虽然他们因没能达到自身的期许,而自认是彻底的失败者。)我也没见过有谁像他们一家人那样充满着生命力、有趣,而且精力充沛。在我和他们一家四五个人接触之后,发现卡尔尤为其中的佼佼者,他不但最让人好奇,而且是家中最有活力的人。

当然,我没有机会和他的父亲结识。老波拉尼约生于1825年和1830年之间,在匈牙利山间一个小小的犹太村落呱呱落地。在1848年匈牙利起义,对抗哈布斯堡王朝的运动中,老波拉尼就是学生领袖中的一名,而且是其中口才最好的。不到25岁,他就成为匈牙利的游击队指挥官,身陷于无休无止的内战,先是对抗奥地利人,继而与沙皇派来匈牙利镇压的俄国大军交战。最后遭到溃败后,老波拉尼逃到瑞士去学工程,并严格服膺加尔文教派。大约有10年的岁月,他都过着流亡他乡的生活,在全欧各地建筑铁路,从此在土木工程和铁路修筑方面享有盛名。

在19世纪50年代末期,当年的反叛者获得特赦后,他才回到匈牙利,决心以另外一种方法,实行1848年革命的原始计划。当时的匈牙利不再和哈布斯堡王朝对抗,而能掌握自己国家的命运,已成为一个独特的现代化国家,其文化不以中产阶级为主,而且经济蓬勃发展,以铁路为命脉,并有受到高度保护的现代农业。就在几年内,老波拉尼成为"铁路之王",一半是因为财务的关系,一半则是因为政治,然而百分之百是投机性的。就像美国和欧洲其他所有的"铁路之王",他根据自己的理想建筑铁路,也像其他所有的人,因过度扩张而使得亲手缔造的王国崩陷。他在1900年左右去世时,已一文不名。

当年,约是在1868年,老波拉尼登峰造极,成为匈牙利最富有的平民时,他娶了一个比自己小20岁的女孩。她就是塞西莉亚,一位俄国女伯爵,也是无政府主义者。在她还是十来岁的少女时,就曾参与炸弹计划——她在俄国皇家仕女学校的化学实验室里制作炸弹,她的兄弟也常利用这间实验室谋杀高级警官。这女孩后来逃离俄国,躲藏在苏黎世,老波拉尼就在那儿遇见她,并和她结为连理。我是在20世纪20年代左右与她谋面的,她也是波拉尼家人中我遇见的第一个。那时的她,还信奉无政府主义,但已是一个鸡皮鹤发的老妇人,口舌锋利得叫人生畏。然而,也有妙语连珠的时候。正如她谈到第一个在英国成立的工党政府:"在其他国家,这一步可说是方向正确,但在英国则不然,因为他们的仆人过于奴颜婢膝。"不过,她常常只是喜欢逞口舌之快,比方说,她听到好友的丈夫因为伪币交易而入狱,就说:"这实在是玛格丽特的福气。她不是常抱怨她先生在外拈花惹草吗?这下子,这个做先生的不得不对她忠实了。"

老波拉尼夫妇有五个儿女：老大奥托，老二阿道夫，老三则为女孩穆希（她必定还有另一个名字，不过没有人听过，也没有人用那名字称呼她），老四和老五就是卡尔和迈克尔。这些孩子一旦到了上学的年龄，父亲就带他们到一个城堡。那是他买下的地方，就在一望无际的大麦田中央，离最近的城镇约有数里之遥。这些孩子就在严厉的隔离下接受教育，不得和兄弟姊妹有任何的接触。他们能见到的人，只有家教老师：一个是英国人，一个有瑞士和法国血统，一个则有瑞士和德国血统，还有一个是匈牙利人。这些老师每周只教一名学生，下一周再教另一个，如此周而复始。老波拉尼教导孩子的方法是根据卢梭在《爱弥儿》一书立下的教育规范：孩子一定要彻底和社会的伪善与腐败隔绝。老波拉尼还试着超越詹姆斯·密尔（James Mill）对其子约翰·斯图尔特·密尔（John Stuart Mill）的教育。他确实更胜一筹。令人惊异的是，在这种教育法之下，他的孩子果然个个不同凡响。

长子奥托生于19世纪70年代，和父亲一样成为工程师，也像父亲，年纪轻轻的，就离乡背井到瑞士和德国工作。他显然非常工于机械设计，也是一个很快就飞黄腾达的商人。他在1895年左右到意大利，接手一家几近倒闭的机械制造厂。此时，他把自己的名字奥托·波拉尼（Otto Polanyi）改成奥托·博尔（Otto Pol），并设法使这家工厂起死回生，成为刹车装置、排挡等主要供应商，同时提供零件给一家新公司，也就是日后著名的菲亚特（Fiat）汽车公司。到了1910年，奥托·博尔已经跻身意大利的顶尖企业家，而且极为富有。这时的他，已是非常忠贞的马克思主义者，为了宣扬马克思主义，他和一些人创办了机关报《前进！》（Avanti），并提供财务支援。他和该报编辑结为好友，也向他提供经济上的援助。这位编辑年纪尚轻，却懂得煽动人心，坚决地反政府，他就是墨索里尼。

奥托·博尔具有社会主义色彩的理想，经过第一次世界大战的浩劫后，已经破灭了。他开始在阶级革命之外寻找替代品，企图在未来建立一个"非中产阶级"的社会。墨索里尼本人也疗好自己的创伤，重新站起来。奥托·博尔使他相信未来将是阶级融合的新局面。这样的结合，既非基于社会主义，也不是资本主义，而是所有的阶级取得共识，为国家的美好而努力，如"一束结合紧密的树枝"（fasces⊖），重现罗马共和的神圣遗产。

卡尔·波拉尼不愿谈到他的哥哥奥托。自从奥托信奉法西斯主义后，家人就和他断绝关系了。到了 20 世纪 30 年代中期，卡尔告诉我，这个哥哥尚在人世，但不再相信自己一手提拔的墨索里尼，且对他日益深恶痛绝。然而，虽然奥托对墨索里尼有提携之功，墨索里尼还是翻脸不认人，也忘了他，奥托最后变成一个颓废而愤世嫉俗的老人。

家中的老二阿道夫，和父亲老波拉尼一样，从事铁路工程。远在第一次世界大战之前，年纪轻轻的时候，他就为一家英国工程公司在巴西修筑铁路。他爱上了这个国家，并决心在此落地生根。他成为巴西顶尖的工程顾问，起先只有铁路，后来还建筑了港口、发电厂，并参与一些工业建设计划。然而，他主要的兴趣还是在经济和社会发展方面。就像他的父亲，他知道"基础建设"的重要，如铁路、电厂和港口等，不但是经济发展的引擎，更是立国之本。巴西最吸引他的地方就是：一个新社会可以在这里形成，不同于欧洲那"堕落的资本主义"。在这个多种族的社会中，白人、黑人和印第安人可以融合，创造出现代却不丧失种族色彩、自由却不倾向个人主义的新文明。

他身边都是非凡的人物，像社会学家、小说家、音乐家、画家和政治

⊖ fascists 或 fasgisti 是由 facio 而来，而 facio 或 fasces 在拉丁文中为"一束"的意思，在政治上指紧密结合的一帮。原指一束桦树或榆树的枝子，用红带子绑在一起，斧头的锋面露在外边，在罗马共和国及帝国时代，长官、总督或皇帝出巡时，由随从拿着在前面开路，象征权威。

家。这些人在第一次世界大战后的几年内，创造出"新巴西"这种不可思议的现象，使巴西有独特的文化和文明。在第二次世界大战后，更开花结果，在现代绘画、现代音乐和现代建筑等文化艺术层面展现出无与伦比的创造力。阿道夫在宣扬"巴西的大陆任务"方面，永远有旺盛的精力。他一直鼓动巴西建立一个新的首都，比方说迁至内陆，远离沿海地区，这样才不至于依赖欧洲。

我从未见过奥托·博尔，但却不时在卡尔在纽约哥伦比亚大学的公寓里见到阿道夫。阿道夫也把姓氏改成博尔。那时约是20世纪50年代，阿道夫已经垂垂老矣，差不多是八旬老翁。他是来纽约看病的，就在一年内撒手人寰。当时，他虽年事已高，仍活力充沛，说起话来滔滔不绝，对未来有独到的见解。从他口中倾泻而出的，是一大堆的人名、地名、梦想和希望，像卡尔念诵那些中国人的名字一样，把人带到另一个世界。阿道夫至少比任何人早十年预见到南北的冲突是必然的——因为一边是已开发、以白人为主的地区，另一边则是贫穷落后的非白人的世界。然而，此时的他，已经被击败了，不再期待巴西成为未来的社会。他说："顶多是另一个日本罢了，虽不属于西方，却已全盘西化，无异于迈阿密的文化郊区。"

在阿道夫下面的是老三穆希，也许她是波拉尼这一家中最有天分的，然而其创造力却最为短暂。穆希在25岁嫁为人妇后，立刻成为标准的中产阶级女主人。但在她20岁时，穆希·波拉尼小姐可是匈牙利民族运动之星。这个运动在西方，由于音乐家巴尔托克⊖和多赫纳尼⊜而远近驰名，为试图回

⊖ 巴尔托克（Bela Bartók，1881—1945）：匈牙利钢琴家和作曲家，搜集和整理大量民间音乐，作品具有独特的个人风格和民族特色，1940年移居美国。
⊜ 多赫纳尼（Erno Dohnányi，1877—1960）：匈牙利作曲家、钢琴家、指挥家，1948年因受政治迫害，离开匈牙利。作品在匈牙利禁演长达10余年，1949年起以作曲家身份定居美国。

归匈牙利文化之根的运动——也就是回归乡土，找回自己的民族艺术、音乐和民间传说。穆希更丰富了这个运动，称之为"农村社会学"，也为其添加了一股政治动力：农民要一致努力，共同创造出未来的社会图像，也就是一个整体，一个集体村落。

在穆希还只是19岁的少女时，她就创办了一本杂志，大半的文章都是自己撰写的，影响所及遍布多瑙河盆地，直至巴尔干半岛，特别是在古匈牙利的非马扎尔人地带，例如克罗地亚。这个民族运动更引发了"绿色前线"运动，也就是提倡农业合作和民主的运动，在第一次世界大战前后的罗马尼亚、保加利亚和南斯拉夫，这是蔚为强大的政治力量。为世人所知的铁托㊀就是克罗地亚的农村社会学者，在第一次世界大战前是穆希·波拉尼的信徒，那时的他不叫铁托，原名为布洛尤维奇（Josip Brozovitch）。而南斯拉夫特有的乡村自治区和自治垦殖区等概念是不属于马克思主义的。斯大林说铁托是个不信奉马克思主义的"异教徒"。这话很对，因为铁托的概念就是源自穆希在1900年提出的"农村社会学"。

穆希投入社会运动只有短短几年，然而她留下的小册子、杂志、文章和演说却是20世纪最有趣的社会实验，也是以色列集体居民组织"基布兹"㊁得以诞生的原因之一。在穆希的朋友和信徒中，德国社会学和经济学家奥本海默也在其中。奥本海默一开始是个浪漫的社会主义者，追随拉萨尔㊂，而非马克思，后来才转向经济学和社会学的研究。他在1900年左右，积极参与犹

㊀ 铁托（Marshal Tito，1892—1980）：南斯拉夫总统、南斯拉夫共产主义者联盟主席，曾领导游击队抵抗法西斯侵略者，解放后任联邦政府总理，在国际上倡导不结盟运动。

㊁ 基布兹（kibbutz）：又称集体农庄，希伯来语是Qibbtz，一般从事农业，但也从事工业活动。所有财富皆归公有，收益用于成员的食、衣、住、社会服务和医疗服务，所余再投资于居留地。成人有私人住宅，儿童则集体住在一起。1948年以色列成立以来，各居民组织的人身和财产趋向私有。20世纪末以色列约有200个以上的基布兹，总人口约10万人。其民主和人人平等的特色，对以色列早期社会有重大影响。

㊂ 拉萨尔（Ferdinand Lassalle，1928—1864）：德国社会主义的主要发言人、马克思的门徒、德国工人运动的创始者之一。

太复国运动○,并成为赫茨尔○最亲密的伙伴。赫茨尔设计犹太人在圣地的第一个群落,亦即以色列第一个集体居民组织时,就向奥本海默请教。然而他们创设集体农场的蓝图——那如田园诗的农民共同社区——其高度的文化和简朴的生活,就是按照穆希·波拉尼的理想策划的。

穆希的寿命很长,20世纪60年代末期逝于纽约。她一直是个美人,其实波拉尼一家人的相貌都很出色。可惜,她提早60年放弃了自己的才华——1905年左右,她刚在社会运动方面展现过人的实力时,就嫁为人妇,专注于养儿育女,对其他的一切都不感兴趣。婚后,她再也没有写过一个字。

波拉尼家中最小的是迈克尔,是1891年才出生的孩子,因此比老大奥托和老二阿道夫几乎小了20岁。然而,他却是波拉尼家最出名的一个,至少好些人听过他的名字。不到30岁,迈克尔这个年轻的科学家就在柏林当爱因斯坦的助手。在20世纪20年代,他还一度是诺贝尔奖的候选人,问题只是该算化学奖,还是物理奖。希特勒入侵时,他跑到英国,在曼彻斯特担任化学教授。然而,在第二次世界大战期间,他却改变了研究领域,转向哲学发展。一开始,他像其他所有的家人,关心社会和社会化的过程,试着在科学中找答案。但是,他很快就放弃了,并成为怀抱人道主义的哲学家,反对实证主义、传统自由派的理性主义。对迈克尔·波拉尼而言,人都是孤立的个体,而个人是基于价值和伦理,而非逻辑和理智。他的作品,最为人知的就是《超越虚无》(*Beyond Nihilism*),迈克尔在其中提出他关心的议题,并提出答案。迈克尔·波拉尼可谓现代的斯多噶派

○ 犹太复国运动(Zionist):一种在巴勒斯坦重建犹太国家的主张。
○ 赫茨尔(Theodor Herzl,1860—1904):犹太复国运动的创始人。他认为,如果要对付排犹主义,只有让犹太人组织起来进行反抗,并有组织地移居到自己的国家。

学者。

卡尔是波拉尼家的老四,排行在穆希之后,迈克尔之前。他们一家,除了奥托外,我都认识,但只有卡尔和我成为密友。

就像穆希,卡尔从小就崭露过人的天赋,也和穆希一样,他的才华在早年就已燃烧殆尽;和穆希不同的是,他在几近60岁的时候,还打算重来,而进入另一个充满创造力的时期。

他在20岁前,曾在布达佩斯攻读法律,和富有的匈牙利贵族卡罗依伯爵(Michael Karolyi)结交。卡罗依伯爵后来创立匈牙利自由党,不久就成为该党党报的主笔和编辑。然而这个自由党却完全不为国人接受,正因在所有匈牙利政党中,只有这个党反对压迫非匈牙利人,并主张人人平等,不管是斯洛伐克人、克罗地西亚人或罗马尼亚人都可平起平坐,却使匈牙利人在自己的王国内成为少数。当时,加入自由党的,几乎都是罪犯。尽管卡罗依声名显著,而且极为富有,也不得不流亡国外。然而卡尔·波拉尼却是匈牙利最受欢迎的演说家,不到25岁就当选国会议员。他在第一次世界大战期间从军,担任军官,结果身受重伤。在医院接受治疗时,他遇见一个非常年轻的护士,并坠入情网,于是娶她为妻。她就是出身于古老士绅家庭的伊洛娜,父亲曾为铁路局局长。那铁路本来是卡尔的父亲老波拉尼的,因为破产而被匈牙利政府接收。伊洛娜和卡尔结婚时才17岁,但已是个老练的政治家,曾因反战活动被捕,也是当时地下共产党组织的领袖。

在他们刚结婚时,卡尔的伤势还未完全复原,匈牙利就宣告战败。卡罗依伯爵此时已流亡归来,出任匈牙利的行政院长,并延揽卡尔入阁,请他担任司法部长。6个月后,共产党人推翻了卡罗依,卡尔于是逃亡到维也纳,成为难民。过了3个月,原本热衷于共产主义的伊洛娜脱离了该国共产党,并和老母及刚出世的女儿到维也纳去和卡尔相会。卡尔在《奥地利经济学家》谋得编辑一职，很快就晋升为副总编辑，而且是该期刊最好的作家。过了几年，我才遇见他。伊洛娜也开始研究物理，并把他们的女儿抚养长大。那时，卡尔已经40多岁了，收入颇为丰厚，对灿烂的过去似乎十分满意。我告诉父亲在编辑会议上遇到他的经过，父亲说："是的。我知道卡尔·波拉尼这个人。他过去的确很辉煌，但现在已光华不再，乏善可陈。"

然而，卡尔并没有一直待在《奥地利经济学家》以写政论终老一生。6年后，他失业了，一方面是由于景况不佳，一方面因为纳粹在德国掌权后，该杂志已经不得在德国发行了。还有一个因素则是奥地利本国右翼的兴起。于是他到了英国，在那儿他还有些贵格会的老朋友。接下来的几年，他一直没有稳定的工作，有时在工人教育联盟授课，有时帮一些不知名的小杂志写文章，赚个几文钱。此外，由于他那些贵格会老友的大力支援，他才得以独自到美国做几场演说，然而待遇却是寒酸之极。

就在这几年，我开始有机会常常见到他，并和他结识。我在卡尔之前搬到英国，不久就养成在星期天早上一同散步的习惯。就在1937年，我和妻移居美国后，每回他到美国，必定前来探访。

卡尔在那几年受了不少苦。我在1927年圣诞的编辑会议和他初相见时，就已了解他当时说的并非如同事所言，只是"臆测"，而是分析得来的。他有一种神秘的直觉，能洞察先机。但在离开维也纳、漂泊不定的那几年，他真是开始"臆测"，一展过人的想象力。尽管他已有不少政治经验，还是天真地以为执政者是纯熟、机灵且深谋远虑的政治家，并怀疑处处都有阴谋和策划已久的反动计划。他从前是解读新闻，现在则是编造新闻。

记得有一回，大约是1938年的3月1日，我们在纽约长谈。他刚从英国来美，而我正打算前往英国。我告诉他，想到希特勒即将入侵奥地利，实在忧心如焚。他告诉我："彼得，你现在用不着担心。"我很惊讶他这么说，因为希特勒已经公然威胁奥地利,他的大军也开始集结在奥地利边境了。"没错,"卡尔答道,"假如他对着奥地利大吼大叫,一定不会入侵的。最危险的国家就是希特勒没有恐吓到的。我想,他一定会向瑞士进军。"10天后,我在大西洋驶向英国的轮船上时,希特勒已经进攻奥地利了。

两年后,在1940年的春天,"舆论战"进行的那几个月,卡尔把伊洛娜留在英国,独自到美国来做几场演说,希望大家相信,不会再有战争了。他说:"再清楚不过的是,希特勒、俄国、英国、法国和日本已经达成秘密协议,计划攻击中国,进行瓜分。欧洲的战争只是个幌子。"

在那几年中,每当我听到卡尔谈论政治,总想起拿破仑麾下的首席外交官塔列朗(Talleyrand)的老故事——有个同事的噩耗传到他耳朵里时,他说:"他是什么意思?"我想,卡尔似乎是聪明反被聪明误。但这样评论他,或许并不公平,他可能只是走在时代之前而已。在卡尔死后,如水门事件的政治现实,最后证明和他的想象颇为类似。

不管怎么说,他还是相当杰出而富有新意的人,亲切、慷慨,不时面带点亮冬夜的微笑,并拥有一种内在的清明——环境愈是险恶,愈能显示出他的不乱。在1940年的6月,闪电战开始,舆论战结束,卡尔暂时回不得英国,我和妻子都很高兴他能在我们租来的北佛蒙特避暑小屋住几周。当时,我们第一个孩子凯瑟琳还不到两岁,不但不怕生,还跟他很亲。那个夏天,每晚我们都在收音机旁,听那些可怕的新闻——法国倒下了,敦刻尔克失守,以及不列颠的战役。之后,卡尔几乎不能成眠,总是整个晚上不断沉思,一副心事重重的样子。第二天一早,他一听到凯瑟琳在婴儿床里翻动的声音,马上走到她的房间,告诉她所有的想法,问她问题,好像要在她身上试验自己的理论一样。当然,宝宝不懂他说的任何一个字。特别是他说起话来快得像机关枪,又像是诵经的声调,正如多年前他念着那些中国人的名字。然而,凯瑟琳完全被他迷住了。

那几个星期，尽管梦魇一般，对我来说，倒是颇为"多产"的一段时期，对卡尔来说，也是个转折点。一年半以前，也就是在1939年的春天，我出版了第一本重要的著作《经济人的末日》，试着分析纳粹主义之根，并论及欧洲自由主义和人道传统的式微。

事实上，多年来我一直在构思一本书，从希特勒1933年在德国掌权时起，我就开始思索，想写一本探讨未来而非过去的书，讨论以后政治与社会整合的问题，并假定希特勒终将被击溃。到了1940年，我才开始动笔，两年后，终于出版了，书名为《工业人的未来》（The Future of Industrial Man）。一开始是以社会迈向组织型的社会（也就是现在所谓的"后工业社会"）为讨论的焦点，以及有关这组织型社会的情况、功能、公民的权利与义务以及组织管理的种种问题；这些都是二战后世界将要面对的主要课题。《工业人的未来》提出的要点，现在看来几乎是稀松平常，但却是第一本处理这样主题的书，书中论及：企业体或任何组织，就是一个经济有机体，可说是社会组织，是一个集体，也是个社会。我对机构管理的兴趣，也从这本书起奠定基础，使我开始注意管理的问题。也因为这本书，几年后通用汽车公司请我分析其高层组织结构和公司政策。我的第一本"管理专书"——《公司的概念》（Concept of the Corporation）也因此而诞生［英国版书名为《大企业》（Big Business）］，成书时间约在第二次世界大战的最后几个月，出版则是在1946年。之后，我的写作方向大抵是以社会、政治和管理为主。

在佛蒙特的那个夏天，我正埋首于《工业人的未来》一书的草稿，并准备拿卡尔来试试我的理念。他和平常一样感兴趣，给我许多鼓励，也很热忱，却不认同我所谓的"保守的写作态度"。这使得他必须把自己的想法澄清一下。很快地，卡尔自己和我终于明白，在卡尔的脑中也有一部巨著正在酝酿之中，虽然仍片片断断、杂乱无章，而且没有焦点，但已有了雏形，只要他有时间和财力支援，一两年之内成书应该不成问题。

　　这时，卡尔恰巧受到命运之神的眷顾。有一次，卡尔启程到中西部去演讲，我刚回纽约，一家在南佛蒙特的学院的校长打电话来。他们虽只是一家小型女子学院，但素质很高。他问我可否在冬季和春季莅临本宁顿学院讲学一周，我欣然同意。接着校长又说，他们需要一位政治学和经济学方面的学者，问我有没有适当的人选推荐给他们。洛克菲勒基金会同意给他们一笔补助金，条件是这个学者必须提交一本经济史或社会史方面的著作。当然，我说，我已经想到了最好的人选。于是，卡尔·波拉尼在 1941 年初到了本宁顿学院，伊洛娜也去了，虽然她没有正式的文凭，该校还是聘她教授物理。

　　一年后，1942 年夏天，我也搬到本宁顿，正式在那儿任教，《工业人的未来》也定稿了。卡尔那时才开始动笔写书，需要一个听众听他阐述理念，并提供意见。在 1942 年年底至 1943 年战事仍在进行。年初，因为石油缺乏，本宁顿学院被迫停课 3 个月。我的书刚好完成，下一本也还没有开始，所以有不少时间。一星期总有两三次，我和女儿凯瑟琳踩着积雪走到波拉尼家的小屋，看看他的书——《大转型》（*The Great Transformation*）写得如何了。凯瑟琳已经四岁多，如同当年，臣服在卡尔的魔力之下。后来，这本书成了他唯一完成的书。

　　在《大转型》一书中，卡尔试图重写工业革命的历史。他论道，使英国社会和经济产生变革的原因，不是机器或是先前世界贸易突然蓬勃，也非由于"农业革命"产生的过剩资本，而是由于市场系统的延伸、超越货品贸易和资本交易的"供需法则"，加上其他两项"生产的主因"，也就是土地与劳力，特别是后者，亦即就业以及人民的生计。这实在是前所未有的主题，直到今天仍有不少争议。

　　然而，对卡尔而言，经济史只是一种工具，一则用来替代资本主义和共产主义，一则寻找能提供经济发展、安定、自由和平等的社会。他认为，《大转型》一书最重要的部分就是他发展出的经济和社会融合的理论模式。他的目的是要说明，市场并非唯一可能的经济体系，也未必是最先进的一种，此外，还有另一个选择，和经济、社群互相调和，并使经济成长和个人自由并行而不悖。

卡尔论述道，一个健全的社会一定得利用市场来交易货品、分配资金，但是绝不可用市场来分配土地或劳力。不管就互惠还是就重新分配而言，应运用的是社会和政治原则，而非根据经济法则。事实上，《大转型》中提到：一个好的社会一定要把市场放在外边。在整合国外的、长距离的贸易方面，市场的确是一个正确的原则，但是社会内的社群和其间的人际关系必须提防市场的破坏力。不管卡尔所重写的现代史是否为人接受（社会学家大抵觉得可以，经济学家却难以接受），自从年轻的马克思提出生计（经济）和生存（社群）之间关系的问题以来，卡尔是少数以新颖和创新的方法来讨论这个问题的，如果我们探讨经济学的结构理论，可发现这个我们仍迫切需要的理论，正利用卡尔·波拉尼指出的经济整合的社会原则，也就是重新分配、互惠和市场交易。这些分类就是《大转型》一书最大的贡献，然而在当时却只有少数几个人注意到。

不过这本书的问世，还是引起了一股风潮，使卡尔在20世纪40年代末期得以在纽约哥伦比亚大学教授经济史。那时，卡尔已经60多岁了，但是精力仍然不减当年。在哥伦比亚大学的8年间，他主导了一项庞大的研究计划，也就是古经济史的研究，从美索不达米亚（Mesopotamia）到阿兹特克㊀，从达荷美㊁的黑人王国远溯至荷马与亚里士多德的希腊。他大大地改变

㊀ 阿兹特克（Aztecs）：又译阿兹台克，15世纪和16世纪初曾在今墨西哥中南部建立一帝国。
㊁ 达荷美（Dahomey）：又称丰人（Fon），居住在贝宁（1975年以前称达荷美）南部地区。到了20世纪70年代，人口约有85万，以农业为传统经济。

了我们对早期经济史和远古经济制度的了解。不管是在文化人类学还是经济的史前史方面，卡尔·波拉尼都是一个重要的名字。

但是，卡尔自己却陷入极度的沮丧。对他而言，不管是史前史还是文化人类学仍次于他所追求的"另一个选择"，也就是寻找一个超越资本主义和共产主义的健全社会。他真正想在经济史里找到的是一把未来之钥。然而，他所发现的，却只是一个愈来愈神秘难解的过去。他越深入史前史，研究原始经济，深究古典和古典前的遗产，那个美好的、"非市场"的社会，就越遥不可及。卡尔的才智不仅止于看出达荷美的黑人王国就是哈利①以半小说文体写成的《根》（*Roots*）一书中呈现的人间乐园，更为哈利先祖的达荷美深深吸引。他们建立了一个基于互惠和重新分配的安定社会和健全经济；市场贸易仅限于进出口，和内在经济严格分离。

然而，他接着发现的，却让他震慑不已——原来这种安定正是基于奴隶的贩卖与交易。事实上，他偶然发现的这一点，在几个世纪前就已经为人所知了。原本爱好自由和和谐的黑色种族社会，之所以有奴隶的贩卖和掠夺等事情，都是由邪恶的外来者（例如东方的阿拉伯人和西方的白人）用强力造成的——这一点实在是个错误。引进奴隶的正是黑人国王与首领自己，他们组织、训练这些奴隶，并支持掠夺奴隶的行动。他们之所以这么做，一方面是为了削弱非自己种族或王国的敌人，或毁灭他们，另一方面是想获得枪支等交易货品以统治自己的臣民，但是最主要的原因，还是为了维系这个基于互惠和重新分配的社群的内在安定。

卡尔研究 16、17 世纪的西非到古典希腊，也就是柏拉图和亚里士多德的希腊时，又受到同样的震撼——正是奴隶制度和有组织的奴隶掠夺，让这

---

① 哈利（Alex Haley，1921—1992）：美国作家，描写黑人的奋斗，使所有的人以自己的传统自豪。第一部重要著作为《马尔科姆·X 自传》（1965），最成功的作品是《根：一个美国家庭的历史》（1976）。

些奴隶对抗自己的种族、自己的语言以及自己的血肉，因此希腊城邦，特别是雅典才能得到经济发展和自由，建立一个基于互惠和重新分配而非市场的经济体制，并制定社群内的关系，把劳力放在市场的体制之外。

19世纪曼彻斯特学派⊖中主张"放任政策"（laissez-faire）的自由派宣称——市场是农奴制度外唯一的选择。波拉尼这一家，从父亲开始，若有共同的信念，那就是一致认为这是个错误。事实上，曼彻斯特自由派秉持的市场信条，可说是波拉尼家的宿敌。波拉尼这一家无不汲汲于寻求另一个选择，不管是奥托早期的法西斯主义、阿道夫那浪漫的巴西、穆希的《农村社会学》、迈克尔的自律及主张没有欲念的个人，乃至于卡尔的"经济整合的社会原则"皆是。但是卡尔对于史前史、原始经济学和古典遗产钻研越深，就得到越多的证据，证明李嘉图和边沁⊖的市场信条是可憎可鄙的，和卡尔同时代的令人敬畏的米瑟斯（Ludwig von Mises）及奥地利学派的哈耶克（Frederick Hayek）也好不到哪里。于是，卡尔退缩到注解的世界，越来越深入人类学以及纯学术的钻研。

就在那几年，每个月我至少都会去看卡尔一次。他住在哥伦比亚大学的教职员宿舍——一栋年久失修的小公寓，房间阴森森的，从地板到天花板都堆满了书本、手册、文章和信件。窗户紧闭，暖气一直开着，然而卡尔还是觉得冷，因此用一层又一层破破烂烂的毛衣把自己裹起来。从外表看来，他似乎一点儿也没变，笑声还是低沉而充满爆发力，也和往常一样开朗、口若悬河。每次见到我，他总是急于一吐心中关切的研究，连询问我的工作和家人等开场白都省了。他依然喜欢高声念着奇特的名字，几年前从他口中倾泻而出的是中国人的名字和未来，慢慢地变成在小亚细亚挖掘出的铜器时代遗

⊖ 曼彻斯特学派（Manchester School）：19世纪英国部分产业资本家及知识分子组成的派别，以 Richard Cobden 和 John Bright 为代表，主张自由贸易和自由放任主义。
⊖ 边沁（Jeremy Bentham，1748—1832）：英国功利主义哲学家、经济学家和法学家，对19世纪思想改革有显著影响。

址，或是 5000 年前苏美尔人楔形文字所记录的地方官衙。

他还是喜欢预测新闻背后的"真相"，聪敏和思绪的错综复杂，一如往昔。然而，在政治方面，他现在感兴趣的，并非世界强权之争，而是哥伦比亚大学教授之间深层的权力斗争与权谋。他还是常常谈到寻找"另一个选择"，以及人类自由和经济发展如何取得和谐。每一次，在原始文化或古文化进行新的研究计划时，他还是期待能从中找到心目中那"另一个选择"。然后，差不多有几个星期，他又充满青春的活力与热忱。但接着又转向古物研究、细枝末节、文本批评和版本修订等"学究"工作。以前，他可能过于大而化之，但是慢慢地他变得只会追逐注脚。偶尔灵光乍现，这个步入晚年的卡尔·波拉尼——也许该说是青春的卡尔重现了吧——才有惊人之语。20世纪 50 年代中期，我们在纽约最后一次见面时，他说："原先，我希望现代中国产生另一个孔子。但是现在看来，却没有可能了。"

卡尔 70 岁时，也就是在 1956 年，从哥伦比亚大学退休。之后，和伊洛娜搬到多伦多，8 年后撒手人寰。他们的独生女嫁给加拿大人。晚年的他，还算快乐，至少可说相当满足。他继续进行研究，例如近东地区的古文明和中国的汉朝，但著作却越来越少，即使后来有一点，也是死后由朋友和学生帮他整理出版的。到他几近 80 岁离开人世时，他已把 20 年前在《大转型》一书中做的承诺忘得一干二净了。

每次，有人听我说起波拉尼家的事，总会说："你何不以他们的生平写一本书？"这一家人的确是相当独特，无疑地，是我所见最特别，也是最富才华的一家人。然而，重要的并不是他们的生平事迹，而是他们的理想和挫败。他们家每一个人都极有成就，却没有达成理想。他们都相信经由社会得到的救赎，最后却放弃了社会，而深深失望。

波拉尼这一家，尽管天赋过人，却只是些有趣的小角色。重要的是，他们的挫败象征着近200年来，自从法国大革命以来［即使不是从更早100年的霍布斯（Hobbes）和洛克（Locke）算起］，西方人追寻的落空，亦即追寻一种完美的"公民宗教"，或是追寻一个十全十美的或者完善的社会，却不得其果。

我则愿意以一个充裕、能让人忍受且自由的社会取而代之，也就是我在《工业人的未来》一书中提到的。卡尔从前批评这是一种懦弱的妥协，而嗤之以鼻。然而，这么一个社会也许是我们所能希冀的最好的一个。我们可以借着付出一点代价，亦即借由市场的分裂、分隔和疏离来维系自由。为了个人、冲突、冒险以及走向多元化等代价也是我们可以付出的。在这样一个社会中，或许我们可以小恶而不以大善为主要的考虑。这可能指社会以及人间善恶诸神已成为次要，社会组织也不再重要，正如"完美的宗教"在日渐凋零的社会时代里一样，已不再引起争议。

在"完美的社会"这种观念仍主宰一切的今天，要追寻这种社会，可能会使我们的世界陷于无法容忍，完全失去自由，或是引发自我毁灭的战争——这些听来可能还很遥远。鉴往知来，在16世纪末期与17世纪初，整个世代最杰出的思想家无法在天主教和新教间找到合成的可能性，他们的失败预示了50年后"完美的宗教时代"的结束。因此，波拉尼这一门英杰寻觅的超越资本主义和共产主义的另一个选择，最后遭到失败，也许就是预示了"完美的社会时代"（the Age of the Infallible Society）的结束。

CHAPTER 7 | 第 7 章

基辛格的再造恩人

在 1928 年到 1929 年间,欧洲历经了百年以来最严酷而漫长的冬天。所有的主要河川——莱茵河、多瑙河、易北河、隆河等,及其支流都冰冻三尺,直至 3 月末才开始融化。春天终于来临时,简直又是一场大难——原本随着和暖的 4 月而来的是怒放的百花,当年放眼望去却是一片雨雹和湿雪。雨雪融化后许久,湍急泛滥的溪流上,还有一块块的浮冰。

就在那年 4 月初的某一天,寒风刺骨并夹杂着暴雨,我发现流经法兰克福的美因河浮冰上有一叶独木舟。上有一人,脸色死白,几乎全身赤裸,除了一条极其"迷你"的泳裤和用黑色带子系着的单眼镜。这条小舟的船尾升起一面狭长的小旗,那是昔日德国皇家海军的标志。

桥上路人,原本行色匆匆,急着躲避刺骨的风寒,这时都驻足观看。有些人做出粗鄙的手势,伸出食指碰触额头——在德国这是表示"疯子"的意思。有个路人大叫:"他又来了。"我不禁转头问这路人,独木舟上的狂人是谁。

"一个法律系学生,名叫克雷默。虽然像个疯子,倒没什么可怕的。"

就在当晚,我遇见了这位弗里茨·克雷默(Fritz Kraemer)。我们都是参加国际法律研讨会的学生,在场的还有其他几个学生。因为教授告病,所以这场在教授家举行的研讨会一直延到 4 月。

克雷默这个人即使衣冠笔挺,还是十分怪异。首先是他的单眼镜——第一次世界大战前的德国容克军官⊖才戴单眼镜,之后几乎没有人戴这玩意儿。事实上,直到今天我还是不知道克雷默在哪儿弄来这种眼镜。由于好奇,我一直在找卖这种镜片的眼镜商,却未曾如愿。他一身上下其他的穿着打扮都和那单眼镜一样怪异,都是很早以前的东西。我们大都标准的学生装扮,亦即宽松的长裤加上花呢夹克,克雷默则是一身正式骑装:白袜子、格子背心、绒面呢外套、剪裁得宜的马裤,以及光可鉴人的及膝黑色马靴。这种打扮实在是做作,但是他穿起来的确好看。

如果你以为克雷默是讲究衣着的纨绔子弟的话,一听他那高亢、带着鼻音又有些慵懒的声音发出的高见,就会改变对他的观感。我们大家,包括教授在内,都知道眼前是位大师。克雷默不但天资过人而且见识广博。我和克雷默才 20 岁出头,参加研讨会的不乏聪颖而见多识广的前辈,但年纪轻轻的克雷默却能把政治史、国际法和国际政治整合成一套政治哲学。他这个人又彬彬有礼、极其谦虚,且有着完全而无可妥协的自制力。

他身高中等,但却十分消瘦,在独木舟上划着桨时,肋骨甚为明显。他看来是个典型的德国人,头部狭长,五官分明。但是,这些特质在他身上又特别突出,到了几近夸张的地步:鼻子高挺、硕大,呈三角形,像一张帆船突出于脸部;颧骨很高,下巴尖尖,还有一双锐利的灰蓝色眼睛,看起来,就像是灰狗和狼交配出来的品种。但是,有时他的容貌却极像普鲁士的

⊖ 容克:普鲁士和德意志东部的地主阶级、德意志帝国(1871—1918)及魏玛共和时期强大的政治势力。在政治方面,容克持极端保守主义。

腓特烈大帝（Prussian King Frederick the Great）——18世纪中期，把穷乡僻壤的布兰登堡·普鲁士（Brandenburg-Prussia）变成强权国家的英雄人物，也使柏林这个被"上帝"遗忘、多沼泽的渔村一跃而成欧洲启蒙时代的都会。腓特烈大帝有个绰号，是为"老腓"，因此我们都在克雷默的背后叫他"小腓"。

克雷默是很平常的德国姓氏，和贵族一点关联都没有，原指"沿街叫卖的小贩"。从小腓的背景，我们无从得知他佩戴单眼镜、穿马靴或是声调有点儿慵懒的原因，那些都是1900年左右普鲁士军官的特色。他的母亲是鲁尔区一位化学品制造商的独生女。她和小腓一样聪颖过人，但在20世纪初，年纪轻轻的她固执、独立，而且想象力特别发达，必定是个令人头痛的"问题少女"。此外，她既不具备优雅的女性美，也没有一副我见犹怜的样子，而且不够柔顺，因此也不算是"美少女"。她个子比儿子还高，而且骨瘦如柴，神似少女时期的埃莉诺·罗斯福（Eleanor Roosevelt）。家财万贯的她，轻而易举地找到了丈夫——一个出身中下阶级一贫如洗的小律师，但这人野心可不小。

显然，这桩婚姻打从一开始就是场灾难。家中第二个孩子，也就是小腓的弟弟威廉（日后成为爱丁堡的外科医师）出世后，克雷默夫妇就分居了，孩子都归克雷默太太。老克雷默由于妻子的财务支援，做得有声有色。到我认识小腓的时候，他父亲已是法律界的"大腕"，为杜赛尔多夫的主任检察官，辖区包括整个莱茵地域。老克雷默明白，像他这么一个出身卑微、父亲开小店的平民，要以自由派的身份在魏玛共和立足，恐怕很难，于是就决心变成极端的国家主义者，和新兴的纳粹往来密切。

后来，小腓的母亲在离法兰克福不远的山间村落，为有学习障碍的孩子创办了一所学校，也给这些孩子一个家。她或许不涉政治，却有自己的价值观和品位。她对丈夫那群纳粹朋友嫌恶至极，小腓则更胜于母亲，简直无法容忍那些纳粹的存在，公开指责父亲为了飞黄腾达而成为一个没有原则的人。之后，父子两人渐行渐远。对克雷默而言，极端的国家主义和纳粹无异于垃圾，是一群见不得别人好的普罗暴民，又有自卑情结，却把国家主义叫得震天响，并以伪保守主义的修辞来掩饰他们的极端激进与无法无天，简直可鄙之至。克雷默则以一个真正的保守主义者自居，主张前俾斯麦的普鲁士君主政体，信奉路德教派，并力行斯巴达式的纪律。

在魏玛共和的德国年轻人中，主张普鲁士君主政体者，可说是绝无仅有。即使有对君主政体恋恋不舍的，也总是属于老一辈的。但是克雷默和俾斯麦一样，认为德国需要一个具有"父亲"形象的人来带领，除非他们有一个正统、合法的国王，否则将沦为独裁者的牺牲品。

然而，克雷默对皇帝（Kaiser）并不抱着幻想。他很清楚这位皇帝不但反复无常、爱慕虚荣，而且缺乏判断力，但他是正统的领导人，所以克雷默尊他为合法的元首。虽然这位皇帝——威廉二世已流亡至荷兰，垂垂老矣，但克雷默每年都会拍电报为他祝寿。

就克雷默心中的普鲁士而言，或许比佩戴单眼镜或穿马靴上法学院的行径更不合时宜。假若克雷默的普鲁士曾经存在过，不是在1848年以前逝去，就是随着俾斯麦以及1871年德意志帝国的成立而告终。他心目中的普鲁士是由一些小扈从组成的［"容克"（Junker）原指年轻人，也就是骑士的扈从］——他们只有几亩多沙不毛的土地，必须从事地方公职或是加入步兵团，才能从节衣缩食的政府那儿得到一点补给。这个阶级的女英雄就是普鲁士皇后。据说，在拿破仑战争①期间，她亲手修改舞会的衣裳，好再穿一季。这个普鲁士以纪律和恪守法律为傲，从皇帝到贩夫走卒一律奉行不辍。他们的教育程度不高，更别提文化修养，但是非常虔诚，严守狭隘却不失感性的

---

① 拿破仑战争：指1799年至1815年法国在拿破仑一世率领下，与英国、普鲁士、俄国、奥地利之间进行的一系列战争。

路德教规。这样的普鲁士是个军事国家，但却宣扬教理，也力行职业军人的美德：诚实、谦虚、自制，而且忠诚。

不管这普鲁士，也就是克雷默心目中的理想国，有何优点和限制，在克雷默出生前50年已渐渐消失在金钱和权力之中，剩余的部分，又遭俾斯麦无情地腐蚀、破坏和毒害。自制、严谨，视贫穷为美德，以军人戒律为最高成就的容克，已为好大喜功的贵族取代。俾斯麦最后成为大公，集富贵荣华、高功厚禄于一身，大银行家和企业大亨更是馈赠无数。从此，古普鲁士的风采仅存于教科书上的修辞描述。

因此，古普鲁士与其说是个"领土"，倒不如称之为"理念"，正如腓特烈大帝所述："经由军队呈现的理念。"几乎所有"伟大的普鲁士人"，直至19世纪中叶，都是在理念的感召下，从普鲁士以外的国度而来。以毛奇⊖为例，他建立了普鲁士军队，在1866年首度击败奥地利人，接着又在1870年到1871年间打败法国，使德国得以统一。其实，他的出身和血统都是源于丹麦。抱着普鲁士理念的政治哲学家斯塔尔（Friedrich Julius Stahl，恰好在俾斯麦掌权前去世，约在19世纪50年代），则是在巴伐利亚首府慕尼黑出生的犹太人。克雷默这个生于莱茵地域的非普鲁士人，也是因服膺古普鲁士的理念，而跟随这个古老的传统。事实上，他很清楚自己在做什么：他知道古普鲁士已亡，但复兴古普鲁士却是拯救德国和整个欧洲的唯一之道。不然，由于"丑陋的德国人"之高傲自大和贪婪，或是"善良的德国人"之昏庸无能，德国也好，欧洲也好，都会走向毁灭。

在俾斯麦塑造的德国之下，那些"丑陋的德国人"不是傲慢，就是奴颜婢膝、贪得无厌，而且蛮横、专制、好侵略，恃强凌弱。最佳写照该是福斯

⊖ 毛奇（Helmuth von Moltke，1800—1891）：普鲁士和德意志帝国总参谋长，出身于丹麦哥本哈根皇家士官学校，1822年转到普鲁士军队服役，后因战功被封为伯爵，再晋升为元帅，普法战争后任总参谋长。聪明过人，沉默寡言，精通七国语言，除军事上的成就，还被认为是19世纪德国散文大师。

特（E. M. Forster）小说《绿苑春浓》①中提到的德国表兄妹。我认为那是福斯特的小说中最伟大的一部，也是 20 世纪最细致的英国散文作品。《绿苑春浓》可以当作一则有关英国阶级系统的寓言。在这部小说中可见，维系欧洲社会的礼仪已经开始瓦解了。那对德国表兄妹虽未在《绿苑春浓》中登场，但是他们的丑陋、骄慢，以及目中无人的优越感却是笼罩全书的阴影。《绿苑春浓》是在 1912 年问世的，几年后，"丑陋的德国人"果然成了发动第一次世界大战的"蛮人"。

但是，德国人不尽是如此，也有"善良的德国人"，也就是有点儿伤感的"自由主义者"，他们喜爱音乐和啤酒，非常和善，也是典型人物，每一个时代都可得见其真实身影——勃兰特②就是一例。把他们刻画得最为逼真的是英国作品，也就是凯恩斯论梅尔希奥（Dr. Melchior）那篇大作。梅尔希奥是个出身犹太的银行家，非常爱国，可谓真正的欧洲人，在希特勒上台后，自杀身亡。

克雷默憎恨"丑陋的德国人"，尊敬"善良的德国人"，但是他不相信自己能打败"丑陋的德国人"，他认为"善良的德国人"正因主张自由主义，感伤而过于和善，因此缺乏抵挡恶势力的政治力量，也没有复杂巧妙的政治手腕来弄权。我和他针对这一点进行辩论的时候，他说俾斯麦就是利用"善良的德国人"，也就是他那个时代自由主义者的规矩和天真，加以颠覆、压服，最后进行对德国自由主义的破坏。我不得不承认他是对的。当然，在我们进行辩论的那几年，魏玛共和又教了我们一课。

所以，克雷默的结论就是，只有"第三种德国人"（third German）能教我们自制并获得政治的主控权；只有"第三种德国人"不但能获得权力，也

---

① 《绿苑春浓》(*Howard's End*)：另一译名为《此情可问天》。
② 勃兰特（Willy Brandt，1913—1992）：联邦德国社会民主党领袖、总理，坚决支持欧洲联合，努力改善东西方关系，获 1971 年诺贝尔和平奖，1974 年因其私人助理被揭露为间谍，被迫辞职。

能善加运用。这"第三种德国人"反对在纳粹标志下急速窜起的丑恶与野蛮，也反对那好心、规矩却柔弱、胆怯的"善良的德国人"所持之自由主义——这"第三种德国人"就是理想的古普鲁士人：贫穷而知足，骄傲而敬天，穿着制服、佩带武器，但服从正统、合法的权威，且在军官和绅士分际下，展现自制。因此，他所有的奇习怪癖——单眼镜、独木舟上挂着德国皇家海军战旗、白袜、马靴和马裤，都是明明白白的宣言！

多年后，在第二次世界大战期间，不知有多少次，我不厌其烦地解释为何克雷默不是纳粹分子，也不可能是纳粹，原因其实很简单，因他正是一个真正保守的人。那时，克雷默已加入美军和纳粹作战。美军情报单位却很难相信他。调查员一再地到我这儿来盘查，每次总是摇头离开。对美国人而言，特别是在那几年，只有两种传统的德国人，"自成一格的普鲁士保守人士"一定有问题。不管克雷默的观念和行为如何浪漫，我们都不可忽略这个事实：反纳粹最有力的，正是老派的、前俾斯麦的"保守人士"，或者是前俾斯麦的路德教友。在 1944 年 7 月，冒着一死刺杀希特勒的施陶芬贝格伯爵（Count Stauffenberg），以及前莱比锡市长格德勒（Dr. Goerdeler），都是"普鲁士保守人士"，领导教徒抵抗纳粹的尼默勒[一]也是，这位前潜水艇指挥官信奉的就是秉持古风的普鲁士路德教派，并主张君主政体。克雷默一开始就知道除非借由外力，否则难以阻止希特勒，于是离开德国。

克雷默本人并没有对我解释他的政治信念和哲学。我必须从偶尔得到的

[一] 尼默勒（Pastor Niemoeller，1892—1984）：德国基督教牧师、神学家、反纳粹人士。1931 年在柏林市郊高级住宅区达勒姆任牧师，两年后创建牧师应变联盟，反对纳粹干涉教会事务。

线索、参考资料，以及他告诉我拍给前德皇的生日贺电等去拼凑他的故事。但是，到了我们相当熟稔后，他就开始畅谈自己的理想。他说，他这一生真的只有两大抱负：一是成为军方参谋总长的政治顾问，二是做外交大臣的政治导师。于是我问："克雷默，为什么你自己不来做参谋总长或是外交大臣呢？"他则回答："不可能。我是个思想家，而非行动者。我不是属于聚光灯下的人物，此外，我这个人不做公众演说。"

我笑了，这就是典型的克雷默。这两大抱负中的任何一个都是天方夜谭。哪一个参谋顾问会来自战败解体的德国呢？即使有，像克雷默这么一个平民，想进参谋总部和想当教皇一样机会渺茫。至于外交大臣的政治导师，这个角色该是由伟大的外交家或是资深的政治人物来扮演，比方说梅特涅（Metternich）或迪斯累里○之流，而不是他——小胖·克雷默，一个来自法兰克福或杜赛尔多夫，原本想当德国地方法院法官的法律研习生。

小胖也知道他的抱负不可能有实现的一天。但是，他还是说："这就是我这一生想得到的，也是永远无法实现的梦想。"我深信，要是小胖知道他的心愿有实现的可能，或者真的成为事实，一定不会说出来。

然而，他真的做到了。

1933年希特勒掌权时，克雷默的学业刚好告一个段落，已取得国际法的博士学位，且完成了一半为期三年的法院实习生涯。一般而言，德国律师在考执照之前，必须先在法院服务。于是他跑到他母亲建校的小镇，跟随一名法官做书记；还是老样子，穿着马靴和骑装。克雷默当时新婚不久，新娘是个名叫布里塔的瑞典女孩，以前也参加过一两个学期的国际法研讨会。但

○ 迪斯累里（Disraeli，1804—1881）：英国政治家和小说家。两度任首相。任内极力推行帝国主义外交政策，第一个重大成就是解决苏伊士运河公司的股份问题。

是，就在纳粹明令驱逐所有的犹太法官和实习生时，他毫不犹豫地提出辞呈，立刻离开德国——他的荣誉心不许他与这么一个不名誉且没有法律规范的政体发生任何关联。于是，他到了意大利，抵达的那一刻，一句意大利语都不会，不出一年，他已经通过了意大利文的考试，使他在德国得到的博士学位生效，并以意大利文在罗马大学教授国际法。很快地，他的瑞典妻子也来和他会合。

第二年夏天，也就是 1934 年夏，克雷默在索瑞多湾度假时，划着独木舟，和往日一样，在船尾悬挂着前德国皇家海军的三角旗。纳粹有个海军武官正好也在那儿，却愚蠢到向意大利的外交部抗议，说克雷默此举是对纳粹海军的"侮辱"。当时的纳粹海军旗当然还是炫耀式地以纳粹标志为主题，日耳曼帝国的黑、白、红三色为背景。有人请克雷默拿下船尾的旗帜，他非但不从，反而到法院进行诉讼，声明根据国际法，他有权在位于领海的私人船头上悬挂私人旗帜。这个官司一直打到意大利最高法院，结果克雷默赢了！

在那几年，墨索里尼和希特勒可说是死对头。事实上，在 1934 年，希特勒首次试图在奥地利建立纳粹政府时，墨索里尼就曾威胁德国不得如此，结果希特勒果然作罢。克雷默的案子因此格外轰动，整个意大利都在窃笑纳粹这次的出丑。

然而，纳粹一点都不觉得这件事可笑。到了 1937 年或 1938 年，墨索里尼已成了希特勒的盟友。因此，克雷默的朋友都劝他尽快离开意大利，因为纳粹会要他的脑袋。那时，克雷默的太太刚产下一子，而克雷默的母亲依旧在德国管理她一手建立的学校。她不但大肆扩张，还收留一些父母受到纳粹政治迫害的学生，供他们吃住。那所学校因处于偏远的山区，纳粹也就不加理睬。因此他的母亲可以收留他的妻儿，直到他找到新的工作为止。于是，我帮克雷默取得美国护照，帮他在华盛顿美国大学取得教职，教授政治学。

小胖约在1939年春抵达美国。我催他快把太太和孩子接来，但是他想等几个月。到了他决定接他们来时，已是1939年9月，欧战爆发后，他的妻儿也就困在希特勒统治下的德国。

两年后，美国也参战了。就在珍珠港事件后的几天内，克雷默被征召入伍，成为一名二等兵。他第一次执行战斗任务，就表现非凡，从此平步青云。到了战争结束时，他已在巴顿将军麾下官拜上校或准将，协助该军团的参谋总长取下雷马根桥，首度越过莱茵地区。4天之后，克雷默来到了他母亲兴学的小镇，奇迹般地发现他的母亲和妻儿还在人世。他们不止一次遭到纳粹的胁迫、逮捕和盘问，但是最后都安然无恙。

然后，克雷默实现了第一个抱负。他解甲归田后，成为美军参谋总长的欧洲政治顾问。他的头衔不很起眼，只是"资深政策分析员"而已。而一名"政策分析员"是不会被送到美国的军事学院深造的，那是将官以上的待遇。但是，克雷默却得以进入军事学院，后来还在那儿任教。

他在五角大楼的办公室很小，就像他待过的每一间办公室，从地板到天花板都堆满了各种语言写的书本、杂志和报纸等。这间办公室是参谋总长办公厅的一部分，有一个密门直通参谋总长的房间。在肯尼迪执政的前几年，我曾去过那儿。在那两小时中，参谋总长至少有七八次，把头探进克雷默的办公室，说道："克雷默博士，可以帮我一点忙吗？"最后，这个小胖终于被叫进去和众将军开保密会议。在他去开会前，我半打趣地问他说："你仍旧想做顾问，还是指挥官？""德鲁克先生啊，"他严肃地说，"您应该最清楚了，没有比策略的制定更为重要的了。"

那天晚上，克雷默邀我到他家共进晚餐。他在结束五角大楼的会议后，到我下榻的饭店来接我。他开着白色奔驰，车上插着一面十三州的旗帜（当年华盛顿在独立战争中的特灵顿一役陷入苦战时，就是打着这面旗子），还是戴着单眼镜，穿着剪裁优美的马裤和光可鉴人的马靴。

那天晚上，是我在他家待过唯一的一次。几年后，基辛格成为国务卿。然后，我猜克雷默可能改变心意，认为造就外交大臣要比制定政策来得重要——基辛格正是克雷默造就出来的，克雷默发掘、训练了他；事实上，克雷默正是他的再造恩人。

基辛格传记中的早年生涯就记载着这么一段故事：年轻的基辛格以德国难民的身份抵美，之后入伍，成为二等兵。在基本训练中，有一次是以欧战为题的讲演，主讲者是个一等兵，和他一样来自德国——就是克雷默。年轻的基辛格在那次讲演中提出的问题留给克雷默很深的印象，因此克雷默就请这个年轻人前来一谈。从那时起，基辛格就一直受到克雷默的提拔。战争结束后，出身贫寒的基辛格想借由退伍军人法案到纽约市立学院就读。但克雷默有意见，他用普鲁士军官特有的慵懒语调说道："绅士是不进市立学院的，他们都去哈佛。"因此，他安排基辛格去哈佛就读。因为克雷默的缘故，哈佛政治学方面最好的教授都视基辛格为爱徒。在这段时间，克雷默一直是基辛格的友人、精神导师以及顾问，直到基辛格在哈佛取得第一份教职。㊀

就基辛格的生平而言，未曾公之于世的是：基辛格在尼克松和福特任内担任国务卿时的思想与行动简直是克雷默的翻版。厌恶曝光的克雷默一生没有出版任何著作，但在1929年到1933年间，我们一同参加法兰克福大学的国际法学研讨会时，他常常把自己的想法巨细靡遗地告诉我，一谈就忘了时间。就在那时，他的思想已经完全成形了。

那几年，我们的关系颇为奇特，比所谓的"友谊"多一点，也少一点。我们俩每周共同举办一次国际法学研讨会。教授因为身体欠安，几乎把所有

㊀ 基辛格于1954年获哈佛大学博士学位后，就在该校任教。

的工作都交给我们。小腓和我在其他人都回家后还继续方才的对话，谈着谈着不知天之将明，一直到我得上班了，才互相道别。但是，其他时间我们几乎从不碰面。我在法兰克福那几年，从未拜访过他，也没进过他的房间。只有一个周末是在他母亲的乡间客房度过的。这就是我和克雷默一家交往的全部。我们从未亲密地以"彼得"或"弗里兹"相称，更别提一般用德文表示友谊时常用的"你"（Du）。我们一直以姓氏"德鲁克先生"和"克雷默先生"以及德文的"您"（Sie）称呼。㊀

我们直觉地意识到彼此有不同的答案，然而很快就发现，其实我们心中有着同样的问题。我们虽然年少，但很清楚这些问题不可小觑，因此利用对方，听听自己的论述，并强迫自己把一些事定义清楚。

在所有的人当中，帮我了解自己最多的，就是克雷默。他引导我明白，就政治观而言，我是特立独行的人，并迫使我发掘自己的兴趣——正因这些特质和兴趣与他的不同。从另一方面来看，也许我也帮了他同样的忙。我们的关系纯然属于学术辩论，彼此尊重，当然也不会互相存有一点反感。我们从来不问："您觉得怎么样？"总是说："您为何这么想？"

我们讨论的主题无远弗届，就像20多岁的年轻人常常谈的。但是，每回进行讨论的时候，克雷默总组织好三个重点。这三个重点形成克雷默的政治哲学，基辛格的政治思想也是这个模子出来的。

第一个重点就是，外交重于内政。外交政策关系到一国的存亡；只有在国家稳固后，才能考虑到政治、法律、社会正义和经济等层面。或许，在20世纪30年代初期的时候，克雷默所述并不像20年后戴高乐说得那般优雅动听，但他的确相当强调这点。

我同意，生存下来重于一切。但是，当初的我不认为外交政策的优先

㊀ 在德文中对非亲非故的成人用"Sie"称呼，为一种敬称。

是绝对而且无可改变的，现在更不抱持这种想法。我认为，国家和帝国不只会因为外力的侵略而灭绝，内部的腐败也会造成覆亡。独尊外交，视内政为其次的问题最后一定会走向衰败。17世纪法国的黎塞留○、19世纪初奥地利的梅特涅，特别是19世纪德国的俾斯麦都可以印证这点。我心目中的模范则是英国伊丽莎白女皇的大臣赛西尔○。这位卓越的外交家认为，一国要在险恶的环境中求生存，一定要外交与内政并重，并接受这么一来引发的利弊与妥协。事实上，经由这些讨论，让我不得不好好思考政治运作的艺术，以及如何在"鱼与熊掌不能得兼"的情况下，找出危害最小之道。

然而，克雷默一点都不这么认为。他能接受最后的妥协。但是，他还是坚持一定要以外交优先作为出发点。对他而言，外交优先不但是我们希望的，也是诚实的做法。我提出的两相平衡以及取其危害小者之道，对他来说，不是虚伪，就是不够严谨。

克雷默的第二个要点就是，外交关系应以权力为重。他所谓的"权力"就是政治实力，也反映军事力量。受过历史训练的克雷默看出伟大的理念对国家利益或国家权力具有相当的约束力。通常国家不会因为意识形态而放弃既定利益的追求，但是常常会受其牵制，而不能一味地追求利益。这点，想必丘吉尔和戴高乐也同意。

这两位也同克雷默一样，认为经济因素是次要的，且不宜以经济作为政治行动的动机，或是用经济来对政治行动进行限制。每一次，我想就经济层面进行辩论时，克雷默就说，经济封锁或是想以经济制裁使敌人在军事或是政治上屈服，都注定失败；不管是拿破仑的大陆封锁、美国内战期间对

○ 黎塞留（Richelieu，1585—1642）：法国政治家，17世纪强大法国的缔造者，他使得原本混乱的政局趋于稳定。

○ 赛西尔（William Cecil，1520—1598）：英国女王伊丽莎白一世的枢密顾问，曾任国务大臣、财政大臣，长期为女王出谋划策。

南部邦联①的封锁，或者第一次世界大战时对德国的封锁，都一样没用。他说，经济力量的强弱，其实没有多大差别。就以美国内战时期的邦联为例，他们没有工业，农业也落后，只有烟草和棉花，这些在内战时，都无法出口。然而，他们还是撑了4年，最后才被强势的北方军力击败。第一次世界大战时的德国和奥地利也是，经济生产欠佳，几乎没有什么工业原料，然而它们也是熬了4年。因此，克雷默下结论道，政治家可以把经济放在一边，或者把经济当成一个不起眼的角色，在计划和策略中聊备一格，没有发言权可言。

克雷默和我都同意，争夺世界霸权终究会危害到自己。希腊史学家修昔底德（Thucydides）以雅典覆亡史警告我们，追逐霸权是愚不可及的。这点我和克雷默都知道，且铭记在心。我们也都同意，强权若想联合小而弱的国家来加强自己的力量，这种为某种目的而形成的"集团"是徒劳无功的。最明显的例子，莫过于20世纪30年代初期，俾斯麦的德国和日渐消颓的奥国联合，不但无法增强德国的力量，反倒失去行动自由，最后因奥地利的无能与不负责任被拖进了一场自我毁灭的战争。在外交史上，多的是由这种"合作"造成的愚蠢，最后导致"请神容易送神难"的局面。

由于这点，克雷默下结论说，唯一值得追求的外交政策就是维持强权之间的平衡。其他，不管是经济实力，或是政治结盟的关系都可以不考虑。处于弱势的，基本上没有选择的权利，用现代政治语言来说，他们可说是"没有选择的余地"。

我又得提出异议了。弱势的国家或族群，以劳动阶级或是美国黑人为例，我不相信他们已"无路可走"。从来没有一个美国政治家运用传统智慧来处理这个问题，这并非巧合。也许这些族群不会轻易投向另一个政党或是国家，但是他们总可以放弃吧。因此，我不禁说道，除了权力和意

---

① 南部邦联（Confederacy）：南北战争期间，脱离联邦的南方十一州组成的政府。

识形态，其他因素，比方说经济，也应在权力平衡方面纳入考虑。此外，权力平衡，不只是强权间的平衡，更该整合"强权"和"中等实力"的国家。

这样的争议由来已久。像罗斯福、斯大林和戴高乐等世界领袖都站在克雷默那一边。但是，丘吉尔就比较接近我的看法，他在德黑兰和雅加达论道，希望强权间能达成协定，保证全体的和谐，欧洲所有的传统国家都不能置身事外。这就是19世纪"欧洲联盟"⊖的架构——除了强权间得以保持平衡，更避免了整个世纪，亦即从1815年至1914年间重大的国际战争。

然而，克雷默又一次指责我动不动就妥协，不仅没有原则、犹豫不前，在思辨上更不够严谨。

他最后一个要点，更让我不能苟同。这是因为原则的关系，而非理论背景不够强。克雷默认为，不，该说他坚持，外交大臣该由伟人来担任。对他而言，外交事务的处理对政治家是终极的挑战，非天才不足以担大任。

然而，翻开历史来看，1878年的柏林会议可说是俾斯麦外交生涯的巅峰，会后迪斯累里却说道："可怜的德国。俾斯麦垂垂老矣，还能撑多久？谁能做这个巨人的后继者？也许他们只好找来一个胆怯、不能成事的人来充数，幻想后继者能扮演俾斯麦的角色。无论如何，德国必将迷失。"可惜，在和克雷默辩论那几年我还没听过这一段话。

我读的历史越多，就越相信：天才型的外交大臣对国家是场灾难。法国尚未从黎塞留造成的伤害复原呢。即使是戴高乐，还是和黎塞留一样梦想着使法国成为欧洲霸权，而非试着融入一个大和谐的欧洲——尽管戴高乐比黎塞留晚了300年之久，仍拒绝依资源和需要来调整法国的外交政策。此外，

⊖ 欧洲联盟（Concert of Europe）：指四国同盟，亦即1815年维也纳会议后，奥、俄、普、英所缔结的同盟。

奥地利因梅特涅的成功而亡，德国正因俾斯麦的登峰造极而灭。正如迪斯累里预言的，天才型外交大臣的后继者常是个"庸碌之辈"，或是个高级官僚，而且之后这人不是放弃，就是更糟——只会虚张声势。在天才外交大臣的灿烂辉煌之后，所剩的就是外在世界长久的疑虑。至于那古老的法则：外交不可狡黠，要简单而诚实。黎塞留、梅特涅和俾斯麦之流无不嗤之以鼻。他们就是狡黠之人，因此诡诈而不实。

多年前和克雷默的长谈，使我注意到伟人处理公共事务的玄奥。没有伟人，就没有远见、没有领导，也没有卓越和成就的标准。此外，在公共事务方面，平庸可谓毒药。但公共事务不像艺术或科学，不是个人之力所能成就的，必须持续下去；公共事务的伟人必须要有伟大的后继者。但是，伟人留下的总是真空，只好由迪斯累里所谓的只知道一点训练、对其他方面一无所知的人来继任。

当初和克雷默进行漫长的讨论时，我想我自己并不了解这么许多，毕竟我们一样年少，而且还在追寻一些问题的答案。但是，之后我对"伟人处理公共事务的玄奥"产生了毕生不灭的兴趣，特别是在组织方面，不管是政府、大学，或是企业组织。这个问题是可以解决的。英国伊丽莎白时期的赛西尔已找出解决之道——他找来一流的同僚来培植自己的儿子，使之成为一流的后继者；乔治·华盛顿也解决了这个问题，造就了无数闪亮的新星。第二次世界大战期间担任军方首长的马歇尔亦然。其他组织的领导者，如企业或大学的等，这些强而有力、能言善道的人也解决了这个问题。就以企业管理为例，早期的例子，像遭人批评的"大亨"洛克菲勒、钢铁大王卡内基，更早如日本企业王国三井和三菱的创办人也是。

然而，也有例外。像小罗斯福（Franklin D. Roosevelt）那样，无法忍受超人一等的同僚，徒为我们留下庸庸碌碌之辈。后继者杜鲁门可说是个奇迹。这位副总统当初之所以能雀屏中选，做罗斯福的副手，完全因

为像个没有才气的丑小鸭，成为总统后，却一鸣惊人，成为众所瞩目的天鹅。㊀

如果一个伟人的后继者只是庸庸碌碌的高级官僚或是奴颜婢膝者，之前的伟人不要也罢。一个本身有能力又能提拔后进的领导者，才是真正的"伟人"与"领袖"。这样的人看来完全不同，举止也和神话中的"伟人"大相径庭。他并不是靠所谓的"领袖魅力"来领导的。所谓的"领袖魅力"即使不是媒体营造出来的，也是令人反感、虚伪的东西。真正的强人是靠苦干和奉献来领导的，不会大权一把抓，而以建立团队为目的，而且治理事务是靠着正直，而非把人玩弄于股掌之间。这种人不狡黠，简单而诚实。

因此，他和所谓"天才外交大臣"，也就是黎塞留、梅特涅和俾斯麦之流完全不同。然而，克雷默发掘并一手训练的基辛格，正是想做这种"天才外交大臣"。

但是，我们却在基辛格身上看不到一丝克雷默的影子。当年，基辛格虽只是个身着二等兵制服的年轻人，但一定展现出过人的才华，才能引起克雷默的注意——克雷默没有多余的时间浪费在傻瓜身上。此外，基辛格也有克雷默自己完全欠缺的能力，如写作和演说的长才，而且机智过人，颇有政治家的风范。基辛格在自己的著作中套用克雷默原则，可说有点石成金之效。他在尼克松上台后就任国务卿时，立刻力行克雷默政治哲学的三要点。这些是他远在1942年从克雷默那儿学来的，亦即：外交是为首要、在外交关系中又以力量为最，以及天才外交大臣的重要性。事实上，这三点就是基辛格政策。

㊀ 小罗斯福在1932年、1936年、1940年和1944年四度赢得总统大选，未料第四届任期未满即死于任上，而由副总统继任。在20世纪50年代大多数美国人未曾料想到杜鲁门会成为受到高度评价的总统，然而在10年内，许多美国历史学家已把他置于最伟大的美国总统之列。

从以往到现在，一直有呼声强调美国外交政策不该臣属于内政之下。没有一个国家可以像美国一样轻易地把外在世界忘怀，来实行国内的政策和计划，而不考虑这么做对其国际实力、竞争力、朋友或盟友的影响；也没有一个国家可以为了近期的选票，认真严肃地为阿拉伯国家环伺的以色列做后盾。杜鲁门就这么做，他之所以决定承认以色列，原来因为——"纽约布朗区没有需要拉拢的阿拉伯人选票"。当然，基辛格的坚持很对，他说美国需要有外交政策，不能以外交姿态或是独立宣言般堂而皇之的说辞自满。然而，那些姿态或说辞就是肯尼迪外交政策的全部了。他不是一方面宣称"我是柏林人"，另一方面怯懦地接受柏林墙的存在；他在猪猡湾事件⊖中的表现也是，更别提出兵越南，使美国做"保证人"之举。

当霸权姿态变成只是"虚张声势"时，就该不再依赖"集团"或"盟邦"，而形成可行的权力平衡。事实证明，克雷默与基辛格对于权力的定义不但不够周全，且有弊害。只有时间能告诉我们，所谓的"强大"可能只是"大而无当"，或是"大而无能"。至于克雷默和基辛格把"中等实力的国家"和"经济因素"排除在外是否得当，现在也很清楚了。如果我们确实地依照克雷默的原则来看，基辛格的摒弃日本，还有1971年美元贬值，他公开表示日本不是影响因素——这些都是无端的重大错误。在可预见的未来，日本的工业实力将使之成为亚太地区的"强权"。基辛格故意忽视美国的欧洲盟友，以及拒绝把经济纳入计划和政策之中，也是大错特错。"中等实力的国家"的确"没有选择的余地"，无法叛逃，但是它们总可以放弃吧。基辛格第一次碰上外交危机时，也就是1973年的赎罪日战争⊜，欧洲人不是很

⊖ 猪猡湾事件：肯尼迪政府第一件国际惊人事件，爆发于1961年4月，当时有一支由美国中央情报局训练指导的反卡斯特罗部队企图在古巴猪猡湾建立滩头堡，不幸失败。该次入侵计划在肯尼迪就职前即已开始，他上任后准许继续进行。

⊜ 赎罪日战争（Yom Kippur War）：1973年10月，埃及和叙利亚攻击以色列，企图收复西奈半岛和戈兰高地，引发赎罪日战争，也是第四次中东战争。同时，因为这次事件，阿拉伯产油国对美国和其他亲以色列国家实施石油禁运，造成能源危机。

快地就放弃了吗？从此以后，已经没有"基辛格政策"，只有随机处理的方式——这正是克雷默和基辛格原本秉持的外交原则所不容的。

如果基辛格经验可以证明什么的话，那就是——谬误。事实上，也可说是"天才外交大臣"这个原则的空洞。美国需要的外交政策，并不是像软木塞浮在内政之上，而是寻求一种权力平衡，整合"中等实力国家"，并把它们视为伙伴的政策。此外，在定义"权力"时，除了军事实力，其他的因素也要纳入。美国的外交政策的确需要领导才干，但这种才干最好不是以狡黠和精湛的技巧为主，而应崇尚简单和诚实。

第 8 章 | CHAPTER 8

怪兽与绵羊

就在希特勒的德国瓦解后,《纽约时报》内页有一则简短的消息引起了我的注意。内容大致如下:

> 头号纳粹战犯莱因霍尔德·汉斯(Reinhold Hensch),在法兰克福一间被炸成断垣残壁的房子地窖内为美军所俘时自杀身亡。汉斯曾任纳粹党卫军(SS)⊖的代理队长,官拜中将,他带领凶残的部队,灭绝犹太人并屠杀其他与纳粹为敌者,把德国境内"身心有缺陷者"全数杀害,并镇压德国占领区内任何的抗拒行动。人们皆称这个残忍、恶毒的刽子手为"怪兽",就连他的手下也有同感。

我在1933年冬天离开德国后,一直没有他的消息,直到看到这次报上

⊖ 纳粹党卫军(SS):为希特勒所组织的训练精良、穿黑衫的精英部队,与本质为"武装流氓"的突击队(SA)完全不同。

的记载，才得知他的情况。但是，我常常想起这个人，因为我在德国的最后一夜，就是和这个"怪兽"一起度过的。

在离开德国的前一年，也就是1932年春，我已下定决心，纳粹若在德国掌权，我就不留下来。有位老友到我法兰克福的居处来看我，我们一整晚都在谈论对于未来的恐惧。突然间，我听到这些话从我口中溜出："贝托尔德，有件事我倒可以确定。纳粹一上台，我就会离开德国。"我想，之前我一直没有认真地考虑这个决定，这句话脱口而出后，我知道自己心意已定。我的理智虽然未能信服纳粹终将掌权，情感却已相信这终将成为事实。

我是在1927年秋来到德国的，在汉堡一家出口贸易商行当练习生。15个月后，我搬到法兰克福，在一家老字号的商业银行担任证券分析员。这家银行是华尔街一家证券公司的欧洲分支机构。由于1929年秋纽约股票市场"崩盘"㊀，这个工作也就泡汤了，于是我转往报界发展，进入法兰克福发行量最大的报纸《法兰克福总指南》(*Frankfurter General-Anzeiger*)担任财经撰述。这家报纸的发行和编辑方针与华盛顿的《星报》(*Star*)和底特律的《自由报》(*Free Press*)有点儿类似。我在报社升迁得很快，两年后就荣任资深编辑，负责国外新闻和经济新闻。这家报社是不可能有冗员的——所有的撰述、记者和编辑加起来只有十四五个，除了星期日外，每天都得完成全版48页或64页的版面。我一星期得写三四篇社论，如果女性编辑人员告病，我还得帮忙完成妇女版的工作。

除了这份工作，我还有专业的学术课业要做。我到汉堡后，就在那儿的法学院注册就读，后来又转学到法兰克福。到了1931年，我拿到了国际法和公法的博士学位。就在拿到博士学位之前，我已经开始在法学院任教，并

㊀ 发生于1929年10月24日，黑色星期四。1600万股的股票在惊恐中抛售，三周后，道琼斯工业指数下跌了一半以上，并持续下跌。1929～1932年，道琼斯指数由381点跌至41点。美国乃急速自德国和欧洲其他地区抽回资金。

和一位教国际法的老教授结为好友，常在他生病时帮他代课。因此，我在20出头就得到大学"讲师"的教职，这在德国学术界可说是第一步，也是最重要的一步。

我也开始为《法兰克福总指南》以外的刊物撰写文章。1929年，我还在银行服务时，写过两篇有关计量经济学、"精深"得令人难以忍受的文章：一篇有关商品市场，另一篇则是探讨华尔街的股市。这两篇都错得非常离谱，前提"不言而喻"，数学应用方面无懈可击，结论却是愚蠢之至——就计量经济学而言，都是别人说过的，毫无新意。但这两篇文章却被一家非常有水准的经济季刊采用，我的博士论文也由出版社印行成书。此外，我还在杂志发表了不少有关经济和财政的文章，现在都难以找到了。

我决意希特勒一上台我就离开德国，而且相信这事必将发生，但我还是继续工作、写作。因为，我仍然希望情势有逆转的可能。毕竟在1932年，我们有理由认为纳粹风潮已经到了最高峰，即将下跌，因为在每一次选举中，纳粹的得票数都节节下滑。所以，我依旧在报社工作，在学校教国际法和国际关系，并为杂志写文章。我觉得自己在《法兰克福总指南》的发展有限，因此想再找一份工作。另一家在德国颇有声望的报社马上表示有意接纳，它是科隆的最大报社，请我负责一切有关国外的报道，包括政治、经济、文学和文化等层面。它还向我保证，我可以轻易地在科隆大学或者附近的波昂大学找到讲师的教职。

虽然科隆的职位还在等我，我也准备离开了，但我却一直裹足不前。连那位教国际法的老教授都开始催促我了，可我还是迟迟未能成行。严格说来，我是研究生助理，工作包括主办国际法学研讨会，并为那位老教授代课；而讲师一职虽然无薪，却是正式的大学教职，且可自动成为德国公民。那时，我还没取得德国公民的身份，不过也不想成为希特勒的臣民。

最后，我终于下定决心不在原地打转。就在那晚和贝托尔德谈过后，我决定写一本书。我想，这本书跟纳粹没有什么关系，我也不想和他们有任何瓜葛。这只是一本小书，其实和小册子差不多，是以德国唯一的保守政治哲学家斯塔尔（Friedrich Julius Stahl）为题。他是一位卓越的普鲁士政治家，俾斯麦以前抱持保守态度的议会法学者，主张法律下的自由，也是反对黑格尔的哲学运动领袖，他继黑格尔之后，成为柏林的哲学教授。但是，斯塔尔可是个犹太人——一本论斯塔尔的小册子，标榜他的保守与爱国主义，在混乱不清的20世纪30年代，视他为典范与导师，无异于公然侮辱纳粹。

我花了几个星期写完这篇论文，并寄给在德国以政治科学和政治史著名的出版社，也就是图宾根的莫尔出版公司（Mohr）。莫尔立刻接受了这本小书，并计划尽快出版，最早可在1933年的4月，刊载在他们第100期的特刊上，列入那有名的法律与政府系列讨论中。我和该公司的人素未谋面，他们却很了解我的用意。我高兴的是，纳粹的反应正如我所预料，这本书立刻遭禁，并公开焚毁。当然，这本书没能造成什么震撼，我想也不会有，但已明白地表示出我的立场，即使没有人在意，为了自己，我还是认为这么做是有意义的。

希特勒的支持率原已逐渐下降，但到了1933年1月31日，一群民族主义分子和将军将领组成的阴谋集团大力扶持希特勒上台。他们看不起下层阶级的纳粹分子㊀，并相信自己有能力控制这些狂妄自大的人，另一方面又怕近来在选举中声势颇为浩大的共和党和民主党人，于是想借用希特勒之力。我想，真是到了非走不可的时候了。或许，我小觑了纳粹的实力；他们很快就驱逐了当初扶植自己掌权的容克党人以及保守的普鲁士军官，因此相当厉害。然而我还是认为纳粹的支持者在欺骗自己。打从一开始，我就知道纳粹

㊀ 纳粹党早期成员主要以小工匠、退役军人、下层中产阶级为主，大多数都是在正常社会难以立足的人，据默克尔（Peter Merkl）《在纳粹的政治暴力》（*Political Violence Under the Swastika*）一书说，"贫穷的童年与在城市求上进受到挫折"是大多数早期纳粹人物的社会背景。

在打什么如意算盘。我也很清楚，我的外国护照不能给我永久保护，不久之后，我不是被踢出德国，就是入狱。我决定小心行事，尽早离开，而不等到最后的一刻。

然而，我还是虚掷光阴，没有动作。我跟自己解释的一个原因是，那时我已答应帮出版社校订我那本论斯塔尔的小书。我想，我的担忧情有可原——我怕这一走恰好给出版社借口，放弃这项冒险的出版计划。然而，我自己也有毛病，老是把无可避免的事拖延到最后一刻。

促使我采取行动、决意远走的是，在纳粹上台的几个星期之后，第一次由纳粹分子主持的大学教职员会议。法兰克福大学是纳粹拿下的第一所大学，原因在于这所学校是所有德国主要大学中，最以自由的风格自豪的——此校教授皆以学术研究、良知与民主自由为傲。纳粹心想，控制这所大学，等于制服了整个德国学术界以及大学校园中的每一个人。此外，这所大学科学方面的教学阵容坚强，不仅学术水准高，更以崇尚自由著称，其中有一位是诺贝尔奖水准的生化学家、典型的自由主义者。就在那年的 2 月 25 日，法兰克福大学的纳粹代表就任当天，不只每一位老师都得参加这次教职员大会，所有的研究助理也不得缺席，以聆听新上任"长官"的训词。大家都知道，这简直是一场试验。从未参加过教职员大会的我，这一次也出席了。

这个纳粹代表直截了当地向大家宣布：从今以后，犹太人不准踏入校园，目前在校的犹太教职员将在 3 月 15 日无薪解聘。说真的，即使纳粹反犹的口号响亮，我们还是没料到他们真会这么做。然后，他开始长篇大论地谩骂，措辞粗鄙，动不动就搬出三字经，这些话在军营里都难得听到，更何况是学术界。他满口脏话，虽然在场的学者知道这些脏话的存在，但这辈子恐怕还没有人当着他们的面说出。接着，这个"长官"逐一指着在场的每一个系主任，对他们说："你要不乖乖地照着我的指示去做，我们就送你进集中营！"语毕，现场一片死寂，每个人都在等那位卓越的生化学家发言。这位伟大的自由主义者站起身来，清了清喉咙，说道："代表大人，您说得十分有意思。从某个角度来看，具有振聋发聩之效。但是，有一点我不太确定，可否请您明示——生理学的研究经费是不是可以增加？"

于是，那个纳粹代表向学者保证说，"纯种的"科学绝对不会短缺研究经费的。会议就此结束。有几个教授还有勇气和他们的犹太同事并肩离开会场，大部分的人则避之唯恐不及。几个小时前，大家不都还是亲密的朋友吗？会后，我觉得恶心之至——就在48小时内，我非得离开德国不可。

回家后，谢天谢地，那本有关斯塔尔的校稿仍在。接着，我去报社办公室。那天早上，为了参加教职员会议，本已请了假，这会儿回报社是为了提出辞呈，并向同事道别。接着，又回家继续校对。到了晚上，将近10点钟，我已精疲力竭，准备先上床睡觉，明天一早再打点行李，搭由法兰克福开往维也纳的火车。就在此刻，门铃响了，站在门外的是一个身穿纳粹军服的人。我的心脏几乎停止跳动，之后，我才认出这人原来是我的同事，和我一样在《法兰克福总指南》当编辑的汉斯，我早上到办公室辞职时，他刚好不在。他对我说："我听说你辞职了。因为路过你家，所以顺道跟你说声再见。我能进来吗？"

汉斯并不是一个特别的朋友。他在报社负责的是地方新闻和市政方面的报道，和大家有点儿格格不入。对外地人或不想老死在法兰克福的人来说，这样的工作实在很乏味。他在工作上的表现并不特别突出，而且有人怀疑他运用政治关系，收取贿赂。他个子中等，有着一对小而窄狭的眼睛，虽然不到30岁，但短发上已是白发斑斑。他出身当地的工人家庭，父亲应该是个石匠。关于他，只有两件事，特别值得一提。

一是他可爱的女友埃莉斯·戈德斯坦（Elise Goldstein），一个商业艺术家，报社里有很多工作都少不了她。她外向、活泼，而且年纪尚轻，是我们公认最有魅力的女孩子。她和汉斯同居，也准备结婚了。差不多在一年以前，我们都参加了他们的订婚典礼。二是每个同事都知道，他不但是共产党员，也有纳粹党的党证。对没有党派色彩的报纸而言，这么做会引起别人的怀疑，根本不必如此。有人拿这件事质问汉斯时，他总是回答："我必须从他们那儿得到消息，才知道市政厅到底发生什么事。不管是共产党还是纳粹党，他们只跟党员告白。"

现在，他就在我的住处开口对我说："今天我一整天都在参加纳粹领导会议。会中指派我为法兰克福纳粹代表的媒体顾问，也是掌管《法兰克福总指南》的纳粹党代表。之后，我召集所有的报社编辑宣布这件事。你早上辞职的事就是他们告诉我的。我想，我该亲自请你再考虑一下。我希望，嗯，我们需要你，希望你能留下来。我已经把发行人免职了。毕竟，法兰克福第一大报岂有犹太人当家之理？主编不多久也得离开。他是个左翼分子，太太又是犹太人，何况她还有一个姊妹是社会党的议员呢。像你这样的人，大好时机正在等着你。我太忙了，不可能亲自编辑，我得管理整个法兰克福区的报纸。"

我回答，我有受宠若惊之感，然而我已不可能留下来了。

"我早料到你会这么说，但是，德鲁克，请务必好好考虑，如果你改变心意，愿意留下来，请告诉我。"他看来好像要告辞了，却又坐下来，沉默了四五分钟之久。

"如果你离开德国，我可以告诉埃莉斯如何与你联络吗？当然，希特勒上台后，我就得和她撇清了。我已经搬出我们同居的公寓，回到我父母家，但是房租还是为埃莉斯付到3月底。我告诉她尽快离开德国，但是她在国外举目无亲。你可否告诉我你的住址，好让她在离开德国后，与你联系？"我同意了，并把我父母在维也纳的地址给了他。他起身，犹如要告别，却又不发一言。

接着，他脱口而出："老天，我真羡慕你。我希望一走了之，却无能为力。我在纳粹内部会议听那些人发言，实在是怕死了。我就在场听那些疯子说什么要杀死犹太人、发动战争，还说如果有人敢和我们伟大的统帅希特勒意见相左，或是质疑，就该关起来，或是宰掉。"

"这真是太疯狂了，叫我不由得害怕。我知道，一年前你就告诉过我纳粹的意图，我该好好思考的。但是，我总以为他们只是在选举时叫嚣一下罢了，不会当真。现在他们手握大权，应该知道不可以这么过分，毕竟现在是20世纪。我父母这么想，埃莉斯也是。我告诉埃莉斯，要她离开德国，她说我疯了。或许是吧，他们不可能真能得逞。但是，我的内心还是升起了恐惧。你无法想象，在没有外人旁听时，那些纳粹'高官'对我们说的话。"

我告诉汉斯，我不必想象就知道了。希特勒已在他那本《我的奋斗》中说得一清二楚。

于是我问他："如果你这么想，为什么不走呢？你现在还不到30岁，又没有家累。你有正式的经济学学位，找工作不会有困难的。"

"你当然可以这么说，"他答道，"你懂多种语言，又出过国。你知道吗，我这一生还没有离开过法兰克福，甚至连柏林都没有去过。而且，我又没有什么特殊的关系，我的父亲只是个小工人。"

于是我发火了："汉斯，你听好，这简直是无稽之谈。谁会在意你父亲是做什么的？主编的父亲不就是东普鲁士的狱卒？资深编辑中最年长的阿恩，他的父亲则是矿工，还有贝克，排行第三的资深编辑，是小学教员的儿子。你知道负责股市新闻的编辑拜尔兹吗？他家是莱茵区穷苦的葡萄农，只有一小块不长东西的地。好吧，说来我们都没有人被邀请参加德国皇家舞会，连当他们的跟班都没有资格。其实，我们又有什么不同呢？"

"德鲁克，你完全不明白，"他也火冒三丈，"你从来就没有了解过。我知道自己不够聪明。进报社，我比你、阿恩还有贝克都要早。你们三个都已经是资深编辑了，但我还是和当年一样，负责市政新闻而已。我晓得我的文笔不够好，也没有人邀请我上门做客。即使是埃莉斯那当牙医的父亲，也认为我配不上他女儿。你难道不明白我想要权力、金钱，想要出人头地吗？这也就是我大概是四五年前加入纳粹的原因，那时他们才刚起家。现在我拥有一张纳粹党证，而且从上面的号码可以看出我是很早就入党的，我终于有希望做大人物了！那些聪明、家世不错、关系又好的人太过于吹毛求疵，不知变通，也不愿做下等的工作。这也就是我之所以有今天的缘故。记住我的话，从现在起我要开始扬名立万了。"

语毕，他随即冲出门外，往楼下走。就在砰的一声把大门带上以前，他又转过头来大喊："不要忘了，你答应帮助埃莉斯的。"

我把前门锁上。住进这公寓三年来，这还是头一遭。突然间，未来好像在我面前显现——恐怖、血腥与兽行即将降临这个世界。这一切好像在梦中出现过一般，后来我依此写成我第一本重要著作——《经济人的末日》。那时，我觉得有一种压抑不住的渴望，很想立刻坐下来，开始打字。但是，我还是强行压下这个念头，立即整理行李。第二天中午，我已在开往维也纳的火车上了。

后来，我一直没有埃莉斯的消息。直到12年后，我才从报上得到这个人称"怪兽"的消息。他就在那已成断垣残壁的房子里——应该是他的父母家——了结一生。

一个月后，也就是在1933年4月，我遇见了"绵羊"。

我在维也纳待了几个星期后，就去伦敦。在那儿我只认识一个人——柏林乌尔斯坦（Ullstein）出版公司的驻英记者蒙特格拉斯伯爵（Count Albert Montgelas）。蒙特格拉斯出身于巴伐利亚辉格（Whig）家族，在英国已待了好些年，是伦敦备受尊崇的外国记者。我有一段时间都跟他保持联系。上一次，他回出版公司的柏林总部时，曾顺道经过法兰克福，在我那儿待了几个小时。尽管我们的年龄有些差距——当时，蒙特格拉斯将近40岁了，我才23岁，但还是相当投缘。因此，我从维也纳前往伦敦之前，寄了封短笺给他。没想到，他却拍了封电报来，上书："请早点来。我需要你的协助。"

到了伦敦，我发现蒙特格拉斯也在整理行囊。纳粹上台后，他也辞去那家德国出版公司驻英记者的职务。出版公司的负责人已由纳粹重新指派，尽管新老板力邀蒙特格拉斯继续服务，他还是决心辞职，现在就等继任的人来就职。

"这也就是我要你尽快来的缘故。因为就在这一两天，谢弗（Paul Schaeffer）就要到了。他准备搭下一班特快的船从纽约赶来。《柏林日报》邀请他去当编辑，他可能会接受。但是，我还是要他先来我这儿，希望劝劝他最后再考虑一下——如果谢弗接受这项职务，真会成为悲剧一桩。你刚从德国出来，或许可以告诉谢弗他将踏入什么样的地狱。"

近半个世纪以来，至20世纪30年代，《柏林日报》在德国以及德语系的国家一直是举足轻重的角色，和美国的《纽约时报》及英国的《泰晤士报》差不多，虽不是最大的报，但却是最好的，也是最引人注目的日报。这份报纸创刊于1885年，那时俾斯麦还是德国总理，老皇威廉一世仍在位。这么些年来，办报的一直是创办人暨编辑的沃尔夫（Theodore Wolff），一个以其人格和独立闻名的人。到了20世纪30年代，沃尔夫当然已垂垂老矣，因此他从20年代初期就开始栽培继承人，也就是谢弗这个以政论见长、目光犀利的作家和分析家。但是，在把报纸交给谢弗之前，他在1929年或1930年，先派谢弗到美国，成为《柏林日报》的驻美记者。到了新大陆，谢弗当下决定，美国最值得注意的人物，该是当时纽约的新任州长罗斯福。

谢弗后来跟罗斯福很熟，罗斯福1932年出马竞选总统时，还邀请谢弗陪他到全国各地进行竞选活动。谢弗执笔的新闻报道堪称一流，不但欧洲各报争相刊载，美国多家报纸也同时印行。罗斯福大选获胜，谢弗也如愿进驻华盛顿，成为总统先生的重要幕僚。罗斯福不仅和他私交甚笃，也靠他来听取欧洲方面的舆论。

欧洲的新闻界说来是个小圈子。大家都知道，沃尔夫准备在1935年，他当编辑人的第50个年头，也就是80大寿那一年，交棒给下一代。不幸，沃尔夫身为犹太人，因此早两年被纳粹赶下来。纳粹电请谢弗立刻回柏林继任。谢弗为了参加罗斯福总统的就职大典，稍有延迟，离开美国的时间约是在3月底4月初。由于蒙特格拉斯的力劝，他本人亦还未下定决心，于是愿意在对纳粹做出最后承诺之前，先在伦敦停留几天。

结果，不用我多费唇舌，谢弗已完全明了德国的情形。事实上，他比我还清楚，且对德国纳粹不抱一点幻想。他的消息似乎相当灵通，一方面是来自《纽约时报》的驻欧记者，另一方面则是来自华盛顿国务院的消息。

他说："哎，可怕的是，这份工作已经由不得我了，我不得不接受。除了我，没有人能抵挡最坏的事。纳粹需要我，《柏林日报》也是。因为他们还需要纽约和伦敦方面的资金，和西方贸易往来；他们要人了解，也希望别人听听他们的声音。所以，他们就需要像我这么了解西方，能和西方交谈，说话也有分量的人。他们需要我，正是因为他们并非每一个都了解外面的世界。其实，他们实在是一无所知。所以，我说他们那野蛮的政策会使他们遭到外界的阻力等，或是他们必须注意英语世界的舆论时，他们不得不洗耳恭听。因此，他们也就会约束自己的行动和措辞，以换得一丁点的尊重和承认。他们有很多方面都得靠我，也知道美国很重视我。我在离开美国前，和罗斯福总统指派的美国驻柏林大使谈了很久，他是芝加哥的历史学者。他一再地向我表示，他必须靠我取得德国外交部和纳粹高层方面的消息。即使是最愚蠢的纳粹呆子都得尊重并接受这一点。"

"但是，"蒙特格拉斯说，"你难道不怕纳粹利用你来帮他们赢得面子，并欺瞒外面的世界吗？此外，至今他们根本不在意外界对他们的看法。"

谢弗义愤填膺地说："我又不是3岁小孩。我是一个老练的记者。要是他们想操纵我，我就立刻走人。这样不但会使他们受到伤害，也使他们颜面尽失。这是他们付不起的代价。"

"你确定你不是长久以来想进《柏林日报》才接受这份工作吧？"

"我就知道你会这么问。我可以保证，你这么想，就大错特错了。我跟你们两个说件不为人知的事：我和内人实在是太喜欢美国了，我们本已决定留在那儿，不回德国了。而且，我早先也接受了这个职务的邀约……"

他拿出《时代》杂志的专用信函，是鲁斯（Henry Luce）写给他的，请他担任《时代》《财富》，还有即将创刊的图片杂志（也就是后来的《生活》杂志）驻伦敦欧洲首席特派员。

"鲁斯给我的酬劳将是在《柏林日报》的两倍。他还暗示，过几年我应该可以在《时代》担任高级职务。我内人要求我接受这份工作，她一点也不愿意回德国。但是，我觉得我有责任。我亏欠沃尔夫，我该回去继续他毕生的事业。在我从大战的壕沟归乡时，他给了我第一份工作。这个老人就像我自己的父亲一样。我也亏欠《柏林日报》，我一定要好好保护这份报纸，不让野蛮人来蹂躏、破坏它。我也亏欠祖国，我一定要防止那些纳粹野兽犯下最卑劣的暴行。我并不指望在纳粹治理之下的柏林如何，但是我知道只有我有影响力，因为他们正迫切需要我这种人。"

几天后，谢弗抵达柏林，受到盛大的欢迎，集名衔、财富和荣誉于一身。纳粹指派他做《柏林日报》的主编，以证明所有关于纳粹的报道和外国报纸上登的那些他们对报界的掌控，全都是犹太人编织出来的恶毒谎言。他们开始利用他，让他得以采访纳粹的头目。在访问中，这些头目信誓旦旦地对谢弗表示，他们绝不是反犹太，反之，他们有许多亲密的好友都是犹太人。这些访问稿立刻刊在《柏林日报》上，并挂上谢弗的大名。每一次纳粹的欺压或暴行被揭露出来时，谢弗立即被派到柏林的外国使馆，向外国记者保证这种"个别事件"绝不会再发生。德国重整军备的消息一出现，又得谢弗出马，写一篇文章为纳粹辩护，并引用"来自高层的消息来源"，说明希特勒维护和平的强烈渴望等。

对于这些服务，纳粹偶尔记得施给他一点小惠——他仍得以让两个年老的犹太编辑为《柏林日报》改写财经新闻或做校对，但是为时只有两个月。有时，他得到允许可以写一篇简短的社论，批评即将施行的人造奶油税，或是电影票的娱乐税。两年后，《柏林日报》和谢弗的利用价值都被榨干了之后，两者都被"清除"，消失得了无云烟。

德裔美国哲学家阿伦特（Hannah Arendt）有一本书谈到纳粹的杀人魔王艾希曼⊖，提到"罪恶的平庸无奇"。这真是最不恰当的词语。阿连德女士对"大罪人"还抱着浪漫的幻想，并深陷其中。世上不是有相当多的伊阿古（Iago）⊜——平庸无奇却犯下滔天大罪的人？像麦克白夫人（Lady Macbeth）那样的，则是少之又少。

罪恶之所以会在汉斯和谢弗身上发生作用，正因罪恶力量之大，而人却是如此渺小。撒旦是为"黑暗王子"，这种通俗的说法可能要比阿伦特女士所言来得恰当。由《圣经》中的祷告词我们得知，人是如此的渺小、脆弱，因此我们请求"上帝"不叫我们遇见诱惑，救我们脱离凶恶。正因为罪恶从来就不平凡，平庸的是人。因此，人千万不可和罪恶打交道——一切都是罪

⊖ 艾希曼（Adolf Eichmann, 1906—1962）：德国战犯，在第二次世界大战期间参与纳粹的灭绝犹太人行动，战后逃往阿根廷，被以色列人逮捕，并处以绞刑。
⊜ 伊阿古（Iago）：莎士比亚悲剧《奥赛罗》（Othello）中狡猾残忍的反派人物，暗施毒计诱使奥赛罗因嫉妒猜疑而发狂，将无辜的妻子戴斯德蒙娜杀死。

恶本身搞的鬼，而不是人。人会成为罪恶的工具，就像汉斯那样的人，他以为靠着自己的野心可以驾驭罪恶；而谢弗本以为可以借着加入罪恶而避免最坏的情况，最后也为罪恶所用。

　　我常常在想，哪一个为害较烈——是"怪兽"，还是"绵羊"？哪一个比较不好——是汉斯追求权力欲的罪恶，还是谢弗的骄傲自负之罪？或许，最大的罪恶都不是这两个作古已久的人，或许是 20 世纪的漠然——也就是那位享有盛名的生化学家犯下的罪——这位学者既不杀人，也没说谎，但却拒绝做时代的见证。用古福音书的话来说，"在主被钉死在十字架"的时候，竟然视若无睹。

第9章 | CHAPTER 9

英国最后一个异议分子

诺埃尔·布雷斯福德（Noel Brailsford）1958年逝世时，已十分老迈，在英国没有几个人还记得他了。但在40年，甚或25年前，布雷斯福德却是享誉大西洋两岸的重要人物，也是一位了不起的作家。

在20世纪30年代中期，我们曾有几年常常来往，成为忘年之交。当时，他已经60多岁了，比我父亲还大几岁，而他受欢迎的程度以及影响力都还处于巅峰，可谓非常活跃。从他在《新政治家》(New Statesman)和《曼彻斯特卫报》(Manchester Guardian)发表的文章来看，那种清晰、简朴而优雅的散文风格，显然深受18世纪创办《观察者》杂志（spectator）的英国作家艾迪生㊀和斯梯尔（Steele）的影响，而非布雷斯福德心仪的17世纪清教徒。他的文章常常被人拿来讨论与引用，甚至连丘吉尔和艾登（Anthony Eden）等对他的政治观不以为然的人也这么做。

㊀ 艾迪生（Joseph Addison，1672—1719）：英国散文作家、剧作家、诗人，英国期刊文学的创始人之一。

他的文章一旦在英国出现，大西洋对岸的《新共和》（New Republic）与《纽约时报杂志》（New York Times Magazine）也跟着刊行，在新政时期的华盛顿，人人无不仔细拜读。在那几年间，布雷斯福德也为所谓的"左翼书会"（Left Book Club）写了非常多的书和小册子。他的作品融合基督教循道宗（Methodist）的烈性与马克思学派的才学，对当时英国上流社会受过教育的年轻人来说，是追求普罗流行风潮（proletarian chic）的必读之书，因此，一出版立刻成为英国最受瞩目的畅销书。

但是，布雷斯福德从来就没掌握过大权。他是良知的代表，曾经一度出山竞选国会议员，却出师不利——这真是他的幸运，要不然，成为政治人物的他，不出半年就会落得身败名裂。他是标准的"局内人"，十分关心时事。由于自己的性情和原则，他常与人对立。他就是英国最后一个"异议分子"，这也是他重要的地方。然而，他这个人要比他代表的事物意义重大。

布雷斯福德全名为亨利·诺埃尔·布雷斯福德，看起来极像糅合了英国传统的圣诞童话剧中的那"穿靴子的猫"（Puss in Boots）。他比一般人要矮、短腿、阔肩，却有着长长的臂部。他的白发剪得极短，一根根都竖立起来，眼睛炯炯有神，嘴巴宽阔。他穿着粗花呢服、蓝色衬衫，系着蝴蝶结领带；领子浆得又高又挺，有点儿像牧师服领子。他不食荤腥，以坚果类和乳酪为主食，但好为客人下厨，烹调牛排大餐。看他们吃得津津有味，他也就心满意足了。他爱抽烟斗，在享用素食餐点时，来一点黑麦威士忌、法国罗纳地区或是南非的红酒。我这一生从来没有遇见过比布雷斯福德更称职的主人，他是那么风趣，专心听你说话，而且很会鼓励别人。他常在饭后和客人闲聊，炉火摇曳，就这么谈着谈着，直到夜半三更。有人说，他的母亲是个非常美丽的女人。他有一种温柔，也就是法文中的"douceur"——一种没有糖分的男性魅力。

布雷斯福德的信仰非常坚定,但是他所宣扬的信仰却是"反宗教"。他们家世世代代不是不服国教派㊀的牧师,就是隶属浸信会或是循道宗。宗教的热诚和修辞一直跟随着他,直到老死。生于1873年的布雷斯福德,就像维多利亚时代晚期许多人物,在十几岁时历经相当严重的精神危机,不再相信宗教,变成一个彻底的不可知论者。我从来没有听过他对任何一个人说尖酸刻薄的话,但只要提到基督教,这个温文儒雅、和善可亲的人马上转变成一个心胸狭窄、怒火中烧、有着派系之见的人,诅咒所有的教会、牧师和神职人员,像是诺克斯㊁,以最狠毒的话来谴责天主教的"皮条客"和偶像崇拜者。他心目中的英雄人物是17世纪好战的清教徒,特别是"平均派"的成员㊂,他曾以这些人为题写了一本非常好的书。他说,他永远都无法原谅克伦威尔(Oliver Cromwell)的背叛;英国古老的社会制度,特别是拥有土地的士绅和贵族阶级因此不能被推翻,且和"平均派"追求的基督教集体社会主义背道而驰。而他最常引用的作者就是伏尔泰,床头总摆着一本伏尔泰抨击基督教和天主教教会的书。

　　布雷斯福德年轻时,曾在牛津大学任特别研究员或大学导师。我想,他应该是喜欢学术生涯的古典学者。这条路也很适合他。他有一种在牛津相当受到欢迎的机灵———一种没有一点尖刻或恶意的机智;他的举止优雅,在院长和诸位导师间颇得好评。然而,为了秉持自己的良知,他坚决反对布尔战争㊃,于是退出学术界,一头钻进政治中。他把自己的理念写成小册子出版,

---

㊀ 不服国教派(Nonconformist):指不信奉英国国教的新教徒。
㊁ 诺克斯(John Knox,1514?—1572):苏格兰宗教改革家,多次遭到信奉天主教当局的迫害。后创立苏格兰长老会,与人合写的《苏格兰教会信仰声明》被定为苏格兰国教纲领。
㊂ 平均派(Leveler):17世纪苏格兰内战及共和国时期一个民主共和派别的成员。平均派之名是敌人命名的,指支持平均派的人想要"平分人们的财产"。他们主张社会改良、真正主权移转至下议院、男子均有投票权等。他们诉诸理性,反对援引先例或圣经权威作为论证,在政治思想上树立了一个里程碑。
㊃ 布尔战争(Boer War):1899年~1902年英国人与布尔人的战争。

发表演说，且组织会议和示威游行。这种姿态当然不受欢迎，特别是在当时以托利党为主的牛津人眼里。他们让布雷斯福德心里有数——他已经没有机会再踏入学术圈了。

然而，他那些反战的文章却得到《曼彻斯特卫报》那个"老斯科特"（Old Man Scott）的青睐。在所有的英国大报中，只有《曼彻斯特卫报》批评布尔战争。事实上，这家报纸正因其反战的立场，才得以突破地域的限制，成为全国性的报纸。

斯科特邀请布雷斯福德加入《曼彻斯特卫报》，当国际新闻的主笔。布雷斯福德也由于这项工作而首度成为全国知名的人物。英国自伊丽莎白时代起，在和平时期与欧洲其他强权结盟，先是和法国，再是俄国，这种既定政策一直到20世纪初才有所转变。这种改变完全是自由主义政府之功，而《曼彻斯特卫报》就是最崇尚自由主义的报纸。但是，身为该报国际新闻主笔和编辑的布雷斯福德，强烈反对政府的新政策，他认为这么做是鼓励战争，而非避免战争。

同样地，他又做了一桩最不受欢迎的事。这段时期正是吉卜林[一]所谓的"衰退期"——英国首次意识到自己不再强权在握，政治和经济的龙头地位即将拱手让人。而新的结盟政策因为标榜可压制德意志帝国新兴的工业和军事力量，因此受到各个党派的喝彩。布雷斯福德写的社论却泼了大家一桶冷水，他也因此大大出名。

10年后，他成为《曼彻斯特卫报》的战地记者，前往巴尔干半岛采访报道。在这场战争中，希腊人、保加利亚人和塞尔维亚人本来一同对抗土耳其人，后来又双双打了起来。那场在1912年至1913年进行的巴尔干战争，今天看来只是史书上一个小小的注脚，但在当年，大家却认为这就是欧战的

[一] 吉卜林（Rudyard Kipling，1865—1936）：英国小说家、诗人，作品主要表现大英帝国的扩张精神，有"帝国主义诗人"之称，获1907年诺贝尔文学奖。

前奏曲。那人人预期即将开打的欧洲大战，很像 30 年代的人对西班牙内战的感受。在巴尔干半岛的那两年，对布雷斯福德而言，或许是这一生中收获最多的时期。他厌恶战争，在这段时期看够了烽火带来的痛苦。为了更进一步观察，他志愿帮开战的任何一方抬担架。他受过两次伤，一次是在为希腊军队服务时，另一次则是帮保加利亚人时。

后来，他却爱上了这一片浪漫的土地：春天的野花遍地、夏秋的干燥静寂、深谷中的溪流、多岩的峭壁，还有那活力充沛、绿意盎然的河谷。特别是，他就像许多在他之前的英国人，爱上了那些简朴的人民，也就是未曾经过"文明"洗礼的人——他们仍然保持古老的生活方式，怀抱着简单的信仰与荣誉，唱着民谣，述说着古代的民间故事；他们不会哼"风流寡妇"，也不看报纸。

布雷斯福德一面报道这场残酷、漫长而且混乱的战争，一面描述当地的民间故事、丰年祭、婚礼、血斗和葬礼等，也谈到他们的迷信和民间疗法、亚历山大大帝的英雄史诗、伟大的山林之子，以及对抗土耳其人的游击队。他还记录这些部族及其传统、大半被遗忘的语言，还有由一连串的侵略者和征服者——希腊人、罗马人、拜占庭人、十字军以及土耳其人造成的废墟。这些报道汇编出版的书在英国大大地畅销，直至 1930 年，欧洲各国外交部无不把这些书当成基本教材，来训练即将前往巴尔干半岛服务的年轻外交官。

多年后，在布雷斯福德作古之后，我遇见一位南斯拉夫经济学家、铁托政府里的高级官员。他告诉我，尽管布雷斯福德的书已是 50 年前出版的老书，但依然是在塞尔维亚和克罗地亚政府服务的年轻人必读之书，以了解那些有着浪漫之名的荒原，诸如马其顿（Macedonia）、色萨利㊀、鲁美利亚㊁以

㊀ 色萨利（Thessaly）：希腊北部一区，位于马其顿南面、伊兹鲁斯高地和爱琴海之间。在公元前 2500 年为新石器文化的发源地之一。巴尔干战争后，全部归属希腊王国。

㊁ 鲁美利亚（Rumelia）：原神圣罗马帝国在巴尔干的领地，"鲁美利亚"原意为"罗马人的土地"。

及土耳其帝国的"山杰克"[1]等。

布雷斯福德前往巴尔干半岛采访时，是一个秉持异议的自由主义者，返回时已成为异议的社会主义者。千万别称他是基督教的社会主义者——他很早就弃绝基督教了，但他所持的社会主义还是带有宗教色彩，而非科学辩证的马克思社会主义。在他去巴尔干半岛以前，无疑地一定接触过托尔斯泰的作品。托尔斯泰正是20世纪初在欧洲读者最多，也最为人所景仰的作家；他笔下展现简朴的社会主义，具有悲天悯人和谦卑的特色，更表达出对农民和村夫村妇的爱。这些在布雷斯福德这个牛津大学研究员和曼彻斯特报纸主笔看来，似乎相当奇特有趣，毕竟曼彻斯特——兰开夏的首府——过去是工业革命的摇篮，现在仍是工业的堡垒。布雷斯福德发现，到了巴尔干半岛，他得以置身于托尔斯泰所述的前工业和前资本主义时代，见到家庭和村落都是互助合作的社群。他在巴尔干半岛工作的那几年，新的"乡村社会学"运动正产生深远的冲击力。

这个运动，正是穆希·波拉尼的设想，起源于匈牙利，宣扬每个有土地的小农民人人平等的"草根民主"，借用美国早先类似此项运动的口号来说，就是"40亩地和一头驴"。然而"乡村社会学"和美国杰斐逊和杰克逊派等先驱主张有所不同，是以社群为主，而不是个人主义，特别是由家庭推广出来的志愿合作和共同经营等理念。从任何传统的观念来看，一点"宗教"特质也没有。"乡村社会学"呼吁的是，回归农民的文化根源、信仰、民歌、先民传说、仪式和庆典。巴尔干半岛战争进行那几年，布雷斯福德都在那儿，当时也是"乡村社会学"在保加利亚蔚为风潮的时候。保加利亚的"乡村社会学者"和农民政治家斯坦布利斯基（Stambuliiski）和布雷斯福德成为好友，一直保持情谊，直至20世纪20年代被暗杀身亡。后来保加利亚的首相不知是由右翼人士或是墨索里尼的命令，还是斯大林的共产国际扶植上台

---

[1] "山杰克"（Sanjak）：土耳其帝国时代省之下的行政区。

的，这件事还没有定论。

尽管布雷斯福德没有成为"乡村社会学者"，但是他和"乡村社会学"的接触，引领他去寻找自己的根源，也就是英国异议传统中那社群的、宗教的社会主义——回归到17世纪的"掘地派"㊀与"平均派"所持的理念。

布雷斯福德从来就不是主张用缓进手段进行社会变革的费边社员㊁，他根本不在乎那一套，也讨厌权力欲重、想以官僚制度来改造社会的极端民族主义者。对于布鲁姆斯伯利学派㊂的易感、狡黠，他只有鄙视，那帮人也不甘示弱地以牙还牙。至于工会领袖，他抱持的是深深怀疑的态度。他对经济学没有多大兴趣，但对英国语言却是爱得不得了，他的造诣已到了炉火纯青的地步。他所持的社会主义是建立在信仰和道德之上的，而非基于历史的"科学"法则。总而言之，他的思想是"有着一颗心"的社会主义，而不是从理性出发的，也非一般宣传手册上的社会主义。

因此，他可说是个"孤客"。但是，他也代表一种老式的英国传统，非费边主义、布鲁姆斯伯利学派、工会运动——这种传统可以追溯至中古时期的威克立夫（Wycliffe）和皮尔斯耕农（Piers Plowman），17世纪的掘地派与平均派，至1850年以前的人民宪章运动者（Chartists）㊃。这种传统诉求的是"怜悯之心"，而非"普罗阶级的团结一致"；要求穷人应得的正义与公平，而非主张对富人的报复；这是属于个人转变的传统，而非高唱福利；这种传

㊀ 掘地派（Digger）：1649和1650年在苏格兰风靡一时，主张平分土地的共产者，是一清教徒激进派别。

㊁ 费边社（Fabian）：1883和1884年在伦敦成立的社会主义团体，宗旨是在英国建立民主的社会主义国家。早期成员有萧伯纳、韦布（Sidney Webb）等，一般说来，英国议会下院中的工党议员和许多党的领袖人物，都是费边社员。

㊂ 布鲁姆斯伯利学派（Bloomsbury）：指1907～1930年，经常在伦敦大英博物馆附近的布鲁姆斯伯利区聚会的英国作家、哲学家和艺术家，以不可知论的精神讨论美学与哲学的问题，该团体的重要成员有小说家沃尔芙（Virginia woolf）、福斯特（E. M. Forster），经济学家凯恩斯和翻译家韦利（Arther Waley）等。罗素、赫胥黎和艾略特有时也与该团体往来。

㊃ 人民宪章运动（Chartists）：为英国工人阶级争取改革议会的运动。

统是良知的，不是权力的——这就是极端异议分子的传统。布雷斯福德的确很"孤独"，但是他并非"任性"或"古怪"，而是代表良知！

巴尔干半岛的战争到了1913年底宣告终结，每一个参战国都已精疲力竭、伤痕累累，并饱受挫折。几个月后，第一次世界大战爆发了。正如布雷斯福德早先预言的，所谓的"亲善协定"（Entente Cordiale），也就是英国和欧洲强权法国和俄国之间的联盟，根本无法阻止德国的行动，只是使英国免于出面协调。布雷斯福德立刻决定反战。他从来就不抱着所谓的"和平主义"，但是他把"正义的"和"不义的"战争分得很清楚。希腊、塞尔维亚和保加利亚的参战，以从土耳其那儿解救他们的同胞，在他看来是"正义之战"。为了几块领土、煤产或是名声，各强权之间的杀戮，对他而言则是不义的，也是残暴的战争。他再一次采取大家都不以为然的立场，并进行反对运动。

他不得不辞去在《曼彻斯特卫报》的职务，有好几年没有收入，也没有工作，过着一贫如洗的日子，有一两次还锒铛入狱，不过为时不久。很快地，他加入了由社会主义组织分裂出来的一个小团体，他们就跟他一样，也采取反战的立场。这个小团体大抵都和布雷斯福德相似，比方说后来成为英国首相的麦克唐纳（Ramsay McDonald），有着基督信仰，而非"科学的"社会主义者，是1850年以前民权运动者的后裔，而非持激进主义的雅各宾派（Jacobins）或巴黎公社⊖的传人。他们没有一个是出自工会组织的。工会领袖都坚决参战，也利用这一点来赢得尊敬和权力。

反战的社会主义者因此和布雷斯福德志趣相投，他们既没有受过高等教育，也没有文采，因此布雷斯福德很快地就成为这个团体的代言人并为他们发表文章。就在大战结束后一年内，对战争产生反省，反战的人物反倒成为英雄，不再是被社会放逐的人，且成功地取得工党的控制权，此时布雷斯福

⊖ 巴黎公社（Paris Commune）：1871年3月18日至5月28日，反对巴黎政府的巴黎起义。

德似乎开始掌握权力了。工党政府首度组阁时，就邀布雷斯福德加入，至少想请他担任次长级的职位，然而他却无法为工党赢得一个本已十拿九稳的席位，因此失去了这个从政的机会。

布雷斯福德再次寻找下一个不受欢迎的目标。他马上就找到了，也许可说是这个机会找上了他。就在选举失利后，有一个陌生人来拜访他。他是一个年轻的印度律师，也是牛津毕业的，不过却足足比布雷斯福德小16岁。这个人就是尼赫鲁（Jawaharlal Nehru），他之所以来访，是希望布雷斯福德帮他找一位英国编辑刊行自己为印度独立运动写的文章。这篇文章的另一个作者也是一个少有人知的印度律师——甘地。因此，布雷斯福德在1920年成为英国第一个支持印度独立运动的人，后来一直是这个运动在英国的主要倡导人。

那时，布雷斯福德对印度可说是一无所知。我怀疑他一直对这个国家了解不多，也不甚关心。据我自己的印象，他最后终于到印度去了一趟，却不怎么喜欢他所看到的一切。他后来和甘地、尼赫鲁两人很熟，但却不信任他们。他认为尼赫鲁太过狡黠，甘地的融合宗教修辞与政治活动更激怒了他。20世纪20年代晚期，由于罗曼·罗兰论印度圣人一书大为畅销，使得欧洲无不对甘地倍加推崇，布雷斯福德却不以为然。

有一次，我问他对甘地有何看法，他答道："他的说辞太像克伦威尔了。"在英国所有的统治者和政治人物中，布雷斯福德最不喜欢的，就是克伦威尔。总之，布雷斯福德并不特别为印度独立运动辩护，强调这运动对印度有何好处。我猜，他可能在想，即使印度不受英国的统治，也会进行这项运动。印度"左派"人士所谓印度是被英国欺压、剥削的说法，在他看来则是虚伪不实的。他认为，英国对印度的统治是件好事或坏事，这完全不是重点。对他而言，印度独立和英国的良知有关。基督教会的先贤曾告诉我们，奴隶可使灵魂得到救赎而上天堂，但他们的主人却因拥有奴隶，终会受到诅咒而失去灵魂。布雷斯福德说，印度独立就是使英国灵魂得到解救之道。他知道，这么做，印度人和他的距离不会因此就拉近了。

有一次，他跟我说："印度人不会告诉我，我对他们的帮助有多大。然而，他们还是需要我。不过，若是他们庆祝独立运动成功，可不一定会邀请我。"果然，他不在邀请之列。他论道，英国才要庆祝自己和印度脱离了——因为主人依赖奴隶的程度总要比奴隶依赖主人来得深。正因如此，他成为20世纪20年代主张印度独立最有力者，尽管他的立场不讨好，甚至他在工党的那些老伙伴都不以为然，但他因挺身而出为印度独立大声疾呼而受人尊重。

我记不得第一次和布雷斯福德相遇的经过。还在我记忆中的是，1934年他想写一篇文章讨论纳粹企图推翻奥地利政府而未果的事，上门来采访我。我依稀记得的是，他很惊异，也很高兴我在谈话中提及东欧"乡村社会学"，以及他的老友斯坦布利斯基——保加利亚农民民主运动领袖。一直到1935年的冬天，我们才有机会经常见面，直至1937年1月我搬到美国，这段时间我和妻常常与他相见，因此和他熟识。

布雷斯福德很早就结婚了，但是婚后不久，太太得了无药可治的精神病，不得不被送进精神病院。由于英国的法律规定，布雷斯福德无法和太太离婚，多年来一直和一个有名的平面艺术家克莱尔·雷顿（Clare Leighton）同居。她也做蚀刻艺术和木雕，她那描述田园生活和英国乡野的书流露出恬静抒情的情趣，在英美都相当受欢迎。

他们俩住在汉普斯特，和我们的住处不远，但是我们很少在伦敦见到他们，因为他们总住在孟克斯·瑞斯伯罗田庄，那儿清新怡人，离伦敦约有一个小时的车程，已过了伦敦市郊，离市郊边界的市镇约有10里。房子的客厅和饭厅的采光很好，厨房宽敞，通风良好。布雷斯福德和克莱尔各有一间书房，他们还有三间小卧室。屋外有个老式的花园——一排种着香罗兰，一排种着紫罗兰，还有一排龙眼包心菜。从花园望去，是白金汉郡丘陵，且可直接看到在基督教之前出现的路标——也就是孟克斯·瑞斯伯罗那个巨大的白十字架——传说有一匹野马的头笔直嵌入从艾斯柏里河谷升起的断崖上，而成十字形的路标。

差不多有两年的时间，我和妻每一个半月就会到那儿和他们共度周末。有一两回，布雷斯福德和克莱尔去美国讲学时，他们就把房子借给我们度假。平常在伦敦的日子很忙，因此在孟克斯·瑞斯伯罗田庄过周末时，他们并不会邀请很多人前来做客，然而我们也并非是他们唯一的客人。但是，我想我和妻是少数布雷斯福德和克莱尔都熟识，也常见面的朋友。

那时，在英国星期六早上还是得上班。我和妻因为都有工作，所以一直要到星期六下午才会到达他们的田庄。而布雷斯福德和克莱尔早已在那儿待两天了，他们总是尽量在周四的下午或傍晚就离开伦敦。我们抵达时，克莱尔总是不在屋里，不管天气多么恶劣，她一定出外写生。而布雷斯福德总是有点儿迫不及待地等着我们来到，以展示他新发现的"喜悦"。

我们还来不及从车上卸下行李，放进屋内，他就急急忙忙地拉着我们到丘陵旁，那儿有一处新挖的洞穴，如果静静地守候，就可看到一只雌狐和她的小宝贝们玩耍；前一年的野蓟枯萎后，在那干枯的枝叶上，有只小母鸟正在孵蛋；还有那废弃的牛车道上，有棵树上已结了许多肥厚的榛果，正是采收的好时节。然而，他最喜欢的，还是花——有一些很稀罕，像是百合的贝母属植物，花期只有几周，而且只在一些潮湿的草地上生长；在幽暗的角落早开的番红花，旁边围着一堆初降的湿雪；在泥泞小径旁的路堤上，初次绽放的樱草，以及一大片甜美的野风信子和花朵纯蓝的风铃草……此时此刻，布雷斯福德特别像只猫，鼻子有时会翕动一下，他在触摸樱草那粗糙的叶片时，我们似乎可以听到他从喉咙发出满足的呜呜声。

然后，我们回到屋内，准备品尝茶或雪利酒。布雷斯福德每天都要喝上两杯的苏格兰威士忌，这时也是来第一杯的时候。克莱尔很快也回来和我们相聚。我们就这么静静地坐着，陶醉在音乐中。布雷斯福德和克莱尔过着简朴到几近俭约的生活，他们只有非常少的奢侈品，其中的一样就是那精工雕琢的留声机和数目庞大的唱片，大多数都是室内乐。我们的晚餐吃得比较早，之后就开始闲谈，从时事、政治，谈到文化人类学、古典历史和艺术等。特别是文化人类学，那是布雷斯福德在巴尔干半岛工作时就很感兴趣的东西，那时正为流行。克莱尔总是第一个上床，因为每天清早就得起身工作。一个小时左右以后，我的妻也上楼睡了。最后，只剩布雷斯福德和我两个人，他就慢慢把话题转向他此次邀请我来的原因，以及我们当初成为忘年之交的情景。

布雷斯福德和我相遇之时，我还不到 25 岁，他却足足比我大 36 岁。我到英国还不到一年，刚在一家很小，且少有人知的商业银行做经济和证券分析员，那是我第一个正式的工作。而那时，布雷斯福德已是知名作家，也是所有以英语写作的记者中，最顶尖的一位。就性情而言，我是个旁观者，他则是个行动家。我对政治、社会和经济的看法，和布雷斯福德所代表的或实践的，完全不同。那时，我已怀疑社会救赎，不管是信条还是未来救世主那动人的说词，都无法使我信服。但是，布雷斯福德从骨子里就相信这些，并热情献身于社会救赎这个信念，正如他的祖先全心全意地为了基督信仰奉献一般。他后来慢慢"左倾"，和他那些工党的朋友决裂。他们在 1931 年组成了全国联合政府，很快地他们就变得相当保守，只是不以保守为名罢了。于是，布雷斯福德成为知识分子反当权组织"左翼书会"中最活跃的人物。我从来就不是左翼分子，甚至也并非一直都是自由派。事实上，在布雷斯福德和克莱尔的朋友中，唯独我不属于"左派"。

我想，布雷斯福德正是由于这一点才和我结交。在那几年中，他最关心的，常常在他内心萦绕的事，却不能说与任何一个"左派"人士听。然而，他还是要找个人来谈谈，听自己倾诉。这件事也就是他和苏联共产主义的关系。

他看到法西斯和纳粹日益壮大，越来越觉得只有苏联的共产主义可以有效地来制衡。在1930年左右，这个因撰写文章反对英国和帝俄结盟而声名大噪的人，开始提倡英国和苏联同盟。

从1932年他出版第一本有关这个议题的书开始，一些非共产党的知名西方人士便纷纷对苏联表示赞扬。这本书的主旨在号召西方自由派人士、社会主义者和共产党组成联合阵线，一同对抗法西斯和纳粹。"左翼联合阵线"这个理念和口号都是他提出的。然而，他不只请求社会主义者和自由派接受共产党这个伙伴，也要求共产党放弃其意识形态的"纯粹"，共同为避免法西斯并与之对抗而努力，成为"欧洲共产党"，而非只是"莫斯科共产党"。同时，布雷斯福德也对苏联和斯大林大加赞颂，他的称扬并非完全不分是非且过分虚伪，如后来英国那些斯大林的仰慕者，如费边社的圣人韦布夫妇（Sydney & Beatrice Webb），或是伦敦经济学院的领导人物拉斯基[一]等。虽然韦布夫妇的政治影响力要比布雷斯福德这个"孤客"来得大，而拉斯基也比他杰出，但是布雷斯福德却是第一人。他的书造成相当大的波澜。他那无可比拟的风骨与内心的纯正比起学术分量所造成的冲击力要来得深远。

多年后，在第二次世界大战时的华盛顿，一位资深英国外交官告诉我，

[一] 拉斯基（Harold Laski，1893—1950）：英国政治学家、教育家、杰出的工党成员。他认为资本主义制度的经济困难可能导致政治民主的毁灭。他看出只有社会主义唯一可能取代当时正兴起的法西斯主义。

他确信苏联驻伦敦大使迈斯基（Maiski）是精心挑选出来的，且在该职位停留甚久，主因就是他是布雷斯福德的密友，也是他的知己。这么说，也许高估了布雷斯福德对莫斯科的重要性。但是，无疑地，迈斯基的大前提之一，必定是使布雷斯福德继续支持苏联，成为"同路人"。因为特别对那时总是不信任政治和政客的年轻人和知识分子而言，布雷斯福德代表着风骨、独立与无私。他对共产主义的支持，要比最好的、经费最为充裕的宣传活动强过好几倍。因此，迈斯基不惜在布雷斯福德身上花时间、下功夫，以防止他变节。

迈斯基在第一次世界大战以前，曾流亡伦敦多年，那时就和布雷斯福德成为好友。布雷斯福德有一次在偶然间提及，迈斯基曾为《曼彻斯特卫报》做研究工作以维持生计，那也是他唯一能帮他找到的差事。迈斯基当时是属孟什维克党（Menshevik），这是俄国社会党里最大的派系，列宁和布尔什维克党（Bolsheviks）也是从这社会党脱离而出的。1917年在俄国唯一的一次自由选举中，孟什维克党比布尔什维克党所获得的选票要高出甚多，迈斯基因此成为联合政府的一员，然而在1917年10月的革命中，这个政府被推翻了。迈斯基之所以能保住一命，靠的就是布雷斯福德和其他英国社会主义者居中与列宁和托洛茨基（Trotsky）协调的结果。在列宁死后，共产党内部发生斗争，迈斯基把他命运的筹码押在斯大林身上，结果押对了宝，平步青云，终于成为苏联驻伦敦大使。他对布雷斯福德百般示好，每逢礼拜两个人总是坐在一起诉说无穷无尽的心里话，迈斯基还透露一些俄共的"内部情报"，请布雷斯福德给他一些忠告。

在我离开英国一年后，我曾回我所服务的地方去看看。我是英国报社的驻美记者，同时也是该国财政机构的驻美经济分析员和投资顾问。布雷斯福德邀请我第一个周末有空时就到他在孟克斯·瑞斯伯罗的小屋坐坐。

上次离开英国和他告别时，只是一年两个月前的事，这回相逢，却发现他看起来足足老了 10 岁。我搭船回英国时，希特勒已经大举进军奥地利，以武力吞并这个国家——这是他首次公然的土地掠夺行动。然而，国际上却是一片绥靖之声，以英、法为最。最让人失望的消息，还是西班牙传来的。共和党人还继续执政，佛朗哥（Franco）直到一年后才获得最后的胜利，但又被迫退为守势。德国和意大利纷纷调派军队和武器至西班牙，以确保佛朗哥的成功，西方也对共和党实施武器禁运，在西班牙的苏联代表进行一连串的整肃活动，对象包括非共产党党派和共和党的领袖，不管是社会民主党、天主教巴斯克人（Catholic Basques）、加特隆尼亚的自由派（Catalonian Liberals），还是无政府主义者等。这则大整肃的消息 1937 年从西班牙传出时，苏联立即否认，迈斯基立刻说服布雷斯福德写一篇文章反驳这个"谣言"，并宣称这就是纳粹的宣传伎俩。之后不久，这个"谣言"却被证实为真，许多百分之百纯正的"左派"知名人士纷纷出来指证，如奥威尔（George Orwell）、凯斯特勒（Arthur Koestler）、海明威（Ernest Hemingway），还有那劫后余生的林肯旅团[⊖]。布雷斯福德觉得他这一生已经名誉扫地，成为大家耻笑的对象。

除了公然受辱，生涯遭到极大的挫折之外，又加上他个人的不幸——克莱尔准备离开他了。她已搬出和布雷斯福德同居的公寓，只有在布雷斯福德不到孟克斯·瑞斯伯罗的住处时，她才会去，同时也在整理行囊，准备前往美国，永远告别英国。

因此，我在 3 月一个急风暴雨的日子再度见到他时，他的愁绪已浓得化不开，几近陷入极度的沮丧中。但是，他还是打起精神，如同往常，待客亲切而殷勤。他还是一样为我们准备了点小小的"惊喜"——在结冰的溪畔摇

⊖ 林肯旅团（Abraham Lincoln Brigade）：或称林肯师团，是美国人自愿参加西班牙内战的军队，后被出卖。

曳生姿的小杨柳。他拒绝谈论自己的心事，一直怂恿我说说太太如何、自己怎么样，还有目前关心的事等。

那时，我已经完成了我的第一本重要著作《经济人的末日》。在离开美国之前，我已经把手稿交给布雷斯福德为我介绍的一家美国出版商。他很喜欢这本书，却有一点不同的意见。我预测纳粹最后的"解决之道"——计划屠杀欧洲所有的犹太人，以及希特勒和斯大林的妥协——这些都是当时许多人无法想象的。我和布雷斯福德谈了一整晚，也透露我担心找不到人出版。我随身带了一份手稿，布雷斯福德因此想看一下。第二天早上，他下来吃早餐时，一副睡眼惺忪的样子。他彻夜未眠读完全书，而且非常兴奋。

"彼得，这实在是第一流的东西。我已经拍了封电报给纽约的出版商，告诉他们非得出版这本书不可，而且要尽快。但是，你可别谢我，我也想请你答应一件事——让我为这本书作序。"

这么做虽是谨慎之举，但为另一个人写的书作序并不等于大声地"昭告世人"。正如布雷斯福德预期的，这本书相当成功，几个月后在英国一出版，就列入记录了。

又过了8个月，欧战爆发了。布雷斯福德立刻鼓吹英国要全力对抗希特勒。对美国左派知识分子而言，布雷斯福德特别有影响力，因此他成为苏共的头号敌人，也是共产党意欲摧毁美国反共运动的第一个目标。美国在第二次世界大战前主要的非共产党的期刊——《新共和》（*New Republic*）的编辑布利文（Bruce Bliven），也是布雷斯福德的老友，告诉我说，他在为布雷斯福德辩解，否认他是"战争贩子""背叛者"以及"法西斯间谍"时，所遭受的压力是空前的。布雷斯福德本人亦是这份刊物的欧洲编辑。美国有一家知名大学请布雷斯福德演讲欧战及其相关议题时，校园中的共产党人及他们的同路人就强迫校方取消对布雷斯福德的邀请。

到了 1941 年春，罗斯福政府警觉当初新政最热切的支持者——大学教授、大学生、自由派的报人和知识分子等——正一步步走向孤立主义。所以华盛顿方面就要求英国政府派布雷斯福德来美进行巡回演说，因为那些为孤立主义者宣传影响最巨的，正是布雷斯福德在美国的朋友，多年来一直相当支持他。布雷斯福德非常欣喜，至少他可以有所作为了。但是，他打算用几个星期的时间，办好一桩"私事"，也就是说服在科德角定居的克莱尔回到他身边，跟他回英国。我和妻已在康涅狄格和麻州之界租了一间避暑小屋，于是我们邀请他们俩 7 月时一同来度假。

这一趟美国之旅，对布雷斯福德而言，简直是一场灾难。在他抵达美国之前，已经注定此行功败垂成。他人还在海上时，希特勒就进军苏联，在纽约上岸时，每一个共产党、他们的同路人以及美国的左派分子都狂热地大声倡导干预。他的"私事"也落了空，即使他表示如果必要，他愿意搬到美国，克莱尔还是不愿回到他身边。于是，布雷斯福德提早结束这趟伤心的旅程，只在美国停留了两星期，告别美国时，已成一个被风霜摧残、心碎的老人。

在英国的家乡还有更难堪的羞辱等着他。他决定此次回去，准备原谅并且忘记英共在前两年对他做的种种不义，在此纳粹大胜而苏联挫败之时，他愿意再出面支持俄共。他和迈斯基约好，一到伦敦便与他相见。布雷斯福德在信中告诉我说，迈斯基让他足足等了三个小时，最后他终于可以进迈斯基的办公室时，迈斯基对他说："布雷斯福德啊，"（过去 25 年来，迈斯基一直亲密地称他诺埃尔，改口叫他布雷斯福德还是第一遭）"不要再上这儿来了。以后再来，我也不会见你的。我们不再需要你了。"

于是布雷斯福德在信中跟我说道："现在，我终于明白那些异议分子的感受了。他们帮克伦威尔对抗斯图亚特王，获得胜利后，克伦威尔说他们已不再重要，于是将他们斥退。"

布雷克普尔（Stephen Blackpool）——狄更斯最有力而深沉的小说《艰难岁月》（*Hard Times*）（1854年）中的主角和异议分子，最后落得身败名裂、流亡而终，原因就在于他的良知不允许他和权力结合。他的死也是一桩挫败，不但不能改变什么、影响什么，也不能成就什么。这位从19世纪狄更斯的想象中化身而出的异议分子，甚至不能算是殉道者，只是个牺牲者。

诺埃尔·布雷斯福德，这位与20世纪的现实相抗衡的异议分子，试图结合他的良知与权力，以发挥影响力——最后，却为世人所忘，不再重要了。

第 10 章 | CHAPTER 10

弗里德伯格的世界

我的工作生涯，多亏了一座巨大而且丑陋无比的咕咕钟。

1933 年冬，我回维也纳的父母家过圣诞，之后决定留在英国找工作。我早就心里有数，英国的工作不好找，恐怕得花一番工夫。出发前，父亲要求我帮他带一份"小礼物"给一个老朋友的儿子。结果，这份"小礼物"却是一座高达 5 英尺◯的咕咕钟，笨重得几乎难以搬动。火车又拥挤不堪，每到一站，有人上下，我就得赶紧移动这座钟，好让人通过。在巴黎上下车时，我还得拖着这座钟，后来还抱着这个庞然大物登上轮船，横渡海峡。我一抵达伦敦的维多利亚车站，立刻打电话给理查德·莫赛尔（Richard Mosell），也就是这份"小礼物"的收件人。那时，约是早上 10 点钟。

"你就跳进计程车，直接把这座钟送来好了，"他说，"这样你就不必先拿回家。"

我在前一年偶尔见过莫赛尔几次，只知道他好像在市区从事银行业。把

◯ 1 英尺 ≈ 0.304 8 米。

钟送到后，他请我共进午餐，闲聊一下我的背景和将来的计划。然后他说："我们弗里德伯格公司可以雇用你做经济分析员，你也可以帮我们撰写报告，以及做几位合伙人的执行秘书。我们先回到我办公室，如果合伙人没有意见，你随时可以开始上班。"

我第二天早上就到那家公司工作了，之后一直待在那儿，直到三年后前往纽约为止。在那三年间，那座咕咕钟就在我办公桌的旁边——莫赛尔本人不喜欢那座钟，我也是——每15分钟发出一次讨厌的声音来烦我。

有人告诉我，我在商业银行界的表现不凡、大有可为。弗里德伯格公司也没有亏待我，他们给我的待遇和薪水都很优厚。最后，我决定离开时，他们使尽全力说服我留下，答应几年后升我做合伙人。见我去意已定，于是给我一份厚礼——安排我和内人搭乘两星期的豪华邮轮头等舱，经地中海到纽约，并聘我做他们驻纽约的投资顾问，为期两年。这可是个领干薪的闲差。

其实，我总觉得自己做得差强人意，因此不是很喜欢弗里德伯格公司的工作。但是，我每天还是很想到办公室去，因为那儿的人，不管是公司里的人或是他们的客户，都特别有趣。

这家公司是在第一次世界大战期间，由三个股票经纪人合伙创办的。他们原本在伦敦证券交易所服务，因为身为德国人，因此生来就是"英国之敌"，于是被迫辞职，另行创立公司。他们就是坎托（Max Cantor）、伯恩海姆（Otto Bernheim）和弗里德伯格（Ernest Freedberg）。坎托因为涉及一点"丑闻"，所以没待多久就离开了，不过没有人告诉我细节为何。有时，他会到公司来跟弗里德伯格借一笔小钱，每次总是如愿，却未曾偿还。他幻想自己是个"白马王子"，戴着漆黑的假发，长长的胡子上了蜡，还染色，喜欢捏女人的臀部。因为两眼都有白内障，又怕开刀，他几乎看不到了，因此只好拧着沙发椅套"解馋"。

伯恩海姆现在还是公司的一员，他的办公桌就在合伙人办公室的一角。他虽是创办人里年纪最轻的一位，现在才 50 多岁，却已经中风多次，走路和说话都有困难，脑部也有损伤。他一星期会来公司一次，每次待两三个小时，总是坐在位子上发呆，有时会有短短的几分钟，神智回复到从前的清明。

弗里德伯格先生是三个合伙人中最年长的。就在我进入这家公司的几星期前，他刚欢度 75 岁的生日。他神采奕奕，事实上，可说是"精力过盛"。然而，他并非公司的"首脑人物"，这个角色本来是由伯恩海姆担任的，就在他中风后，弗里德伯格把莫赛尔兄弟，也就是罗伯特和理查德带进来，做思考和决策的工作。但是，弗里德伯格本人一直是公司主要的活力来源。

弗里德伯格给人的第一印象就是他那硕大无比的鼻子——又长、又尖，几乎是笔直的，就像迪士尼卡通中的小木偶说了两次谎后的模样。大体而言，他的长相和动作都很像木偶：手、脚和脖子都很长，耳朵也是长长尖尖的，下巴也相当突出；身体每个部位都不断地扭动、摇晃、震颤，像是操纵他这个木偶的人发了狂，同时扯动每一根绳索似的。他那半月形阅读书报的眼镜会一直在那细长的鼻子上向下滑，到了快掉下来的时候，他总把头往后一甩，眼镜于是跃上额头，又继续滑下。

在他不停地动来动去的同时，他总是握着一支话筒，靠近耳边倾听，前面还有一个电话，用一种特别的架子立起来，同时对着这个电话说话。用两个电话和两个人交谈的同时，他还可以转过身来跟我们说故事、和其他合伙人讨论、与访客交谈，或是和公司里的交易员、经理人谈话。从来没有人看过他坐着不动，也没有人看过他放下电话。

弗里德伯格生于德国北部奥尔登堡的一个小镇。那时的奥尔登堡还是个独立小公国的首都。弗里德伯格是犹太家族，自17世纪中叶起，代代为朝廷服务，也就是为奥尔登堡大公掌管私人财务。但是，在弗里德伯格——这个大家族最小的孩子——出生12年后，奥尔登堡已被并入俾斯麦的德意志帝国，而弗里德伯格家族也因经济困难，把家族的银行事业卖给了一家以柏林为总部的新兴大银行。弗里德伯格的两个哥哥早就放弃银行业了，有一个成为杰出的解剖学家，另一个则是文学史家。弗里德伯格小时候深为肺结核所苦，还不到17岁就被送到阳光普照、有益健康的南非养病，原本大家都认为他快死了，没想到他却奇迹般地康复了。

一直身处南非的弗里德伯格到了二十几岁时，遇见一个同样从阴寒的英国来养病的人——罗兹[○]，罗兹公司的老板。于是弗里德伯格便开始为急速扩展的罗兹王国做财务管理的工作，并负责招募人员。50年后，在我认识弗里德伯格的时候，他洋洋得意地告诉我，就是因为他，罗兹的合伙人清一色都是犹太裔德国人——奥本海默、拜特（Beit）、巴纳托（Barnato）和阿布（Albu）皆是。要不然，罗兹这个极端的爱国主义者和百分之百的新教徒，哪会找他们来呢？

19世纪90年代，弗里德伯格痊愈了，于是离开南非，回到伦敦，开了一家证券交易公司来处理罗兹公司的财务交易、南非的金矿和钻石矿、罗得西亚的铜矿以及德比尔斯的钻石专卖事业。直到第一次世界大战时，他不得不离开证券交易所，才不再经营这家公司。之后，他就创办了弗里德伯格公司，当起银行家来。

弗里德伯格就在合伙人办公室里工作，在他的办公桌旁挂着一幅全身画像，画中是个细致的美人，年纪很轻，身材修长，窈窕动人。她的皮肤雪白，蓝黑色的头发倾泻而下，长及腰部。她带着羞赧的微笑，黑色的眼睛散

○ 罗兹（Cecil Rhodes，1853—1902）：英国殖民者、开普殖民地总理，以在南非开采钻石矿和金矿致富，成立德比尔斯开矿公司和英国南非公司，扩张英国殖民领地。

发着光芒。这就是新婚时的弗里德伯格太太——米兰达。她本来是西班牙吉卜赛剧团里的歌女。弗里德伯格在伦敦一家夜总会与她相遇时，已经将近50岁了，然而他无法自拔地爱上她，立刻跑到后台向她求婚，而不管她是不是有夫之妇。他愿意接纳她的吉卜赛家人，第二天一早就弄到一纸特别的许可证和她成婚。

他们的婚姻一直很幸福美满。然而，就在米兰达生了两个女儿后，得了气喘病，不得不离开雾都伦敦，到法国南部养病。据说，她的身边一直是猫和牧师。弗里德伯格对她的爱始终不变，每天早上10点钟左右都会打电话给她，跟她说早安。米兰达很少回伦敦，只有一次，那是在她女儿生小孩的时候。我初次看到她，简直被吓呆了——那画像中的美少女已经变成一个有着三下巴、痴肥的丑老太婆。她那下垂的胸部几乎要蹦出那不知何以名状的黑色罩衫，胸前挂着一个巨大十字架，加上两条满是静脉瘤、肿胀得厉害的腿。她就坐在丈夫的办公桌旁，静静地为刚出生的孙子编织东西，偶尔对丈夫投以深情的微笑，他也向她一笑。过了一两天，她又回法国去了，一直到一年半后，另一个女儿生产才又回来。弗里德伯格的女儿都住在伦敦，她们倒是常常到公司里来，因为父亲给的那笔为数不少的零用钱已花完了，所以又来要钱。她们都直接去找会计诺里斯先生。不过，弗里德伯格下令，每次最多只能给1000英镑。当时，这已是一笔大数目了。她们如果想见父亲一面，总是为了钱；顶多逗留一会儿，跟他抱怨入不敷出、生活困难的窘境，钱到手就走了。

弗里德伯格住在卡尔顿街的单身公寓，有个法国老仆照料他的生活起居。不过，他从不缺女伴。一星期总有一两次，他会去找公司的女职员，比方说打字小姐或总机小姐，大方地邀请这位女士到他的公寓共进晚餐。他从不重复邀约同一个小姐，而受邀者有的受宠若惊、脸红心跳，或是咯咯地笑，有的则假装没听见。如果人家说"对不起"，弗里德伯格风度甚佳，绝不强求，不过他倒是很少被拒绝。显然，他到了这把年纪还相当有吸引力；对女士而言，他体贴、有礼，待客至为殷勤。

男职员洛萨瑞欧有一回对来自伦敦东区漂亮的总机小姐抱怨道，她居然拒绝他，而接受一个75岁老头子的邀约。她于是答道："他让我感觉像个真正的淑女。"

那个法国仆人准备的晚餐更是个传奇。餐点只是为客人准备的，弗里德伯格自己一点都不吃。他似乎不吃任何东西，一天只要有四五包烟，每半小时一壶刚煮好的浓咖啡就足以为生。

晚餐后，弗里德伯格就叫部计程车送这位小姐回家，自己则上俱乐部豪赌，通常是打桥牌或扑克，直到夜已深沉。正如他不需要食物，他也不必睡眠——俱乐部在凌晨3点半关门后，他回家休息一两个小时，以及中午在合伙人会议室里的黑色旧沙发上躺个一小时就已经绰绰有余了。他也从不度假，他说："我不知道哪个地方比办公室更能让我放松。"每天早上我到公司，无论多早，总是看到他在办公桌前打电话。

"臆测"对弗里德伯格来说，简直是个肮脏的字眼。他一而再，再而三地说："只有白痴才会'臆测'股市、商品交易和外汇的情形。如果你要赌，比方说玩轮盘吧，你至少应该知道输赢有多大。"他以身为银行家自豪，宣称200年来的银行传统都在他的骨子里。但是，严格说来，他应该不算是银行家，而是商人，因为他是靠"交易"生存的。他并不特别在意某一笔交易是不是有利可图，他认为"成功的交易"就是商人在电话的一端，比预期少付一点，或多得一些。假如20分钟都没有"交易"的话，他就会变得消沉，抱怨已经老了，宣布他要立刻退休，离开公司。然后，电话一响起，他又说得兴高采烈，开始报价、争论、咯咯地笑，把电话挂上时，脸上浮现心满意足的微笑，说道："那家伙实在不愿意付最后的八分之一点，不过，最后还是付了。"

任何资产,比方说债券、股票,或是房地产都不可能放在他手里超过几天。他一定要进行交易。有一次,我发现一个"特别的情况":有一家瑞典火柴企业克吕格(Ivar Kreuger)倒闭后,股票以美金 6 分出售,但法院指定债权清算人结算后,保证每股仍有 2 角现金,另外,在财务问题处理后,仍可发还 2 角至 3 角。莫赛尔于是悄悄地买进债券。那些债券本来一直卖不出去,现在的持有人(大多数是保险公司)于是乐得以任何价格出售。弗里德伯格于是在短短的两天之内,以每美元 8 分的价钱出清购得的债券。三个星期后,正如我们所预期的,纽约的债权人宣布每美元可立刻分得 2 角,另一次分配至少还可分得 1 角,于是债券上涨了 40%。莫赛尔因此严厉地指责弗里德伯格。然而,弗里德伯格表示:"我才搞不懂你呢。任何一个傻瓜都可坐待法院的判决来获利。要靠脑筋和努力才能以高出市价两个点出售。光等邮差来按铃又有什么乐趣?"

弗里德伯格曾任英国珠宝公司管理董事会的财务总长长达 30 年以上。这个董事会的成员都是犹太人。有一回,他和其他董事发生争吵,之后把该公司的会计师休伯(Willy Huber)叫来,他是个非常虔诚的加尔文教徒。

弗里德伯格对他说:"我已经向管理董事会递出辞呈,并提名你休伯做我的继任者。"

休伯结结巴巴地说:"但是,我……我不是犹太人啊。"

弗里德伯格答道:"那有什么关系?我是提名你做财务总长,又不是请你做犹太教士。此外,你反犹的程度还不到我的一半呢。"

我一开始在弗里德伯格公司服务,是负责协调前后办公室的关系。在前面办公室的是合伙人和交易人员,后面办公室的则是会计师和职员。公司的出纳诺里斯,亦即后面办公室的主管,有一天跟我说:"我的年薪是 750 英镑,五年来一直是如此,都没有调过薪,而伦敦市区内随便一家商业银行,即使是规模最小的,他们的出纳年薪至少都在 1000 英镑以上。"我有权给诺里斯调薪,公司该年的业绩也很不错,此外诺里斯是弗里德伯格从战前一家破产的公司找来的老员工。

我想,我该向弗里德伯格报告诺里斯的调薪事宜。弗里德伯格这个一向是最慷慨的人,却大发雷霆:"像诺里斯这样的职员要这么多钱做什么?不过是白白花掉而已。"

我于是脱口而出:"弗里德伯格先生,250 英镑对你来说,只不过是个小数目。你一个晚上玩扑克输掉的,就不只如此了。"弗里德伯格听了这话,大吃一惊:"你是不是想告诉我,我们的出纳会赌钱?"我马上表示,他误会了,但是伤害已经造成了。

之后,弗里德伯格每年都会请一批查账员来公司,关起门来,悄悄地说:"身为这家公司的总裁,我有义务告知你们一个有关出纳诺里斯先生的传言。我本人是不相信,不过,听说他会赌钱,一个晚上玩扑克可能输掉 250 英镑。"

要取笑弗里德伯格是很容易的,他就常拿自己开玩笑。但是,他宣称 200 年来的银行业都在他骨子里,可不是大言不惭。这个老人不但睿智,而且机敏。有一次,我拿一份提议书,要他为某家公司的股票担保。他看了一眼,然后说:"我想,你认为这家公司不但会提高他们的销售量,还会提高获利率,未来 5 年,约是呈 10% 的成长。这些资料是那家公司的主管告诉你的,不是吗?"我点点头。"任何一个主管若是保证在某一段时间内,可同时提高销售量和获利率,不是偷鸡摸狗,就是愚蠢,通常两者皆是。"

我有个美国朋友来到伦敦,提议组成一个募购承办团体来购买美国铁路债券。那时,正是不景气的 20 世纪 30 年代,因此这些铁路债券打算以相当大的折扣来出让。

这个从纽约来的人说:"美国政府不可能再削低价格了。此外,根据美国法律,政府有荣誉来遵守各项约定。"

弗里德伯格愤慨地说:"这可是笑话。不要相信任何一个政府会做荣誉和体面的事。政府不就是个专门诈骗人民的机构吗?它们唯一会遵守的,就是根本无从破坏的规定。"

有一回,我提出一份详尽的计划书,建议买下一家营运不善的公司大部分的股权,并进行重整。弗里德伯格看了之后说:"很好,我们把路易斯找来测试一下,看看他觉得你的计划怎么样。"

我说:"但是,弗里德伯格先生,路易斯是我们公司年纪最轻的记账员,而且正如你在几天前观察的心得,这个人简直是个笨蛋。"

"没错,"弗里德伯格答道,"如果连他都可以了解你的计划,我们就进行吧。假使他不能明白,这个计划恐怕太困难,而无法运作。我们在做每一件事的时候,都得考虑到傻瓜——因为事情到最后总是要经由一些傻瓜来完成。"

弗里德伯格对人有相当不凡的见解。有一次有个来头不小的人来找他,并带来一份看来万无一失、连傻瓜都能明白的计划书,伦敦所有的大银行都已经跟他签了约。介绍他来的人也是个大人物,好像是英国银行的代理总裁之流。那人的背景更是无懈可击,曾任一家大保险公司的最高财务主管。弗里德伯格公司里那两名年轻合伙人莫赛尔兄弟,简直是大喜过望。弗里德伯格公司能和市区各大银行密切合作,还是破天荒的第一次,而且这次的交易看来绝对稳当。但是弗里德伯格却说:"不行,那个人是骗子。"尽管莫赛尔兄弟气急败坏地以离职作为要挟,弗里德伯格还是坚决反对。3个月后,那个人果然失踪了,卷走了从各大银行筹募的500万英镑。

于是我们问他:"你怎么知道他不是合作的好对象呢?"

"实在是再明显不过了,我真不懂你们为什么没有人看出来。那个家伙似乎已经为每个问题都准备好了标准答案，答得太巧妙了。诚实的人不是这样子的，也不必这么做。"

弗里德伯格也是个相当正直的人。我刚进公司不久的任务之一就是协调与阿姆斯特丹一家银行的争议。弗里德伯格公司和这家银行的来往，已经有很多年了。根据公司的账目资料，荷兰人欠我们8万英镑，他们却持着相当不同的意见。这件事本是由罗伯特·莫赛尔承办的，他已和那家银行僵持很久了。

于是他对我说："德鲁克，你去吧。叫那些混蛋把欠我们的每一分钱都吐出来。"

"先别急，"弗里德伯格说，"你先把那笔款项弄清楚再说。"

经过几个星期的分析后，我向合伙人提出报告，关于那笔钱中的5万英镑，荷兰人是对的——是弗里德伯格公司欠他们，而不是他们欠我们的。

罗伯特气得七窍生烟："如果有你这种朋友，我连敌人都不需要了。"而且表示绝不原谅我。

但是弗里德伯格拍拍我的背，谢谢我，并说："剩下的3万英镑呢？"

我说："那笔钱很有希望是我们的。我会尽可能和他们达成最好的协议。"

经过了为期四周的讨论后，荷兰人和我决定将那笔钱一分为二，他们愿意付给我们15 000英镑。

于是，我请求合伙人的同意："这样的结果是没有我预期的那么好，但总比诉诸仲裁要强。"弗里德伯格于是说："这么一来是不是意味着，荷兰人还是不相信他们欠我们钱？"我点点头。

他继续说："而你是不是也相信他们并不欠我们？"

"嗯，我不想让法院来证明此事。"

于是，他立刻拿起电话跟总机说："帮我接通阿姆斯特丹。"并跟和我进行协调已久的荷兰人说："抱歉，敝公司同仁德鲁克先生年少不经事，还有很多东西要学。本人非常感谢您愿意协调的诚意。但是，既然贵公司不欠我们这15 000英镑，即使您已同意支付，我们还是不能接受这笔款项。"

然后，他转过头来对我说："德鲁克先生，你不是为当事人名誉辩护的律师，而是从事银行业务的，你所得的荣辱都是属于自己的。"

特别值得一提的是，弗里德伯格对人相当亲切，对我更是。我在他的公司工作不到几个星期，他就叫我过去谈话。

"你是理查德·莫赛尔找来的人，因此我不担心。但是，说实在的，你还可以再表现得强一点。"听了这话，我困惑万分。理查德每天都不断地赞美我做得是如何可圈可点，现在得到的评语却是如此。

"我是不是做了不该做的事，或者是没做该做的事？"

"我了解你去年曾为一家伦敦的保险公司做证券分析。现在你做的，还是证券分析。假如我们认为这就是你该做的事，倒不如放你回去帮保险公司服务。我们从现在起，希望你来做合伙人的执行秘书。或许，你对这项工作的内容和薪水还没有概念。今天是星期五，下周二请交给我一份书面报告，看你如何进行这么一项更重要的工作。"

于是我在星期二又去见他，他看了一眼我的报告说："其中说到的，只有80%，另外少了20%。"

"缺少什么呢？"我不禁疑惑，整个周末我已为这份报告绞尽脑汁，最后完成时，已经觉得尽善尽美了。

他那半月形的阅读眼镜又滑到长鼻的尖端，他以沙哑而冷峻的声音说道："德鲁克先生，我们付你薪水，你不是该知道这最基本的事吗？"

我才猛然想起我是那三位合伙人的执行秘书。他问我该为他们做些什么。答案很明显：我必须协助弗里德伯格先生更有效率地做他最喜爱的事，也是他的专长——交易。每一回他的电话交易到一个段落，就会在一张"售出"或"买入"的交易清单上详细记载，然后仔仔细细地折叠4次，撕成

16张碎纸后,就扔进字纸篓里。进公司后,关于他这个人,我最先耳闻的,就是这件事。这个习惯不知有多少年了,因此人尽皆知。到了晚上,清洁工来倒垃圾,弗里德伯格先生的交易记录就此消失无踪了。已经有无数的人请他戒除这个坏习惯,他也总是信誓旦旦地说下次不会了。但是,过了几天,他又开始把交易清单工整地撕成16片丢掉。理查德曾试着以拿走弗里德伯格的字纸篓来解决这个问题,然而弗里德伯格还是把清单撕成16片放在口袋里,每次去上洗手间时就把这些纸屑冲到马桶里。当然,他自己根本没有察觉这个无意识的习惯,但公司的会计系统就叫苦连天了。比方说,就是因为他这个动作,我才必须去和荷兰人协调那可笑的争议。

我知道这也是我的工作范围,就是使老板有效率一点,帮他的忙,而非改造他。我想到一个简单的解决办法,就是下令弗里德伯格的字纸篓不得清除,我第二天一早再来整理。就在3天内,公司的会计已经不再有怨言了。

弗里德伯格以我为自豪,好像我是他生的第一个孩子,才刚学会走路似的。我的工作还是以协助理查德为主,但是一有空弗里德伯格就叫我过去,要传授我"银行业务"。

"莫赛尔兄弟认为你将来必可成为银行业务方面的高手。然而,我常常看你埋首在书堆里。或许,借由从书中学习,你可以成为经济学家,但是银行业务都是和人来往的,所以你必得先学会观察人。我会找个值得观察的人来让你好好瞧瞧。"

他要我见的第一个人就是亨利伯伯。

在一个寒冷的3月早晨,弗里德伯格跟我说:"我现在要你搭下一班火车到利物浦,到了之后,找个第一流的医师,并在疗养院里订一间最好的房间,然后第二天一早到梅西赛得码头去接亨利伯伯……什么,你不知道亨利伯伯是谁？他就是从美国来的亨利·伯恩海姆（Henry Bernheim）先生，奥图·伯恩海姆的伯伯，也是我的老朋友。他已经从波士顿搭乘拉摩娜号来英国了，每年他都会来英国一趟。那艘船碰上了30年来北大西洋最恶劣的暴风雨，几乎已经快不行了，因此晚两个星期进港。亨利伯已经八十多岁高龄了，长我七八岁左右。经历这番折磨，他大概已不成人形。对了，你要记得，千万别称呼他伯恩海姆先生，叫他亨利伯伯，要不然他会把你的脑袋瓜子咬掉。"

次日早晨在严寒的风雨中，我终于看到拉摩娜号进港了。真是惨不忍睹，我从来没有见过这么残破的一艘船——船身结满厚厚的冰，桅杆已不见踪迹，有一个烟囱已经折断，倒在甲板上，两个推进器都倾斜扭曲了。第一个走下来的，是个短小精悍的老人，穿着斜纹软呢西装，没有再加上外套。

于是我冲上前去，喋喋不休地说："我是弗里德伯格公司的人。弗里德伯格先生派我来的。我已经请好了医师，救护车和疗养院也都在等着您，"然后才说，"亨利伯伯，您还好吗？"

他上下地打量我后，好像在自言自语："这12天来的食物都是轮船公司免费招待的。他居然还问我好不好。"然后昂首阔步地向前走。

亨利伯伯和弗里德伯格是老乡，同样出身自德国小镇一个小小的犹太社区。父亲是犹太肉贩，家中的兄弟姊妹很多。因为过于穷苦，依照当年的习俗，家里的孩子一长大，就得离家，到美国闯天下。亨利伯伯和他的双胞胎兄弟不到15岁就离乡背井到美国，那时美国内战才刚刚结束。弗里德伯格的父亲是镇上唯一富有的犹太人，帮这两兄弟付了船票，这也就是弗里德伯格和亨利伯伯的友谊之始。传言，亨利伯伯和他的孪生兄弟只有一件衬衫，在启程到纽约之后，他们用这衬衫换来了一辆单轮手推车，就这么做起生意来了。15年后，那个孪生兄弟就过世了，亨利伯伯在中西部一个小镇开了家小小的百货店。那可是该镇的第一家，小镇此时也开始成长，工业也有了发展。又过了15年，也就是在19世纪90年代末期，亨利伯伯已经飞黄腾达，原来的小百货店已成了12层楼的建筑。到了20世纪70年代，小镇已成百万人以上的城市，而亨利伯伯的店仍在当地享有盛名。在20世纪初，亨利伯伯做得相当有声有色，并送儿子艾尔文进入刚建校的哈佛商学院就读。艾尔文获得企管硕士时，看到父亲经营百货店那般缺乏效率，也没有科学管理，实在是可怖。

他对父亲说："您连赚多少都搞不清楚。"

"孩子，跟我来。"亨利伯伯于是领着他搭电梯到顶楼。他不发一言，到处走动，看看顾客、商品、忙碌的售货员，就走到下一层楼。他一直重复着这个步骤，仍旧一句话都不说，直到他和艾尔文走到最底层，地下一楼、二楼，甚至三楼，也就是大楼的最底部。就在墙壁突出的架子上，有一匹布。

"其他的都不算，这就是我的收获——就这东西，"他指着那匹布，"当年我就是靠这个起家的。"

有时，我会把这则故事说给班上的研究生听，但是他们却不太能了解。

如果有人问亨利伯伯的职业，他会说："我是个小贩。"这可是他的肺腑之言。他最爱的莫过于进行交易。在我遇见他的那一年，他发现若要进口组装好的打火机成品得付65%的关税，但若是珠宝商进口金银来使用却可以免税。于是他从英国一家专门生产打火机的顶尖厂商那里买了25 000个最高级的金质打火机，因为大量购买，折扣当然非常可观。然后，从伦敦东区找来了一些失业的妇女进行拆卸，然后以"珠宝用金饰"的名义进口美国。同样地，在纽约找一群失业的妇女来组装成品。他以百分之百的利润销售出去，仍然比其他制造商的价格低廉。因此，美国的制造商和海关都对他咆哮，但是亨利伯伯却毫不在意。身为一个真正商人的他，认为所有的制造商或多或少都是贼，因此他有责任以低于市价的价格销售。

但是，亨利伯伯最引以为自豪的"交易"，一谈到就眉飞色舞、滔滔不绝的便是——"亨利·伯恩海姆伯伯纪念喷泉"。他定居的城市在 20 世纪 20 年代曾和一个有名的法国雕塑家签约，建造一个美丽的喷泉。之后，遭到经济大萧条的冲击，市政府付不出喷泉的款项。亨利伯伯因此提出由他来付费、捐赠的构想，条件是必须取名为亨利·伯恩海姆伯伯纪念喷泉，上面还要加上镌刻："本城是亨利·伯恩海姆伯伯挚爱的第二家乡，在此谨向他致敬。"在喷泉完成后，他要求给他两年的控制权。他在这座喷泉上盖上大帐篷，并要求每个来参观的人付 25 美分的门票，不过持票入场者可以在伯恩海姆百货店享受购物折扣，以 20 美元的商品作为上限。他在该区大做广告，还为乡下地方的民众准备了特别的火车进城参观"有史以来第一个为尚活着的美国市民竖立的纪念物"。到了他该把这个喷泉还给市政府时，门票收入已超过了他原来捐献的金额。于是，他把所有的收益都捐给医院。

他说："这是我可以做到的事。伯恩海姆百货有了这么些额外的顾客，在最不景气的两年中，我们的销售额和获利数字都很可观。"

不管亨利伯伯到何处，他都特别留心机会。他总让我联想到一只棕色小狗在每支路灯杆旁嗅啊嗅的。有一天，我们午餐时刻在伦敦市区散步，他看到我的名字出现在教会外的布告栏上。我并非神职人员，而是抽空在某个星期中为市区一家教堂讲经。那家教堂在星期天时没有教区居民上门，因此希望利用非假日拉一些人来。我向亨利伯伯解释这一点，也告诉他，我这么做最大的乐趣还是在享受教会的音响效果。

"你一个月有一个星期三会在那儿，是吗？那其他时候呢？"

"我想，什么活动也没有。"

"教会的财务情况还好吗？"

"勉强还可维持下去而已。他们急需一笔钱来整修呢。"

"那你带我去见牧师。"

于是我忐忑不安地带他去见那个一板一眼、不苟言笑的牧师。这个人阶级意识很深，只有左派的英国天主教徒可以与之比拟。

亨利伯伯开口道："牧师，我知道一个办法可以提高教会的使用率，并让你取得需要的修理费。每个星期只要办两次音乐会，可以选在午餐时刻，这时多的是不知怎么打发时间的人，他们一定会纷纷前来。音乐家也一定很高兴有这个义演的机会，这对他们来说是最好的宣传。你只要靠入场门票，必可在短期筹得修理教会的款项。"

那牧师一点表面上的礼节都不顾，冷酷无情地把我们轰了出来。我觉得很过意不去，我晓得亨利伯伯是一番好意，他这么提议确实有几分道理。于是，我为牧师的鲁莽向亨利伯伯道歉，话还没说完，亨利伯伯就说："用不着道歉。我知道牧师一定认为我是个庸俗的小犹太人。没错，我的确是这种人。不过，记住我的话，在5年内，他一定会照我的话做。"

5年后，第二次世界大战爆发，那个牧师大肆地在教会举办午餐音乐会，每星期办两次，并收取门票来为惨遭战争破坏的教会做整修工作。

亨利伯伯在伦敦时，就利用弗里德伯格公司做他的总部，在我原来一人使用的大办公室里摆了桌子和电话供他使用。他经常说故事给我听，比方说最近托卖的一批女帽、一批装配错误的雨伞，或是杂品等。他说个没完，让我无法招架。慢慢地我终于知道要如何听他说——用一只耳朵听就可以了。若是不谈那批雨伞的大减价，他还会喋喋不休地谈着轶事、丝袜的尺寸、颜色和促销等。令人吃惊的是，最后他总可以归纳出一个道理来。

比方说，终于讲完那批装配错误的雨伞最后如何如何时，他下结论说："零售只有两个原则：一是，只要打2美分的折扣就可以使其他店家最忠诚的顾客动心；二是，不把东西上架，永远都卖不出去。其他，就靠你的努力了。"或是说："没有所谓无理性的顾客，只有懒惰的商人。如果顾客的行为不像你心中所预期的,不可说'他们失去了理性'。不要试着去'再教育'你的顾客,这并不是商人的工作。商人的工作就是使顾客满意,使他们再度上门。若是你认为他们不理性,出去看看,用顾客的眼光来看街上的商店和货品。最后,你一定会发现,消费者还是理性的,只不过商人看到的现实往往和顾客不同。"

亨利伯伯曾是美国零售业的改革者。他是采取"包君满意,否则退款"策略的第一人,远在西尔斯百货公司(Sears Roebuck)之前。

我问他:"如果顾客买了一件衣服,穿过,而且洗过之后才拿回来要求退款,怎么办?"

"当然退给她钱啰,不这样她怎么知道那件洋装有没有问题?"

"要是她再度把穿过、洗过的洋装送回来退钱呢?"

"那我们就确实难退款了。她第一次这么做时,我们就把她的名字登记下来,加以注意,不然这样可能会让人养成占便宜的习惯。"

对顾客抱怨方面,亨利伯伯也有一套简单而有效的解决之道。假使有任何顾客来抱怨,服务部门的职员马上记录下来,并保证会联络"顾客服务部副总"来处理。这时,任何一个年纪在35岁以上、刚好靠近服务柜台的男职员就会前来协助。这位"副总"会先倾听顾客陈述,然后露出惊惶的神情。

"我们绝不能让伯恩海姆百货的顾客遭到这样的待遇。马上把那名该死的售货员找来。"

最靠近服务柜台的售货员就会被拖过来。那名"副总"于是指着他的鼻子说:"明天开始不用来上班了。"这时,顾客总是会为那个售货员求情。

亨利伯伯说:"假如女顾客哭了起来,我们就对那个售货员说,暂时不处分他。我们不希望店里有女人哭泣,这样会影响本店的声誉。"最后,顾客的怨气消了,也离开了,那个"该死的售货员"就可以得到一点酬劳。

亨利伯伯又说："为这么一出剧，我总是愿意多付一点。不过，那次抱怨的始末，还是会调查清楚。不必对顾客的抱怨太认真，但是又不得不加以注意。"

在第一次世界大战期间，伯恩海姆百货也跟其他百货零售业一样，遭到"员工监守自盗"这股坏风气的冲击。亨利伯伯说："其他店家无不找侦探来埋伏，还装设了监视镜。员工无不气得咬牙切齿。我也很生气，这样是不能阻止员工偷窃的。我们伯恩海姆百货的做法则是，定出货品'短缺'多少是合理的，绝不以其他的名称来替代。然后，实行一个制度：如果每半年的盘点没有过度'短缺'的现象，员工就可以拿到一份不错的红利，此外可以依照薪水的某个比例免费获得公司的货品，或是给他们相当的折扣优待。因此，我们的货品总在正常'短缺'的限度内，员工互相管得很好，也很满意。"

亨利伯伯说，他这些策略都是出去走走看看时学来的。不管是丝袜的尺寸、装配错误的雨伞，还是去年流行的女帽，他都可以从中汲取一些经验。

亨利伯伯90多岁高龄的时候，大概是在1950年左右，他的孙子以非常好的价钱把伯恩海姆百货卖给一家大型百货连锁店。那时的亨利伯伯当然已经退休，不再积极地参与公司的管理业务，但是他还是最大的股东。尽管年事已高，他还是到市区走动，因为那家大型百货连锁店的总部就在那儿。他花了半天拜访该公司人员，回家之后就宣布要把自己的股份卖掉。

他的孙子沮丧地说："亨利伯伯，您看过他们的财务报表吗？"（即使是他的孙子也叫他亨利伯伯。）

"在你出生之前，我就可以弄清楚他们的底细了。我听了那家公司十几个采购说的话。他们是很聪明，不过他们采买货品不是为了顾客，而是为了公司。这是错误的。这样下来，他们会失去顾客，东西卖不好，也无法获利。"就在两年内，易主经营的伯恩海姆百货果然顾客减少，业绩日益下滑，也开始失去利润。

有很多人的思考是跳跃式的，像蚱蜢一样，一下子想到丝袜，然后又跳到纽扣，从一个实验想到另一个，但是从来没有一个结论，也没有什么概念。科学家常常如此，商人也是。但是，我学到了一件事，那就是好的商人，以及杰出的艺术家或科学家，他们的思考方式都像亨利伯伯，起自某一个特定的、非常具体的东西，最后终于得到一个准则。

亨利伯伯逝世，是在我离开弗里德伯格公司多年以后。我曾服务于美国国防部的顾问委员会。这个委员会的主席曾是非常成功的商人凯尔斯达特（Charles Kellstadt），本来是西尔斯百货的总裁。凯尔斯达特说的故事，常常和亨利伯伯说的一样。我还一直怀念着亨利伯伯，因此很认真听凯尔斯达特说的话，总是从中学到不少。这个委员会权力非常大，打算为美国国防部的采购政策立下新的行动方针。然而，委员会中只有我对凯尔斯达特的话有兴趣，其他成员对他的喋喋不休，简直是厌烦之至，又无法让他闭嘴。

凯尔斯达特是肯尼迪总统和国防部长麦克纳马拉跟前的红人。成年后，他在亚特兰大待过好一阵子，做西尔斯的地区副总，之后到芝加哥，荣任这家百货公司的总裁和最高执行主管，也握有政治权力，成为美国南部民主党里举足轻重的人物。他本身是天主教徒，在他的大力支持下，南部民主党接受另一个天主教徒——肯尼迪作为总统候选人。肯尼迪因此得以被提名，并赢得总统大选。凯尔斯达特之所以和麦克纳马拉结识，是他曾在福特汽车董事会的缘故，那时的麦克纳马拉是福特的总裁，由于凯尔斯达特的引见，肯尼迪才注意到麦克纳马拉。

我在委员会的同事都对凯尔斯达特的故事退避三舍，觉得像是老太婆的裹脚布，又臭又长，而且没有重点。有一天，他们终于了解他的用意了。麦克纳马拉麾下的那批"英雄豪杰"中最厉害的一个，也就是部长助理，他呈报给委员会一份计划书，建议采用截然不同的定价方案。大家都觉得相当不错，只有凯尔斯达特不以为然。于是，他又开始讲故事了，说到当年他第一份管理工作是在俄亥俄州区奇利克提一家店的地下折扣部门，有一次他们卖的胸罩罩杯尺寸有问题。他说了几句就打住，然后问那满脸疑惑的部长助理一个有关胸罩的问题，然后又继续说他的故事。

最后，部长助理终于说话了："凯尔斯达特先生，我想您不了解，我说的是概念。"凯尔斯达特有点儿生气地说："我也是啊。"然后又开始喋喋不休。10分钟后，委员会所有的成员终于恍然大悟。原来凯尔斯达特之所以反对这个计划，就是因为其中太过复杂、太多假设，一大堆"假使""但是"以及"当……的时候"。［哎，可惜部长助理不了解这一点，麦克纳马拉也一样执迷不悟，因此造成了国防采购史上一次代价不菲的错误，也就是洛克希德（Lockheed）巨无霸空中运输机采购案。］我们走出会议室时，另一个委员，一家著名工学院的教务长带着仰慕的语气对凯尔斯达特说："你的表现真是太令人激赏了。不过，你为什么提40年前那个有关罩杯尺寸的往事呢？"凯尔斯达特很讶异他这么问，说道："不然，我怎么能看出问题来呢？"

50年前，或者更早以前，是亨利伯伯和凯尔斯达特的天下，之后换亨利伯伯的儿子艾尔文那样的人独领风骚，进入系统、原则和抽象概念的时代。我想，过度强调感觉是不对的，必须再加上一点概念性的原则，加以平衡。我还记得在伦敦的那几年，初次接触那时新兴的符号逻辑学，真有一种解放的感觉。（后来，我自己也开过几次这门课。）符号逻辑反对无谓的重复、错误的类比，认为不该从单独事件，比方说轶事，去找通则，并以相当严谨的语意为工具。但是，我们还是需要像亨利伯伯和凯尔斯达特那样的认知；我们已经过度依赖没有经过试验的定量分析、倾向对称而纯粹的正统模式、从假设而非从经验去推论，并且从一个抽象到下一个抽象概念，离具体事物越来越远。我们正慢慢忘却柏拉图在西方系统分析和系统思考之初教给我们的，就是对话集中最美丽、动人的两个篇章——斐多斯（the Phaedrus）和克利多（the Krito）：少年斐多斯和风烛残年的苏格拉底对话，苏格拉底就是在那天早晨离开人世的。我们学到，不经逻辑试验的经验不是"严谨的修辞"，只是"漫谈"；而没有经过经验试验的逻辑，不能算是"逻辑"，而是"荒谬"。因此，我们可从凯尔斯达特说的那句话——"不然，我怎么能看出问题来呢？"又学到一课。

亨利伯伯一直到104岁高龄才撒手人寰。到他死前的最后一刻，神志依旧相当清明，睿智不减当年，不过身体却十分羸弱，肺和肾功能都很差，不得不缠绵病榻。就在气候最恶劣的一天，他居然起身，穿戴整齐准备出门。护士阻止他外出，他说："别管我，反正我随时都可能死。"一个小时后，他回来了，打个电话给伯恩海姆的总经理好好地训了他一顿，原因在于对手的丝袜价格比伯恩海姆更低了。挂上电话，他对护士说："瞧，到我这个年纪还可以做点儿有用的事吧。"说完，转身面壁，就过世了。

我去利物浦接亨利伯伯之后几个星期，弗里德伯格先生又把我叫去。他说："本公司一位相当好的客户帕尔布（Willem Paarboom）先生计划从荷兰搬到英国来。他要看看房子，并请你作陪。他对英国乡间不熟，我已经告诉他你是这方面的识途老马。星期天早上8点到他下榻的饭店去接他吧。"

就在那个星期天，我遇见了一个外表最奇特的人，或者我该说，我不确定我看到的是一只装扮成人形的大乌鸦，还是一个扮成大乌鸦的人。他非常高，约6.4英尺，异常消瘦，全身是丧服一样的黑——黑皮鞋、黑袜子、黑西装、黑领带，连领带夹上的珍珠都是黑色的，加上浆得雪白的高领衬衫。他一开口就露出参差不齐的牙齿，巨大的鼻子如鸟喙，嗓音沙哑，也像乌鸦的啼声。他的荷兰口音很重，叫人难以理解他的话。我几乎想听到他像爱伦坡笔下的大乌鸦啼叫："啊，不再了（Nevermore）。"

等着我们的一辆 8 人座的劳斯莱斯，也是黑色的。司机载我们到各处看看中介商推荐的房地产。一整天，我们就这样越过一栋又一栋令人毛骨悚然的维多利亚时期的建筑——每一间都很大，而且阴暗，里面多城楼、仿都铎时代的梁，门前停车处都有铁铸的小矮人。最后，天色已暗，每一处也都看过了，我们经过一条巷子，我记得是在埃塞克斯，我们转错了弯，到了一栋大宅前。那真是可怕的一栋，几乎是先前看过的房子的两倍大，塔楼更多，而且年久失修，残破不堪。帕尔布叫司机开进去。那栋房子看来废弃已久，不过在一个城楼上灯光隐隐若现。帕尔布在四周走了几圈后，走上破旧的门前阶梯，敲了门。过了许久，又敲了几次。

一个肮脏的老人前来应门，手中拿着蜡烛，大声咆哮："你要做什么？"

帕尔布问道："你是屋主吗？"

"我就是，不过与你何干？"

"我想马上住进这栋房子，你愿意开价多少？"那个老人一定认为他遇见一个疯子，但是这疯子可是有着一部大劳斯莱斯，还有司机帮他开车。

"3 万英镑，现金交易。"那栋房子的市价顶多值 6000 英镑。

帕尔布说："好，就此成交。"他从口袋里掏出一大沓一百英镑大钞，10 张绑在一起，数了 30 叠后交给他。

"你的大名是……好，这是我的名片，我的律师明天早上会跟你联络。"然后他转身离去。

呆若木鸡的老屋主问他说："不用收据吗？"

"不必，我都会记住的。"

我们在车子里坐定,准备回去时,他对我说:"这栋房子有足够的塔楼可以容纳我那些太太,未来再多几个老婆也不怕。"

几个星期后,我接到他的电话。

"德鲁克先生,你可以过来帮个忙吗?我那些太太已经从荷兰出发,来英国了。她们想看看房子,看哪些地方需要整理一下。你可否作陪?"

"你的太太们?"

"当然,她们4个全过来了。"

他听出我话中的惊讶,于是加以解释:"德鲁克先生,我想一个女人生孩子超过三个是有害健康的。因此我的每一个太太生了三个孩子后,我就让她卸下生育的重担,安排离婚,然后再娶。我当然还是爱着她的,我们依旧是亲密的朋友。虽然离婚,她和孩子仍和我以及其他太太住在一起。然而,每一个太太都有自己的生活范围,分住在房子的侧翼或是塔楼。"

我终于见到众多的帕尔布夫人时,发现她们的确亲如密友,而且难分轩轾,像是同一个模子印出来的典型荷兰主妇——金发碧眼,圆圆胖胖,带点奶油的味道。我向帕尔布道歉说,我只能一律称呼她们"帕尔布夫人",无法照他的介绍分清楚哪一个是"缪若·玛瑞克",哪一个是"缪若·朵拉"。

于是他说:"德鲁克先生,你以后就知道,人总是这样,哪个法子行,就会一直那么做下去。走过这段人生,我已经知道怎么做算是个好丈夫,就一直照那个模式去做。果然有用。"

帕尔布后来预言欧洲即将发生战事,于是在1939年举家逃往美国,在纽约北部的达切斯定居。他在哈得逊河畔为自己、4个太太和12个孩子找到一栋建造于1880年、有着非常多塔楼的房子,好让每个太太各据一方。

帕尔布在20世纪初离开荷兰的家乡,独自前往遥远的荷属东印度群岛时，还是个不到 14 岁的孤儿。他那过世的父亲是个小生意人，老是面临破产的命运，因此留给他的只有债务，除此之外只有一场待解决的官司。荷兰下级法院宣告他父亲在东印度群岛的某项产业有问题，所有权不属于他，帕尔布家因此提出上诉。5 年后，帕尔布回到荷兰时，摇身一变，成了百万富豪。他不但赢得了那场官司，还在巴达维亚从事房地产赚了一笔。巴达维亚是雅加达的旧称，那时他们的橡胶业才刚刚勃兴。他虽然拥有了财富，在巴达维亚那 5 年非人的生活也带给他永恒的创伤。当时荷兰在巴达维亚的殖民社会是没有他这么一个又穷又脏的小子立足之地的，那些有钱有势、骄傲、冷血的荷兰"上流人士"对他的不屑、敌意和羞辱，造成他一生永远的阴影。他发誓绝不再软弱，他要成为"绅士"。对他而言，所谓的"绅士"就是穿黑色西装的人。他的衣柜里有 25 套完全相同的黑色西装，每天都穿不同的一件。每一套都是请裁缝定做的，穿了一年后就丢弃。他也决心不再仰仗别人的恩惠，从今以后，他要做自己的主人。

回到荷兰后，他从事财务顾问工作，为当地的大企业家服务。尽管年龄尚轻，但他一开始就有不凡的表现。就在 20 世纪 20 年代初期，他准备进行第一桩大作为：当时，他是荷兰一家人造奶油和肥皂大厂继承人的顾问。他认为欧洲必须成立一家超级人造奶油和肥皂公司，以和美国厂商，也就是日益蓬勃的宝洁公司和高露洁公司相抗衡。但是，他也知道这些欧洲厂商难以合并或是轻易卖掉自己的公司，特别是英国人不会屈居在荷兰人之下，荷兰人也不肯在英国人之下服务。于是他想到一招妙计。两家欧洲厂可都称作尤尼莱佛（Unilever），各由英国人和荷兰人来经营管理，所有权彼此都有份。几年后，他第一个得知德国的欧宝兄弟没有能力，也不想经营即将继承的欧宝汽车（Opel），然而德国政府和该国舆论反对他们将公司卖给欧洲任何一家汽车公司。帕尔布于是心生一计，想欧宝不如卖给底特律的通用汽车。他盘算好细节后，先说服通用汽车，再获得欧宝汽车的首肯。然后，他拟好一长串未来客户的清单，只挑选最富有的人，排行第一的就是最有钱的荷兰女王。

然后，对于他经手的交易或是客户，他绝口不谈。他不曾接受报纸访问，对自己的隐私极为注重，名片上仅仅印着"帕尔布先生"，连地址和电话号码都付之阙如。事实上，他几乎过着隐姓埋名的日子。然而，若是得拜访最有名的大企业家、银行总裁或是政府部门首长，他可一点都不会迟疑，事前往往没经过预约，就直接走进办公室，说道："这就是你必须做的事。"

有一天，他获悉当时英国最大的钢铁公司发生财务危机。他以前对这家公司一无所知，于是开始研究。他坐火车到这家公司总部坐落的地方，把自己的名片递送给那家公司的总裁。当然，这位总裁从来没听说过有帕尔布先生这号人物。经过3个小时的晤谈后，帕尔布已经取得了一份长期合约以重整该公司，健全他们的财务状况。

弗里德伯格先生问他说："你为什么不让我们帮你正式介绍呢？毕竟，我们知道那家公司，和他们的总裁也熟。此外，在英国不经正式介绍，是难以做成任何生意的。"

帕尔布答道："这正是我没请你协助的原因。我这人做事从不按牌理出牌。"

帕尔布搬到英国不久，就在城里离弗里德伯格公司不远处租了间办公室，也邀我过去看看。他的办公室就在伦敦最新颖、最壮观的一栋办公大楼里，占了一整层，隔成一间间的小办公室，除了全黑的办公桌椅，其他什么都没有。然而，他自己办公的地方只有一小间。在外面的电话旁坐着的是他唯一的职员——一个男秘书。

"你要这么大的一层办公楼做什么呢？"我问他。

"将来我做生意时，可能会用到这么大的空间，也得雇用很多员工。我讨厌到时候还要为租约伤脑筋。"

"做这种生意的可能性有多大呢?"

"当然,我自己做不到的事,绝对不做。对我来说,这是唯一合情合理的事。"

他的办公室里摆着最新型的账务处理机器,可做簿记和会计的工作,比弗里德伯格公司耗资甚巨刚成立的新部门里的任何东西都要新。

我问他:"你要这些机器做什么呢?用来帮客户作账吗?"

"我的客户不用什么账户。他们要的只是我亲手开出的支票。"

他告诉我说,他约有 40 个"合伙人",每一个都把自己财富的 5% 交给帕尔布管理。

"少于 5% 的,我不做。我也不愿为更高的百分比负责。"

这些钱都投资在帕尔布所谓的"特别投资案"里,例如尤尼莱佛公司的收购,或是那家英国钢铁公司的重整计划。若是获利,投资者可得其中的 50%,帕尔布得 25%,另外的 25% 集合起来,成为他所谓的"疯狂资金",投资在"投机投资案",假使获利,投资人和他平分,如果损失,则由投资人负责。

有一次我问他:"特别投资案和投机投资案,有何不同?"

"特别投资案,因为我已经考虑到种种层面,应该没有任何风险,至少可以使原本投资的钱变成两倍。投机投资案的风险高,然而一旦成功,获利可达五倍。"

帕尔布只接受来自荷兰的合伙人。他不但极端爱国,而且是属于很激进的那一种。荷兰在 20 世纪 30 年代成为最后一个放弃金本位制的国家时,帕尔布递交了一封义正词严的个人抗议书给荷兰女王,认为此举不但背信,而且就道德和政治面而言,都是可鄙的、懦弱的行为。之后,私下将那封信翻译成英文印行,而且寄给所有的朋友。

"不过，帕尔布啊，"弗里德伯格抗议道，"为什么英国放弃金本位制，造成英镑下跌时，你一点怨言都没有，反倒在那个时候搬到英国来？"

"弗里德伯格先生，"帕尔布回答，"我不是英国的子民，英国并没有欠我什么。"

那天，我在饭店外初次和他见面，陪他去看房子之前，他开口第一句就是："德鲁克应该是荷兰姓氏，是吧？"我说，没错。我知道我的祖先来自荷兰，他们是十六七世纪荷兰宗教书籍的印刷商。但这对帕尔布先生而言，还不够。他一直追踪研究我的家谱，不放过家族树上下所有的枝叶，最后他不只在荷兰的图书馆发现我先祖印行的书本，连我们这个家族事业是何时、何地开始的，到什么时候结束都了如指掌。于是，我成了他在弗里德伯格公司的知己，因为"我们荷兰人必须团结一心"。我跟他提及，我的祖先早在17世纪离开荷兰，因此我和荷兰这个根源疏离很久了。他则说道："你太谦虚了。只要你们不像那一班声名狼藉的骗子去美国，就还是好的荷兰人。"此外，他总是把我的姓氏说成"德劳克"，也就是德鲁克的荷兰语发音。

帕尔布早在1934年就料想到纳粹会进军荷兰，于是来到英国。但是，他还是常常往返于伦敦和阿姆斯特丹之间，一个月至少会回荷兰两次。只要几个星期不回到祖国，他就陷入忧郁之中。

"那5年，待在上帝遗忘的爪哇时，我常常在不能成眠的夜里祈祷，来场荷兰那样的雨、雾和暴风雨吧，结果第二天醒来，还是该死的晴天万里。"

起初，他是搭火车和船回去，但每次总是晕船晕得厉害。后来，他改搭飞机，还是不舒服，幸好很快就过去了。有一天，他在偶然间发现，在搭机时凝视着荷兰风景画就可以让他的晕机症不治而愈。于是，他成了17世纪荷兰风景画的收藏家。他对那些画作和画家可说是一无所知，他鉴别的方法是经画商同意后，将画携上飞机，假使不会晕机，就购买下来，否则就还给画商。幸运的是，让他克服晕机症的，显然是绝佳的品位与独到的眼光——他收集的那一批 17 世纪荷兰风景画都是上选之作。有三幅让我目不转睛、绝美的雷斯达尔○风景画现在已是帕萨迪纳（Pasadena）诺顿·西蒙博物馆（Norton Simon Museum）引以为荣的珍藏。我第一次就是在帕尔布那"晕机收藏品"里看到的。

我告诉弗里德伯格有关帕尔布那些太太的事时，他说："没错，帕尔布这个人挺疯狂的。他在热带地区待了 5 年，使得他的脑子有点儿混乱。不过，他却是个天才，从他研究资产利润表的神情就可以看出来了。"

帕尔布确实特别具有理财的才能。在看报纸的时候，他会因一则不经意的评论或是某个消息大为兴奋，然后埋首钻研一家公司、企业，或是公共事业的财务问题。两个星期后，他已经知道要怎么做了。他想出的方法总是最创新、最完美的解决之道，也是最显而易见的，不过就是没有人这么想过。

他说："如果我还要去推销我的方案，那就错了。一定要简单明了到任何人看了立刻说'对了'的地步。"

帕尔布一开始耳闻英国钢铁公司有财务危机时，这家公司的问题已经错综复杂到没有一个英国人能想出办法来加以拯救。经过两个星期的分析后，他已经知道这家公司哪一个部门需要裁撤、哪些需要做财务重整、哪些该合并起来，还有该增设的是哪一些。本来英国钢铁公司已经走到了穷途末路，几乎倒闭了，经过帕尔布的整顿计划，在 18 个月后摇身一变成为欣欣向荣、日益成长的企业。

奥地利凤凰保险公司（Austrian Phoenix insurance companies）在 1934 年或 1935 年一败涂地的消息公之于世。在这之前，帕尔布从来没有听说过

○ 雷斯达尔（Ruysdael，1628—1682）：荷兰风景画家，画风精致雄浑，以善画树木著称。

这家公司。他一直注意后续报道，加以研究，之后打电话给奥地利财政部长，说道："你照我的话做，就可以让这家公司起死回生。我后天会到维也纳，到时再跟你说明解决之道。"

虽然从有利可图的交易中可获得巨额的收益，但他并非只为获利而投资。就以火柴大王克吕格面临破产的那家公司为例，他们的债券被低估得太过，理查德·莫赛尔因此设法说动帕尔布去研究这家公司。

帕尔布调查了之后，说道："你说得没错。这些债券至少值现在出售价格的 6 倍以上。不过，并不适合我来投资。"

"为什么呢？"我们问他。

"借由收购这些债券，你们是纯获益；但是，我则不同，除非我能有所贡献，为我所购买的公司做点事，否则我不会投资。从很早以前开始，我就不靠自己的小聪明赚钱了。我希望自己是因为做对的事情而获利。"

他还告诉我，他一年总会审查 40 个左右的投资计划，大部分是他自己找来的，有些则是朋友或是"合伙人"推荐的。

他说："淘汰的约莫半数。在我眼里看来风险太高，所以不合理。其他的，从财务的角度来看，还算有点儿道理而已。最后只剩下两三个案子值得考虑，不但是有利润的投资，也有让我贡献心力的机会。这几个就够我和我的合伙人忙上一年了。"

我决定离开弗里德伯格公司，不再待在英国时，去和帕尔布告别。

他出乎我意料地说："我要你做我在纽约的代表，为期 3 年，年薪 25 000 美元。"

在经济萧条的那几年，25 000 美元可是无法想象的数目，比华盛顿的内阁成员或是大公司的最高主管的所得都来得高，而且那个时候还没有所得税呢。

我问他："你付我这么多钱做什么呢？"

"或许什么事也不必做，只是以备不时之需吧。"

我拒绝了这个机会，正因为他表明了我得为他一人服务，就是什么事都不必做也罢。一年半以后，我差不多已在美国安顿好了，帕尔布来我们家拜访。那时，大女儿刚出世，我们在纽约郊区租了一栋普通的房子。帕尔布又要求我做他的代表，并更进一步提高年薪。我告诉他，此举让我受宠若惊，但是我还是决定自食其力。他旋即起身离去，从此不再来访。我拒绝了他，他在巴达维亚受到的旧创，也许又开始隐隐作痛。

他第一次请我做代表时，我把这回事告诉弗里德伯格先生。

"我可以了解，知道你为什么即使不用工作，也不愿意拿那么多酬劳的原因。不过，想一想，一年 25 000 美元，三年下来，你存的钱足以买下一间小银行，慢慢再发展成一家大银行，不是吗？"

"但是，弗里德伯格先生，我不确定自己是否想从事银行业。"

"胡说！不然像你这么聪明的年轻人要做什么呢？"

40 多年前在弗里德伯格公司工作的岁月可说是乐趣无穷。巴尔扎克形容这些 19 世纪的银行家——稀罕得犹如濒临绝种的动物。当然，这些稀有动物后来在现代城市伦敦兴旺起来。我觉得自己很像一个人类学家，正在观看"活着的先祖"，如亚马孙的印第安人，看他们狩猎、设陷阱捕捉动物，内心充满无限感动，忘了推土机就在数里外不远处，正在建筑高速公路，一寸寸地蚕食石器时代的文明。在 20 世纪 30 年代，斯大林、希特勒和罗斯福的世界里，弗里德伯格、亨利伯伯和帕尔布这些人所代表的"文明"，他们的"生意"和"交易"，似乎像是亚马孙印第安人那种石器时代的文化，不知不觉到了灭绝的时代。

然而，这些石器时代的交易天才却展现出绝佳的存活力，和 60 年代在股市兴风作浪的那批人活在同一个世界。不过，那些人相当粗鄙，少了弗里德伯格和帕尔布的谨慎、机智和廉正,也缺少像弗里德伯格那样的智慧——出身自小镇的他,听到管理阶层保证未来每年的获利率和销售额都能达到10%的成长时,一眼看出他们不是骗子就是傻瓜,或者两者皆是;也没有帕尔布那样的自尊,这人虽长相不佳,举止笨拙,但却坚持在获利的同时,还要有所贡献,而不只是靠一点小聪明,以大赚其钱为乐;那些只会追逐金钱的人,也无法明了亨利伯伯的话,认为他的观念很奇怪——若是一家公司的采购方针只为公司着想,而不是为了顾客,就不值得投资。

虽然弗里德伯格、帕尔布和亨利伯伯所代表的文化仍徘徊不去,但已是明日黄花,或是正渐渐凋零。而我们的社会还是继续朝着认知与形而上学前进,如弗里德伯格公司所代表的。我们已经把"符号"看作"真实",如金钱、买卖、交易、利率和国民生产总额,等等。用中古世纪逻辑学家的话来说,整个社会的认知就是——符号取代了实质,而所代表的物体却成了影子。

这种认知与形而上学就是经济学中"凯恩斯革命"的真实意义。古典经济学家认为经济学和人类的行为有关;现代的后凯恩斯学派古典学者,如博尔丁(Kenneth Boulding),则认为经济学处理的是"商品的行为"。然而,就凯恩斯学派和反凯恩斯学派的人而言,如弗里德曼货币学派[一]的支持者,则认为经济学处理的是符号、符号代表的行为、金钱供给的累积、信用,或是"充分就业预算"(full-employment budgets)。失业不再是一种人的处境,而成一个标的数字。真实是由操纵符号而得,而历史则是一幕又一幕的"媒体事件"(media events)。

凯尔斯达特述说的胸罩的故事是终极的真实,而国民生产总值则是纯粹的抽象,这代表认知和形而上学之间有巨大的转变。19世纪的银行家已经

[一] 弗里德曼货币学派(Friedmanite):认为货币供应量的变动是物价水平和经济活动变动的根本原因。

消逝，若不然，他们在自己的"城市"中展现的文化也已终了。但是，他们看待真实的方式，正如一个由符号形成的网，已成了宇宙的通则。一家老旧的纽扣厂，如"史密斯纽扣公司"，只要改名为"扣件系统企业"，股价就可上扬；撰写经费申请书成为人文艺术里最受尊崇的一门学问；而一场大战，比方说越战吧，已可在电脑的虚拟实境或是电视的显像管里论输赢。

约翰逊博士[一]曾经说道："赚钱比起其他的事情，单纯得多。"这句话现代人听来会觉得诧异。但是，我们千万不可小看了这位"大爷"有关人类行为的评论。说来，他该是最严谨的法官，这个老派的宗教道德人士应该对赚钱抱着不以为然的态度，而不该为这件事担保。然而，他并不是说赚钱是件好事，而是指赚钱带来的伤害最小。喜欢赚钱的人不追求权力、不想操控别人，或是让人局促不安，这类人并不会喜欢去占有很多东西；有了那些"符号"，他就满足了，不想追逐真实。但是，在约翰逊博士的时代，属于"符号"的人，不管是金钱，或是媒体，都是少数。大多数的人，如面包师傅、鞋匠、地主、法官、贵族，或是农民，他们的工作不是以"赚钱"为主，而是生产东西，汲汲于权力、计划去操控别人，或是最后为人所操控。他们和古典经济学的看法一样，认为钱罩着"真实的面纱"，而不是真实本身。像弗里德伯格和帕尔布这种单纯从事赚钱的人是少数。然而，若是在大多数人的认知里，符号和表象已成绝对的真实，人和物都沦为影子，这种超唯名论[二]可算是"单纯无邪"，或是"无害"吗？

[一] 约翰逊博士（Samuel Johnson，1709—1784）：英国作家、评论家、辞典编纂者。

[二] 唯名论（ultra-mominalism）：认为人们用来表示事物的词的形式和词所指的事物之间并无内在联系，人们用词是习惯和惯例任意选择的结果。

第 11 章 | CHAPTER 11
银行家的女人

我在 1934 年初次和罗伯特·莫赛尔相见时,他才 32 岁,比哥哥理查德小 4 岁。当初就是理查德·莫赛尔帮我引介至弗里德伯格公司服务的。罗伯特年纪虽轻,但在弗里德伯格公司担任合伙人已有 7 年之久。第一次世界大战后的一两年内,他年方 18,就到伦敦来做练习生,家人希望他学得一技之长后,回维也纳经营家族企业,但是他却成了弗里德伯格不可或缺的助手,因此一直待在弗里德伯格公司。后来,该公司创办人之一的伯恩海姆先生中风,罗伯特因此晋升为合伙人。

罗伯特长得非常俊秀,但阴沉、忧郁,且有点儿冷酷,看来就像是 19 世纪拉斐尔前派画家笔下的堕落天使。他高高瘦瘦、举止优雅,衣着是那么自然、完美,让人不禁猜想他的衣服一定是出自伦敦高级西服街最好的裁缝之手,而且每天早上由专人整理、熨烫过。他这人情绪起伏不定、多愁善感,但是聪明过人。他常常好几个小时坐着,不发一言,完全不注意周遭的事务,别人跟他讲话,他也没听到,但是突然间他会慷慨激昂地发表高见,或是说出最疯狂的念头。他有先见之明，却很少解释为什么这么想，但是他的猜测八九不离十是对的，常令人拍案叫绝。在20世纪20年代，大家都认为法郎会步德国马克的后尘，产生通货膨胀的现象，唯独罗伯特预测法国会阻止这件事的发生。果真如此，后来别人问他，他就说："不要问我为什么。我就是知道事情会这样。"

他这独到的眼光也救了他父亲在维也纳的银行。那时，维也纳其他所有的银行都赌法币会持续下跌，因此大卖法郎，只有他父亲没有跟进。又过了几年后，罗伯特下结论说，英国终将放弃黄金本位制，英镑会贬值，而大家都认为英国政府不会让英镑大贬，必定护盘到底。结果，罗伯特还是对了，弗里德伯格公司因此赚了一大笔。又有一回，他料想罗斯福上任做美国总统后，必定带动纽约股市的勃兴。因此，在1933年3月美国的银行关上大门之时，他把弗里德伯格公司和客户带进了美国股市。

这种种并不是他的突发奇想。每一件事都是他好几个星期，甚至数月来沉思默想的心得。但是他却鄙视所谓的"学问"和分析。他这个人对别人要求严苛、性好攻击，而且脾气不好，因此公司里的人一看他就心生畏惧，怕他开口骂人。他也是个容易生怨的人，别人犯的错，过了好几年了，他还常常提起。但是，若是有人起来对抗他，他会立刻变得友善，因为他最乐于和人斗嘴，在一阵唇枪舌剑之后，他会突然大笑，大声说道："真好玩，不是吗？"

然而，让人之所以对罗伯特这个人好奇，却是因为他的女人马丽恩·法克哈森（Marion Farquharson）。

马丽恩出身望族。事实上，她的家世一定相当显赫。由于她的引介，罗伯特这么一个外国人，又是犹太人，才得以参加名流组成的狩猎队，在特林（Tring）附近奔驰。她和罗伯特的别墅就在那儿。尽管她过于大胆，又和罗伯特同居，还公开夸口以身为"名妓"为荣，但还算是个相当优秀的骑士，因此常常受邀。那时的特林可说是伦敦近郊最高级的地方，只有权贵人士才能前往。

她很早就决定要当名人的女人。

"除此之外，我还能做什么呢？我讨厌上学，也不想嫁给愚蠢的军人，然后在印度得霍乱死掉。"

根据她自己的说法，她个人最得意的事就是在1905年日俄交战时，好好地存了一笔钱。那时，她的男人是个极为富有的希腊人，把低劣的马肉罐头当作上等牛肉，然后以令人咋舌的价钱卖给沙皇的军队。

"从年轻时遇见第一个男人开始，我一直挥霍无度。但是，我终于学乖，不再乱花钱了。"

她还决定，今后只跟着理财专家。"那样钱来得更容易。"她说。从此，她一直跟矿业巨子罗得斯（Cecil Rhodes）那个圈子里的人来往，做他们的情妇。那些人不是因南非的金矿、钻石矿，就是因罗得西亚的铜矿发迹。其中有一个，请弗里德伯格做他遗嘱的执行人，这人在第一次世界大战后不久就死去了，马丽恩于是成了弗里德伯格的情妇。五六年之后，罗伯特晋升为合伙人，条件之一就是让马丽恩成为他的女人。

马丽恩比罗伯特大20岁。我认识她的时候，她已过50，看起来就像是个稻草人。不管她年轻时的美貌如何动人，显然已随岁月逝去。现在的她憔悴不堪，长长的脖子上布满皱纹。她患了一种奇怪的肠胃病，似乎是涤虫引起的，因此虽然食量惊人，却老是腹泻，因此一直相当瘦弱。因为长年过度使用化妆品，她的面容变得粗糙，像涂了水泥那样灰灰的，皮肤的质地也松垮垮的，汗毛孔又大又粗。她的颧骨上有两大块红红的，不知是腮红，还是因为高血压的缘故；头发也染成一撮撮奇怪的紫色。她一开口，就发出像孔雀叫声般刺耳的声音；还爱发脾气，一动怒就把淑女的仪态摆在一边，变成言语鄙俗的村妇。

她是个贪婪的女人。有时，她会到办公室来，找个合伙人问道："今天有什么值得一买的吗？"若是她买的股票上涨，就喜形于色，要是下跌，就大吵大闹："是哪个白痴帮我下单的？我根本没叫他买。"这种情形一发生，我们就照老规矩，依原来她付的价格悄悄地把那些股票转到弗里德伯格先生的名下，算他的账。有时，某一股上涨了几个星期，她却没买进，也会闹到办公室来："我两个星期前要你们帮我买的那500股呢？是谁把我该赚的偷走了？为什么那些股票不在我的账户里？"同样地，弗里德伯格先生又要自己掏腰包把那些股票的利润拨到她的名下，算她在股票还没上涨前就买进了。

但是，罗伯特却很崇拜她。她通常会在下午4点钟左右到办公室来，和罗伯特一起开车回家。每天下午3点半一过，罗伯特就坐立不安，忧心忡忡地说道："马丽恩在哪儿？希望她不会出事。为什么她到现在还没到呢？"一看到她走进，他一定立刻放下手边的事，冲上前去拥抱她，用各种昵称唤她。每一次他完成一宗好的交易，或有什么好消息，一定马上打电话向她报告。

罗伯特喜欢马匹，讨厌汽车，但是马丽恩却爱开非常大的车子，而且每次总是开得奇快无比。罗伯特只好在假期时，陪她开着一部超大的戴姆勒（Daimler）或本特礼（Bentley），周游欧洲大陆。车上虽然有专门为他们开车的司机，但马丽恩坚持自己开车，以疯狂的速度前进。在一个雨夜，他们开到法国，她以时速90英里偏离了路面，撞了一棵树。坐在后座的罗伯特和司机仅受皮肉之伤，马丽恩却当场死亡。之后，好几个星期，我们都无法让罗伯特独处，他不是发疯似的大喊大叫、自责，就是陷入沮丧、久久不发一言。他终生未婚，之后也没有跟别的女人扯上关系。每年到了马丽恩的忌日，他必定待在她房里，拉上帘幕，读着过去她写给他的两三封信，30年来从不间断，直到自己死亡为止。

在马丽恩死后的那几个星期，不断地有一些老绅士到公司里来。他们穿着下摆剪成斜圆角的礼服、条纹长裤，戴着高顶丝质礼帽，把名片交给罗伯特和弗里德伯格后，说道："请节哀顺变，我了解你的悲痛。我也很爱她。"

又过了几个星期，在《时代》杂志的广告栏上出现这么一条记事："给我挚爱的妻马丽恩，她将永远活在我记忆里。在这 23 年的婚姻中，她给我的是无上的快乐。退休准将奈杰尔·法克哈森（Nigel Farquharson）。"

除了罗伯特之外，公司里还有一个人深为马丽恩的死所影响。他就是弗拉迪米尔·布宁（Vladimir Bunin）。但是，对布宁来说，她的死才使他得以从为期一年的梦魇解脱。

布宁身材伟岸，像只俄国大熊般巨硕无比，既高又大，而且魁梧，却没有一点儿赘肉，全身上下是结实的肌肉。他常练举重，在办公室的柜子里放了一对哑铃，每天下午都要练个 20 分钟。他的大提琴拉得不错，有点儿职业演奏家的味道，每周都在皇后厅演出，那是由亨利·伍德爵士（Sir Henry Wood）指挥的逍遥音乐会。当他把大提琴放在手臂上时，那巨大的琴看起来就像小提琴一般。

他在就读公学的时候，曾参加军官训练营，后来担任后备军官。在第二次世界大战期间，他下令最后一个排离开敦刻尔克的沙滩，也获得了最早颁发的维多利亚勋章，并在蒙哥马利的麾下晋升为准将。

布宁生于俄国圣彼得堡，父亲是沙皇海军的制图员。在布尔什维克党取得政权时，举家逃亡，他的父亲因此在英国担任制图工作。那时的布宁大概是 15 岁。他完成中学学业，就到弗里德伯格公司服务了，同年罗伯特·莫赛尔也从维也纳来。这两个年轻人一拍即合，成为密友，事实上布宁可说是那忧郁而神秘的罗伯特唯一的男性友人。布宁为人亲切、热情洋溢，而且非常健谈，可说是典型的俄国人。他非常喜欢语言，会说俄语、英语、德语、法语、波兰语、捷克斯拉夫语、西班牙语、荷兰语和意大利语，每一种语言都说得像连珠炮，而且同样流利，但都带着很浓的俄国口音。只有俄语例外，他的俄语则有着浓厚的英国腔。

布宁是公司里主要的交易员。在离证券交易所不远处有一间小办公室供他使用。一整天他独自一人在那儿，陪着他的只有一排电话和电报机，直到纽约股市开市，约是伦敦时间的下午，他一天的交易才算结束，然后回到他在弗里德伯格公司的办公室。他首先花一点儿时间练哑铃，然后用小而清晰的字迹把当天的账目记录一下，再利用几分钟时间整理交易记录和相关的外汇资料，最后再到合伙人办公室报告结果。之后，他就可以离开了，通常他会携着一把大提琴去排练，或是去健身房练哑铃和双杠。

布宁不仅是个交易员，更是个套利交易的行家，他很会利用不同市场些微的价差。而且，他只对一种股票情有独钟，就是克莱斯勒。而他所交易的是全世界克莱斯勒的股票，比方说在某地买 10 000 股，看奥斯陆的行情上涨，就在那儿卖出，或是下午在芝加哥买进，等到第二天早上再看阿姆斯特丹市场交易的情况。

他的脑中仿佛就有一部电脑，不用吹灰之力，马上可以得知利润多寡：例如在中国香港买进 50 000 股的克莱斯勒，在阿姆斯特丹以荷兰的基尔德币（guilder）卖出的话，立刻得知利润有多少，连汇率、手续费、利息、运费、保险费、转账的费用和税金等，他都已经计算在内了。当时，克莱斯勒可说是在纽约股市交易得最活跃的一种股票，但是布宁日复一日买进卖出的量，比整个纽约股市克莱斯勒这种股的总交易量还要来得大。一天 200 000 股的交易，对他来说是家常便饭，有时他的交易量会高达一天 500 000 股。每天他都会向合伙人报告，例如："我们今天赚了 25 000 英镑。"或是说："今天还不错，有 5000 英镑的利润。"他一直是弗里德伯格公司最厉害的获利高手，也是常胜军。

每天交易完后，他就利用我办公室里的一张桌子和职员或外汇交易员坐下来谈话。有一天他走进来的时候，我的桌上堆着一排高高的参考书籍，差点看不到我。

"你在研究什么?"他问我。

"美国的汽车工业。告诉你一个好消息,看来克莱斯勒在下一年度的表现会相当不错。"

他听后,沉默了半晌,然后才开口:"克莱斯勒?是汽车公司呀!我一直以为他们是一家铁路公司呢。"

以布宁的表现显然可以晋升为公司合伙人了,因此弗利德伯格就把莫赛尔兄弟找来,要他们拟好条款,草拟合约。最后,大家和布宁都无异议时,弗里德伯格说道:"不过合约中没有提到一件事,那就是马丽恩将换做布宁的情妇,现在终于轮到他了。"

这对罗伯特来说,真是晴天霹雳,于是提出严重抗议。布宁本人也沮丧万分。全公司上下,只有罗伯特(或许弗里德伯格也算吧)喜欢马丽恩,布宁则讨厌她到了极点。他根本无法和她共处一室,每次她一走近,他就借故开溜。如果强迫他和马丽恩相处一下子,他就会开始偏头痛、呕吐,然后非得躺下休息不可。布宁已婚,而且深爱着妻子玛莎。玛莎也是俄国人,不过和布宁完全不同。她是个沉默、坚毅的年轻女子,神情动人,但像是个过于严肃、不苟言笑的孩子。如果说布宁是托尔斯泰《战争与和平》里的彼尔,那玛莎当娜塔莎的话,再完美不过了。(托尔斯泰,这个憎恨女子,并与之为敌的人,却刻画出娜塔莎和安娜·卡列尼娜这两个欧洲小说史上最优雅、动人的女人。这点不知如何解释。)玛莎也热爱着布宁,正如他对她的专情。他们已经结婚两年,第一个孩子也出世了,但是在没有人看到的时候,还会手拉着手,或是关起门来亲吻。而玛莎也是个善妒的女人,相信世界上每一个女人都对她的布宁不怀好意。

罗伯特的哥哥理查德不发表意见,小心翼翼地避开弟弟、布宁和弗里德伯格之间的讨论。但最后到了进退两难的时候，他不得不说话时，就建议去询问一下马丽恩的意见。马丽恩勃然大怒，尖声叫道："这简直是侮辱！怎可让一位淑女公然宣布自己的情意。应该由男人来说，最后再来请求我的首肯。"她气得发抖。

但是弗里德伯格先生还是不为所动，说道："马丽恩，接受你的任务吧。布宁既升格做合伙人，你就该做他的情妇。"罗伯特和布宁陷入沮丧，于是要求玛莎来跟弗里德伯格理论。玛莎是在俄国大革命时逃到英国来的，那时的她还是个小女孩。自从抵达伦敦后，弗里德伯格一直对她疼爱有加，玛莎的父亲是一个矿冶工程师，由于弗里德伯格的推荐才得以在南非一家采矿公司服务。当初，布宁就是因为玛莎父亲的缘故才得以认识弗里德伯格。

但是，针对弗里德伯格这项卑鄙的提议，她却说道："欧内斯特伯伯（她是唯一这么称呼他的人），您真是聪明盖世，每件事总是设想得这么周到。现在我终于可以和另一个女人讨论布宁的事了，这女人很有经验，可以教会我怎么去取悦我的布宁了。"

理查德·莫赛尔于是说："一有女人靠近布宁，你不是一向嫉妒得要命？"

玛莎答道："马丽恩则不同，她是专业的。"

她转身离开后，布宁蜷缩在办公室的一角，双手抱着头呻吟。弗里德伯格跟罗伯特说："你了解了吧？不让马丽恩做布宁的情妇是多么自私啊。"

"不过，弗里德伯格先生，我深爱马丽恩，她应该是我的女人，而不是别人的。"

"错了，她不是专属你的——她是弗里德伯格公司的女人。"

这场纷争持续了一整年。后来，马丽恩车祸身亡，就在她死后三个星期内，布宁终于成为公司的合伙人。

3

第三部分

无私天真的夕阳岁月

ADVENTURES OF
A BYSTANDER

……翻开美国历史，不管哪一个时期都有暴力和苦痛，但是经济大萧条却造就了美国社区意识的抬头，强调共享的价值、生命的喜悦和共同的希望——这就是不屈不挠的幸存者对"天灾"的反应。

第 12 章 | CHAPTER 12

美国报阀鲁斯

我和亨利·鲁斯（Henry Luce）并没有特别的交谊，他从未邀请我到他的家。我只和他吃过两次饭，一次是在我们初次相见的时候，另一次则在 30 年后的一个大型餐会上，之后再也没见过面。但是，多年来鲁斯和我一直有"眉目传情"的举动——通常是他主动，我则每每一开始有点儿动心，然而谈到进一步发展，却发现基本上我们是格格不入的两个人。

正如前述，我在 1937 年春来到美国，担任英格兰和苏格兰几家报社的驻美记者，也为一些以英国为主的欧洲金融机构提供财经方面的咨询服务。那几年正是鲁斯所创办的杂志获得空前成功的时候，其影响力和财富也达到了巅峰。那时，《时代》已有 15 年的历史，仍然没有任何竞争对手，也是唯一全国性的新闻来源，说其是"舆论的喉舌"也很确切。创刊于 1930 年的《财富》，写作方向完全不同，是以美国企业和美国经济为报道主体的；其中"美国企业的故事"就是现在所谓"深度报道"的先驱。《财富》的版面设计，更有着长远的贡献：他们的插图，特别是他们为客户做的广告设计，使得视觉设计成为美国经验的一部分。在我抵达纽约时，《生活》杂志虽然才创刊几个月，但已经在美国新闻史上造成空前的成功，象征一种新的"生活方式"。身为记者的我，必须为3000英里外的读者报道美国方面的消息，自然而然地会对这些杂志感兴趣，想在英国报纸上报道有关这些杂志的故事。我在报道前下了很多准备工夫，最后还是被编辑打了回票。那时，他们还抱着相当守旧的态度，认为报界不该报道自己的故事，并以这规则为荣。

但是，在那个时候，我还没有机会遇见鲁斯。

我的书《经济人的末日》是在1939年春天出版的，之后我收到鲁斯写给我的亲笔信。他说，他读了以后，非常欣赏，希望和我讨论书中的理念。所以，他和他的夫人克莱尔·布思·鲁斯（Clare Boothe Luce）——当时百老汇最成功的剧作家，就带我到纽约一家高级餐厅用餐。关于那本书，鲁斯提出的问题相当有深度，显然他细读过了。他的夫人在一旁好像很无聊的样子，她一定没看过那本书，也不想看。就在我和鲁斯的讨论到一个段落时，她转过头来，给我一个甜美的微笑，说道："德鲁克先生，'经济人'（Economic Man）将会被'性感男人'（Physical Man）取代，不是吗？"

其实，鲁斯是"醉翁之意不在酒"，他真正感兴趣的不是那本书，而是我。

"我们想撤换几个《时代》的国外新闻编辑。"

我并不惊讶于他这么说。在新闻界，大家都知道《时代》的国外新闻编辑戈德伯勒（Laird Goldsborough）有病缠身，而且多年来因为大力赞扬佛朗哥并提倡对纳粹的姑息，已经名誉扫地。

"你是继任他最好的人选，"鲁斯继续说，"过几个星期可否来公司，看看这个工作适不适合？如果那个职位不合意，你还可以为我们做些别的。"

"但是，鲁斯先生，除了这本书，你对我可说是一无所知啊。"

"这么说就错了，我可是很用功的人。"

于是他从公文包里拿出两个档案夹，一厚一薄。

"这里面……"他指着厚厚的那一叠，"是你抵达美国前在英国报纸上发表的东西，还有你每个月为银行客户写的经济通讯。而那个……"他指着薄薄的档案夹，"是你来到这儿后，在美国杂志上写的文章。"他把所有的资料交给我，我一翻，发现每一篇文章、报告，他都读得相当仔细，在边缘加上不少注解和评论，这些眉批显然就是他本人的手笔。

这真是一大引诱。那时，成为《时代》的国际新闻编辑，是每个年轻作家的美梦。待遇更是出奇地优厚，鲁斯手下的资深人员，在经济萧条的当年还拿得到天文数字的薪水，几乎是骇人听闻的事。而那时的我，还没有什么地位可言，所得更是非常非常微薄。不过，我心中存有疑虑。我研究过《时代》的行事方式，并不觉得可取。那种"团队新闻作业"，也就是所谓的"鲁斯风格"，并不合我的脾胃。

我所知的每一个一流编辑，无不细读、修饰，或是重写将由自己手中发出去的文章。《纽约客》（*New Yorker*）的罗斯（Harold Ross）是如此，在1910年到1930年间创立《周六晚间邮报》（*Saturday Evening Post*）的洛里默（Horace Lorimer）也是，还有《曼彻斯特卫报》（*Manchester Guardian*）的斯科特（Scott）、《柏林日报》（*Berliner Tageblatt*）的沃尔夫（Theodore Wolff）以及19世纪70年代伦敦《经济学人》（*Economist*）的编辑贝奇哈特（Bagehot）等都是。好的编辑并不凡事"宽容"，他们不会让同僚来做"自己分内的事"，他们必须注意是否报社里的人都"善尽职责"。好编辑，特别是伟大的编辑，犹如一个点子奇多的独裁者，文章到他手里，无不一再地修改、重写、剪裁或是大幅删改，直到他认为"纤秾合度"为止。布雷斯福德告诉我，《曼彻斯特卫报》的那个老斯科特，不只细读、修改每一篇社论，连每一则小广告，包括寻找宠物的启事都亲自校阅，修改其中的文法、标点，并注意是否文思清晰、风格优雅。

然而，鲁斯的"团队新闻作业"用意在使报道超然、客观，文章却有机械呆板、同质化的危险。我想，这么一来必定会造成偏见和错误。鲁斯引以为骄傲的就是该杂志社没有"研究人员"（在那个年代，通常是由女性来担任）做查核事实的研究工作；这表示作家（当年，多半是男人）自己并不去查证。结果就是，作家并不一定知道事实的细节，而研究员则不明了整件事。可想而知，这样会造成非常离谱的错误。

我自己就是最好的一个例证：1950年拙著《新社会》出版，《时代》因此以我和我的书做封面故事。不料，这篇报道却因战争爆发而被抽换下来，未能面世。但是，后来我还是看到了这篇文章，发现家里那只老迈、眼睛半瞎又跛足的小猎犬摇身一变成为"凶猛的德国牧羊犬"，而饭厅那架供孩子练习的老旧的二手直立钢琴被记载为"德鲁克家音乐室里的平台型大钢琴"。其实，研究员本来已经注意到家里那头杂种狗，也问过我是什么血统的。我告诉她是一种猎犬，作家一看研究档案里的注解"猎犬"就自行解释做"凶猛的德国牧羊犬"。由于研究与写作分家，也让我们家中饭厅摆的老钢琴变了样——这就是"团队新闻作业"必然的后果。

那时，我已耳闻鲁斯手下那班人马之间斗争得相当激烈，常常互相诽谤。因为鲁斯的管理方式就是让编辑互相作对。

不过，我还是无法抗拒鲁斯对我的诱惑，答应他就有一份丰厚的待遇了，于是我决定一试。

而鲁斯却无法履行对我的诺言。《时代》的资深编辑当然是想除掉戈德伯勒，但是他们希望由内部人员来继任。戈德伯勒本人也不想辞职，而鲁斯也无法请这么一个资深人员辞职或是随便撤换他的工作。一直到那可怜的老戈精神崩溃（最后，他从时代生活大楼一跃而下，自杀身亡），那个职位才得以空缺。然而，也轮不到我来继任。《时代》的成员有一些已加入美国共产党活动小组，而且非常坚贞，我已名列在他们的黑名单之上。

1939年春，拙著《经济人的末日》出版，我在书中预言，希特勒和斯大林可能会有所妥协，6个月后才成为事实。但是，此言一出，我立刻变成美国共产党人和其同路人的敌人。《每日劳动者》（*Daily Worker*）以我为题，刊了一大篇，"证明"彼得·德鲁克这个人根本就不存在，而是个笔名，是纳粹高级军官和华盛顿国务院官员联手图谋不轨之作。而苏联官方新闻机构，塔斯社（Tass）在华盛顿的负责人托德（Larry Todd）个人更组织、策划了一项以我为攻击对象的运动，封杀我投给杂志社的每一篇文章，并阻止报社或学术界雇用我这个人。大家都知道托德的一举一动都是遵照克里姆林宫的命令。

多年后，鲁斯才亲口告诉我，当初的我只是一个默默无名的作家，出了一本书居然会引起这般轩然大波，完全是因为丘吉尔的强力推荐。当时的丘吉尔虽然已不再得势，而"姑息政策"正方兴未艾，但丘吉尔也不是毫无希望的"失败者"。几年前，他还是风云人物，因此，他大力推荐的书必然不可小觑。

在麦卡锡（McCarthy）主义盛行时，在好莱坞名列于"反共黑名单"上，的确可耻。

即使我对加入《时代》没有很深的疑虑，但一想到他们的内部斗争就倒胃口，或许我还有一场漫长的战争要打：一方面要对抗想继续留任的戈德伯勒，一方面有《时代》编辑们对自己的排挤，另一方面则是在他们公司里人多势众的美国共产党人。于是，我告诉鲁斯，请把当初的约定抛到脑后。

我早就知道写作是一种暴露自我的行为。出书就是自找苦吃，免不了遭人攻击，而我在书中揭示的，必会引起论战。然而，过了几个月后，我才不得不承认，《时代》里的共产党人即使没有给我天大的恩惠，也算是有助于我——没有他们，我可能会接受那份工作，这么一来，我若不被毁了，也不能再有什么作为。鲁斯招募了很多天分很高的人来为《时代》《生活》和《财富》工作，结果这些人一旦加入，一生就写不出什么著作了，甚至在离开之后也是。鲁斯的善意，他给的高薪和溺爱，简直是对才智的谋杀。若是为鲁斯工作，我怀疑自己是否有那份能耐，能成熟到抗拒那些诱惑。很少有人做得到吧。我之所以有这种了悟，并不是酸葡萄心理在作祟。我因为曾和鲁斯手下的人共事过，才下此结论，更何况我还不知道是否他们真有一份工作要给我。

鲁斯见我居然有排拒之意，干脆给我一份高薪的闲差，就当作是他的幕僚。我已学乖了，于是谢绝了他。

他并不是那么容易打退堂鼓的人，一年后，他又提出一个令人心动的提议。这可是我写作生涯中最有趣、刺激，又有教育意义的工作，也就是——拯救《财富》1940年的10周年特刊。

在鲁斯创办的那些杂志中，《财富》才是他的挚爱。1923年创刊的《时代》，并不是他一手创立的，而是和他在耶鲁的同学哈登（Briton Hadden）合作的事业。然而，连对鲁斯多有贬抑之辞的传记作家斯旺堡（A. W. Swanberg），在他的著作《鲁斯和他的帝国》（*Luce and His Empire*）（1972年）中也强调，真的立下汗马功劳的是鲁斯，他从一开始就亲自负责编辑和出版的作业。但是，形式上，哈登和他还是平起平坐。在众人眼里，外向、爽朗、注重外表的哈登的确要胜过羞涩的鲁斯。鲁斯也有自己的情结，他一直无法忘怀他是个赤贫的传教士之子。一直到1929年哈登死后，鲁斯才得以坐拥整个王国，成为《时代》名副其实的大老板。

但是，1930年问世的《财富》，从构想到诞生，都是出自鲁斯一人之手。头两年他亲自编辑，组成班底，定出版面设计风格、社论方针和发行办法；这一切都是在最艰难的时期，也就是经济大萧条的谷底完成的。

在鲁斯自己一生的计划中，《财富》的角色也相当特殊。《时代》使他不到30岁就致富。他一直想富有，但是不会用钱，直到他娶了克莱尔·布思，才知道如何享用金钱。《生活》使他在40岁以前成名，但是我想他一直不太习惯成为名人。《财富》的特别之处在于，他希望借由这份杂志发挥自己的影响力，这也就是他心中真正的渴望。《财富》也比较符合他的风格。鲁斯从来不会使用"时代人"这种字眼，那种怪异的语言是哈登对《时代》的贡献。鲁斯自己文笔不错，也喜欢写作，偏好的是长篇的、闲适自然的、《财富》风格的文章。为《财富》写作、编辑一直是他的乐趣。最后，他想出《财富》的版面设计，对他来说，设计风格和内文是一样重要的。他和美术部门一起投入，花了好几天的时间和美术主任及艺术家商讨。编务已经够繁忙的他，仍不得不抽身而出。

因此，《财富》的10周年特刊，简直犹如他亲生的孩子，也是一个里程碑，他认为这是他一生最重要的个人成就。他思考再三，拟定详尽的计划后就着手了。然而，这10周年特刊却差点难产，原因在于：他无法把老朋友撤换掉，即使这个朋友显然疏于职守。时代公司很多次失败也都肇因于此。

当时《财富》的主任编辑达文波特（Russel Davenport）可说是惠特曼（Walt Whitman）再世——一个见解远大、对美国的未来怀抱着乐观态度的作家；可写出撼人心弦、情感炽热的散文；他也是杰出的文字编辑——为了搜寻一个最完美的字眼、重整一个句子，或是从一堆扑朔迷离的字词中找出意义，他都有耐心花上好几个小时来思考；他更是个好人——机智，待人热忱，常激励别人，而且很慷慨。但是，他却完全不适合做月刊的编辑主管。他不能做好计划，不知如何授权，更不会监督部属。截稿日期对他来说，无异于吓吓顽皮小孩的"狼外婆";他也不会订进度表。

鲁斯是第一个把"甘特图"(Gantt Chart)运用在杂志编辑中的人。这种图表,始自完成日期,再一步步地往前计划。不这么做,鲁斯的杂志根本不能定期出刊。当时,他们所做的这种进度表可说是前所未有的精细、复杂。引进这种新的进度计划系统可说是一大创举,也是鲁斯对公司的贡献。《财富》当然也用这种进度表,但是达文波特却从来没用过,他解释说:"我把进度表放在脑子里。"显然,进度表是不可能放在脑袋里的。但是,达文波特已经跟了鲁斯多年,尽管不胜任主管,鲁斯还是把他留了下来。

而《财富》10周年特刊却是《财富》有史以来最有野心的计划,而且和以往大不相同:将有20篇论及美国经济的文章,12篇是主要论文,其他8篇则是次要的文章。鲁斯和编辑群商量出这个伟大的设计后,就交给达文波特执行。6个月后,离送厂印刷只有几星期时,鲁斯来查核进度——几乎一无所成。有一些主要的文章还没找人来写。就在此时,鲁斯找我来做"救火员"。关于我过去做过的研究、分析,他已经了如指掌,手中就有几本剪贴簿,专门用来收集我的文章。他请我写两篇主要的论文:一篇论美国农业,一篇则是有关美国的劳动力。还希望我编辑几篇当期预定选用的文章,并从未来几期预备刊登的文章中找几篇出来编辑一下,让这10周年特刊得以顺利出刊。有两个月的时间,我们夜以继日地工作,最后终于赶上截稿期限。

我从未来几期的文章里找出来加以编辑、刊登的文章中,有一篇是有关IBM和沃森(Thomas Watson, Sr.)的故事。这篇是刚加入《财富》的一个年轻人写的,也是他为《财富》写的第一篇。但是,因为大家忙,没有人帮他做研究工作,结果,这篇文章惨不忍睹,错得非常离谱。

现在的《财富》可说是相当支持企业界,但在当年只是做"有关"企业的报道，他们的描述不一定是"正面的"。鲁斯眼中的《财富》是想以很严正的态度来看企业，将企业视为美国生活和美国社会的一大特点，并以锲而不舍的精神加以分析。他开创了《企业的故事》这种报道方式，头三四篇都是他本人自己动笔，就是现在"深度报道"的始祖，而他的故事却偏向黑暗面。当时，自己的公司若被《财富》刊登出来，主管阶层无不觉得是一大困扰，可比拟为遭受带状疱疹袭击。有一次我问加勒特（Paul Garrett），斯隆聘他做通用汽车第一任公关主管时，他的首要任务是什么。他答道："离《财富》远一点。"那时，《财富》才刚起步而已。听说，有些企业主管私底下说服或是贿赂《财富》的编辑或记者，要他们取消有关自己公司的报道。

但是为IBM那则报道执笔的年轻人并不了解"深度报道"和"抹黑"是有所不同的。由于这种混淆，使得这种报道很容易受到其他条件的影响。在那电脑还未普及的年代，IBM还不是一家大公司，刚达到中等规模而已，然而它却有与众不同之举：比方说不裁员，在萧条的20世纪30年代，甘冒破产的危险，也不愿将员工解雇；该公司的蓝领阶级领的是周薪或是月薪；提供员工持续的训练课程；还有，他们没有所谓的"监工"，而是由"助手"来协助团体工作。而IBM得以熬过经济大萧条，全靠那毫不起眼的产品——时钟，还没有什么科技成就可言。但是，IBM还是希望营造出大而重要的形象，于是创办人沃森大举运用"思考"这个口号——发出数万张特别设计的、印着"思考"的贴纸。沃森自己还编出一些有关这口号的笑话，并使之广为流传。另一方面，他们为了吸引众人的目光，在纽约世界博览会上把自己的摊位设计得光彩耀眼。

那时，还没有几个人听过或用过IBM的产品。由于这些特质，IBM实在是个特殊、有趣的好题材，正符合鲁斯当初想报道这个企业的构想。但是，那个年轻人却忽略这些，反而对沃森进行无法无天的人身攻击，称他为

"美国的希特勒""新集权头目"等。沃森不准任何人在办公室饮酒,甚至在供员工休闲的乡村俱乐部也绝对禁止。这点在那个执笔人眼中,简直是罪大恶极,因此他义愤填膺,大加挞伐,忘了应客观地来报道这家公司。他以一支生花妙笔,写尽了沃森之恶,后来还成为《财富》最佳撰述。

那篇报道本来有人审核,但是审阅者太忙,又因时间紧迫,没有看就让它过关。《财富》在每一则企业报道出版前,都会先把文稿送给该企业过目,并请他们指陈其中有违事实之处(但不保证一定会更正)。这篇文章虽然也送到了IBM,但已经是付印前一刻的校样。因此,实在是太迟了,无法不登这篇稿子,或是再重写。看完这篇文章后,我跟鲁斯说这次的事情无法挽回,不过我们可尽量改正文中写得最愚蠢的部分。我当然不怕该公司的抗议,或是沃森的威胁——他的确可以因此控告我们诽谤。但是,我还是会先保护这篇文章的执笔人,并加以修改一番。我要求鲁斯下令,把IBM的电话转给我来处理,不要让他们接触原来的执笔人。

一两天后,IBM终于打电话来了。恰巧,原来的执笔人正坐在我对面,和我讨论那篇稿子。

"我是沃森,我想和有关IBM的那篇文章的执笔人谈谈。"

"对不起,他不在。您可以跟我讨论。我是德鲁克,负责那篇文章的编辑。"

"我不是要讨论那篇报道。我想和执笔者本人谈一谈。"

"可否先告诉我?我一定会代为转告。"

"你跟他说,我希望他加入IBM,做我们公关部的主任。薪水多少由他自己定。"我想,这大概就是我从前听说的"利诱"吧,借以说服执笔者不登有关自己公司的报道。

"沃森先生,您该了解,不管执笔人是不是仍旧在本杂志服务,那篇文章还是会刊登出来。"

"我当然知道这点。如果你们不登,他也不用来 IBM 了。"

"对不起,沃森先生,您看过那篇文章了吗?"

听我这么一问,他不禁火冒三丈:"有关我自己和我公司的报道,我怎么会放过?"

"那么,您还想让执笔人做你们的公关主任吗?"

"当然,至少他对我很认真。"

那时,在《财富》有不少有趣的人物,但是以鲁斯为最。那次的 10 周年特刊是我第一次,也是最后一次和他合作,尽管为时短暂,但是我们却是亲密的工作伙伴。从很多方面来说,他是和我合作过的最随和的人。常听人说,他既固执己见又傲慢,其实不然。当然,他是有自己的想法,而且点子奇多,我不得不一再地提醒他,几乎不可能在截止期限前完成,别再想打什么主意了。即使是最年轻、生嫩的员工也敢跟他争辩,而且不管这同行是男是女,鲁斯一概洗耳恭听。(他和其他编辑不同,认为女性也是人。)因此,在讨论一些想法和意见时,鲁斯一向不分阶级、年龄或是性别,即使他不总是尊重别人,却一定看重每一个想法和意见。假若部属事前下过功夫,说得有理,他绝对愿意和他好好讨论一番。我不止一次见到他否决一个人的看法,过了几天或几个星期以后,他又肯低下头来打电话给那人,或是送一张那有名的便条给他,上书:"你说得很对。我们决定照你的方式来做。"

作为老板的他,相当支持年轻人。我初次看到那篇有关 IBM 的稿子时,就拿去给鲁斯看,他勃然大怒,想把这篇抽掉。我跟他争辩说,太迟了,篇幅都已经预定好了,打字版也完成了,我们只能更改一下。鲁斯在没有选择的余地之下,只好让步。不过,原来的执笔人却向他抱怨说,我改动了一些他最得意的词句。鲁斯听了,表示同情,就叫我改回来。他对我说:"只要不是扭曲,他有权坚持自己的意见。毕竟文章是以他的名字,而不是以你我之名刊登的。"我实在很怀疑那个执笔人是不是体会得到鲁斯不喜欢那篇文章。就在定稿后,鲁斯告诉我:"他的文采实在是太好了,却把报道写成这样子,读了之后让我觉得自己口臭。"

尽管鲁斯本人有点儿严肃拘谨,却有一种很特别的幽默感,而且很能容忍别人。在我和他见面之前,就听过这么一个故事。他曾雇用一个非常杰出的作家来为《生活》执笔。就在这本杂志发刊后几个月,研究部门的主管气急败坏地来跟他投诉。这个主管是个一本正经、动不动就大惊小怪的英格兰老处女。

她说:"您一定要管管这个作家,他的作为实在令人无法想象。"鲁斯又劝又哄,她才说出真相。原来那人赤裸地躺在办公室地毯上工作。

"那他的文章怎么样?"鲁斯问道。

"噢,很好,没问题。"

"他追你手下的女研究员吗?"众人皆知那作家是个同性恋者,因此我可以想见鲁斯在问这个问题时,眼中必闪烁着好奇的光芒。

"他当然不会追她们。我也绝不容许这种事发生。"

"那我就不懂了。我想,你手下的研究员都是受过良好教育的大学女生——"

"没错。"

"那么,她们应该知道该关上自己的门吧。"于是,这件事就这么不了了之。

这就是他这个人的态度:如果作家和编辑表现得好,要怎么做是他们的事,别自以为是地去干涉别人。

但是,鲁斯也是个很可怕的老板。我怀疑达文波特是否知道,或者感觉到鲁斯已经接手特刊的编辑作业。鲁斯下了很大的功夫,让达文波特置身事外,而不解除他的职务。鲁斯甚至连编辑会议都不参加,但是他会在事前小心翼翼地指示我们几个人应该负责的文章为何,而且总是在他自己位于另一层楼的办公室里私下一一告知。所以,我们是意外地,或是从研究员的飞短流长发现"受诏的"还有谁,以及他们的任务。鲁斯要我们守口如瓶,不可让达文波特或任何人知晓我们跟他合作的事。这么做,部分的原因是不想伤害达文波特。鲁斯无法做出伤害老友的事,如果不得不,他总会让这人"更上一层楼",给他加薪,并另行指派一份名声响亮却没什么意义的"特别任务"。这种运作的手法,目的在于掌控一切,虽然在这个时候,他看来已经慢慢从社务中淡出了。

10年后,大约在1950年左右,鲁斯几乎成了个长年不在的老板,大半时间不是在国外,就是在他南卡罗来纳和亚利桑那的私人农场或牧场。他找来很多人为他工作,名义上各有主管加以管理;他和主管阶级磋商,也会直接去找他们的部属;虽然常公开地和一些编辑、执笔或是记者交谈,也会背着他们的主管与之密谈——这一切,就是为了不让任何一个编辑或发行人控制大局。他几乎不会干涉内部作业,也从未下过任何命令,但总是可以兴风作浪,让内斗愈演愈烈。然后,他必须做的,而且做得相当漂亮的,就只是半年露一次脸,带来许许多多的想法、问题、建议、疑惑以及争论,即使是最有能耐的主编都被迫居于守势,内心因此不能平衡。

这足以解释为何他手下的杂志派系问题如此严重,弥漫着斗争、不和以及互不信任的气氛;也可看出为何鲁斯集团的编辑中有那么多人酗酒成性,而时代公司为何有那么多怨言。鲁斯的阔气,给人过分优厚的薪水使得原本糟糕的人文气氛更为恶劣。特别是在20世纪30年代,几乎每家报社都在勒紧裤带,每人所得都少得可怜,时代公司给的却是大把大把的银子。我怀疑鲁斯是否存心如此。有一次,我质问他这件事,他答道:"我们赚这么多,给少一点我良心会不安。"结果,他手下的人无不愈陷愈深,而无法自拔。

他们已经习惯奢华的生活方式——在高级餐厅吃午饭、出门坐头等舱、在第五街拥有气派的公寓、在康涅狄格州还有一个度假的"小地方",此外,生日时还得到鲁斯和他的夫人送的小狮子当宠物。我在一次《财富》办的生日派对上,亲眼看见达文波特的前妻马西亚获赠这项礼物。

就在这个派对上,如果我记得没错的话,我下定决心,不管鲁斯如何利诱我,绝不进时代公司当编辑。后来,他来找我,希望我加入《财富》"支援"达文波特,意味着我将接管所有的计划、进度,以及监督杂志作业的工作,而达文波特仍然是名义上的"主任编辑"。我则不为所动。好莱坞的生活方式不适合我,于是我毫不迟疑地谢绝。

1940年以后,我很少见到鲁斯。他再度来找我合作,则是有个特别的计划,希望我提供一些建议。在20世纪50年代初期,鲁斯很想办一本有深度、高格调的杂志,以季刊或双月刊的面目出现,主题包括哲学、宗教、艺术、历史、科学和文学等。企划书已经由他手下的资深编辑拟好了,正是到了决定要不要投注人力和资金的时候。他预料这种杂志一定没有利润可言,把钱花在这样的计划上是否合理?这是他在1952年、1953年的疑问,于是他来找我,问我的意见。

在那个时候,我已经做过很多类似的工作。事实上,我的第一份顾问工作就是在1940年、1941年分析某家报纸的创刊计划:《时代》有一群编辑,在主任编辑英格索尔(Ralph Ingersoll)的领导下,决定在纽约办报——办一份"认真严肃、具有革新意味的小型报纸",希望我的朋友提供财力上的支援。而这几个朋友在投资之前也请我分析这项企划案。那时,我已经知道,任何一种出版刊物是否能成功,第一个要考虑的,不是资金,而是编辑作业——编辑方向是否正确?如果是,提出这个企划的人是否能胜任编辑的工作。之后,再来看数字方面的问题。所以,我那一群财力雄厚的友人请我看一下英格索尔的企划案并分析财务前景。我则以他们的编辑计划作为分析的重点,回去跟他们报告:"编辑方向大抵正确,但是提出企划案的人无法实现目标。"我的友人于是决定不支援该办报计划。于是英格索尔和他的同事另找了一些支持者,并以《午后》(*PM*)为名发行。不管是就编辑还是就资金方面而言,这份报纸后来都成了报史上的一大失败。

几年后,同一批人又找上我了,这次的企划案是《科学美国人》(*Scientific American*)。编辑方针很对,就创刊时机而言,正是再好不过了,除了鲁斯早期办的杂志,我还没见过什么刊物像这样合乎阅读大众需要,并能迎合他们新觉醒的意识。提出企划的人很清楚自己想做什么,而且有能力实现。我因此建议友人可以大胆投资,取得比原来预定更多的股份。很快地,《科学美国人》在编辑和财务方面都有相当杰出的表现。

因此,鲁斯上门请我帮忙时,我已经有相当的经验了。如同往常,他已经对我研究一番,知道我为《午后》和《科学美国人》做的分析。他跟我说:"我之所以请你协助,正是因为知道你在审查一份新的刊物时,是不看财务数字,而是看编辑方针的。当局者迷,旁观者清——希望你能提供我一些意见。"

鲁斯的企划案很有意义。当时所有主要的知识领域,已有很多第一流的研究工作,但是旁人却难以得其门而入,偷窥一点名堂。那时,受过教育的人越来越多,对所谓的"美国心灵"(American mind),大家也越来越感兴趣。但是,我看了一下大约 5 本样本的大纲后,发现这份刊物强调的特点——"从美国人的思考角度出发",却消失无踪。有一本看来像是模仿 1850 年的《爱丁堡评论》(*Edinburgh Review*),另一本则类似 1913 年的《法国文学评论》(*Nouvelle Revue Francaise*),还有一本像是 1925 年的《新德国评论》(*Neue Deutsche Rundschau*)。

这几本不只是模仿之作,简直是 19 世纪欧洲的刊物,一点美国的特色都没有。过了几天,我不禁思索起这个现象——所谓大众的"自由主义的文化"这个基本概念是不是根本和美国特质格格不入,或是已在 20 世纪中叶失去意义?从另一方面来说,《科学美国人》、《今日心理学》(*Psychology Today*)、《纽约书评》(*New York Review of Books*)、《科学》杂志(*Science*)和史密森学会(Smithsonian Institution)出版的杂志之所以能够成功,不就说明鲁斯企划案中那受过教育的读者群确实存在吗?但这些读者有兴趣的却不是一般的"大众文化",而是特殊的"小众文化"。因此,以上那些刊物的读者群会重叠,或者说大抵上是同一群人。从美国开办公共电视(Public Television)的经验,我们也可发现:其立意和鲁斯想创办的"高格调"杂志差不多,以同样的人为观众群,但"文化"和"教养"的意义已有巨大的改变——所谓有教养的人将不只是业余涉猎几个领域,而是个专家,且是能使自己的专长和知识互相贯通的通才。对这样的读者来说,《爱丁堡评论》《法国新闻评论》《新德国评论》,或者是鲁斯想创办的杂志、美国公共电视,以及英国国家广播公司(BBC)的三号广播网(Radio 3)都过于业余、矫揉造作。

于是我跟鲁斯说:"这份企划案很棒,不过晚了 50 年。此外,《时代》的人也无法胜任。我猜,你想寻找、鼓励一些外面的作家来为这本杂志执笔,并以一般大众为读者群。但是你的专长却是叫自己手下的人搞定,因此大有不同。"

鲁斯仔细地听了我的建言,说道:"我来向你请教,正因为我猜想到你会这么说。但打从一开始,我就梦想办这么一本杂志。于是我想从《时代》那里拨出经费来办一本美国前所未有却应该拥有的文化杂志。不过,你说的没错……"于是,他放弃了这项计划。

过了几年,他又来找我了,而且来往得相当频繁。那时,《生活》首次显现出老态。虽然整体的营业额还在往上蹿升，但是他们得付出越来越高的代价才能找到订户。由于拉到新订户和保住老订户越来越不易，花费急剧增加，因此广告收入和营业额一定要不断地创下新高，才能生存。鲁斯请我研究一下《生活》的编辑内容，看看能有何种改善。我的报告根本不为《生活》的人采纳，因此不知道他们是否转告鲁斯我所下的结论。我论道，《生活》早已失去了实用价值，如果基本编辑概念能有所改变，还有起死回生的希望。但是说到这点，大概没有一本杂志可以轻易办到。《生活》已经败给电视了，若要保住领导地位，一定要从一本以图片为主的杂志，变成一本有插图，以文字为主的杂志。但是，这么一来，不但不可行，而且还是难以成功。

在20世纪30年代，使《周六晚间邮报》成为全美最叫好又叫座的洛里默不断宣扬杂志一定要以广告作为主要的收入来源，订户则是用来刺激广告客户的成长。然而，《周六晚间邮报》却一直未能符合这条"洛里默法则"。直至30年代晚期，他们之所以有正常的营收主要还是靠一般订户，广告收入只能算是一笔"意外之财"。但是洛里默的话却让很多美国出版业者和杂志投资人信以为真，奉之为"金科玉律"，他们也被这句话害惨了。订户不多、零售情况不好，连最起码的收支平衡都做不到的杂志，只有倒闭一途。要拉到订户很简单，开出个令人心动的价格即可。《周六晚间邮报》《展望》(*Look*) 和《生活》这几本杂志在垂死前，都曾以低价创下发行量的最高峰，但只是回光返照而已。编辑因此大声怨叹，已经编得"内容扎实、可圈可点"，为什么得不到有钱大爷和广告客户的支持？如果一本杂志是以"流血价"来拉订户，用种种"特价""优待"和"双重大赠送"等来招揽客户，终会得不偿失，不能算是"编辑成功"。

在《生活》结束前㊀，为了从一个订户那儿赚到八九块，必须花上15块钱。这就是"编辑失败"——杂志社要贿赂读者，才能说服他们把自己编辑

㊀《生活》本为图片周刊，1972年停刊，1978年复刊时，改为月刊发行。

的产品带回家。登广告的商家通常不知道广告会不会成功,但是大家都晓得,如果读者不想看,再怎么打广告都没用。事实上,如果杂志不受欢迎,广告根本没有办法把产品推销出去,也就没有人会想登了。因此,创下高峰的发行量若是买来的,而不是自己挣来的,总是表示这样一本杂志已经日薄西山。《生活》也是如此,之前的《周六晚间邮报》和《展望》就是前车之鉴。

美国的杂志,事实上整个杂志的概念会有相当大的变革。麦克卢汉(Marshau McLuhan)一直强调印刷的文字已死。实则不然,死去的是经由邮件运送的文字。对编辑或读者来说,重要的是信息,而不是传递的方式。把墨水印在重磅的纸上送到远方,要比用电子媒介传送到读者的家中,价钱贵上100倍,却慢1000倍以上。为了运送1/10盎司墨水的信息,用了3磅左右的纸来印刷寄送是不是不合经济效益?除非没有其他方式可行,否则没有必要如此。更何况今天电话和电脑相当普及,是传送信息、排印文件的好帮手;如有需要,电子信息自然可在纸上排印、存档,这些纸张也可再回收。从科技的层面来说,彩色电子图像也是可能的。现在的阻碍只是立法和政治方面的问题,比方说受到"新闻自由"的限制。付费电视已经被接受了,电子杂志终将成为事实。用邮件运送的方式太浪费人力,电子传送不但合乎经济效益,而且更有弹性、更多样化、更可以展现编辑的特性。英国邮局已经开始做电子图像传送的服务,这种创意实在让人眼睛为之一亮,而美国 IBM 的子公司也在 1980 年开始这项业务。

像《生活》这种以图片为主的杂志,和一般以文字为主的杂志一样,用人工运送,因此不能长远。在 1950 年左右发行量创下新高的同时,采用昂贵的生产、邮寄方式,生存必定会受到威胁。

然而,我个人给予这份杂志的评价极高。《生活》可谓现代文化的重要成就,特别是其中表现出的无穷变化和个性。但是,我所赞赏的是这杂志本身，而不是那传统印刷用的纤维，也不是机器印在那纤维上的黑点。我衷心希望这份杂志能长久，也愿那古老的传送媒介早日作古。鲁斯的杂志，就本质而言，可说是旧日科技最后的大众杂志。若是要写杂志史，可以题为"从爱迪生的《观察者》到鲁斯的《生活》"。

但是200年后，也有可能出现另一段历史——"从鲁斯的《生活》到……"因为鲁斯的杂志不仅是旧时代的最后一个，也是新品种的第一个。

在政治家的传记中，很少提到鲁斯这个人。和他同时代的共和党巨人艾森豪威尔总统和参议员塔夫脱（Taft）就是典型的例子。论艾森豪威尔任内表现，写得详尽的是帕梅特（Herbert S. Parmet）的《艾森豪威尔与美国十字军》（*Eisenhower and the American Crusades*）（1972年）。在这长达650页的巨著中，只提到鲁斯两次——一次说鲁斯是第一个公开和麦卡锡唱反调的人，那是在1953年6月。过了一年多，艾森豪威尔的内阁才有人敢声明反对麦卡锡。另一次是论及艾森豪威尔援外计划，他集合了30位卓越的领导人，鲁斯也名列其上。同年帕特森（James T. Patterson）出版的《共和党先生——塔夫脱传》（*Mr. Republican*；*A Biography of Robert A. Taft*）提到几次"鲁斯的杂志"，几乎没有提及他这个人，如果有的话，也只是一笔带过，而不认为他是有政治势力或影响力的人。另一本较早出版的政治传记，由舍伍德（Robert E. Sherwood）所著，有名的《罗斯福和霍普金斯》（*Roosevelt and Hopkins*）（1948年），同样地也提到鲁斯两次而已，且是"完全不重要的人物"，一次说他是在第二次世界大战前反对孤立主义的"白色委员会"成员，另一次是说他在1944年的一篇社论中正确地预测，第二次世界大战后孤立主义不会再度兴起。这三本书都有根有据，参考了当事人详尽的日记、文件，没有一个人认为鲁斯在政坛上举足轻重。

但为鲁斯立传者，不管友善或敌对，都把他描绘成美国政治的重要人物，且不论他有无正面的贡献，他对美国的政策都相当有影响力。因此，从

20 世纪 30 年代到 1967 年他辞世为止,在这一段美国政治史中,鲁斯即使不是呼风唤雨的人物,也不可小觑。有关鲁斯生平的专著,最有名的、在一出版就炙手可热的是斯旺堡(Swanberg)的《鲁斯和他的帝国》(*Luce and His Empire*)。根据斯旺堡的说法,第二次世界大战前的孤立主义、干涉政策、反共产党,以及美国支持蒋介石等多项政策,鲁斯都有份。斯旺堡认为,美国从杜鲁门到约翰逊,只有一个有力的政治人物——亨利·鲁斯。

显然,以上两种对鲁斯的评价,不是失之不及,就是失之太过,因此都不正确。

不管鲁斯的出版事业声势是多么壮大,以传统的角度来看,他对美国政坛完全没有影响力,而且一点分量都没有。他甚至没有足够的政治力量来完成自己一点小小的政治野心。大家都知道鲁斯对驻伦敦大使一职垂涎已久,因此自己的出版王国帮助艾森豪威尔顺利登上总统宝座时,就提出该项要求。然而,老谋深算的艾森豪威尔想让他出局,又不能给他难堪,于是巧妙地指派他的妻子克莱尔(前剧作家,后来为康涅狄格州的议员)出任驻罗马大使。

鲁斯在政坛的影响有限,原因之一就是他旗下的杂志很少反映出他自己的立场。在编辑方面,鲁斯非常积极地参与,直至 20 世纪 50 年代的早期或是中期。但是他并不在乎这些刊物所透露的政治信息。他本人虽然坚持某种政治主张,但是他允许编辑有完全不同的观点,并自由发挥。打从一开始,鲁斯就是激进的"干涉主义者",早在 1935 年他就和丘吉尔有过接触,似乎已参与大西洋联盟对抗希特勒的计划。但是一直到欧战爆发,在他旗下还是有大声倡导孤立主义、对希特勒姑息的人,也就是《时代》的国外新闻编辑戈德伯勒。鲁斯本人非常保守,但是《时代》《生活》和《财富》的主任编辑都是自由派的,还有一些人如 20 世纪 40 年代在《时代》的英格索尔,还是自由派的左翼人士。鲁斯几乎从一开始就反对麦卡锡,使得艾森豪威尔政府相当困窘，但是他还是容忍《时代》里拥戴麦卡锡的前共产党分子，让他们言所欲言，钱伯斯（Whittaker Chambers）就是一个最好的例子。

然而，鲁斯不会缄默，他也会表达自己的观点，从他给编辑的便条或是他修改的社论就可以看出。不过，他也有百分之百坚持己见的时候，那就是论及中国政治时。在其他方面，他都可以允许不一样的看法，但是谈到中国，他可一点都不让步。他对中国的主张和很多"中国的友人"一致，如小说家赛珍珠（Pearl Buck）和罗斯福总统。鲁斯的情感反映出美国传统中那种对中国的移情。没有一个国家像中国一样，对美国的兴趣不大，不易接纳美国的情感和价值，和美国几乎没有任何的共同点。然而，美国却以最迷蒙、多情而浪漫的眼神看着中国。

就像所有同情中国的友人，鲁斯鄙视日本，一直到第二次世界大战结束多年后，他的杂志仍然表达出反日的偏见。时值20世纪50年代中期，有一次我为《财富》写了一篇文章，并受邀参加他们的编辑会议。鲁斯突然现身，并提议以欧洲的恢复为题做一特刊。那时的欧洲才开始有一点发展。

他问道："你们意见如何？"

大家都表示："这个构想很好，现在正是时机。不过，我们是不是该有一篇讨论日本战后恢复的情形？"

"你们真认为如此？"大家点点头。

"那么这个特刊的构想就作罢。"说完，他随即起身离去。

除了对中国和日本，鲁斯并不关切他的杂志所表达的政治立场。他在意的是感觉，而不是概念。对他而言，编辑抱持着干预主义或孤立主义，都不重要，但是他希望他们所看到的世界和自己所创办的杂志跟他一样，对事件的看法和采用的方法也相同。鲁斯是个道德感相当强烈的人。即使他偶尔会喝一点酒，但不会刻意摆脱自己是传教士家庭出身的背景。他和克尔凯郭尔（Kierkegaard）有同感，认为美学就是道德。远在麦克卢汉之前，鲁斯就已经断言，媒介本身就是信息。

就政治和政策而言，鲁斯造成的冲击力几近为零。虽然他自己有所主张，但问他也是白问。然而，在美国对世界的认知方面，鲁斯的影响却十分深远。或许，他并未创出一个全新的角度，但是他却使之风行。

我想，鲁斯一个中国字也不认得。他小时候在山东烟台就读的教会学校只教英文。在1939年我们初相遇时，他拿一个中国字来问我，看我知不知道。他说，这个字的结构流露出建筑之美，不像西方字母只是无意义的排列组合，这样的中国字能够把意义和情感都传达出来，他还说："完美的《时代》报道就像如此。"他在创办《财富》的时候，并没有想到要成为企业喉舌，或是道出它们的黑暗面，他的着眼点在于企业终将变得重要，将越来越显著。他觉得要了解企业这个中心主题必定要透过全新的图像，如毕加索和德国包豪斯设计学院（Bauhaus School）的作品。《财富》有美国杂志史上第一个现代艺术的美术主任。鲁斯大胆地提议美术设计部门不但要负责版面设计，也得做广告设计，这样才能给读者一个整体的视觉感受。《生活》终于也把电影新观念从戏院搬到客厅。

以前当然也有"书报"，最成功的例子就是20世纪20年代德国的《柏林书报》（*Berliner Illustrierte Zeitung*）。鲁斯从德国人那儿学到印刷技术。但是，德国人的出版物依旧以文字为主，插图和照片虽多，却还是配角。鲁斯创办了第一本用照相机说故事的杂志，成就宛如最好的默片。《生活》的精神导师可说是德米尔㊀，而不是杜米埃㊁——鲁斯了解到，借由默片美国人

㊀ 德米尔（Cecil B. DeMille, 1881—1959）：美国电影制片及导演，美国类型电影大亨。他的70部电影反映出改变中的美国品位及价值观，特别以花费百万的壮观场面著称。作品中最著名的为有史诗风格的《十诫》。

㊁ 杜米埃（Honors Daumier, 1806—1879）：法国石版画家和雕刻家。以在许多自由期刊中发表政治讽刺画和嘲讽中产阶级的漫画而闻名。对平凡人的人性诗情和悲剧十分关切，又被称为社会写实主义者。

可以看到摄影机所看到的，而不是透过插图家的眼睛来看世界。

日后的电子杂志等于是鲁斯之子。他尊重美国宪法，因此不会说："我不管国家的法律是谁定的，让我为国家写歌吧。"但是他可能会说："且不论政策是谁制定的，不过让我的灵感来引导吧。"而且，他真做到了。

最后见到鲁斯是在他辞世前6个月，1966年9月纽约的国际管理大会的正式餐会上，鲁斯就是主办人之一。那时68岁的他，看起来已像85岁的高龄，而且病得很重。但是，他还是和以往一样彬彬有礼，热情地招呼我，请我在他身旁坐下，问我："最近在忙什么？"

我说："我刚从日本回来。你无法想象日本成功的程度，他们在原本表现得不错的地方又前进了一步。他们正努力把西方文化日本化。"

鲁斯一听，做了个鬼脸，站起来，离我而去。之后我再也没有见到他。

CHAPTER 13 | 第 13 章

荒野上的先知

富勒（Buckminster Fuller）和麦克卢汉（Marshau McLuhan）这两个人简直是南辕北辙：不管是外表、风格、态度、讲话的方式，还是他们所代表的东西都截然不同。富勒浑圆矮胖，说起话来像朗诵史诗；麦克卢汉高大而有棱有角，好用双关语，经常妙语连珠。但这两个人同时在20世纪60年代被奉为英雄，原因却相同：他们是科技的游吟诗人，也是狂热的科技传道人。

早在成名之前，富勒和麦克卢汉就已经和我往来。我和他们初次相见是在1940年。多年来，他们的听众寥寥无几，我就是其中之一。长久以来，我一直怀疑是否有人能听见他们的声音，更别提有人会追随于其后。他们是荒野上的先知——似乎离绿洲还有一段遥远的路，至于他们的理想之地就更遥不可及了。

对富勒而言，科技如宇宙般和谐，经由科技之路，可通往真善美的境地。这样的科技，既庞大又复杂，可把人类环境进一步推向他所谓的"最大动力设计"①、"高能聚合几何学"②和"无尺寸限制结构"③中的天体和谐。富勒是个超越论者（transcendentalist），显然是受他的姑婆玛格丽特·富勒（Margaret Fuller）——19世纪新英格兰最后一个超越论者的影响。他的世界是泛神的，他认为人越能和宇宙科技合为一体，也越接近自己的神性。

而麦克卢汉则认为科技是一种人性，而非神性——科技是人的延伸。在一个世纪前和达尔文共同研究出进化论的华莱士（Alfred Russel Wallace）会说："人单靠一己之力可以完成有目的而非有机的进化——正因为人会制造工具。"麦克卢汉不知华莱士，但他的观点和华莱士可谓不谋而合。对麦克卢汉来说，科技是人自我改善，借以延伸自己、改变自我、成长并有所转变的方式。动物经由自然演化发展出一种新的、不同的器官，而成为另一种动物；人也是如此，借由新的、不同的工具来延伸自己，成为不同的人。

对科技怀抱敌意并敬而远之，是20世纪60年代和70年代初期的表面"原则"。在那"环保十字军"（environmental crusade）的时代，实在无法想象富勒和麦克卢汉这样的"大科技主义者"——一个是"高能聚合几何学"的大师，另一个则是"电子媒体"的玄学家——会成为英雄人物。然而，科技的发现正是在这"反科技"当道的时代。在此之前，科技完全是技术人员的事：工程师建筑水坝，人文学者则读乔伊斯，听巴赫，偶然间才会注意到"自然法则"。不过，这些人文学者还是颇能享受"科技的成果"——如搭飞机或打电话，但其工作的意义、重要性或是过程都不被科技影响，若有

---

① 最大动力（dymaxion）：此字是由动力学（dynamic）和最大值（maximum）两个字所组合。最大动力是富勒思想的中心概念，指从最少的能量输出中得到最大利益。
② 高能聚合几何学（synergistic geometry）：一种几何学的向量系统，基本元为四面体（有四个面的角锥体），与八面体聚合后，可以成为最经济的覆盖空间结构。
③ 无尺寸限制结构（tensegrity）：一种结构系统，其中压力与拉力分开，并由不同的杆位承受，因此这种结构本身没有尺寸上的限制。

影响，也只是一丁点儿而已；好比钢笔的发明使他们不必费力去削鹅毛笔，有了灯泡，因此夜半读书不会伤害眼力。以前，科技只是一种"技术活动"，到 20 世纪 60 年代却突然成为一种"人的活动"。人文学者以往总是指定科技非得乖乖待在历史舞台的侧翼不可，现在科技已慢慢走向前台，混在演员当中，甚至抢走了主角的光彩。

警觉这种转变，人们一开始的反应总是猛烈地抗拒。如果有挽回的余地，一切就容易得多。假如我们能回到希腊典籍和人文学者那美好的"人文世界"，追求高尚的理念、美学和知识，不用管日常生活，诸如赚钱、养家糊口和制造工具等卑微琐事，该有多好。但是，在那一无所知的排拒之下，还是潜藏着一种接纳新事物的能力，想寻求一种新的整合。因此，富勒和麦克卢汉在一夜之间成为受人瞩目的人物。这一代的人了解到科技必然和形而上学、文化、美学和人类学相结合，且是人类学和人类自我知识的核心。这两位先知让人得以一窥这种新现实（new reality）；他们的土地浓雾迷漫，而他们说的话更犹如神谕，然而这一切却增添了他们的魅力。

我和富勒真是"不打不相识"。时值 1940 年，我和鲁斯一起进行《财富》十周年特刊的编务。有一天，我从编辑室走出来，笔直地撞上一个飞掠而过的东西。那柔软的庞然大物压了下来，于是我跌了一跤，匍匐在地。原来撞上的是一个人，他已坐起，煞有介事地说："你已经使南美洲的工业发展晚了至少 10 年。"说完，随即起身，大摇大摆地离去。他原本高高站在有轮子的台架上，在天花板和墙上描绘世界未来的经济发展图，经我一撞，跌了下来。

现在富勒已成了世界神话。认识他的人都直呼其名——"布基"，而他在一切有关自己的参考书籍上则自称"理查德"。在《美国名人录》（*Who's Who in America*）里，以他的篇幅最长，有 75 行之多。他也是我所知道的人当中拥有最多名誉博士学位的，足足有 35 个，或许没有人需要这么多的学位吧。

富勒的书本本畅销，听他演讲的人总是把讲堂挤得水泄不通，他是年轻人眼中的英雄人物。但是，当年我俩相识时，年近 50 的他还默默无闻。在将近 20 年的光阴里，他为了实现自己的理念和发明废寝忘食，家中经济全靠他太太当秘书来支撑。富勒可说是个相当孤独的人，友人屈指可数，他们看着他明明可以轻而易举日进斗金，却一心一意追求一些愚不可及的想法，不禁勃然大怒。那时，他在科技方面的预测和分析，已经小有名气了。例如，他曾预料到未来飞机的发展，故事是这样的：1929 的唐纳·道格拉斯（Donald Douglas）已是年轻设计师中的佼佼者。他带着一份"未来飞机"的草图来找富勒。那时还没有所谓的气体动力学、引擎或是材料科学。但是，富勒还是告诉他要造出设计图中的飞机所需的理论、引擎和材料——10 年后，也就是 1939 年，道格拉斯按照富勒的详细说明，终于成功地研制出第二次世界大战中最先进的轰炸机——"飞行堡垒"（Flying Fortress）的原型。几年后，他又让人见识到他的神乎其技，很多人都觉得他犹如巫师般不可思议。他为一家大型的铜厂预测出未来"电子学"的发展。他大可靠这个本事收取可观的费用，但是除非走投无路，他是不会接案子的——只有一次，那是在他女儿病重、急需医药费的时候。他独自悠游在几何设计的世界里，并造了许多怪异的专有名词，如"最大动力学""多层体穹隆"（Polydome）、"四面螺旋"（Tetrahelix）和"无尺寸限制结构"等看来一点用处都没有的设计，即使偶然间派得上用场，好像也没多大效用。

富勒是被《财富》延揽来做"科技顾问"的。虽然他是鲁斯亲自雇用的，但鲁斯告诉我，他一点也不晓得富勒想做什么，富勒说的话，他一句都听不懂。虽然如此，鲁斯还是嗅得出非凡的人才，愿意在富勒身上下赌注。《财富》里其他人也搞不清富勒是何方神圣，不管是他的图表，或是言谈，都莫测高深、让人不解。那一连串从他口中流泻出来,像是诗歌,又似科幻小说的字句,都是他自己创造出来的语句。说来,若不是那天和他撞个正着,我也不会注意到这个人。他说,经我这么一搅和,他图表上预测的经济发展便晚了10年。实在令人难以置信,纸上画的图表真可以决定日后的经济发展吗?我一开始认为他在开玩笑。其实错了,他可是一本正经。对这么一个凡事认真、字字出自肺腑的人,实在不知"玩笑"是为何物。

他画的图表非常特别。比方说,人人都认为某一时期顶多可以再现经济大萧条之前的繁荣,富勒却预测会有"爆发性的经济成长";不但沉滞、充满危机又落后的拉丁美洲是如此,美国和被希特勒蹂躏的欧洲也是。这些完全令人无法相信的结果都是他追踪几何曲线发现的,只探讨一个因素:能量。这些曲线假设能量是"有机的",将会和人口曲线一样,呈现指数曲线的延伸,直到填满整个"生态位"⊖为止,只受制于最终,且是极其不可能的一点——太阳内部深处核子融合、分裂,而使所有的能量释放殆尽。我从来不信富勒的假设会成真。但是,他只根据几何学来预测战后的世界经济,却出奇地准确。这些纯然建立在从几何学得到的景象,完全不经分析,也不以事实为依据。

富勒自称为"几何学家",但是他所看到的远超过地球的次序,也就是所谓的"几何学"。他体验到空间的秩序和韵律,或者用传统的词句来说,是谓"天体的和谐"。

早期,即使是富勒的朋友和仰慕者都认为他"不切实际"。富勒总是否认这一点。事实上,只有少数几件事能让他动怒,这项指控就是其中之一。富勒一向沉静,然而只要有人暗示他这个人"不切实际",他就会大动肝火。

⊖ 生态位(ecological niche):在群落或生态系统内,一种生物的位置或状态,由生物的结构适应、生理反应和天赋的或系列的行为来决定。一个生物的生态地位,不仅决定于生活的地方,并决定于其行为。

富勒认为，"不切实际"的是别人，绝不是他！说来，富勒有一部分困扰就是来自过于努力，想实践"实际"这两个字。他试着把自己那些奇奇怪怪的设计运用在日常生活上，以变得"实际"些，例如汽车、房子，或是地图等。他一直大感不解，为什么没有人愿意采用三个轮子的汽车？如果可以节省燃料，加上轻便、合乎气体动力学的线条，从上面爬进或是从下面钻入车内，又有什么关系？他还设计出"最大动力学之屋"——一个在平面上的半圆体建筑，使地板的面积达到最大，而表面积变成最小，这么一来，冷暖气的需求便可降到最低。这种设计完全符合建筑上的要求和稳定性，使之达到理论上最理想的数值；而且就结构而言，不需要任何的支撑物，极为轻便。富勒不明白，为什么人还是宁愿居住在那从几何学的观点来看极不完美的长方形房屋里，也不解为何一定要有平直的墙来摆设家具。

他设计出的"最大动力学地图"是第一个完全不扭曲的地图，以呈现地表的原貌。但是这样的地图呈圆锥曲线，边缘有弧线，两端呈三角形。富勒不知道为什么大家宁可接受传统的、有点儿扭曲原状的地图，而不采用他这种完全正确的设计。事实上，富勒这些设计确实是很"实际"，不过是被运用在新的、不同的范畴上："最大动力学之车"已被广泛地用于太空设计；"最大动力学之屋"则成为北极气候自动侦测站的原型，在20世纪的后25年更被用来做大帐篷式的临时建筑、体育场和展览馆等。此外，太空人首次进入轨道，需要没有扭曲的地图时，便开始使用"最大动力学地图"。所以，我能体会40年前，有人说他"不切实际"时，他为何会动怒。

我有10年左右的时间，常常见到富勒。20世纪40年代，我在本宁顿学院任教时，富勒虽不愿来授课，还是常常莅校演讲。本宁顿的学生大概是他的第一批听众，并且多年来一直是他的忠实听众。富勒最需要的，不是名声，也不是金钱，而是听众，而且越多越好。他不擅长对少数人演说，个别讨论更是不行，但若面对满坑满谷的人，他的表现绝对是一流的，而且无可匹敌。

富勒第一次到本宁顿学院来演讲时，担任主持人的我向大家报告，富勒将做45分钟的演说，然后回答问题。4个小时后，富勒还滔滔不绝，我试着插嘴，他把我叫到旁边，悄悄地说："我的开场白还没结束呢。"到了凌晨1点，实在太晚了，因此我们不得不中止这场演讲。这实在是个错误，我们应该让他继续说下去的，后来我们就不再加以制止了。富勒一旦"开讲"，就不可能限定时间。他以洪亮却无音调变化的声音一直说下去，似乎没有开始，没有中段，也没有结尾。听众就坐在那儿吸收他的思想。没有人记得他说过的"字"，但是永远也忘不了那种经验，像是躺在言语的按摩浴缸中，在那温暖的漩涡中放松，同时享受那种不断流动、刺激的感觉。这种经验不是富勒这个"人"带来的——听过他演讲的人，总是记不起他的长相，更别提他说话的方式或动作了；在场的每一个听众，从40年前本宁顿学院的学生开始，体验到的是他对未来的展望。自称为几何学家的富勒，其实是个先知！

我和麦克卢汉相遇，跟认识富勒差不多是同时。我们是在一个学会上碰面的，那时我们俩都准备发表论文。我已记不得自己的报告内容为何，也忘了是在哪个学会上宣读的，有关那学会的一切更忘得一干二净，唯一有印象而且记忆犹新的，就是麦克卢汉这个人。他以平板、带着鼻音，而且有一点加拿大腔调的中西部口音开始宣读论文时，我已经开始想打呵欠了。那时的他，是密苏里圣路易斯大学英文系讲师，当然还是名不见经传的小人物。他貌不惊人，高高瘦瘦的，活像"瘦皮猴"。论文好像是和现代大学课程的源起有关，也没有吸引人之处，一听就像是年轻学者宣读给一排系所主任听的论文，用以投石问路，看看下学年有无受聘的可能。麦克卢汉这篇正是他博士论文的摘要，因此再典型不过了。

但是，不久这个相貌平平的英文讲师便开始有惊人之语。他说，由于印刷书籍的出现，中古大学就此走进历史。大家都点点头，因为这已是老生常谈了。不过，他又论道，16世纪现代大学的兴起不只改变了教学的方法、上课的模式，也改变了知识的本质，以及大学本来要传授的东西。这个默默无名的年轻人似乎想表达的是：新的学习和文艺复兴、古代经籍、古典作家的再发掘都没有关系，和天文、几何的发现，或是新科学也没有关联。总之，知识史上的伟大事件是肇因于古登堡⊖的新科技；创造现代世界观的是活字印刷，不是彼特拉克（Petrarch）、哥白尼，也不是哥伦布。

麦克卢汉结束报告时，有位教授问他说："不知道我有没有听错？你是不是指印刷术影响了大学的课程以及大学的角色？"

"不只是'影响'，而是'决定'，印刷术决定了这两者，事实上印刷术决定了知识。"

"简直是胡说八道！"发问的教授对他说的不以为然，于是主席很快地请下一个人发表论文。那个提出问题的教授是某家知名大学的英语系主任，会后我听到他跟同事说："那只'瘦皮猴'开始宣读那篇有关大学的论文时，我差一点想给他聘书。但是，后来一想，还是让某个工学院来雇用他好了。"

那已是40年前的往事，那时的麦克卢汉还没有说出那句名言："媒体即信息。""媒体"这个词，在今天指传播的载体，当时并不存在，因此那时的麦克卢汉不会这么说，但是这个信念已经根植在他的内心，至少他已经知道媒体决定信息，并且使之成形。

本来，我也和那位英文系的主任一样，不相信麦克卢汉的话为真。我知道活字印刷并不是古登堡"发明"的，中国人早就开始使用这种活字印刷术

⊖ 古登堡（Gutenberg，14世纪90年代—1468？）：德国工匠和发明家，发明活字印刷术，一直沿用至20世纪。他的发明主要包括铸字盒、铸造活字的合金、新式印刷机和油脂性的印刷油墨。

了，古登堡只是加以改造，或是模仿，并拿来印刷《圣经》。而麦克卢汉提到的那些冲击，在中国却没有发生；事实上那种新的"媒体"对文化、学习或是理解，一点影响都没有。活字印刷只是一种次级的工具，没有使古老重制图像的方式销声匿迹，更别说是传统知识、教学方法，以及教与学的内容。不过，我想那个"瘦皮猴"仍有要传达的理念。

那时我已开始对科技与社会以及科技与文化的关系发生兴趣。例如，"装配线"就是一种工具，但这工具对组织工作中的人和工作者之间的关系冲击很大，对社会本身的理解亦然，是为所谓"工业社会"这种新观念的基础。我是第一个使用"工业社会"这个名词的人，但是当时对这个概念还不很清楚。后来，在那几年思考中，我慢慢明了装配线不只是"科技"，更是有关工作本质的一种非常理论、高度抽象的概念。同时我也了解到，在这掌控一切的新的现实环境中，装配线虽处处可见，而且成为一种象征，然而在事实上却只是生产过程中的一个小环节，装配线作业也只是生产力中最小的一部分。换言之，科技有别于"人文学者"或"技术专家"的传统观点，不是那么简单。科技为人类下定义，并影响人类对自己的看法，对人类所生产的事物也具有相当大的冲击。

于是我找到麦克卢汉，请他过来一谈。那时，我们都住在纽约市郊的布朗克斯维尔。后来，只要他到我家附近就会顺道来访。不管我们搬到佛蒙特，或是在1949年后又回到纽约的蒙特克莱定居，他都是我家的常客。

这人是个好同伴，可是却常陷入沉思。在过去20多年的交谊中，我怀疑他从不曾问过我在做什么，或是仔细聆听过我对他说的话。他也从来不提自己的私事，谈的总是一些想法。他好用双关语，记得他只有一次注意到别人，那回我的孩子以《圣经》急转弯来考他："《圣经》中第一次提到棒球是在什么时候？""告诉你吧，答案是——利百加拿着水壶（pitcher，在英文中又可做投手）到井边去的时候。"他不禁莞尔，好几个小时都在念着这个不甚有意义的双关语。他自己想出的双关语有些也精彩不到哪里。譬如，他在圣诞卡上写道："我们怎可忘了那老阿圭那？"（*Should old Aquinas be forgot？*）㊀不过，他还是常有惊人之语，道出文字游戏之妙。他满脑子是古怪的念头、奇妙的比喻和观察，显示出他那特别的习性、瘾头和看法，把平凡的对话世界带入一个奇特、神秘和令人惊异的领域——是文字而非图书的超现实，犹如超现实大师达利㊁的作品或斯坦伯格㊂的漫画世界。

麦克卢汉每次来访几乎毫无预警。有一次，在新泽西的仲夏夜，刮起了大风暴，雷声轰轰，像是世界末日前夕。就在凌晨1点左右，我家的门铃响了。开门一看，原来是淋得已成落汤鸡的麦克卢汉。

他咧嘴而笑，说道："我刚好到蒙特克雷亚的上城办事，就顺道走到府上。"哇，那个地方离我们家可有3英里之遥。

"你为什么不先打个电话来呢？如果我们不在家，风雨又这么大，你怎么办？"

"就是因为气候恶劣，我想你们没有跑到别的地方去的道理。"于是，他把天气的因素摒除在外，一身湿淋淋地谈他的理念，直到早餐时刻。

这也是麦克卢汉最后一次来访。就在20世纪60年代初，那个风狂雨急的6月夜，他突然有所了悟。那天晚上，在讲学和访友之后，刹那间他顿悟到从以前到现在苦思良久的东西，于是急着跑来告诉我。他那一夜说的，很

㊀ 改自 All Lang Syne 歌词中的 "Should all acquaintances be forgot..." 为新年时常唱的歌曲。
㊁ 达利（Dali, 1904—1989）：西班牙画家，作品以探索潜意识的意象著称。20世纪20年代时，受弗洛伊德有关潜意识意象的著作影响，并与巴黎超现实主义者交往，使其画风日益成熟。
㊂ 斯坦伯格（Steinberg, 1914—？）：意裔美国连环漫画家，其线描画以圆圈、曲线、几何图形、问号、数字、狗、猫等图像组成，作品常出现在《纽约客》杂志中，由读者自行猜测作者对于某一社会问题的态度。

快就整理成一本书出版,是他最重要、最清晰,却不是最有名的著作——《古登堡银河——印刷人的诞生》(*The Gutenberg Galaxy: The Making of Typographic Man*)。他在两年后才出版《认识媒体》(*Understanding Media*),并因此书而名闻天下。他在书中谈到"凉媒体"和"热媒体"㊀,像是电视和报纸等;说到经由电子产品世界将走向"部族化",成为一个"地球村";也道出"媒体即信息"这句名言。虽然我们还是朋友,但他已不再来访。就在那个暴风雨的夜晚,他看到了他的"希望之乡"。自此,他再也不需要听众了。

在我们来往得相当频繁的那20多年间,他是个先知,但他洞见远景的能力尚未成形。他知道他一定要看到,但却无法张开双眼来看。在那段岁月里,他一定觉得自己处于梦魇之中,想从可怕的梦境抽身而出,却做不到。当年,他在学会上宣读论文,回答那个英语系主任说"印刷术决定知识"时,他已经看到那个远景,但是在电视出现之前,他一直不知其所以然。

麦克卢汉这个电视的先知,因此成为20世纪60年代赫赫有名的人物。我想,这也可解释,为何麦克卢汉的成就仅止于此。当然,电视以及"媒体"不只改变了传播的方式,也改变了传播的内容,更改变了我们对外在世界的感觉、我们看自己的方式,以及我们所看到的自我。然而,麦克卢汉的预言却无一成真,也不太可能成为事实。印刷术不会因为电视的出现而销声匿迹。在"显像管"侵略到客厅的时代,书籍和杂志未见减少,反而越来越多;正如"说书"被"书写"取代,"书写"又被"印刷"取而代之后,戏剧和诗歌并没有因此消失。的确,电子工具可能成为明日的印刷"媒体",白纸上印的黑字已经可以用电子方式来传输,复印机更使得每一个人可以自

㊀ 麦克卢汉把媒体分为"热媒体"与"凉媒体"两种。"热媒体"提供大量的资讯,具有高度的抽象能力。而"凉媒体"正好相反,提供少量资讯,对于事物缺乏明确的描述。前者如报纸,后者如电视。

行印刷。

"媒体"和"信息"间的交互作用,也比麦克卢汉那句名言来得深远,不是媒体决定信息,也非信息决定媒体,而是互相影响成形的。我深信,麦克卢汉了解这一点。但是,他的顿悟是来自于电视,他也因此声名大噪,甚至认为自己是大众文化中的梭罗。不过,如果因此断定麦克卢汉这个人和他的洞察力,可谓极不公平。麦克卢汉最重要的看法,应该不是"媒体即信息",而是——科技不只是一项"工具",而是人的延伸。科技虽非"人类的主宰",但是在扩展人类能力范围的同时,也改变了人类的个性、特质和自我认知。

我认为富勒也好,麦克卢汉也好,都不能整合科技、文化和形而上学。他们的"洞见"也无法使科技和人类的特殊活动,也就是"工作"相关联。科技并不是只和工具、机器和工艺品相关而已,像是工程师对科技下的定义那样;也不是在1954年和1958年由伟大的英国学者辛格(Charles Singer)编辑、出版的五大巨册《科技史》(History of Technology)所定义的科技;和创立于1958年的科技史学会(Society for the History of Technology)对科技下的定义也不同,跟他们出版的期刊《科技与文化》(Technology and Culture)谈到的科技也不一样——科技并不只是"宇宙的力量"或是"人的延伸",不是辛格书中定义的"东西制成的方式",而应该是:人怎么做的方式。

科技是指有目的、人为的且是非有机的进化,经由科技,人得以执行那特别而独特的人类活动——"工作"。而人怎么做、制造东西,或是工作的方式,对自己的生存、和他人共存以及对自我的认知,都有很大的冲击。最后,甚至让人深思——"我是什么?""我究竟是谁?"特别是,就人类生活和历史而言,工作就是特殊的社会联系。

所谓"自然联系"之于照顾无助的幼儿,非常重要,不管是人或是其他高等动物都有此种联系，然而象妈妈照顾小象的时间，比起人类抚育幼儿的时间要长，做得可能也比人类好，但工作所创造出来的"社会联系"，其可塑性、弹性、多变性和要求，就属于特殊的人类范畴。这就是科技作为一种工具和作为一种"文化"与"个性"的界面。然而，就这一点而言，不管是富勒或是麦克卢汉都没有注意到。

把"科技"当作特殊的人类和社会范畴来处理，并视之为人类做事和制造的方式，可能太早。我曾在我的研究中尝试过，差不多是在40年前，那时富勒也从"最大动力学机器"的设计转向理论，而麦克卢汉也开始思索古登堡的活字印刷术和中古大学课程的关系。[关于这点，可参阅我在1970年出版的论文集《科技、管理与社会》(Technology, Management and Society)。]我了解自己还没有找到明确的例子和通则，更谈不上一套"系统理论"(general theory)；当然，富勒和麦克卢汉也是。但是，对于科技至少他们已经找出全新的研究方法，把科技当作是"人类"和"文化"的课题，而不是放在纯科技的领域来谈，不是"反科技"，而是偏向赞同科技的一方。不管如何，富勒和麦克卢汉还是先驱者、先知以及预言家。

对我来说，他们就是专心致志的最佳范例。只有像他们这样一心一意地追求，才能真正有所成就。其他的人，就像我一样，或许生活多彩，却白白浪费青春。像富勒和麦克卢汉这样的人，才可能让他们的使命成真，而我们却兴趣太多，心有旁骛。我后来悟到：要有成就，必须在使命感的驱使下，"从一而终"，把精力投注在一件事上。富勒在荒野上待了40年，连一个追随者都没有，然而他还是坚定地为自己的愿望奉献一切；麦克卢汉花了25年的时间追逐他的愿望，从不曾退缩。因此，时机成熟时，他们都造成了相当的影响。然而，他们虽有所成就，但还是不算成功，很多像这样的人留下的，只是荒漠中的白骨。而其他像这样有着很多兴趣，而没有单一任务的人，一定会失败，而且对这个世界一点影响力都没有。

富勒和麦克卢汉也为我们展现了先知的"哲理"——他们的成功,正是失败。在布伯㊀早期的著作中提到一则故事,有个门徒问:"为什么上帝允许在以色列之子未到达希望之乡前,就让摩西死了呢?"那伟大的犹太教士回答:"正因上帝爱摩西。"到达希望之乡,且先知口中的"异象"(vision)成真后,以色列之子应该有所改变、自洁而重生,但是他们却依旧在罪恶中打滚,做神眼中的恶事。事实上,在先知转身离去时,他们早已遗忘了先知以及神赐的异象,而开始崇拜金牛犊。对先知而言是真理,对以色列之子却只是"有启发性的教条"而已。

然而,更糟的是,一旦先知的时机来临时,他反倒无能为力,成了祭司,他的异象沦为一种仪式。他在一夜之间名满天下,接着出现在夜间脱口秀节目或是名人社交新闻中。想到这点,不禁令人扼腕——因为他的出现不再造成冲击,而带有娱乐的意味。

㊀ 布伯(Martin Buber,1878—1965):德国犹太教哲学家、《圣经》翻译家,是对20世纪精神文化最有影响力的人物之一。

CHAPTER 14 | 第14章

斯隆的专业风采

1943年晚秋，我接到一个电话：

"我是保罗·加勒特（Paul Garrett），通用汽车的公关主任，代表敝公司副总裁唐纳森·布朗先生（Donaldson Brown）向您请教。不知您是否有兴趣为我们的高层主管研究分析敝公司的政策和结构？"

对于这突如其来的邀约，我实在是喜出望外。两年前，我刚完成《工业人的未来》一书，最后的结论是：企业终将成为工业社会的主体，在这体制当中，不但要实现管理的原则，也得兼顾个人的地位和功用。此言一出，我知道非得深入大企业研究一番不可。从未在大企业或是其他大型组织服务过的我，一直想找一家大公司来研究，却未能如愿。现在，机会终于来了。

在《工业人的未来》成书后的两年间，是我精力最为旺盛的时候。在写那本书的时候，我同时在住所附近的萨拉·劳伦斯学院（Sarah Lawrence）任教，每周一天，教经济学和统计学，而且自得其乐，因此我想我会继续教书的工作。那时，哈佛和普林斯顿大学也有意请我任教。不过我还是在1942年选择到本宁顿学院担任专职教授。在本宁顿学院，我可以自由选择任何一门我有兴趣，而且想进一步钻研的学科授课，如政治理论、美国政府、美国历史、经济学、哲学和宗教等。美国政治科学学会（American Political Science Association）对我的著作《工业人的未来》也有所回应，请我加入他们的政治理论研究委员会。自此，我觉得可以正式地展开学术生涯了。

在1943年，我已是自由作家，定期提供文稿给《哈泼斯杂志》（Harper's Magazine）。[从1940年起，25年来，我一直为《哈泼斯》写稿，每年都有重要文章刊登于这本杂志。]我和《周六晚间邮报》也一直保持密切、良好的合作关系；在20世纪40年代，正是这本刊物的发行量达到最高峰之时。在珍珠港事变后，我开始在政府机关服务，这份我渴望已久的全职差事，结果是兼职的顾问工作，反而更使我有如鱼得水之感，我的精力也就更能发挥。

在那庞大的官僚机器中，我无异于一个小齿轮，若是全天都被绑在那儿，一定会适应不良、郁郁寡欢。幸好这只是个顾问性质的工作，对我来说比当官僚要好得多。因此，我不时在南佛蒙特、华盛顿、纽约（《哈泼斯》杂志的办公室）和费城（《周六晚间邮报》的大本营）之间流动，虽然辛苦，却忙得不亦乐乎。

我的家庭生活也相当美满。我们的第二胎是男孩，取名为文森特，在1941年秋出生，过了几个月，美国就被卷入大战之中。我们在1942年夏搬到佛蒙特时，家里每一个人都很喜欢这个地方。这一住就是7年，直到1949年的夏天才又回到纽约。因此，佛蒙特的本宁顿学院对我来说是全美国，甚至是全世界最有"家的味道"的地方。1938年秋，我父母逃离希特勒秘密警察的魔掌后，也到美国来和我们会合。我在东部，弟弟则在华盛顿州行医,父亲安抵美国后,则在北卡罗来纳的教堂山(Chapel Hill)教经济学。到了 1941 年,父亲 65 岁时,搬到华盛顿来,他一面在美国大学(American University)执教,一面在美国关税协会(U.S.tariff Commission)服务,协助欧洲经济重建事宜。父母亲在 1941 年夏从北卡罗来纳搬到乔治城的大公寓时,我和弟弟有先见之明,帮他们在卧房安装了全新的窗式空调。因此,在战时的华盛顿我还得以享受少有的奢侈——去他们那儿享受宁静和凉爽。

然而,因为无法研究我一直想探讨的课题——工业社会的政治和社会结构,并进行"工业秩序的解剖",所以我觉得有点儿沮丧。就在通用汽车的加勒特打电话来的几个星期以前,我决定做最后一次尝试,看以上的研究是不是能够进行。那时,本宁顿学院每年寒假长达 3 个月,一方面是为了在战时节约能源,一方面则让学生借这个机会工作,获得实际经验。所以,我们在纽约哥伦比亚大学校园的附近租了间公寓,以便我利用寒假研究企业的结构和政策,也可就近在大学图书馆寻找相关的研究资料。就准备工夫而言,我秋天在纽约时已经做了不少,但是越准备,越发气馁。经过别人介绍认识的主管都拒绝与我合作。大部分的人,就像西屋电器的总裁,了解我的用意后,就把我当作是危险、喜欢作乱的极端分子。图书馆也帮不了多大的忙,今日所谓的"经营管理",当年还是不寻常的名词,相关的著作和文章实在是凤毛麟角,不是讨论一般的劳工问题,就是谈财务或是销售。

因此,接到加勒特的电话时,我实在是欣喜若狂,一两天之后,就跟着加勒特去见他们的副总裁布朗。

"我已经拜读过你的大作《工业人的未来》,"布朗说,"你在书中谈到的,我们通用汽车已经在进行了,比方说'大型组织及其结构的管理''大企业在社会中的地位''工业秩序的原则'等。当然,我们不用这样的词汇,我们不是政治科学方面的专家,都是工程师或经商理财的。不过,我们这一代了解到自己做的是前所未有的事——即使这种了悟只是懵懵懂懂……但我们不久即将离开通用了。在1920年把濒临破产边缘的通用汽车接手过来，并为我们描绘出组织架构的杜邦先生（Pierre DuPont），早就不在了。杜邦先生的接班人斯隆（Alfred Sloan）20年来一直是最高执行主管，为通用的建设鞠躬尽瘁，早就过了退休年龄，由于战争的关系，暂时还留在公司。我的年纪虽比斯隆小得多，但也计划在战后和斯隆同时退休。对于我们企图完成的，下一代的年轻人认为是理所当然。我们现在的政策和结构都已经是25年以前的东西了，的确需要改头换面一番。我明白你对汽车工业所知无几，对企业界也没有深入的了解，但看完你的书之后，我想你应该愿意以一个政治和社会科学专家的角度来探讨本公司的结构、政策、对内和对外关系，之后向我们的主管阶层报告，他们就是两三年后大战结束时，即将接掌公司的青年才俊。这项研究工作，每星期做个几天，大约需要两年的时间来完成。如果比照大学教授的薪资，你是否觉得适当？"

我表示同意，布朗又继续说："我建议你一开始先跟公司中十几个核心干部谈谈，好得到一点印象。计划拟定好后，我会把你介绍给斯隆先生。他是这项计划的灵魂人物，也就是我们口中的'通用先生'，其他人都只是配角。不过，等你有了腹稿再去见他会比较好，否则再怎么谈也是白谈。"

我请教布朗，首先我应该见谁，他建议我去找布莱德利（Albert Bradley）。

"他是我们的最高财务主管，将继我之后，担任通用的执行副总。往后，将成为我们通用的总裁。（他说得果然没错。）和其他年轻人相比，他是斯隆先生和我身边最不可或缺的人。公关部门会给你有关他这个人的资料。"

然而，公关部门交给我的主管背景资料中，独缺布莱德利的。他们不是说"暂时不在这儿""明天再给你"，就是"现在我们手边没有，请等一下，我们再从另一批文件中去找"。显然，布莱德利的过去似乎有"不可告人之处"。我跟布朗说起这件事时，他笑着说："我会把他的资料给你，请你告诉我，我们公关部门不愿让外界知道的，到底是什么。"我看了之后，实在找不出其中有任何秘密。最后，布朗终于为我解开疑点。

"你难道看不出他不只上过大学，还在密西根大学拿了个经济学的博士学位；更糟的是，我把他带进通用，在担任公司第一个统计师之前，他还曾在那所大学教过几年书呢。"

"不错，"他接着说，"你可以发现在美国企业界有不少大学毕业的管理人才，至少老一辈的是如此，通用则有更多这样的人才。斯隆先生是麻省理工学院的工程学士，我是弗吉尼亚综合技术学院出身的，而我们的董事长威尔逊先生是从卡内基大学获得学位的。但是，我们特别标榜那些从基层苦干出头的人，譬如现在主持空军生产制造计划的克努森（Knudsen）将军，就是我们的前任董事长；凯迪拉克的德雷斯塔特，当年是德国梅赛德斯车队里的一个'黑手'；别克的克提斯（Curtice）还有雪佛兰的科伊尔（Coyle），小学五六年级就辍学去当伙计了。说到博士学位，可真'丢脸'。布莱德利企图以时间来洗刷这项'污名'，我们也尽量替他隐瞒这件事。"

然而，35年后的今天，要进通用当主管，非得要有大学以上的学历不可，而且通用汽车还特别强调他们主管阶级的学位。但是，在20世纪40年代，除了从事研究的化学家外，博士学位却是见不得人的头衔。布莱德利一直到第二次世界大战爆发，克努森离开通用转任军职后，才敢在表链上加上大学荣誉毕业生纪念的发条钥匙。

他说："多年来，我只听克努森说过一件事。这个14岁孑然一身来自丹麦、从铁路机械学徒干起的人，唯一的信念就是——有钱人的小孩一定会被宠坏，不认真工作，只会装腔作势。"

斯隆一直认为自己在麻省理工学院创造的纪录是傲人的成就。他以前所未有的高分光荣毕业。他对高等教育非常关注，创设并赞助多项教育计划，比方说麻省理工学院第一个深入的管理课程，以及他的兄弟雷孟德首开先例的医院管理课程。他把巨额的财产都捐给教育界，如麻省理工学院、斯隆基金会、纽约斯隆－卡特林癌症医院（Sloan-Kettering Cancer Hospital）的医学教育与研究工作。［该院另一位创办人就是查尔斯·卡特林（Charles Kettering），自动推进器的发明者、前通用汽车的副总裁。］斯隆了解，美国企业那些无师自通的人，特别是通用的那些'大佬'即将成为明日黄花，未来是属于大学出身的高级知识分子的。因此，他认为大企业有责任让贫穷而有上进心的年轻员工接受大学教育。在通用汽车，他个人最注重的，并投以相当多时间和心力的计划，便是在密歇根州弗林特的通用技术学院（GM Technical Institute）。

这所学院本来是为通用的学徒设立的，后来斯隆使之成为一个完整的工学院。任何一个在通用以时薪计酬的员工都得以进入这所学校（当时，也只有通用的员工享有这项福利），得到入学许可，就可在通用工作半年后，到学校就读半年，工资和学费一概由公司给付。

斯隆对我说："我们需要大学训练出来的年轻人。企业变得越来越复杂，没有受过正统的教育，难以有所突破。因此，我们必须为那些家境不好的年轻人提供开放的渠道，让他们也有接受教育的机会。"

然而，每当有人希望他为通用技术学院广为宣传时，他总是裹足不前。他说："我不想让大众有这种印象，认为非得要一纸文凭，才能在企业界闯天下。我宁可强调我们的员工都是从'黑手'或是基层职员干起的。"

后来，我出版了对通用汽车的研究结果，书名为《公司的概念》(Concept of the Corporation)［初版1946年由纽约的约翰·戴伊（John Day）出版，英国版同年由伦敦的海涅曼（Heinemann）出版，书名改为《大企业》(Big Business)］。在出版前，斯隆给我唯一的建议就是删除两处简要提及通用技术学院的地方。即使他毕生是通用技术学院的理事长，并以这个头衔为荣，他那简朴的办公室中，唯一的装饰就是当选该校理事长的证书，但他的著作《我在通用汽车的岁月》（*My Years with General Motors*）（1964年），却没有只字片语提到这所学校。

以今天的观点来看，实在很难想象高等教育会是一个人的弱点而不是资产，不只在制造业是如此，在银行界甚至在政府部门亦然。斯隆那一代的偏见是把正规学术训练当作是"不切实际"，但今天"文凭至上"的偏见，鄙视老实工作、用劳力赚钱的年轻人，则为害更烈。我常在想，斯隆拒绝向自己那一代的偏见挑战，不愿让世人知道通用技术学院，可谓矫枉过正，或多或少导致了今天"万般皆下品，唯有读书高"，逼不得已才去工作的结果。在那个时代，如果他愿意起带头作用，美国企业也许就能去除那种对学问的偏见；要是斯隆愿意为通用技术学院广为宣传，或许我们今天在工作和求学之间就能有较为健康的平衡心态。

布朗一开始并没有想到我会出书。他压根儿就没料到这回事，我自己也是。

我和他的同事见过面后，就向他报告说："你的同事似乎都不明了你要我做的事，不知道这么一来有何用处。但是，他们一个接着一个向我建议说，不如写一本有关通用汽车的书。我们为什么不告诉他们，我们的用意就在出书？不管怎么说，书完成后，也可以不出版吧。"

"我从未对同事撒谎，现在，也不准备这么做。我想，没有人会愿意出版这本书的，根本没有人会对管理的书感兴趣。不过，假如对我的同事说起你的出书计划有助于这项研究的话，那么你就写一本吧。至于成书之后，若有被禁止出版这回事，别把我扯进来，我可一点都不想充当新闻局的检查员，来背这个'黑锅'。唯一的限制是，我们是最大的军事承包商，和政府签有合约，因此你不得在书中泄露任何国防机密。若是你在书中陈述的事实有误，我们会加以指正。就是这样。"事实就是如此，不管是布朗还是通用汽车里的任何人，即使对我的观点提出强烈质疑，也不会左右我的写作，叫我写什么，或是不写什么。

我和布朗一样，怀疑这么一本书是否能卖得出去；出版社也有同样的疑虑。那时管理方面的书可谓凤毛麟角，印行出来多半只为和少数的好友分享而已。例如，把演讲稿整理之后印装成册，比如巴纳德（Chester Barnard）在 1938 年出版的《主管的功能》(The Functions of the Executive)，或者是为一小撮专业人士而写的专题论文，如福利特（Mary Parker Follett）那几篇具前瞻性的论及领导与解决冲突的论文。当时，似乎找不到阅读管理书籍的读者群，事实上大多数的经理人还不晓得自己所做的事就是"管理"呢。一般大众虽然对富豪的钱财是怎么赚来的感到好奇，却还没听过"管理"一词。因此，就这本书的主题而言，组织、结构、经理人的发展、领班和中级主管的角色等，可说是深奥难懂，肯定没有人会青睐的。

在我的友人中，唯路易斯·琼斯（Lewis Jones）独排众议。他是个经济学家，当时是本宁顿学院的校长。当然，在前往通用汽车进行研究之时，我必须向他报告。他相当看好这本书："这就是你现在必须全力以赴的事。这本书一定会成功的。"他真是料事如神，《公司的概念》刚出版就成为畅销书，之后再版多次，现在仍有人购买、阅读，并运用里面的观点。然而，琼斯却表示遗憾地说："你在学术界大有可为，不管是做经济学家还是政治学者都会相当出色。把企业当作是一个政治和社会机构来处理，以此为题出书，将会影响到你在学术界的发展。"

琼斯又料中了。《公司的概念》一书出版后，经济学家和政治学者都觉得此书难以理解，此后觉得我的论点可疑，不足为信。《美国经济评论》(American Economic Review) 的书评家也对这么一本谈企业的书感到困惑，说此书不是"微观经济学"[一]，并批评对所谓的定价理论和稀有资源的分配问题，没有提出过人的见解。《美国政治科学评论》的评价者则对我深表同情，在书评的最后说道："希望这位年轻而有潜力的学者能很快地把他的才能贡献到一个较为严肃的主题上。"接下来，美国政治科学学会已不再邀我加入他们的政治理论研究委员会。直到30年后的今天，经济学家仍然墨守成规，只愿以经济名词来讨论企业，而政治学者大抵来说，只把心力放在"政府机关"和政府的"政治运用过程"上。

《公司的概念》一书的目的在于建立"管理"这门尚未为人所知，且还没有人教授的学科。不论是好是歹，这本书开启了近30年来的"管理热潮"。说来多半是运气，我刚好是第一个提出这个理念的。《公司的概念》首次探讨诸多管理学的重点，如组织和社会责任、高阶管理阶层的功能和决策过程、经理人的发展、劳工关系、社群关系和顾客关系，连环境这个议题亦是。现在，经过一个时代之后，我们甚至可以接受书中所说的：管理不是企业专有的，而是现代社会所有机构中一个特有的组织，企业只是较显而易见的例子。如今，我们大学的"机构管理"和企管硕士等课程已渐渐成为一些专业工作的职前准备，如在政府机关、医院、研究机构、工会、学校和大学的管理工作，正如在1950年要进企业界工作已必须修习"管理"这一学科。过了一个时代后的今天，"管理"这门学科终于水到渠成，实现了我当初写书的初衷。

在我对通用汽车进行研究时，见过数十个主管，没有两个是出自同一个模子的。他们的个性、特质和喜好等，皆大异其趣，和传统印象中那清一色身着灰法兰绒的"企业人"完全不同，这点让我久久无法忘怀。这些人展现

[一] 微观经济学：着重对社会中各个消费者、生产者，或企业的经济行为的分析，即是微观分析，运用此种微观分析的理论即是微观经济学，和宏观经济学相对。

出来的风貌，可谓多彩多姿，即使是30年后的今天，有几个人仍让我记忆深刻。

其中一个，就是布朗本人。通用有一名高级主管形容说："他犹如通用的大脑，但是说的话却是没有人听得懂的语言。"多年来，通用的主要计划一直是他提出的，例如把通用组织起来的财务和统计控制、海外拓展计划、奖金和红利的发放制度，以及那简单却极有效率的主管培训办法等。这些当时在企业界都是"创举"，没有一家公司、没有一个政府部门，甚至没有书本和理论提出这种做法。虽然，布朗在通用汽车极受尊崇，被公认为最睿智的人，大部分的主管却对他敬而远之。他们实在一点都不晓得他在说什么，因此他完全依赖斯隆的翻译。对于这点，他已有自知之明，虽然才50多岁，但斯隆退休，他也得跟着隐退。其实，如果你了解他说话的习惯，就知道他在说什么了。等上个20分钟左右，他就会说到重点，而且简单明了。但是，他刚开口，就像是个最糟糕的德国教授，先引述一大堆的"注脚""限定条件""例外"等，这种语言一半是数学等式，另一半则是社会学的术语，让人完全坠入五里雾中，不知所云。

布朗看我愿意洗耳恭听，几乎感动得"五体投地"。很快地，每隔一个半月，他就会请我到他的办公室去。我们一起讨论我的研究工作后，他就说失陪，要到洗手间去一下。几分钟后回来，原来西装笔挺、穿着极度保守的他，已是一身"农夫打扮"——不修边幅的杂色毛呢服，像是伐木工人穿的衬衫，加上一顶肮脏的帽子。他喜滋滋地说："待会儿，我要到农场去。不过，我们还有时间喝上一杯。"他调了杯浓烈无比、约是三倍分量的马爹利。舒畅一下身心之后，他开始讲述自己在马里兰州那破落荒芜的烟草场度过的童年、古怪的家人和通用汽车早期的历史。

布朗生在马里兰东部以烟草为生的贫苦农家，和特拉华州的杜邦家刚好隔湾相望。布朗家羡慕杜邦家的人是"新贵""有钱的商家"，而杜邦家则视布朗家的人为"贫穷的白种垃圾"。在内战期间,杜邦家已是马里兰湾岸最大的企业家族。第一个自法国移民而来的杜邦先生是法国启蒙时期的重要哲人之一,因此这个家族一直承袭着深厚的反奴隶传统。他们在亚特兰大中部各州亲联邦派的势力中居领导地位,也是支援北方军力的主要的军火制造商。而以种植烟草为生的布朗家族,200年来一直是湾岸的第一家族,与支持北方派是势不两立的死对头。但是,布朗顶着化学工程师的头衔从大学毕业时,唯一的工作机会就在杜邦公司。他答应父亲:"一找到其他工作,就马上辞职。"他在杜邦却平地青云。第一次世界大战时,他在杜邦负责兴建新的军火工厂,一开始是为了联军,后来也为了加入战场的美国。然后,他为杜邦设计出有名的财务控制系统和投资回报率公式,现今仍是世界上使用最为广泛的管理经济体系。在组织销售统计、销售预测、长程计划,特别是资金投资与预算划分方面,他也是第一人。

就在这时,他的上司,一个非杜邦家族的人,叫他进到办公室,跟他说:"你是不是装傻?难道不知道现在得做个决定是要继续在这家公司做事,还是滚蛋?"

布朗问道:"公司是不是想请我走路?"

上司气急败坏地说:"你即将成为公司的高级领导人,也许可迈向顶峰了。你这个小傻瓜,不晓得要在这家公司晋升为高级主管一定得娶这些女人之一当老婆?"上司给了他一张名单,上面列着28个未嫁或是寡居的杜邦家女儿、孙女或是侄女。

"没有人在乎你娶的是哪一个,只要是其中的一个就行,而且得尽快。"

布朗告诉我:"麻烦的是,我和名单上的一个女孩格里塔·杜邦,早在一年多以前就秘密成亲了。除非我们吃了熊心豹子胆才敢向双亲禀告。最后,还是不得不如此——因为格里塔怀孕了。杜邦家永远不原谅我,虽然我是娶对人了,但是时机却不对。杜邦家有个长辈当着我的面,给我难堪,

'布朗家哪有什么好货？这家子都是居心不良的人'。后来我得不到晋升，在皮埃尔·杜邦刚接掌摇摇欲坠的通用时，就把我放逐到底特律。"

"令尊、令堂有何表示？"我问他。

"我父亲有很长一段时间拒绝和内人见面。最后，我母亲跟他说，'你也明理一点嘛。这年头，即使是英国公爵也会为了钱而结婚。至少，现在我们儿子不再为那可恶的杜邦公司服务，准备到通用去了'。"

星期一布朗回来上班，周末那两天他不是在马里兰钓鱼就是种树。回来后的他，又是一个自大、令人难解、冷漠奇特的"首脑人物"，说的话没有人听得懂，而且滴酒不沾，直到星期五的下午才来杯浓烈无比的马爹利。

布朗这个人相当独特，不属于任何典型，而负责雪佛兰的科伊尔却像极了铁石心肠的记账员，他的长相犹如舞台上那滑稽的爱尔兰警察（事实上，他父亲从前就是干这一行的）——块头很大、像蚕一样的白、有着铁锤一样的拳头和一对小小的贼眼。他的纪律甚为严明，是让部属闻之丧胆的主管，说起自己的理念，总是慷慨激昂。有一次，我坐在他办公室里，听他宣扬分权制度的好处时，放在角落铜制痰盂旁的电报交换机突然啪啦作响。科伊尔说："没关系，堪萨斯的厂房经理通报将外出吃午饭，如此而已。"然后继续强调地区主管应享有完全的自由。每一个人都认为分权制度是理所当然，而不加思考，只有科伊尔仔细地分析、思索这个制度。他的看法和斯隆及我在书中所表达的有所不同，他觉得分权并不是解决企业结构问题的万灵丹。

在我对通用进行研究时，我发现雪佛兰虽是通用汽车的一部分，却自成一个庞大的企业，比起一些独立的公司要来得大，而且完全是中央集权的。科伊尔一听我这么说就怒不可遏，恨不得马上指出我的错误。不过，他也表示，通用一直想实现的分权制度——也就是我现在说的联邦分权管理的原则㊀——只适用于公司一小部分，因其业务特殊，有着不同的市场，并自负盈亏；而雪佛兰虽大，却是一个无法分割的利润中心，至少就客车的业务来说是如此（卡车制造已经成为另一个分支部门了）。科伊尔知道，要得到分权的好处，而不用分权之名的话，雪佛兰必得要发展出不同的概念和结构。他说："在效率方面，我们一定要能和别克、奥斯莫比尔（Oldsmobile）及庞蒂亚克（Pontiac）一较长短，至于福特或是克莱斯勒，那就更不用说了。但是就人才的培养和筛选来说，通用汽车的高层主管都是从比较小的分支机构爬上去的，很少出自雪佛兰。因此，我们在雪佛兰必须落实分权这个制度，但是我实在不知道要怎么着手。"

那时的通用汽车对外界为经理人举办的训练、发展课程都抱着不以为然的态度，多年后仍然如此。对通用来说，借由分权，加上内部人员的晋升系统，自可培养出未来的经理人，这点已成了牢不可破的信念。科伊尔却有异议，他是美国制造业中第一个利用外界资源来培养年轻经理人的高级主管，例如组织读书会，让他们选读大学课程、参加研讨会、听演讲等。虽然就气质而言，科伊尔是不折不扣的暴君，但在雪佛兰推动参与式管理的就是他。他也会把问题全权交给一个由年轻经理人组成的小组来研究，并请他们提出建议，也会把所有厂房和销售区的主管找到总部，听取他们的建言。他就这样静静地坐着，闭紧嘴巴，直到每个人都畅所欲言后，他才发言。

《公司的概念》一书，被誉为是带起全世界"分权"热潮的著作。"分权"也就是日本和欧洲所谓的"分立"。第一家以"分权"为基础，进行企业重整的公司是福特。年轻的亨利·福特（Henry Ford）从老祖父手上接掌公司时，就研究过当时才刚出版的《公司的概念》，也从通用挖了些主管过去，比方说多年担任他们最高执行主管后来荣任总裁的布里奇（Ernest Breech），

㊀ 联邦分权管理：一种管理模式，把权力和中央控制分散，以组织和管理大型的、多部门的公司。

企图挽救这家 30 年来渐走下坡,已面临生死关头的公司。在 20 世纪 50 年代,美国的企管顾问公司如雨后春笋般纷纷成立时,无不奉通用汽车为分权制度的最佳楷模。

那时,我开始研究通用分权制度的特点和限制,希望为一些庞大的机构找出另外可供选择的途径;不只是以企业界为对象,公众服务机构如大学和政府部门等皆是。在《公司的概念》一书中,我提出联合分权管理是唯一的答案,皮埃尔·杜邦、斯隆、布朗和他们在通用的同事、部属,也都认为如此。事实上,这一套在通用成功,所以是最佳答案,但是这唯一的答案并非适用于每一个人。我想,科伊尔对我研究出来的其他选择之道,并不认为有什么用。他会像 25 年前的他,对我张牙舞爪,像老式西部片里的警长那样对我吼道:"在你放肆批评之前,先告诉我在雪佛兰要怎么做到分权!"虽然科伊尔这个人并不和蔼可亲,我还是不得不尊敬他对知识的忠诚,愿意说出众人不爱听的话,也敢提出令人觉得刺耳的问题。

说起德雷斯塔特(Nicholas Dreystadt),他和科伊尔简直没有任何共同点。在我完成有关通用的研究计划后几个月,科伊尔退休了,德雷斯塔特于是继任做雪佛兰的总经理。然而,在我和德雷斯塔特相遇时,他还是凯迪拉克的负责人,他在这个岗位上,已经待了 30 多年了。科伊尔冷酷无情,德雷斯塔特则热情洋溢;科伊尔从不表示真情真意,而德雷斯塔特这个人却滑稽有趣;科伊尔让人敬而远之,而德雷斯塔特却是个人人爱戴的人物;此外,科伊尔对人完全一视同仁不带任何情感,德雷斯塔特对人却相当关心,不但对部属照顾有加,也尊重他们是有血有肉的个体。

科伊尔总是一身蓝色斜纹咔叽布料制成的紧身西装,脚上一双警察穿的黑皮鞋;而德雷斯塔特穿的则是老旧的毛呢夹克,上面还被烟斗余烬烧得一孔一孔的。德雷斯塔特的秘书总会在她自己的置物柜里放几双皮鞋,以防德雷斯塔特又穿了两只不成对的皮鞋来上班。

德雷斯塔特在 13 岁时，就离乡背井从德国南部来到美国。那时的他，原来是奔驰车队里年纪最小的学徒，至今他一开口说英语，仍有浓厚的德国兹瓦本地方的口音。他最快乐的事莫过于在厂房教工人修好工具，或是帮领班解决生产线上的问题。这个不修边幅、没有上过学的"黑手"，却是人人公认的通用年轻主管里最能干的一位，他一手为通用缔造出最受瞩目而且获利最多的部门，几乎可以断定 10 年后，通用的董事长非他莫属。然而，天妒英才，在 1946 年，也就是他接掌雪佛兰半年后，他因喉癌而离开人世，死时才 48 岁，外表看来仍健壮如牛。

在全国面临经济大萧条的冲击时，德雷斯塔特是凯迪拉克的服务部经理，那时看来他只有在中级管理阶层打转的份儿。尽管景况欠佳，雪佛兰表现得还可以。当时中价位的通用汽车——别克、奥斯莫比尔和庞蒂亚克几年后不得不合为一个部门，因为业务量不足，实在用不着三位总经理来执掌。高价位的凯迪拉克销不出去，眼看就要遭到解体的命运了，唯一的问题是——全然放弃这个部门，还是只留个名称，成为有名无实的部门？通用执行委员会的成员大都倾向放弃，斯隆和布朗也打算如此。这时，德雷斯塔特这个大家都没见过的不速之客一头闯进会议室，请求大家给他 10 分钟，让他提出一个可以在一年半内让凯迪拉克转亏为盈的计划。德雷斯塔特强调凯迪拉克是"地位的象征"，这个行销策略果然奏效。在他负责全美凯迪拉克的服务网时，了解到一点——凯迪拉克是有钱的黑人最喜爱的车种，很多崭新、大型凯迪拉克都是黑人买走的，包括黑人艺人、黑人拳击手、黑人医师和黑人房地产中介商等。然而，公司的政策却是不卖凯迪拉克给黑人，销售对象以"权贵的白人"为主，不过有钱的黑人是如此垂涎凯迪拉克，甚至愿意出重金请个白人出面帮他们购买。德雷斯塔特调查这种不寻常的现象，发现凯迪拉克的确是有钱的黑人唯一能买到的成功象征——他们没办法打进好的住宅区、豪华的度假村或是得到其他世俗成功的外在表征，却可坐拥此一名车。因此，德雷斯塔特在这经济不景气的谷底，就以开发黑人市场，来使凯迪拉克起死回生。终于在1934年达到一定的业绩，凯迪拉克部门因而得以达到收支平衡。

他又继续努力，让凯迪拉克成为通用汽车的摇钱树。在经济大萧条之后，凯迪拉克已经卖出不少了，而且都是以高价位出售，但是却没有多少利润。没错，这是昂贵的车种，制造过程更极为奢侈，都是手工精制，而且一次只能生产一辆，因此劳工成本很高。大量生产就不能制造出高品质的车子，这点在德雷斯塔特看来，简直是没有道理。他说："品质是设计、工具、检查和服务的问题。追求高品质不一定得放弃效率。"就在3年内，凯迪拉克成为通用获利最丰的车种，并且保持一定的市场成长率。德雷斯塔特把更多的钱花在设计、工具、质量管理和服务上，但是在生产上却不曾比低价位的雪佛兰多花一分钱。一天，他对我说："得用大智慧，来使工作更为得心应手。"在德雷斯塔特过世10年后，他的第一个雇主才在故乡德国兹瓦本发现相同的制造公式，这个雇主大概还没听过德雷斯塔特这个人。奔驰汽车本来只是一家小型的汽车制造厂，专以手工精制昂贵的车子，一样没有多少利润可图，直至20世纪50年代中期，转为大量生产，借着设计、工具、质量管理、服务，加上大量生产的技术，终使奔驰得以成为获利丰厚的车种——这正是30年代德雷斯塔特运用的策略，是使凯迪拉克成为美国汽车工业佼佼者的秘诀。

德雷斯塔特这个人最与众不同的就是他对人的态度。他会纠正你说："不要一概泛称人，好吗？请说先生、女士。"依照工会条约，新进员工的试用期是90天，如果没有任何疏失、缺点，才得以成为永久的正式员工。在20世纪40年代中期，凯迪拉克已自成一个庞大的企业体，员工至少有8000人。但是，任何一个领班要辞退新进员工，必得经过德雷斯塔特的许可。

这些领班一而再,再而三地跟他说:"德雷斯塔特先生,这个人做得实在是不符我们的生产标准。"

"他使用工具的情形如何呢?跟同事和你的相处情况呢?"德雷斯塔特问道。

"还可以啦。不过,他就是不能把工作做好。"

德雷斯塔特于是说:"我们不是只雇用一个人90天,而是要用他30年。在这30年当中,如果这个人能自爱,注重工具,敬重同僚,一定可以符合工作要求的。"

同时,德雷斯塔特也会为了开除一些老员工,不惜和工会对立。这些员工虽资深,但变得懒散草率,或是对同事无礼、粗暴,所以惨遭德雷斯塔特修理。发生这种事情,即使是个性火暴的主管,也不敢多置一词。德雷斯塔特似乎永远和通用的人事部门没完没了,因为他们只把训练课程提供给新进人员,一旦新人上轨道后,就不再加以训练了。德雷斯塔特说:"这才是这些员工开始学到东西的时候,怎可就此叫停呢?"因此,他不断和工会及人事部门争吵,为今日所谓的"职务扩大""轮班"和"继续学习"据理力争。在通用,没有一个总经理像他一样,愿意把手下最能干、最具潜力的年轻人调到毫无发展可言的人事部门。

他说:"吉姆·洛奇(Jim Roche)很杰出,是有机会当上通用总裁的。届时,他必须了解如何和公司里的员工相处,不是拿一本书来读读就可以了。"因此,洛奇在德雷斯塔特之下,成为凯迪拉克的人事经理,20年后果然成为通用的总裁。

在我对通用进行研究时,德雷斯塔特不顾高层的反对,承包了最可怕的国防任务——负责制造一种新型的、必须具有高准确度,而且是首次使用电子器材的投弹瞄准器。大家都知道,这种工作非得要技术高超的机械人员不可。当时,在底特律连一般工人都找不到,何况是技术纯熟的技工。德雷斯塔特说："我们一定要做到。假如凯迪拉克办不到，谁还能做得到？"然而，在底特律，唯一能充当劳工的，就是那些年老色衰的黑人妓女。德雷斯塔特一口气雇用了 2000 个这样的女人，让每个人都惊慌失措。他还说："把她们的鸨母也找来吧，毕竟她们在管理女人上有两把刷子。"

这些妓女几乎都目不识丁，没有人可以看得懂那冗长的工作手册。德雷斯塔特说："我们没有时间教她们读书识字，再说，她们也学不会。"于是他走到工作台，亲自做了十几个投弹瞄准器。他知道怎么做之后，就叫人用摄影机拍下制造过程。他用放映机分别播放每一个画面，加上一连串的灯号指示：红灯表示已经做完的部分，绿灯显示即将进行的工作，而黄灯则告知这些女工，在做下一步之前，该注意的事项。这就是今天很多生产线的标准程序，发明者就是德雷斯塔特。不出几个星期，这些没有技术的"文盲"已经能交出令人满意的成品，而且比以前技术纯熟的技工的生产量更为惊人。凯迪拉克的"红灯区"因此"远近驰名"，不仅在通用人人皆知，更轰动了整个底特律，也惹来许多不堪入耳的闲言碎语。但是，德雷斯塔特很快地加以驳斥："这些女人，是我的同事，也是与你共事的人。她们表现优良而且尊重自己的工作。不管她们过去如何，现在有权和我们一样获得他人的敬重。"工会要求他保证一有替代员工，马上请她们走路。那时的汽车制造工会领导人，特别是各地的工会，多半是属基督教基本教义派、出身南方的白种男人，他们歧视白种女性，更别提黑人妓女了。

德雷斯塔特心知肚明，大战结束后，士兵解甲归田，要求回到原来的工作岗位时，大部分的妓女就得卷铺盖了。不过，他还是尽量和工会斡旋，希望至少能为那些女人保住几个职务。他说："有生以来，这些可怜的女人第一次得到合理的报酬，有不错的工作环境，而且得以享受人权。她们从来没有像这样找到自己的尊严，也会自爱。我们有责任拯救她们，使她们免于再遭到受人排斥、鄙视的命运。"

大战终于告一段落，这些女人不得不被扫地出门时，很多人因此自杀身亡。德雷斯塔特坐在办公室里，双手抱着头，泪水几乎夺眶而出。他说："上帝，原谅我吧。我辜负了这些可怜的女人。"

通用的每一个人都对我很客气，乐于见到我，有问必答，可以说是非常合作。在布朗的支援之下，这样算是不错了。但在高层主管中，只有一个人对我的研究真的有兴趣，只有他看重我提出的建议，而且实际付诸行动，改变通用的政策和行事方式。他就是查尔斯·威尔逊（Charles E. Wilson），该公司的董事长兼最高营业主管。在我的研究结束后，他继斯隆之后成为最高主管时，仍和我保持联系。（不过，在威尔逊当家时，斯隆仍然是总裁。）后来，威尔逊在艾森豪威尔总统的内阁中担任国防部长时，仍偶尔与我联络。

一直到完全投入研究之后，我才见到威尔逊。刚进通用时，他恰好请病假。身为公司最高营业主管的他，从日本偷袭珍珠港那天起，就负责生产防御武器。两年多来，他从来没有请过一天假，甚至在晚上下班后，也很少离开办公室或厂房。到了1943年的圣诞节，通用和军方所签下的合约都已经开始履行，生产进度往往得以超前，交出的军事用品比华盛顿预期的数量足足多出三倍。威尔逊就在这时颓然倒下，病名是"间歇性的循环系统失常"（circulatory episode），大抵是中风加上体力的彻底衰竭，之后一直未能完全康复。他在艾森豪威尔总统任内担任阁员时，漫画家常常以他鞋底下的洞作为戏谑的主题。这些洞是有特殊功用的——大病一场之后，他的脚一直有血液循环的问题，已经无法根治，不得不在鞋底打洞。后遗症还有剧烈的头痛以及言语障碍，他一累，说起话来就含糊不清了。

威尔逊的医师告诉他至少得休息半年，他却在3个月后就销假上班。他回来的第一件事就是找我一谈："你进展得如何了？"那时，约是3月底，对于我的研究计划，我打算进行大幅度的改变，但是还没有告知通用的任何一个人。我打算强调通用"未完成的事业"——个人工作的组织和劳资关系等。威尔逊听我这么一说，眼睛亮了起来。

"过去3个月，我一直无所事事，于是想起通用的未来。"他说，"我也有相同的结论。通用的创始人，也就是前一代的人，最伟大的成就即是为大企业设计出架构，并拟定组织原则，而下一代的任务就是培养公民和社群的意识。可以这么说，斯隆那一辈的是联邦派的，而我们将成为杰斐逊派㊀，也就是民主主义的支持者。到目前为止，你的主要结论为何？"我提出两点：一是，在维系个人自由和劳工成本的弹性之前提下，为员工研究出一套保障薪资的办法；二是，发展出我后来提出的"工厂社区自治"，也就是把管理的责任交给员工、团队小组以及一些由员工所组合的群体，让他们来制订个别工作的结构、主要工作的表现和社区的管理事宜，诸如排班表、休假的安排、加班办法、工作场所的安全，特别是员工自己的福利。

大战期间，员工的工作表现，令我有耳目一新之感。每一个工作团队都负起责任，把自己组织成一个单位来进行工作，如通用的飞机引擎制造厂或是复杂的武器生产部门（如炮弹制造和口径测定设备等）。那时，工业工程师和专业监督人员根本就寥寥无几，所以这些几乎没有经过训练、刚入行的工人不得不自行扛起责任，成为自动自发的团队。很多实例证明，他们的生产力和表现都很优异。因此，我的感触很深，希望和平再现时，还能保有这种成就。

在我所有有关管理和"工业秩序的解剖"方面的研究中，我认为最重要，而且最有创意的，即是工厂社区自治和授权给员工。但是，管理阶层则有戒心，生怕"大权旁落"，因此不表赞同。那时的工会更是标准的"为反

㊀ 杰斐逊派：指美国第三任总统托马斯·杰斐逊的追随者或信徒。杰斐逊是《独立宣言》的主要起草人，民主共和党的创建者。

对而反对"：如果没有一个显眼而具体的"老板"作为反对的对象，工会的存在还有什么意义？然而，在第二次世界大战期间通用员工自治的表现，比起今天大肆鼓吹的"大突破"更好，如有些瑞典的汽车公司企图取代生产线的"创举"。说来，这仍不及美国30年来实行的标准生产线模式，更别提IBM这家不见得有多宽松的公司已实施40年且成家常便饭的厂房工作团队。此外，第二次世界大战时，在员工自治之下，管理阶层和工会并没有损失一点权威、特权，地位稳固如昔。我满怀天真地期望这个"工厂社区自治"的建议能成为我的通用研究计划结论中最令人信服的一点。但是，在通用的管理阶层中，只有威尔逊把它当一回事。今天，美国在为员工谋求薪资保障和工厂社区自治方面，已有长足的进步，也许应该感谢当年威尔逊采纳我这个"异类"的意见。

他告诉我："早在1935年，我们通用的确想为员工拟出一套保障薪资的办法。"（斯隆在《我在通用汽车的岁月》一书中也公开过这些早期的研究方案。）"不过，后来不得不放弃。即使是像通用这样的公司，仍有倒闭之虞，如何能提出有意义的保证？"经过一番讨论，加上威尔逊手下得到的研究结果，终于"追加失业津贴"㊀得以出炉，在美国大多数从事制造业的员工，除非因长期的景况不佳而失业，都可以领取失业补助金。

大概是在1947年初，威尔逊一拟定好全盘的计划后，我马上问他："你要怎样付诸实践呢？"

他却答道："永远不能实践这个计划了。我最后不得不屈服在工会的压力之下。"

我自以为明白了，于是说道："你的意思是通用的管理阶层不同意这项计划，除非他们不得不做？"

㊀ 追加失业津贴（Supplementary Unemployment Benefits，SUB）：指除失业保险外，公司再发给暂时被解雇工人的救济金。

"错了。我的同僚把工会的事全权交给我来处理。上次的罢工事件证明我是对的,自此以后他们就很信赖我。问题出在工会,他们的领导人不肯赞同这项计划,除非是管理阶层原本'抗拒''反对'的,工会才会力争,为了护盘而和资方'一决雌雄'。"

"你曾加入工会吗?"他接着问我。我摇摇头。

"我曾是工会的成员,也当过领导人。我自己就是工会领导人之子。我父亲是从英国威尔斯来的工匠,以制造工具为生,曾在匹兹堡召集同行,组成一个地方工会。我们都信仰社会主义,尤金·德布斯㊀就是我心目中的英雄,到今天仍是。1912年的大选,我因为帮他摇旗呐喊,差点被学校勒令退学。由于我是个危险的极端分子,大学毕业时,找不到工程师的职位,只好当个制模工人,后来成为制模工会的执行委员。现在的我,还是工会的一员。"在他那杂乱无章、堆满了文件的办公桌上,有一张裱框的工会会员卡,他指着那张卡跟我说起过去。日后他在五角大楼出任国防部长时,唯一从通用带过去的东西,除了一张全家福照片,就是这张会员卡。

他说:"对工会来说,不是费尽千辛万苦争取来的利益,就毫无价值。每一个工会都认为,管理阶层送上门的东西,无异于黄鼠狼给鸡拜年,没安好心,必定有害于工会和成员。当然,我不会气馁,还是会继续为我的理念播种。我认识不少汽车工会的人,会尽量去影响他们。对于这个计划,要先装出一副心不甘、情不愿的样子来做让步,这样他们才会觉得成就了一件有意义的事。时机总有成熟的一天。"(1955年,时机终于来到,美国汽车工会宣布追加失业津贴法案的实施,是该工会的"一大胜利"。那时,威尔逊已经在五角大楼了。他打电话跟我说:"德鲁克,10年前你在通用进行的研究计划到今天终于开花结果了!")

㊀ 德布斯(Eugene Debs,1855—1926):美国劳工领袖,曾任铁路联盟主席,参加创建社会民主党和组建世界产业工人联盟,曾五度成为社会党的总统候选人,后遭人迫害入狱。

"以你对工会的了解,为什么通用和工会的关系不能更上一层楼呢?"现在正如往昔,分布于全美各地的汽车工业无不抱怨和工会的关系"恶劣"。

"我们和工会的关系确实是由我一手主导的。事实证明,我做得没错,对公司和工会都好。对于这种关系,双方都觉得满意。"他看我面露疑惑,于是加以解释。

"要测试彼此关系的好坏,不是听谁说得漂亮,而是看结果。通用和美国其他汽车公司或其他有工会组织的国家相比,罢工的天数要来得少,工会领导人也很少更替。再者,大家皆大欢喜,得到彼此想要的:好的纪律、高生产力、高薪和一份非常稳定的工作。工会可说是一种政治组织,必须要有对手一较长短,而公司却是一种经济组织,需要的是生产和纪律。在通用,我们做到了双赢,既各取所需,也和工会维系良好的关系。"不过,对于全国和汽车业整体的劳资关系,威尔逊却不完全满意。

"还有个问题相当严重,我却还没找到解决之道,"他说,"我实在不知道要如何使工会的领导人发挥才干。举例来说,多年担任美国汽车工会理事长的鲁瑟(Walter Reuther)可说是美国企业界最有能力的人。通用下一任最高执行主管应该是他,而不是我。事实上,如果他早出生几年,在1927年通用濒临破产以前进通用的话,就有可能晋身管理阶层。可惜,在那之后,技工升迁至主管阶层的通道已被完全切断。要不然,他就是今天通用的董事长了。现在,由于工会的成规,他的发展就到此为止。如果这个问题不能解决的话,美国的工会在20年内都不可能出现像鲁瑟这样的人物了。有才干的年轻人都上大学去了,日后成为身价不凡的会计师或是主管人才;继承工会的,只剩一些二流货色。"很不幸,这个预言在今天已经成真。

威尔逊对我提出的有关员工工作和厂房社区的理念特别表现出兴趣。

"德鲁克先生,你的意思是不是指我们已经成功地使劳动阶级生产效能提高，让他们得到不错的薪水，并得以成为中产阶级。正如当初我们使他们成为生产者，现在必须更进一步使他们发挥公民的力量。这一点，很值得研究。"大战一结束，威尔逊就汲汲于一项大型研究计划，想找出通用员工真正觉得重要之处。

"你已经帮我找出一些答案了。"他说，"我觉得你的意见可圈可点。我也学会了一件事，要亲自去发掘，而不要自以为聪明。"

起初，他想大规模地进行员工意见调查，但可能只能回收 5% 的问卷。他说："这样是不够的。"于是他和部属想出一个办法——举行征文比赛，就以"我为何喜欢自己的工作"为题，准备了许许多多的小奖品，并请外界人士当评审［我是其中一个，另一位是前战前劳委会的主席泰勒（George Taylor）］。这项比赛证明威尔逊和我的假设正确无误；也证实了"工业心理学"的研究结果，如密歇根的利克特（Rensis Likert）和赫茨伯格（Frederick Herzberg）对工作的探讨。这些研究显示，工作的外在奖励如酬劳或升迁等，即赫茨伯格所谓的"保健因子"㊀。若是员工对其有所不满，这就会成为工作动机降低、失去工作的诱因；反之，对这些因素满意对员工而言并不一定特别要紧，甚至只能激励少数。成就、贡献和责任——这些才是最重要的动机和诱因。

从这次比赛也可看出，员工希望能对自己的工作感到满意，而他们最无法忍受的就是被剥夺工作的权利，不管是从事何种工作。他们也愿意敬重公司、尊敬管理阶层和上司；此外，他们认为忠于工会和对公司效忠是可并行不悖的。（然而，对于我提出的这点看法，威尔逊却强烈表示质疑）。他们希望自己是工会的一员，也是公司的一分子，因目的的不同，而对工会和公司各

㊀ 保健因子：是为涉及工作环境的因素，如果没有此一因素，工作者将无法获得满足。保健因子又称维护因子，诸如公司政策、工作环境、金钱、地位、员工与上司的关系等因素皆为维持心理健全所必须。此一理论是由 Herzberg、Bausner 和 Snyderman 在建立员工的满足与不满足理论时所定义的。

有不同的需求，而且希望同时尊重工会和公司。

威尔逊认为这次以"我的工作"为题的征文比赛是他在通用工作生涯中登峰造极之作。从某个角度来看，确是如此。通用的员工有 2/3 共襄盛举，参加人数多达 20 万人。但是，这空前的成功正是这项比赛的杀手。虽然每一位评审都尽力读了数万份，加上幕后有不少人协助整理、造册，这 20 万篇文章还是无法消化。看到这次征文的成功，工会更是大惊失色，猛烈地加以抨击，不许再有更进一步的研究，并以要求调薪要挟，否则将进行罢工。

不知道那数十万份的文章后来流落何方。通用不得不将这些文章束之高阁，忘却这是研究员工态度和工作价值最丰富的材料，这种做法令威尔逊大失所望。不过，他还是不放弃，劝说斯隆专为劳工关系设立一个副总。后来，听别人说，威尔逊建议由我来担任这个职务。几年后，威尔逊到华盛顿任职，这个副总职位的设置，在工会的反对之下，无疾而终。

在我们初次见面时，威尔逊问我："你认为'利润分成'⊖这个做法怎么样？"

"这个主意是不错，但是这样的利润对员工而言，没有多大的意义，最多只占他们薪资的 1/10，少到让人觉得屈辱，而失去奖励作用。再说，利润下降不但是常有的事，而且迟早都会发生，员工甚至他们的眷属都会有受骗的感觉。"

"这正是我的发现——1916 年，我把所谓的利润分成制度引进我管理的第一个厂房——一家位于戴顿，后来成为通用一部分的小型电器公司。我想，一定有解决的办法，毕竟这是一个非常合理的想法。"

我的建议是，或许可以找出员工真正需要，并且和可分享的利润相当的办法，差不多是员工薪资的 1/10 至 1/12。但是，我不知道这项福利应该为何。

⊖ 利润分成（profit-sharing）：将部分利润按服务年限、工资比例等条件分配给职工的方式。

过了几个月，威尔逊要我在纽约和他碰头。

"对于你的建议，我思考再三，我想这种利润分成的制度一定要造成冲击才能发挥效用。实施员工退休基金制度如何？虽然只占薪资的 4% 或 5%，已经能起作用了，像汽车工人毕生所得这么高的，社会保险根本就只能支付他们一小部分的退休金而已。"

"这些资金，你要如何投资呢？"我问道，"购买政府公债吗？"

"不是，准备投入股市。当然，要找个可靠的财务经理人来操作。"

"这么一来，在 25 年之内，这些员工不就成了拥有美国企业的人吗？"

"没错，他们正应是所有人，而且非得如此不可。"

威尔逊一直在等待时机，当工会在 1950 年要求实施员工退休基金计划的时候，他早就准备妥当了。当然，过去也有将员工退休基金投资在普通股⊖的先例：西尔斯百货公司在 1916 年就着手这项计划，到了 1950 年，员工退休基金已取得 1/3 以上西尔斯公司的普通股。但是，威尔逊在通用实行的退休基金却是第一个根据健全的财务管理原则来投资的，也就是购买任何潜力十足的公司的股票，自己服务的公司除外，因为借由长期的服务，这些未来将领取退休金的员工已握有不少筹码了。

我却不同意他的看法，也明白地告诉了他。威尔逊在 1950 年推动退休基金计划时，我在《哈泼斯杂志》上发表了一篇文章，以《退休基金的海市蜃楼》（Mirage of Pensions）为题，严厉批评这个制度。我指出，企业退休基金计划将会阻碍个人的发展：员工虽有权处理自己的退休金，但是必得先付出一笔相当可观的费用。此外，在成功的大企业服务的员工要比在可怜的小公司工作的员工幸运得多，这是不公正的现象。我论道，不如一律由政府统

⊖ 普通股：系公司的最大类股票，其持有人的股利分配处在优先股之后，但在股息后取股之前。普通股持有人承担风险较多，如公司利润少，则所得甚少，或分不到股息。在公司解散时，在变卖资产的分配上，处在最后。但普通股在公司大会上有投票权，在公司利润多时，较其他类资本获得较高的利润。

筹，以累进税法来实施员工退休基金计划。我觉得自己言之成理，事实也证明我的看法没错，但是……还是白费唇舌。威尔逊的计划进行得如火如荼，现今在美国已有 50 万种私人退休基金计划，都出现上述提到的问题。但员工退休基金已经掌控了美国的经济命脉，握有大型和中型企业资金的 1/3 之多，在不久的将来，员工或是他们的代表将成为退休基金委员会中的重量级人物。[请参阅拙著《看不见的革命：员工退休基金社会主义如何在美国生根》(*The Unseen Revolution：How Pension Fund Socialism Came to America*, New York：Harper & Row)，1976 年版。]正如我在 1950 年《哈泼斯杂志》的专文中预言的，这种退休基金也有破产的可能；另一个结果即是，在此制度之下，美国员工已经成为资本主义者。我怀疑威尔逊——这个制模工会的执行委员、德布斯派的社会主义者、通用的董事长和大资本家，心中图的莫非就是这一点？

这些通用的高级主管不管多么超然绝伦，我在访谈中越了解他们，越清楚他们只是"配角"，真正的"巨星"则是斯隆。这些主管，如布朗、科伊尔、德雷斯塔特，还有其他许许多多的经理人，无不流露出自信的神采、坚持己见，而且直言不讳，但是一提起斯隆，语调就为之一变，说到"斯隆先生也同意这点"时，虔敬得犹如引述《圣经》。他们在讲述个人历史的时候，不免说起一段斯隆先生如何力挽狂澜的故事，或是他的洞察力和亲切的态度如何影响自己的一生。德雷斯塔特提起的往事就相当典型。

"1932 年的那一天，当我一头闯进主管会议，请求给凯迪拉克一个起死回生的机会时，有一个人说，'德雷斯塔特先生，你了解吧，要是失败，你在通用的职业就不保了？'我说，'是的，这点我很清楚'。斯隆先生突然大声说道，'我不同意。德雷斯塔特先生，你要是不能成功，你在凯迪拉克的工作当然就泡汤了，因为凯迪拉克已经完蛋了。但是，只要通用还在，只要我当家，一定会保留工作给一个有责任感、主动、有勇气和想象力的人'。他继续说，'你现在担心的是凯迪拉克的未来，我关心的则是你在通用的前途'。"

头一回见到斯隆时，我觉得大失所望。他只有中等高度，长得又瘦又小，有着一张长长的马脸，戴着助听器，看起来就像是个糟老头儿。他的白发还有一丁点儿红发的色泽，据说红发的人个性刚烈。没错，他就是有名的不定时炸弹。他生于康涅狄格州纽黑文，在10岁时举家迁往布鲁克林，因此他那破锣嗓子有着浓厚的布鲁克林口音。但是，一和他接触，就可发现他散发出一种特别的气质，令人望之凛然；手下的团队更是一群有活力、积极进取、可独立作业的精英，对他无不肃然起敬。

他对我说："德鲁克先生，你或许已经听说了。我不是提议让你来通用进行研究的人。我认为根本没有这个必要，可是我的同事看法不同，还是希望你能对通用进行研究。因此，我得尽到自己的责任，确定你能胜任愉快。有什么我可以帮得上忙的，欢迎随时来找我。如果有合适的问题，也可以提出来问我。最重要的一点是，我必须确定你可以取得一切必要的资料。我已经想过你大概需要的材料。这项研究可谓空前绝后，我们以后不会再做了。高级主管开会时，你可以进来旁听，看看我们运用的程序以及公司的营运之道。我不得不先把话讲清楚，希望你不至于泄露本公司主管会议讨论的机密事项，毕竟你的重点该放在我们运作的情形，而不是决策的结果。还有，德鲁克先生，"他做个总结，"我不会告诉你该研究什么，或是得提出何种建议。有件事我得让你明白：本公司有35位风格迥异的副总，但是在没有顾问的协助之下，彼此还是可以让步、妥协的。你只要告诉我，你认为什么是对的，而不要管'谁'才是对的。别担心管理阶层的成员，包括我自己，是不是能采纳你的建议或同意你的研究结果。如果对你来说是对的，在我看来却是个错误的话，我会立刻告诉你的。"

他是个言出必行的人，不但不采纳我的研究结果，也不认为这项研究有何价值,不过他还是全力支援,让我做到尽善尽美。要是当初我听听他的忠告,坚持己见、不妥协,或许可以在通用造成冲击。但是,我太生嫩,而且欠缺经验。我做了让步,对于科伊尔可能反对的做法就弃而不顾,换来的只是科伊尔的不屑;同样地,我本来以为有一些理念可以得到德雷斯塔特或是威尔逊的支持的,他们却毫不在乎。

斯隆的确让我经常参加通用的高级主管会议。会后,他总请我到办公室,问我有何问题或是意见。有一次我跟他说:"斯隆先生,您这么问不是多此一举吗?反正您不会在意我提出的任何异议,毕竟您已经是有50年经验的老前辈了。"他答道:"正因为如此,我才在乎你的意见,而且应该重视。50年来,我一直是大老板,而且习惯照着自己的方法做事。我最好发现自己是不是个赤裸的国王。除了你,在通用没有一个人会告诉我的。"

那几年,在通用的高级主管会议中,拟定了战后公司政策的基本方针,诸如投资事宜、海外扩展计划、汽车业间的平衡、零件的问题、非汽车业务、工会关系和公司的财务结构等。大战时期,通用的高级主管无不投身于战备的生产与管理,也习以为常了。现在大战已过,斯隆和他手下的精英打算为通用的未来翻开新一页。然而,我发现一点:他们多半把时间花在人事的讨论,而非公司政策的研究上。斯隆虽然积极参与策略的讨论,总把主导权交给主管会议中的专家,但是一谈到人事的问题,掌握生杀大权的一定是他本人。

有一次,众主管针对基层员工工作和职务分派的问题讨论了好几个小时。如果我记得没错,是一个零件小部门里的技工师傅之职。走出会议室时,我问斯隆:"您怎么愿意花4个小时来讨论这么一个微不足道的职务呢?"

他答道:"公司给我这么优厚的待遇,就是要我做重大决策,而且不失误。请你告诉我,哪些决策比人的管理更为重要?我们这些在14楼办公的,有的可能真是聪明盖世,但是要用错人,决策无异于在水面上写字。落实决策的,正是这些基层员工。至于花多少时间讨论云云,那简直是'屁话'

（他最常挂在嘴边的用语）。德鲁克先生，我们公司有多少部门，你知道吗？"在我刚要回答这个简单的问题之前，他已经猛然抽出那本闻名遐迩的"黑色小记事本"。

"47个。那么，我们去年做了多少个有关人事的决策呢？"这就问倒我了。

他看了一下手册，跟我说："143个，战时服役的人事变迁不算，每个部门平均是3个。如果我们不用4个小时好好地安插一个职位，找最合适的人来担任，以后就得花几百个小时的时间来收拾这个烂摊子，我可没这么多闲工夫。"

"我知道，"他继续说，"你一定认为我是用人最好的裁判。听我说，根本没有这种人存在。只有能做好人事决策的人，和不能做好人事决策的人；前者是长时间换来的，后者则是事发后再来慢慢后悔。我们在这方面犯的错误确实较少，不是因为我们会判断人的好坏，而是因为我们对此慎重。还有，"他强调说，"用人第一个定律就是那句老话，'别让现任者指定继承人，否则你得到的将只是二等复制品'。"

"那么，您自己的继承人呢？"我问斯隆。通用已经公开宣布，大战结束，斯隆即将下台，让出最高执行主管的宝座。

"我请高级主管委员会来做这个决定。虽然他们想知道我心目中的人选是谁，我还是不透露。我说，假使他们挑选出来的人不够格，我会表示意见。最后，雀屏中选的不是我想要的人。（大家都在猜想，他中意的是布莱德利，而不是斯隆认为有点儿'怪异'的威尔逊。）但是，这个人选我无法反对。他们的决定应该没错。"他下结论说，"有关用人的决策，最为重要。每个人都认为一家公司自然会有'不错的人选'，这简直是'屁话'，重点是如何把人安插在最适当的位置，这么一来，自然会有不凡的表现。"

在主管会议中，常为了用人决策的问题争得面红耳赤。有一回，全体终于达成共识，赞同某一个候选人：这人处理危机的手腕教人啧啧称道，把问题解决得尽善尽美，而且以沉着冷静的态度防患于未然。突然间，斯隆插嘴道："你们说的这史密斯先生的记录可真是辉煌灿烂。但是，请解释一下为什么他会碰上这么多的危机，之后又处理得这么天衣无缝？"大家缄默不语，自此再也没听到此号人物。斯隆又说："你们都认为乔治先生有很多不行的地方，那么，他是怎么达到今天的成就的？他到底有何能耐？"听了大家的话之后，他就说："好吧，这人不够聪明、不够敏捷，看起来乏善可陈。但是，他不是一直都在努力表现吗？"后来，在公司最艰难的时候，乔治走马上任成为一个大部门的总经理，果然是有史以来表现最杰出者。

斯隆在脾气发作时，总是关起门来，不准任何人打扰。有一次，他的秘书请病假，我跟着一位资深主管直接闯入暴风圈内。斯隆开始用布鲁克林货车司机吵的土腔破口大骂，几乎不能自已，斥责他的一个同事做了件令人不齿、毫不负责的蠢事，而且还不是初犯。跟我一道的一个年事已高而且受人信赖的主管［大概是约翰·托马斯·史密斯（John Thomas Smith），通用的律师］问斯隆："既然他让你这么火大，何不叫他走路？"

"叫他走？"斯隆说，"怎么可能？他平常表现不错啊。"

不过，他也有慈悲为怀的一面。有一回在开会时，一个刚上任不久的零件部门总经理出了个大丑。他是从制模厂的工人干起，一路爬上来的。在会议中布莱德利突然质问他对财务和经济方面的发展有何看法。他可说是一无所知，于是慌了手脚，不过他不是坦诚说"我不知道"，而是开始胡扯。眼看他就要完蛋了，对于这种人，布莱德利最无法原谅，也不会轻易忘怀。这时，斯隆突然插嘴进来，跟这个总经理唱和，扯得比他还离谱。会议结束后，我跟斯隆说："您真是宽大为怀，对那家伙太好了。"他故作惊讶："身为这家公司的总裁，我有责任为公司保住赚钱的资产。毕竟，我们准备在那年轻人的身上投资20年的时间。"

有时他对人的体贴简直到了荒谬的地步。他的书《我在通用汽车的岁月》大约成于 1947 年到 1952 年。有人告诉我，那本书在 1953 年 1 月以前，威尔逊离开公司成为艾森豪威尔的阁员时，已差不多完成了。凡是在书中提及的人物，他都会让他们过目有关自己的段落，看是否与事实相符。但是，若是批评某人的部分，他就留一手，决定等到这些人都作古之后再行出版。那时，斯隆已经 78 岁高龄了，最大的心愿就是活着看到这本书的问世。然而，他还是等了 10 年，以免伤害到从前的同事。据说，Doubleday 出版公司的编辑希望早一点让这本书出版上市，于是劝他："你总可以说些模棱两可、不痛不痒的好话吧。"斯隆回答："我办不到。我们就赌一赌，看我是不是可以在有生之年出版这本书。"他终于比书中提到的每一个人都活得久，享年 91 岁，在这本书出版一年且成为畅销书后，才撒手人寰。

他是个很公平的人。1944 年年底，有个年轻的新人、行销部门的主管斗胆提出质疑：已决定在战后转型的通用何不分家，让雪佛兰独立？早在 1937 年，通用就已经明白自己不可能吞下 50% 以上的汽车市场而不会惹上反托拉斯的麻烦。这个行销人员论道："对通用这个大巨人，一分为二可能比较好。更何况，在战后的过渡时期，通用的弹性要来得大，可以自由调配厂房，这不是分家最好的时机吗？"现在回想起来，当时大家真应该听那年轻人的建议。然而，通用因为怕惹上反托拉斯的官司而不敢占有一半以上的市场，可说是后患无穷，使得外国汽车得以在近 20 年内长驱直入，侵占美国市场。不过，那时通用总部的高级主管一听到这个年轻人这么说，脸都绿了，其中以斯隆的怒火最旺。他们从此不把这个年轻的行销主管当作是"人"。资深主管一致同意："给他一笔钱，叫他滚。"斯隆却说："不行，我们不能以言废人，我们希望公司人人都有自己的看法。"于是，斯隆让这个年轻人高升做芝加哥电机部总经理。那时由于另一个老板卡特林（通用的发明天才）刚解决柴油引擎的问题，使之变得轻，又力大无比，足以推动火车头，因此那个电机部门即将迈入爆炸性的成长阶段。斯隆说："这么一来，他就可以赚更多的钱，和在通用总部当高级主管差不多，或许更多呢，重要的是，他已经不在底特律了；他在这儿树立了这么多的敌人，连我都看他不顺眼，这样他是无法发挥才干的。"

特别值得一提的是，在他领导之下的通用，形形色色的人都有。多年后，有一回他对我说："也许不挑布莱德利做我的继承人是对的。在很多方面，我已经做得不错了，他却青出于蓝，因此我特别喜欢他。但是，威尔逊的能力和我们有所不同，公司需要的就是像他这种人。"我告诉他，通用给我最深的印象就是高级主管的风格迥异，各有特色。他说："这就是通用真正的力量所在。"为了做到这一点，斯隆把自己孤立起来，不与同级主管亲近。他表示："假如我跟这些和我共事的人有交情，自然会有好恶之分。但是，我拿公司的薪水就不该这么做。"他曾是个交游广阔的人，特别是在年轻的时候，有很多好友、死党，但是这些人都不在通用。比方说，小他20岁，从很多方面来看就像他儿子的弟弟雷蒙是一家医院的主管；还有每次都和斯隆一起度假的好友沃尔特·克莱斯勒（Walter P. Chrysler）则是克莱斯勒的创办人。斯隆每次出游一定少不了他，直到他在1938年过世为止。斯隆在他的书中唯一针对个人发表评论的，就是克莱斯勒。他老挂在嘴上的就是："沃尔特·克莱斯勒死了之后，真是令人觉得寂寞难耐。"克莱斯勒曾是别克的总经理，他和斯隆的情谊是在他离开通用之后才建立起来的，他也是听了斯隆的话才从通用出走。斯隆说："有些人喜欢孤寂，我可不是。我一向喜欢有个伴，但是责任在身，我不得在工作场合建立私交。我必得公正不阿，甚至不能给人我偏好某人的印象。我的工作是评估公司里的人表现如何，至于赞不赞同他们做事的方式就不是我的管辖范围了。"他从不对某一个"人"表示意见，只评断他的表现。

他虽然与人保持距离，却相当有礼。大家都称他"斯隆先生"，他自己也不曾对人直呼其名，看到威尔逊和其他副总以"查理""保罗"等相称，甚觉不妥。当然，生于1875年的他是属于老一辈的人，在那一代直呼其名并不是稀松平常，而是表示关系亲密，而他更和自己同一代的人有所不同，比方说对仆人，包括黑人仆役的称呼。每当他注意到通用大楼里操作电梯的人是个生面孔，他就问道："先生，请问你尊姓大名？"那个黑人男孩就说："我叫杰克。"斯隆会气得满脸通红跟他说："先生，我不是问你'尊姓'大名吗？"得到答案后，日后再碰到这个孩子，他就跟他打招呼说："琼斯先生，早。"唯一的例外就是年轻得可以做他女儿的女秘书。他说："我一直想要女儿，可惜没有一男半女。"因此，那些"莎蒂""罗丝"和"凯西"都被这老人宠坏了，成为他的"干女儿"。出席她们的婚礼时，他最是高兴，也乐于当她们儿女的教父，更把自己拥有的通用股票送给她们当礼物，好让这些"干女儿"成为独立而富有的女人。

说来，斯隆不算是个谦逊的人，他很重视自己在美国经济和企业史上的地位，不过严峻的他更讨厌奢华不实的人。他的办公室非常简陋。每星期有两三天他总会待在底特律，但是他没有私人公寓可去，也不住饭店的豪华套房，总是在通用大楼顶楼找个小房间将就。他也没有私人饭厅，总是在主管自助餐厅用膳。因为老是在通用两个总部，也就是纽约和底特律之间奔波，其他高级主管都建议他租下一节个人专用的车厢。但是，每次乘坐从纽约中央车站发车的底特律号时，他总是买小包厢的票。他说："只要有一张床就够了。"有一次，我为通用出公差，打算从底特律到圣路易斯，公司里的人帮我订了卧车下铺。上了车，我发现70高龄又有关节炎的斯隆吃力地要爬到我的上铺。他是最后一分钟才买到票的，因此别无选择。我上去告诉他，要跟他换床铺，却被他谢绝了。

他这个人荣誉标准很高。他一生都是共和党人，虽然他心仪塔夫脱⊖，但

⊖ 塔夫脱（Robert Taft，1889—1953）：任期长达14年之久的美国参议院共和党领袖，因拥护传统的保守主义而被称为"共和党先生"，1948年和1952年总统大选均未获提名，说明其孤立已为党内国际主义者所挫败。

还是在 1952 年大力支援艾森豪威尔竞选总统，因为这是首次将共和党人再送进白宫的机会。然而，后来艾森豪威尔出来为印第安纳州的詹那（Jenner）参议员助威，斯隆对他的态度马上有一百八十度的转变。詹那曾公开抨击艾森豪威尔的前辈马歇尔将军为"叛徒"。斯隆或许不特别崇拜马歇尔，但艾森豪威尔此举，这个曾是马歇尔一手提拔，有马歇尔的支持才有今天的人这么谄媚詹那，让斯隆觉得丢人现眼。威尔逊在艾森豪威尔请他担任国防部长一职时，曾请教过斯隆的意见。斯隆说："我们如何能拒绝'一国之君'？但是，你最好小心提防有人在你背后刺上一刀。这个人是没有原则的。"很快地，威尔逊上任后，发现他需要艾森豪威尔的支援。当然，威尔逊从未说过："有益于通用的，就是有助于国家。"依他的个性，不可能说出这样的话。他说的是："对国家有益的，就是有助于通用。"虽然是天真之言，还是有所差别。后来，有人误用了他这句话，他觉得受伤很深，请求艾森豪威尔帮他在公众面前澄清，艾森豪威尔却听而不闻。斯隆说："我一点都不惊讶。不忠于前辈的人，对部属也好不到哪里去的。"

　　常常有人问我，最佳"管理工具"是什么？答案就是：斯隆先生的助听器。他重听这个毛病已经有很多年了，使用的助听器是老式的，胸前吊着笨重的电池，耳朵上还挂着一个大喇叭，在说话之前，开关要先关掉，不然不但会发出震耳欲聋的声音，自己说的话也会含混不清。斯隆还在开关上加上一个扩大器，一触动开关就会发出极大的声响，仿佛世界末日即将到来，在场的每一个人都静默不语。这就是他主导会议唯一的方法，不过他等到大家都发表完自己的意见，才会使用这一招。

　　多次参与通用的会议之后，除了明白斯隆对人事的关注和待人态度，我还观察到一点：他的决策方式。有一次，通用主管针对战后零件部门的扩展与否进行激辩。有一派以很多数字来支持自己的论点，坚决主张扩展这个部门；而另一派一样来势汹汹，辩道这个部门不该扩充，应采取保守的做法。

斯隆听了许久，一言不发，之后，才关闭助听器，说道："真正的重点在哪儿？是关于零件部门，还是美国汽车工业的未来？"

"你，"他转向主张扩展零件部门中最大声说话的人，"你说我们该供零件给那些无法自制零件的独立制造商，认为这样可为公司带来相当的利润。不错，过去确实如此。"他又转向另一派。

"还有你，你说我们应该只管自己公司和与我们往来的经销商所需的零件。这个论点在我听来，你是考虑到本国汽车业的未来，而非我们零件部门的业务，是不是？好吧，"斯隆又说，"我们都同意不可能把大部分的零件卖给我们的主要对手，比方说克莱斯勒或是福特。但是，我们是否知道那些独立制造商未来的发展，如斯蒂贝克（Studebaker）、哈德逊（Hudson）、帕卡德（Packard）、纳什（Nash）和威利斯（Willys）等？可否为我分析一下？我有自信，就零件而言，他们一定乐于采买我们的产品，不过他们有生意可做吗？"

"但是，斯隆先生，"赞成的那一派说道，"我们可以预期汽车市场仍会继续出现供不应求的情况，那些独立制造商一定可以做得不错的。"

"这么说，的确令人心动，"斯隆说，"但是我们曾否试着去检验过这个假设？如果还没有，就验证一下吧。"

过了一个月，研究报告出炉了，结果让大家跌破眼镜——那些小型的独立制造商在汽车市场的快速成长之下，反而营运不良，即将被大公司并吞；它们只有在市场成长缓慢、汽车保持一定的淘汰率时，才有一点成绩。

斯隆说："好吧，现在的问题是汽车市场成长的速度了。战后是对汽车需求甚殷，还是汽车市场根本不会飞快成长？汽车需求量到底取决于何？"

"是的，斯隆先生，这一点我们已经研究过了。新汽车的需求量视初次拿到驾照的年轻人数量多寡而定。他们一旦到达考驾照的法定年龄通常会先买一部老爷车，年纪较大或较有钱的人把旧车脱手后，就会购买新车。"

"没错，"斯隆说，"这一点我们20年前就晓得了。未来5年、10年至15年的人口成长速度如何呢？"结果是，在未来的10年青少年人口将会激增。

斯隆于是说："事实已经为我们做了决策。我错了。"只有到这个地步，斯隆才会放弃这个扩展零件部门的念头。这原来是他本人的构想。

他很少以清点人数或投票的方式来做决策，而是看大家是否都了解情况。有一次，我记得公关部门的加勒特提议进行一项大型活动。自然而然地，这样的提议一定会引起热烈的讨论。加勒特的确是有备而来，因此每个人都赞同这项计划，或许连斯隆本人都蛮心动的。大家都想，这个提议已经过关了，这时斯隆把他的助听器关掉，说道："各位是不是都同意了？"

所有的主管异口同声地说："是的，斯隆先生。"

"那么我必须把这个行动延后一个月，好让大家三思。"过了一个月，这个提案不是被弃如敝屣，就是得大肆修改。

每次开完会，斯隆必定以信纸或备忘笺写下关键问题，并问道："这就是全部的重点吗？"我又再度问他这么做是不是要花不少时间。

"如果一个决策的层次高到要我亲自参与的话，"他说，"最好多花一点时间。要是不值得这么做，我们自会把这个问题丢回去。德鲁克先生，我们做的决策实在是不多，没有人能做出一大堆决策而做得好的。我们最好了解我们必须决定什么，以及关于这个决策的所有重点。"

斯隆对别人常展现风度和礼仪，对我也不例外。他不厌其烦地来帮我，为我解释他本人的工作和通用的运作之道。我必定赢得了他的赏识。几年后，在1953年左右，他计划以自己之力在麻省理工学院成立斯隆管理学院（Sloan School of Administration），想听听我的意见。我和他谈了大半天，讨论他的计划。之后他说："德鲁克先生，你不介意到这所学校担任教授吧？"

其实，他对《公司的概念》一书根本不以为然，而且相当排斥。然而，他并没有攻击这本书，只是视若无睹，当作世界上没有这本书存在，自己绝口不提，也不希望有人在他面前提起我的著作。威尔逊却把这本书当作圣诞礼物送给好几个朋友。斯隆说："威尔逊先生，这点我做不到。你的朋友会以为你在帮德鲁克先生的文章担保。"斯隆在自己的书中提到多本有关通用的出版品，《公司的概念》这本特别针对斯隆的政策及其管理哲学进行讨论的书，斯隆却只字未提。多年后，威尔逊才告诉我，斯隆想呈现给世人和我完全不同的看法，因此决定出版一本书，写他自己心目中的通用汽车公司以及他所扮演的角色。

在底特律以外的地区，看过我的书的人都认为我对通用相当友善，少有批评。但是，通用内部的人可不这么认为，大部分的主管都觉得我批评得太过严苛，甚至抱怨我跟通用有仇。我是批评了通用的劳工政策、领班的待遇，以及他们的大部门比如雪佛兰和费雪不能做到分权等问题，并大胆建言，再过 25 年之后，通用的基本政策必须重新调整——对他们而言，这简直是"大逆不道"的说法。通用里的一个朋友半开玩笑地跟我说："假如你是通用的主管，一定会被放逐到芝加哥的电机部门，和那个胡言乱语的家伙去做伴。"不过，布朗真的被修理惨了，比方说布莱德利就跟他说，对于这么一本"有损通用"的书，明明可以封杀的，为什么偏要养虎为患？

这一点或许能解释斯隆对这本书的态度，他自己出马写书的用意就更明显了——在他的眼里，我笔下的通用并不是真正的通用。斯隆很少因为别人的意见和他不同而生困扰，但是斯隆认为我处理的题材不对。在这本书中，我无意间建立的是"管理的学科"，但对斯隆而言，重要的是"经理人这个专业"，也就是他在自己的书中所要表白的。

斯隆是属于"做老板"的一代。他在 23 岁那一年向销售咖啡、茶和雪茄烟的父亲借了 5000 美元，买下一家财务严重亏损、濒临倒闭的小公司——凯悦滚珠轴承公司（Hyatt Roller Bearings），自己当老板，不出半年就转亏为盈。斯隆透视到这家公司创办人的盲点：最新型、快速的汽车需要的就是该公司的产品，这可是一个可观的市场。原来的滚珠轴承是为火车头和铁路货运车厢设计的，用在汽车上并不合适，于是斯隆加以改良，为汽车设计出新的滚珠轴承。斯隆本来是亨利·福特的供应商，在1916年把公司卖给一个新的汽车零件集团之前，他一直是凯悦公司唯一的老板。转手之后，他成为那个集团的最大股东，1918年，这个集团又转卖给通用，因此斯隆就成为通用的大股东。在那几年中，也就是在通用的早期，和他交往过的人，不管是敌是友，都欢迎他来做通用的老板，这些人卖掉自己的财产，以成为通用的"股东"或是"董事"，却不能做"主管"或是"经理人"，斯隆把通用交给"专业经理人"来管理，这些经理人也得以获得一些公司的股票作为主管奖励金。同时，美国大企业也进行相同的变革，以前是"老板""资本家"的时代，现在则是让"专业经理人"来独领风骚。对斯隆而言，这是重大的改变，他也意识到自己是第一个真正专业的经理人，建立了第一个由专业人士来管理的大企业。

　　而亨利·福特还是停留在"老板"的阶段。斯隆于是明了为什么福特公司好景不再，特别是在福特执掌的最后20年，节节败退。沃尔特·克莱斯勒晚年也力图改变，希望自己的公司能从"老板自营"转向"专业管理"，可惜壮志未酬身先死，未能完成此一重大变革，斯隆因此了解克莱斯勒为何摇摇欲坠，像是扶不起的阿斗，不仅失去了向前冲的动力，也没有方向感。然而，通用由于有斯隆这个楷模，并有他的指引，终于成为一家"专业"企业。所以，斯隆认为自己有责任向后人讲清什么是"专业的经理人"。

　　《我在通用汽车的岁月》一书在全国大大畅销，可说是必然的，这本来就是一本精彩的著作。但是，这本书最引人入胜的论点，也就是"专业经理人"，斯隆在书中却交代得不够具体，有些事情他根本故意忽略不提。（他几乎做每一件事都有清楚的目的，并经过周详的考虑，这点也是。）

这本书可说没有人物可言，只有名字。布朗也好，威尔逊或是布莱德利也好，都是因为谈到某项决策或计划，顺便一笔带过，斯隆对这些有血有肉的人，不加一个形容词，更别说赞美了。"朋友"这个字眼只使用过一次，是在提到沃尔特·克莱斯勒时，斯隆对他的个性虽然只是轻描淡写了几句，但已属例外。

斯隆也把自己隐形了。事实上，《我在通用汽车的岁月》书名有误，确切地说，该是《我领导下的通用》。主角是通用，而不是斯隆；斯隆只是写下一纸备忘笺的人、某个计划的发起人、主管委员会的成员或是和几个人一齐到德国买下欧宝汽车的人。其实，真正的"斯隆"是一个爱恨分明、做起事来专心致志、兴趣广泛、而且极其有趣的人——在书中却不留痕迹。正如前述，弗林特的通用技术学院是他花了无尽心血缔造的重大成就，他却完全省略不谈。他认为那是他"个人"的兴趣，和"专业"无关，因此逃不过删除的命运。他坚持不让编辑加入短短两页介绍家庭、童年和早期生涯的文章。一直到付梓的前一刻，他才勉强同意在这本满是图片的书中加入一张私人照片，上面是他的父亲、妻子、妹妹和兄弟。其实，他是个最顾家的人，和太太结婚 50 多年，一直恩爱如初。

斯隆多半把时间花在有关人事的决策上，在书中也没提到这一点，不把他那仔细研究出来的决策过程公之于世；也没提到他对汽车安全的注重，他其实是汽车安全协会里最活跃的一员，也许只有眼尖的读者才会发现书中有一张相片，上面的斯隆正出席汽车安全协会的会议。他认为有必要把驾驶安全这一门课引进美国高中课程中，其重要性不下于建立通用技术学院。斯隆对工业安全的注重几乎达到走火入魔的地步，他极其重视厂房发生的意外事件，希望通用的厂房能做到"零意外"，这点也有丰硕的成果，却不见于书中的文字。为了达到这个目标，他立下一个规则，凡是管辖区发生意外的领班，以及这领班的上司都要立即停职接受调查，要是发生第二次意外，就得被撤职了。只有在第二次世界大战的那几年，领班工会势力日益强大时，他才稍微宽厚一点，不过自此之后，他不再多做让步。

这些事对斯隆"个人"来说都是非比寻常的大事，因此也就在书中省略不谈。斯隆认为"专业人才"应该不能透露自己的兴趣、信念和私人生活，他得把这些和工作分开。对斯隆而言，对个人重要的，和专业是两码事，完全牵扯不上。记得有一次他对我说："外科医师不会因为自己精于盲肠的切割或是喜欢开刀，而割除别人的盲肠。他之所以进行盲肠手术，一定有诊断做根据，不得不如此。"斯隆之所以写作《我在通用汽车的岁月》，也是不得不如此吧。

斯隆这个人对政治非常热衷，党性很强，是共和党的忠实成员。他是"美国自由联盟"⊖的发起人之一，反对罗斯福以及1936年的"新政"，对共和党的候选人一直拥戴有加，直到艾森豪威尔背叛马歇尔才让他寒心，那时的他已经是个80岁的老人了。但是，他在书中也完全不提政治。其实，他在新政那几年，是最活跃的分子。《我在通用汽车的岁月》一书只有一小段提到罗斯福的名字，是提到杜鲁门和一个被人遗忘已久的密西根州长时，顺便提起的，事件是汽车工人为了对抗通用进行的静坐罢工。斯隆也是外交委员会（Council on Foreign Relations）和芝加哥国际事务委员会（Chicago Council of World Affairs）的重要成员，直到晚年重听才不再出席会议。然而，他在书中也不提世界大事，除非这件事影响到通用。

在第二次世界大战那几年，福特汽车显然深陷泥淖，斯隆非常关心此事。亨利·福特的儿子埃兹尔在1944年去世，使得福特又遭到后继无人的

⊖ 美国自由联盟（Liberty League）：为横跨两党的政治组织（1934～1940），强烈反对罗斯福总统的新政，尤其是关于劳工和农业计划的部分，财源来自富裕的企业家。1936年罗斯福连任获压倒性的胜利后，自由联盟便逐渐瓦解。

困扰,唯一能指望的是老福特年仅26岁的孙子亨利·福特二世,一个被大学退学、没有任何经验的毛头小子。斯隆因此忧心忡忡,于是跟通用的往来银行 J. P. 摩根银行(J. P. Morgan)和摩根士丹利银行(Morgan Stanley)商量,打算设立一个企业联合组织来支援福特,提供他们必需的资金以进行重整。我不敢断言这件事的真假,但确实有很多人这么说。

福特二世接掌公司,打算卷土重来时,就大举向通用挖墙脚,斯隆不但不以为忤,还全力支持。通用的高级主管对出走至敌方阵营的同僚可谓恨之入骨,斯隆却满心欢喜地让他们"叛逃",还帮他们争取在通用的退休金和利润分成计划,使他们在跳槽后,不至于有任何金钱上的损失。听说,斯隆还对布里奇这个前通用主管、后来的福特总裁透露,他还可以从通用挖一些尚未被发掘的人才去福特。斯隆辩道——这一切都是为了通用。这个国家不能让福特就此覆亡,不让福特再兴,政府就会接管,这样只会伤害通用,因此帮助福特是"专业职责"所在。但是我所关注的课题,比方说员工社区和对工会的政策等,都是属于"公共职责",而非"专业职责"。

对于我所提的问题,斯隆并没有说这和通用的利益无关,他也承认和通用有关,但是他认为我之所以强调这些是因为会对公众造成冲击,然而却不是他自己的"专业职责",这点认知是正确的。我希望通用能以身作则,立下个典范;对斯隆而言,这么做却是"不够专业"的做法。他说:"好比外科医师切下一个没有问题的盲肠,好示范给学生看。"

事实上,"公共职责"对斯隆而言,简直比"不够专业"还糟,不但不负责任,而且是权力的僭越。有一次,斯隆和我一起参加一个会议,会中某位大企业的最高主管表示:"我们对高等教育有责任。"斯隆问道:"在企业界的我们是否有权主导高等教育?"他回答:"当然没有。"斯隆火冒三丈地说:"我们就甭谈所谓的'责任'了。你是一家大公司的高级主管,应该知道这条铁律——'权'与'责'应该是相当的。如果你不想要'权',这'权'

也不属于你,就不要说什么责任;若是你不想负责任,也不该由你来负这个责,就别谈'权'。"

斯隆的管理原则就基于此,这当然是政治理论和政治史的第一课。"有权无责"不合法,"有责无权"亦然,都会导致独裁。斯隆希望他手下的专业经理人有相当多的权威,也要他们负起相当的责任。由于这一点,斯隆把权威的范围限定在专业的领域里,因此拒绝负起其他非专业部分的责任。他认为我的书令人无法接受,正是因为这个原因。

我认为斯隆的立场非常有力,过去我无法动摇,现在也是。我们可以说通用或是企业管理的缺点正是斯隆坚持的那种明确、严格的管理责任体系。按照斯隆衡量成功的标准,也就是看市场占有率、利润和销售额等,通用的确是过去30年来的最佳典范;但是从公众评价、政治接纳和世人尊崇等方面来看,通用却是个大失败,其他"专业",像美国的医学界、法律界和教育界也是如此。总是有人抨击这些专业领域没有负起"公共职责",以"专业"划地自限。今日我们所处的这个社会组织日趋复杂,意味着管理这个社会的"专业人士"必须负起责任,致力于公众之利。除了他们,没有人能做好这件事。历史告诉我们——一个多元的社会不可能靠着"特殊利益"的冲突与交集来产生公共福利,谋求公众福利。

斯隆的立论也许过于严苛、纯粹和严谨,但还是有其不可轻视的价值。今天对企业界和对通用的攻击,像是纳德⊖所言,都是以"反商"为目的。然而,要求企业负起"公共职责",却是30年前我在写作《公司的概念》时想象不到的。这样的攻击无异于要企业去争取权威,并同时剥夺企业本身的力量。正如斯隆30年前所见,这么一来反将使企业和其他"利益"成为我们的主宰。

⊖ 纳德(Ralph Nader, 1934—):美国律师,消费者权益倡导人,为20世纪60~80年代的消费者保护运动领导人。

第 15 章 | CHAPTER 15

无私天真的夕阳岁月

"嗯,你去年只赚了 1800 美元。"移民局办事员查看了一下我的所得税退税记录后,如此说道。1938 年年初,我准备到欧洲去 6 个星期,因此到移民局申请再入境许可。

那个办事员继续发表意见:"这样的收入实在是太微薄了。你工作得这么辛苦,才拿到这么一点钱。"他又指着我的薪资粗估数字 5000 美元说道,"你的工作能力应该不错。我猜,你一定有大学学位,还会好几国语言。要是你来我们移民局做事,包管你第一个月拿到的薪水就可以比以前多上 50%。这里的待遇不错,而且工作至少比你现在做的轻松一半。我们每年有 21 天的休假,也有加班费和医疗保险,30 年后还可领一笔退休金。请稍等一下,"他暂时离开,回来时拿着一张表格,"如果你现在填好,我的上司今天就可以签字了。我们俩本来是合伙开鞋店的,银行倒闭后,我们也跟着关门了。等你从欧洲回来后,这儿就有一份工作等着你啰。"

我没有填那张表格。但是,那操着布鲁克林口音、看来像是爱尔兰人的中年办事员在我心里象征着罗斯福总统治理下的美国，也就是20世纪30年代末的新政时期——那时的美国宛如沐浴在纯真之中。

其实，我那时的月薪已有250美元左右。根据那个移民局办事员塞给我的手册，这和他们的"一级通译员"（大学毕业或同等学力，可读两种外语）的待遇差不多。他没注意到我申报的1800美元只是工作七八个月的净所得。我是在4月底才来到美国的，一直到5月才开始工作。依那个办事员的标准来看，月薪250美元算是"相当优厚"，一点都不"微薄"。就以我的秘书为例，她是亨特学院⊖的毕业生，会说写两种外国语言，周薪才25美元，月薪不过是100美元。半年后，我帮她把周薪调到30美元时，她高兴得泫然欲涕。那时，速记或打字员周薪能拿到15美元就算很幸运了，他们没有休假，也领不到加班费。

我们刚搬到美国来时，惊觉纽约的物价实在要比伦敦便宜太多了，甚至比在垂死边缘挣扎的维也纳物价要低。当时，我的父母亲远住在那个失业率高达40%的城市。以我那250美元月薪，可租得起两房一厅的新公寓，后来我们又换租三房的花园洋房，就在纽约高级住宅林立的布朗区。我们还买了一部老式的名牌汽车代步，每逢夏秋周末就开着这部车到野外度假。就像所有的欧洲人一样，我们对纽约摩天大楼在空中映出的轮廓已经素有耳闻，却想不到纽约郊区处处是变化多端、令人惊艳的自然美景。我们也很懂得享乐，不时观赏剧团的歌剧和乐团的演出。虽然我那一趟去欧洲不是坐头等舱，不过也不错了，是在上层甲板、军人使用的二等船舱，还有洗浴设备——这可是新式、豪华又快速的玛丽皇后号。

因此，移民局的那个办事员可说是白同情我了，这点暂且不谈，重要

⊖ 亨特学院（Hunter College）：纽约市一所男女兼收的公立学院，为纽约市立高等教育学府系统中历史第二悠久的学校。

的是——他就是美国经济大萧条时期的表征：对人关怀、热心助人和勇于行动。

那次大萧条对许多中年人而言，简直是场灾难，他们因之所受的创伤，毕生都无法复原。不少家庭受到景况不佳的摧残，在这种环境下成长的孩子，永远带着伤痛的疤痕；而那些四处碰壁、连着失业好几年的父亲，不但没有稳定的收入，也失去了男子气魄。但对于我们这些年轻、独立又有钱的人来说，正是大好时光，不过，还是得努力工作。在大萧条时期的美国，若想求稳定，唯一的门路就是从事公职。这时期的美国就像移民局那个办事员——不够圆融，也不高雅，还自鸣得意，但却不嫉妒别人，而且以打击共同的敌人为目的，看到别人成功高兴得犹如自己的成就。因此，在经济大萧条之下的美国，人人互相扶持、鼓舞，而且乐于助人，得知有工作机会，会马上通知另一个在找工作的人，知道某人需要一份工作，立刻帮他找空缺。

我弟弟比我早半年抵达纽约，那时顶着维也纳新科医学博士头衔的他，在美国可说是举目无亲，只知道纽约某家大医院的主任，在35年前和我们亲爱的特鲁迪阿姨，也就是维也纳的小儿科医师有同窗之谊。然而，他已不记得特鲁迪阿姨了，而且他们医院也没有实习医师的缺额，但是他好心安排我弟弟暂住在实习医师的空房里，然后开始打电话。几天后，我弟弟就得以进入一家规模虽不大，但颇负盛名的医院服务。

对陌生人表示关心，热情地伸出援手并付诸行动，这些并不只限于工作。我们4月底刚到纽约时，先住进市区一家饭店。同一天，纽约就遭到热浪的侵袭，我们住的地方没有冷气设备，一打开窗就是正在兴建地铁的第六街。为了不妨碍交通，他们多半在晚上进行施工，因此，窗户开或不开都是问题。过了两个可怕的晚上后，我们决定退房，但是以后要住哪里呢？有一天，步下地铁的台阶时，我遇见一个跟我一起搭过船的老先生，我只知道他是在纽约执业的律师。他问我："天气热得可怕吧？"我说实在是热坏了，我们不得不搬出纽约,想在市郊找个比较凉爽、安静的地方。但是要上哪儿找呢?我们也不知道。于是他说:"我来帮你打电话。我有个侄子本来住在布朗区,最近要搬走了,我想他可能要找个人来续租他的公寓。"48小时后,我们就搬到那儿了。

我能找到办公室,也得感谢陌生人的亲切相助。有一天在市区一栋大楼搭乘电梯时,我听到有人叫我:"你不是伦敦来的德鲁克先生吗?"他是纽约的证券经纪人,几个月以前曾到弗里德伯格公司拜访。再度在纽约碰面,我告诉他,我已经搬来此地,现在是几个英国投资人的财经顾问,也是多家英国报纸的驻美记者。这个陌生人听了之后说:"你可能需要一间办公室。我们那一栋楼刚好空下三个房间。"由于他的居中协调,我租到纽约地段最好的一间大办公室,就在百老汇120号的"公平大厦"内,租金却只有最差地带的1/4。这个经纪人还愿意免费借我办公桌椅。我对他说:"对不起,我可能没办法帮你介绍客户来作为回报。"他答道:"没关系。你只要把我列入你的邮寄名单内,让我也得以读到你写给欧洲投资人看的华尔街报道,这就足够了。我也会把你列入我的名单,寄资料给你。"

后来,我加入了外国新闻记者协会,也拿到一张记者证,然而从未有人要求我出示过这张证件。在那一趟欧洲之旅中,我为《华盛顿邮报》(简称《邮报》)写了六七篇专题报道。那时,《邮报》刚由迈耶(Eugene Meyer)接手,不久就成为华盛顿首屈一指的报纸,也是在政府机关流通的重要出版品。但是,那时的我还是个无名小卒,不认识任何政府要人。有一天,大概是在1938年的6月或7月,我刚从欧洲返回美国,旋即动身到华盛顿,途中遇见一个儿时同伴,她也搬到纽约来了,先生是外科医师。她哭着告诉我,她的父亲现在流落巴黎,成为难民,还在等美国签证,突然间得了前列腺炎,不早一点开刀不行。她问我,是否可以早一点帮她父亲取得签证。我问她,我该见什么人。她说:"你可以找梅瑟史密斯先生,几年前他是美国驻维也纳的大使，我想现在是助理国务卿。他应该对奥地利略有所了解。"走出我下榻的饭店，穿过公园，就是老旧的国务院大楼。于是，我直接闯进去，没有经过任何人的介绍，也没预约，查看了一下大厅的标示板就走进梅瑟史密斯先生的办公室，也没遭到招待人员或是警卫的拦阻（当时，国务院根本没有这些"看门狗"）。10分钟后，我见到这位梅瑟史密斯先生，他的确是助理国务卿。他问我几个问题后，请秘书进来把他的话记录下来，以电报通知驻法副领事，若已收到某某先生的申请文件，请立即发一张紧急签证给他。梅瑟史密斯先生又对我说："假如不成，你还可以见这个人。"他给我某个官员的名字。"不过，"他加上一句，"我想这件事应该没问题。"果然不错。我后来才知道梅瑟史密斯这人风评不佳，素以严苛闻名，好卖弄学问，挑三拣四，而且坚决反对让难民自由入境。

有个星期六下午，我到汉比奇（Gove Hambidge）家中做客。他是农业部中级单位的编辑，他那简朴的家位于华盛顿市郊的银泉（Silver Springs）。我和他就我为农业部年鉴写的一篇文章进行讨论。附带一提，农业部在那几年出版的年鉴至今仍是生态和环境方面最好而且最详尽的资料。到了3点钟左右，汉比奇说："我们得收拾一下，一会儿有人会来。"我问他："谁要来？"他说："我欢迎部里每一个人星期六下午到我家玩儿掷蹄铁的游戏。你瞧，亨利已经快到了。"农业部长亨利·华莱士（Henry Wallace）正开着一辆福特老爷车前来，不出一个小时，部里其他高层官员（也是新政的要角）都一一现身，包括次长威尔逊（M. L. Wilson），新政多数农业条例的起草人和经济学家比恩（Louis Bean）（农业部顾问，也是农业条例的构思者），此外还有几个人。7点钟左右，暮色渐渐深沉，汉比奇太太请大家移师厨房，制作三明治。华莱士跟我闲聊，问我在忙什么，听了之后他说道："关于这点，我想再跟你讨论一番。你可否在星期一早上和比恩一起来找我？"我当然告诉他，我是记者，不过他却没问起我帮哪家报纸写稿。他之所以想找我谈谈，是因为我是汉比奇的朋友，先前提出的问题引起他的兴致。

这种不拘小节的形式，如果不算失礼也称不上文雅。40年以来，我一直不能入乡随俗——办公室里的小姐称我"德鲁克先生"时，我实在无法亲昵地叫她们的小名。我一直称她们为"女士"，不知要过多久，我才能挣脱欧洲教养的束缚，让"女孩们"一词轻松地脱口而出。但是，美国人之间那种友善、互相提携的态度却是极其真挚，他们也很愿意给别人一个机会。

我之所以得以为《邮报》写稿，是在1938年春去欧洲之前，直接找他们的国外新闻编辑谈成的。有人告诉我，《邮报》还没有办法有自己的驻外记者，外电报道通常靠《纽约时报》(*The New York Times*) 或《芝加哥论坛报》(*Chicago Tribune*) 提供。当时，在美国只有这两家报社有可观的驻外新闻人员。而《邮报》希望除了从同行得到稿源外，能再加上一点东西。于是，我打电话到《邮报》询问负责国外新闻的编辑的姓名，他们说是诺佛(Barnet Nover)，于是我就直接到他的办公室。

两个小时后，我带着一份合约和一笔订金走出《邮报》。诺佛觉得我的想法不错，带我去见发行人迈耶，迈耶也表赞同，并说："我们看过稿子之后，才能断定是否真能采用。我得声明本社有拒绝刊用的权力。不过，我们得先付你一笔订金，就先付两篇文章的部分好了。"就此成交。这么一来，他们也不至于过于冒险。就预付的那150元美元而言，已经不少了，虽然不够支付横渡大西洋的船费，但是欧洲的旅费就有着落了。后来，我如法炮制，直接去《哈泼斯杂志》①谈成第一桩合作计划。那年秋天，我写完了《经济人的末日》一书，也找到了愿意出版此书的发行人。我想，在出版前先发表一篇文章应该有助于该书的促销。我知道《哈泼斯杂志》有一位副总编辑

㊀ 《哈泼斯杂志》：美国月刊，在纽约出版，内容包括小说和非小说，以卓越的政治、经济和社会问题评论而闻名。

名叫艾伦（Frederick Lewis Allen），我读过他以20世纪20年代的历史为题材的书《只有昨日》（*Only Yesterday*）。于是，我打电话给他，他请我到办公室一谈，并鼓励我为他们写一篇专文。同样地，我又做了《周六晚间邮报》的不速之客，直接找他们的国外新闻编辑萨默斯（Martin Sommers）。事情的经过是这样的：有一回，我从华盛顿搭火车到纽约，途中想起，何不去拜访萨默斯，于是在费城下车，搭电车到独立广场（Independence Square）。听完我的构想后，他说："很有意思。什么时候可以看到第一篇呢？" 5天后，他就看到我的文章了，收到稿子的那天早上，他打电话给我说："删掉几句后，就可全文照登了。"

后来，我在做美国企业或美国教育的相关报道时，打电话给企业界、大学或是政府机构里的人，请他们专赐资料或是接受访问，他们一样表现出愿意接纳陌生人的态度。又过了一段时间，我开始打电话给仅有一面之缘的人或是素昧平生的人，看他们能不能提供工作给像潮水般涌入美国的维也纳难民，同样未遭推拒。即使没能得到正面的答复，答案也通常如纽约市立学院校长所说："对不起，我们现在不需要数学方面的专才。不过，您是否恰巧认识任何杰出的音乐家？"对于这位校长，我和他可是没有任何的交情。

经济大萧条之下的美国所强调的虽是不拘礼节，但是真正的特色却是愿意互相帮助，并给别人一个机会。每次我和老一辈的人谈起这种极其有趣的现象，如在第二次世界大战期间在华盛顿时常见面的迈耶、在普林斯顿服务多年的教务长高斯（Christian Gauss）和《哈泼斯杂志》的艾伦等人倾听我的感想后都表示，20世纪20年代的美国更是不拘礼节，但是表现出来的，并不比欧洲友善，不是那么乐意助人，也不会轻易接纳陌生人——互相帮助就是美国人特别针对大萧条所做出的回忆，这和大萧条的另一面，也就是猜疑、乖戾、恐惧和嫉妒，完全不同。

美国人这种回应和面临大灾难时的反应如出一辙，正如在大地震、洪水或飓风的肆虐之后,整个社区不分彼此、互相救援。20世纪30年代的美国人谈起经济大萧条犹如说到天然灾害,每个人都有一箩筐的故事可讲,例如"我是怎样熬过来的"或是"我的不幸"等,在长篇大论之后,归结一句:"你瞧,我现在不是好端端的吗?你也可以做到。"几年后,伦敦惨遭空袭,面对这样的痛苦、危险和空前的煎熬,英国人所表现出的那种同情、关怀、友爱和互助的精神,让世人大为惊讶。我可不感到诧异,在美国经济大萧条时,我就见识到这一点了。

大萧条的"幸存者",正如劫后余生的人,对自己的存活感到不可思议而开怀大笑。特别是,他们也笑自己,一种发自内心的笑,只不过带着历经劫难的酸楚。

在1940年年底、1941年年初的冬日,我每月应邀于星期六下午参加外交政策协会[○]制作的节目,由CBS对全国做现场转播。这个协会的主席是名退休的将军,刚刚走马上任。一起吃午餐时,我就注意到他已经开始紧张兮兮了,他说他以前从来没有面对麦克风说过话。轮到他上场介绍节目时,他慌了手脚,语无伦次,手里的资料掉了一地。我们帮他捡起来,塞回他的手中,把这个吓得魂不守舍的可怜家伙推向麦克风前。他就以颤抖的声音念出最上面一张的内容。本来他该介绍的是当天的节目,结果却宣布了一个月后的节目,说道罗斯福夫人会在本节目发表演说。糟了,这本来是在节目最后才做的预告。至于我的部分,好歹终于讲完了。之后,CBS告诉我,听众纷纷打电话来抱怨外交政策协会,多达好几千个,愤愤不平地说为什么当天没让罗斯福夫人演说,或是对罗斯福夫人的健康表示关注,说她的声音听起来和往常完全不同。于是,我写了封信向罗斯福夫人解释这场风波的始末,

---

○ 外交政策协会(Foreign Policy Association):美国一民间非营利、非党派的组织,以美国外交政策为主要议题,根据情报发展出具有发言权的舆论力量。成立于1918年,总部设于纽约,他们还拟定出一套内容丰富的课程,以改善现今美国中小学有关国际事务的教学。

之后也收到了夫人秘书的回函，完全没有责怪之意。

约在两个月后，我在宾州的雷丁讲学。这是场午餐演说，在那个时代，我得在前一晚就从纽约赶过去才来得及。有一位秘书在我下榻的饭店留下一张便条，上面写着："罗斯福夫人明晚将在此地演说。她抵达时看到您的演讲布告，因此得知您明早也会在此。不知可否作陪，一同探访医院、盲童之家和监狱？"次日早上，我就成为罗斯福夫人的随员，我们视察了一家医院和盲童之家。她的表现真是可圈可点。途中，我再度为外交政策协会出的笑话道歉。她笑着说："我才应该谢谢你呢。要不是你的来信，我还不知道听众会有什么反应，以及要如何介绍自己。我保证那位可怜的将军不会再度受窘了。不过，德鲁克先生，"她继续说，"你知道吗，知道有人想冒充我，倒是让我高兴得发抖。"

接下来，那个春天我为战时的华盛顿服务，因此必须接受安全人员的调查。那个对我进行调查的年轻人和我一样生嫩，他只有一件事要问我，却是个相当严重的问题，也就是有人指控我企图"假扮罗斯福夫人"。于是，我向他解释了那个事件的来龙去脉。

他问我："你为什么不当场更正那个错误？"

"当时简直是一团糟，我一下子反应不过来。更何况，我如何和我们的主席唱反调，纠正他的不是呢？再说，我想没有人会把我这奥地利的男低音听成是罗斯福夫人那一口高亢的、纽约女子精修学校出身的英语吧？"这个年轻人很同情我，但是他还是面有难色。

"如果我能找出你冒充罗斯福夫人的理由，就可以让这件事告一段落了。要取消这个罪名，我们非加以解释不可。"

突然他脸上的阴霾一扫而光："她的听众是不是要比你多？"我承认这点，这的确是个事实。

"就这么办吧。"他眉飞色舞地说，在文件的边缘写道："动机，吸引更多听众，以获得更高的酬劳。原罪名不足成立。"

"不过，"我说，"这么一来我不是成了笨蛋。"

"德鲁克先生，本调查是针对你的忠诚而非能力。笨蛋的绝不是你，而是我们的法律。这已经不是新闻了。"

"天灾"不会一而再，再而三地来，没有人该因此而受责罚，"上帝"此举只是干扰日常生活的运作而已，经过一番紧急救援、修护，一切又将回到往昔。

在大萧条那几年，很少有人相信经济会"复苏"，至少在1937年后是不可能的。那时，由于罗斯福的连任而呈现的些许经济改善，终究只是昙花一现，几乎没有人相信经济会有所增长。那几年，最受尊崇的经济预言家哈佛凯恩斯学派的汉森○在1938年于《完全复苏或停滞》（*Full Recovery or Stagnation*）一书中，就以相当多的数据来支持他的论点，预测我们将会陷入"永远的停滞"。没有人想象得出第二次大战后全世界会有几近30年的经济繁盛，这段美景之长、经济成长之迅速，是经济史上前所未见的。然而，当时即使是最乐观的人也无法预言，大战之后世界经济是否有一点复苏的可能。从经济的层面而言，大萧条不是一场"灾难"，而是"新的常态"。美国不像没有一个"中心"而支离破碎的欧洲，反之，中心仍把持一切，社会和社区都很健全、充满活力，甚至有着得意扬扬的气息。翻开美国历史，不管哪一个时期都有暴力和苦痛，但是经济大萧条却造就了美国社区意识的抬头，强调共享的价值、生命的喜悦和共同的希望——这就是不屈不挠的幸存者对"天灾"的反应。我认为这点就是罗斯福真正了不起的、具有历史性

○ 汉森（Alvin Hansen，1887—1975）：美国经济学家，在1938年至1960年间凯恩斯学派经济学盛行时，被公认为主要理论发展阶段中的领导者。除将凯恩斯的经济观点向前推进，成为新经济学外，还使经济理论融入当前民众需求及民主政体的社会目标中。

意义的大成就，他的经济政策虽然是大失败，但已经不重要了。

大萧条时社区意识的抬头正加强美国生活中属于地域的、心胸褊狭的和族群的一面；这时期强调宗教、种族和文化的多元，正好形成各种不同的界限。大萧条时期的美国，比起20世纪20年代，要更加反犹太，反天主教，玄奥的是，也更亲犹太和亲天主教。就犹太人本身而言，"德国犹太人"和"德国人"互相嫌恶，也如"扬基"和"南方佬"的格格不入。

有些人得知华尔街股票经纪人从13楼窗口跳下的消息必定觉得"好在，那不是我"——排队等着领取救济食物的失业汽车工人会如是想；被干旱或风沙逼得放弃自己农场的移民也会这么想。但是，在"天灾"的威胁之下，钱已经没什么价值了，富人有的，只是比穷人多一点保障而已。就美国经济大萧条这场"天灾"而言，祖先是意大利人或是波兰人要比是承包商或是劳力阶级来得重要；同样地，犹太出身这回事也比是《纽约时报》的发行人或是第六街上的小贩来得要紧。

对于一个刚从欧洲来的人而言，看到这种现象实在大惑不解，或者说，一开始看来简单，却变得让人完全无法理解。我得知有些度假胜地和乡村俱乐部"限制"犹太人进入时，认为这是全然的"反犹主义"；每所大学只容许几个犹太学生入学，对犹太教师那种无形却真实的限制，也是"反犹主义"在作祟。例如，在大萧条时期，纽约大学校长蔡斯（Chase）为了平衡预算，把所有教职员的薪水缩减了40%，然后再把犹太教职员唤来，把他们的薪水扣掉70%，并对他们说："若不高兴，大可走人。但是，你们要有自知之明，身为犹太人，你们也找不到别的工作。"20年后，我到纽约大学任教，担任某个系的系主任时，仍感受得到蔡斯"清算"犹太人的后遗症。然而，当年在教育界，他可是有领导地位的"自由派"人物，也因此自傲。的确，在他领导纽约大学期间，这所大学是属于卫理公会派的，但在雇用犹太教师方面，他无视董事会的强烈反对而加以任用，也没有设下一定名额的限制。

当然，美国的大专院校一方面对犹太学生的入学实施严格的配额制，也排拒美国的犹太人加入教学阵容，唯独对德国或是奥地利来的犹太学者却张开手臂表示欢迎，慷慨解囊，并拉他们到校任教。但是，在同一个社区内，俱乐部、度假区或是公寓都"限制"犹太人入内，除非你是有权有势的犹太人，如市政府的审计长，或是大法官等。而所谓的"限制"就是指在纽约、波士顿、华盛顿和洛杉矶，没有犹太人立足之地，跟明尼阿波利斯和亚特兰大"没有天主教徒"及匹兹堡"没有匈牙利人、斯洛伐克人或波兰人"的情况如出一辙。

在那几年，特别是对刚从欧洲来的人而言，整个美国对反犹太的措辞、习惯或政策变得越来越敏感，但是美国的天主教徒受到的各种歧视更甚，亦即来自种族社会的歧视。

大概是在 1939 年初，我第一次以记者的身份到南方，准备采访佐治亚州的副州长，询问他有关该州最负盛名的财神百货（Rich's）受到的严厉抨击。这家百货公司的确是犹太人开的，这点还好，因为似乎所有的百货公司老板都是犹太人。但是财神百货却请一个天主教徒来当他们的总经理，而且是该被踢出门外、从北方来的爱尔兰天主教徒，这就非同小可了。这位副州长后来表示，他会考虑找个当地的天主教徒来相"抗衡"。

我曾一度怀疑天主教大学或许会使天主教学生和美国的生活格格不入。针对这点，佛德翰大学（Fordham University）的耶稣会神父校长反驳说："那些学生不一定得上天主教大学，上州立大学就可以了。我们之所以需要天主教大学是因为这里是天主教教职员唯一能找到工作的地方。"在纽约和芝加哥，有非犹太人开的法律事务所，也有犹太人的，除此之外，有清教徒也有天主教徒开的会计师事务所。有人就跟我特别强调通用汽车是唯一雇用犹太人和天主教"清教徒"的大制造商——他们的审计长普伦蒂斯（Meyer

Prentiss）是犹太人，而雪佛兰的总经理科伊尔则是天主教徒。农业部部长华莱士，也是新政最著名的"自由派"人物，他就请两个犹太人——比恩和伊齐基尔（Mordecai Ezekiel）做他的经济顾问。华莱士因此成为箭靶，政治立场遭到质疑，特别是在南方（华莱士的农业政策几乎全靠南方的支持），然而他对那两位顾问的支持却一点都不动摇。不过，在农业部的高层官员中，完全没有天主教徒，可是在几条街外的司法部倒有许多天主教徒，犹太人却连一个也没有。当然，在胡佛①领导之下的联邦调查局简直是爱尔兰"黑手党"的大本营。

西尔斯百货公司是犹太人罗森沃尔德（Julius Rosenwald）创立的，合伙人大都是犹太人。但在20世纪30年代，罗森沃尔德死后，西尔斯的高级主管几乎无一是犹太人，这是罗森沃尔德自己造成的。就在利奥波德－洛布谋杀案（Leopold-Loeb murder affair）发生后，罗森沃尔德明令不得让犹太人晋升管理高层。那桩谋杀案是20年代最骇人听闻、招致众人议论的刑案：利奥波德和洛布这两个芝加哥年轻人为了追求一时的刺激，居然谋杀了自己的侄子。这两人是西尔斯公司高级主管之子，也是罗森沃尔德家族的亲戚。但是，西尔斯公司也不让任何天主教徒进入公司当高级主管。在20世纪50年代最后得以成为西尔斯最高主管的凯尔斯达特却是天主教徒。他在伍德（Robert Wood）的长期领导下，一步步爬上西尔斯的最高层。这个伍德可是反对犹太人、天主教徒和东方人的最有力者。我问凯尔斯达特说："你是怎么办到的？"他答道："如果我姓肯尼迪而不是凯尔斯达特，而且是爱尔兰人而非德国人，那我绝对没有今天。"

有一次，我跟一位犹太友人说："纽约的法律事务所有犹太人开的，也有非犹太人开的，但沙利文和克伦威尔（Sullivan & Cromwell）这家公司为何有两位塞利格曼（Seligman）合伙人呢？"他的说法是："他们是德国犹太

---

① 胡佛（J. Edar Hoover，1895—1972）：美国刑事学家、律师、曾任联邦调查局局长。

人，而非俄国犹太人。"有个朋友成为莱曼兄弟（Lehman Brothers）事务所的合伙人时，有人告诉我："他不是真的俄国犹太人，其实他是匈牙利出身的。"尽管第二次世界大战已经结束，老一代的人也不齿希特勒的做法，然而对这一点的坚持还是根深蒂固。我在本宁顿学院有个学生是纽约名外科医师之女，他们家是德国犹太裔的望族。这个女孩爱上了父亲手下一个住院医师，也把心上人带来给我一瞧。我觉得这个年轻人没什么不妥，她那一向明理的父亲却要求我帮他拆散这对有情人。我很讶异，问他："为什么你要这么做？"得到的答案是："他是'俄国'犹太人！"（这一家人强行破坏这桩姻缘，到头来那女孩在情绪的反弹下，反而嫁给了一个贪财的骗子。）纽约和谐俱乐部（Harmonie Club）是摩根（J. P. Morgan）创立的，他之所以这么做是因为犹太人被排拒在联合联盟俱乐部（Union League Club）之外，但是和谐俱乐部也一样，不让非德国的犹太人，也就是俄国犹太人登堂入室，一直到第二次世界大战结束后很久才有所改变。

有一次，波兰裔的天主教神父被任命为某个教区的副主教，此事让我的天主教友人大惊失色。波兰天主教徒的势力范围怎可越过水牛城呢？他们表示："德国天主教徒我们勉强可以接受，但是波兰天主教徒，那就太过分了。教皇一定是听信谗言，才出此下策。"

在布鲁克林和布朗区的爱尔兰人和犹太人结盟，以免让意大利的天主教徒得势、握有大权。此举迫使大萧条时纽约最杰出的两个政治人物——恰巧是意大利天主教徒的拉瓜迪亚（Fiorello LaGuardia）和马坎多尼（Vito Marcantonio）成为"反体制"的激进分子。他们也加入了共和党，以在白人、清教徒为主的中上阶层进行政治方面的运作。若是以美国的经济大萧条为背景，可说是顺理成章的事，但要为3000英里外的非美国读者解释这些现象，就像我的工作，就难上加难了。肯尼迪在1960年出马竞选总统时，据报道很多天主教徒抱着淡漠的态度，可能不会投票给他，原因就在于肯尼迪是哈佛毕业的，而不是天主教大学出身的。但在大萧条的20世纪30年代，以政治生涯为着眼点的他，选择上哪个大学可是大事，不得不刻意疏离爱尔兰的天主教徒，以免为了一纸天主教大学的文凭失去了众多非爱尔兰天主教徒的选票。

我有个朋友是德国天主教徒，一个反纳粹的难民。他的儿子到了就读大学的年纪时，他就送儿子到一家天主教大学。该校的教务长请他到校一谈，并建议他的公子到另一所学校就读。他大惑不解，于是教务长跟他说："这所大学是为爱尔兰人设立的。令公子在此学习，恐怕会有很多困扰。"同是意大利人，祖先来自北方的"皮耶得蒙提人"（Piedmontese）和"西西里人"（Sicilians）一样水火不容。

"这简直是疯狂！"我向英国《金融新闻》（*Financial News*）的发行人布拉肯（Brendan Bracken）报告说。《金融新闻》现已改名为《金融时报》（*Financial Times*）。布拉肯要我写一篇专题报道，以美国生活、政治和企业为范围探讨其宗教和民族的源起。布拉肯可说是一位最明理的发行人，也是最了不起的一位。我并不是指他在午餐前总会喝下一整瓶的白兰地，然后背诵伦敦、曼哈顿和芝加哥的电话号码簿上的资料。他是丘吉尔的智囊团，第二次世界大战期间是英国最杰出的情报部长。听我述说美国的情形后，他说："这不是疯狂，比疯狂更糟。疯狂还有可能复原，族群意识却会使社会麻痹。"

当然，布拉肯说得对，但是这么说也算错。大萧条的美国强调种族的差别、根源、出身，于是种族的隔阂便形成了。事实上，此时种族的色彩要比20世纪20年代来得浓厚。就种族歧视而言，不管是对某一个种族怀有敌意，或是特别偏袒某一种族，都有其特别的情况。天主教徒或是犹太人之子想进医学院可能会遭到百般刁难；但犹太或是天主教的律师或高中教师在诉诸法律程序接手某一家破产的公司时，或是争取高中校长的职位时，也有可能得到特殊的待遇。

种族意识在大萧条那几年达到的高峰，正因为强调社群和族裔。这样不但没有好处，还会造成伤害，但这种做法也有天真无邪的一面。因此，在大萧条时期，似乎压抑了美国人的生活及其想象力的民族主义在隔夜之间成为一种记忆，而非真实。在战后那几年，有一个从俄克拉荷马来的高中教师常和我们一起到科罗拉多的落基山国家公园跑步。这个人不断地抨击天主教，甚至连"巴比伦的罗马妓女"这种字眼也用上了，不过他那几个长得俊秀美丽的孩子却都和天主教徒结婚。现在犹太男孩和意大利女孩同居，没有人会侧目；爱尔兰的会计师也得以在正统派基督教盛行的美国中西部立足，成为清教徒公司里的高级主管；而所谓的"歧视"指的可能是让一个犹太男性而非黑人女性得到教职。因此，那时的人们可以强调种族的差别而无后顾之忧，以"根源"自豪，同时否认"民族大熔炉"存在过。

"美国有两种熔炉，正烧得滚烫。"费斯克大学（Fisk University）卓越的黑人社会学家约翰逊博士（Mordecai Johnson）有一次对我说道，"有一炉沸腾得很慢，一旦进去，三代之后，都成了盎格鲁撒克逊人。另一炉很快就沸腾了，进到里头的还有几个是白种人，9个月后不是黑人，就是黑鬼。"

当然，年轻时住在英国的我早已经知道"美国的黑人问题"，但亲身体验的震撼却是前所未有的。这不是一种"更糟"的情况，根本是"不同"的情形。我认为美国的奴隶制度不能说是错误，也不算违法犯纪，根本是一桩罪恶。我的朋友费希尔（Jack Fischer），后来成为《哈泼斯杂志》的编辑，他一向洞察力很强，对这个现象却大惑不解。到现在，想必无须多加解释，绝大多数的美国人都可了解。主张废除奴隶制度者当然从一开始就很清楚，但是在大萧条时期的美国，大多数的黑人以及白人都把种族歧视当作理所当然。19 世纪决定论①的后继者，认为种族歧视是"中产阶级资本主义"的副产品，必会随之消失；而对自由派而言，特别是在以工业为主的北方，种族歧视是必须"改革"的项目之一；我则认为这个问题须透过救赎和悔悟，才能得到解决，黑人这个存在的事实要比经济大萧条来得重要而且长远。多年后，我才读到杰斐逊所写的："当我忆起正义之神存在时，想到联邦的未来，不禁颤抖。"但是，早在到达纽约的一个月后，我已有这种感触。唉，懦弱如我，无法居于南方。在 20 世纪 40 年代晚期，我曾有机会到亚特兰大的埃莫瑞大学②担任院长，这可是最吸引人的学术工作，我却不得不放弃，因为那时的南方黑白过于分明。

新政的任务之一，就是把农业的南方与国家整合起来。这点可谓相当成功，目的就是使南方的农民兴盛起来，加强他们的力量。而所谓"南方的农民"，当然都是白人。古老的南方是罗斯福发展起来的根基，但也是必须照着中西部的模子改头换面的南方。罗斯福上任的时候，古老的南方还是一个未开发的地域，和今天巴西的东北部所差无几：经济和教育发展落后，婴儿夭折率高，平均寿命不长，多半以农业为主，而且只能种一季。历经第二次世界大战的洗礼后，南方已有所转变了，但还是不像今天金黄耀眼的"阳光地带"③，而且比起其他地区要更贫穷，教育程度低，居民健康情形较差，多半还是穷乡僻壤，不过这样的南方只是"落后"而已，并不是被分离、孤立的地区。福克纳④笔下的萨托里斯家族⑤已经远去，不管如何他们已无法融

---

① 决定论：一种哲学理论，主张一切事件，包括道德的选择，完全受先前存在的原因所决定。
② 埃莫瑞大学（Emory University）：隶属卫理公会的私立学校。
③ 阳光地带（SunBelt）：指美国南部边缘地区，西自加州，东至北卡罗来纳和南卡罗来纳州一带。
④ 福克纳（William Faulkner，1897—1962）：美国小说家，20 世纪文学界最重要的人物之一。以美国南方虚构的约克纳塔法地区为背景，写成结构复杂的各式长、短篇小说。
⑤ 萨托里斯家族（Sartorises）：出自福克纳 1929 年出版的小说《萨托里斯》。

入"已开发的现代社会",但是那些斯诺普斯家族○的后代正准备投身于核子工程的研究工作呢!

这一点让罗斯福政府以及南方的"特殊政体",也就是白人主导的政治不得不接受。1876年南北两方都同意了那未成文的宪政协定,亦即南方承认北方这个国家政府在农业、工业和劳动力方面占有优势,但不得干预南方的"特殊政体"。罗斯福政府可说是最后一个依靠此项未成文历史协定的政府。由于南方慢慢走出"穷乡僻壤",这项协定已经形同虚设。然而,在大萧条那几年,不管自由派的说辞是如何冠冕堂皇,官方的种族歧视比起早先以北方为根基的共和政体更变本加厉、无可妥协。若有人表示,美国内部对黑人的歧视和对外的"反殖民主义"完全是两码子事,包管会遭到不可理喻的白眼。

然而,为黑人解放运动打下基础的,正是罗斯福的新政:由于新政的实施,南方的白人农民变得富裕起来。在那个时代,黑人还是处于以农业为主的落后地区,不得翻身,不管是白人、黑人、自由派以及保守人士莫不认为如此。那时,伟大的黑人学者,如约翰逊博士,研究的就是"农村社会学"(rural sociology)。而新政对黑人尽的那一点"绵薄之力",大抵是受到英国经济学家沃里纳(Doreen Warriner)所著《农之序》(*Preface to Peasantry*)的启发。沃里纳在这本书中宣扬自给自足的农民社区,新政在罗斯福夫人的督促之下也为南方的黑人小佃户建立了一些社区。这些社区看起来却犹如集中营,马上就变成了贫民窟,永远也做不到"自给自足"。黑人家庭一旦找到一部老爷车就赶忙逃离这个社区,投身至另一个地狱——北方的底特律或是洛杉矶的贫民窟。

○ 斯诺普斯家族(Snopeses):指不择手段的商人或政客,为一丑恶家族的姓氏,首见于福克纳小说《萨托里斯》。之后,更以这家族写成《小村》《城镇》和《巨宅》三部曲,描写贫困白人不计一切以求发迹的经过。

或许我不赞同沃里纳的处方，但是我却同意她的诊断。因此，我和布赖恩（Malcolm Bryan）所受到的震撼真是非比寻常。我们花了几天的时间研究人口统计，终于在 1940 年的一个早晨得到结论。布赖恩是芝加哥人，后来成为亚特兰大联邦储备银行（Federal Reserve Bank of Atlanta）的总裁，也是南方首屈一指的经济学家。那天早上，我们突然了解到——美国黑人已慢慢从南方的佃农转变成北方的都市人；也就是说再过 20 年，黑人将成为北方城市的一大问题！

这个问题就是新政的成功直接导致的。新政的目的在于提高南方白人农夫的生产力，使他们更有能力而且更富有，并获得信用保险。由于土地休耕补贴制〇，无须栽种任何作物，就可得到一定的收入，也可借由农作物来申请无息贷款。借款给南方的棉农不太像是一般银行作业，较类似当铺或是地下钱庄的交易。后来，借钱给"山姆大叔"似乎要比政府发行的纸币来得妥当。农民只要有信用，就可以取得资金购买机器从事高效率的农作，也就是说不必靠黑人佃农了。就这些佃农而言，所得虽是少得可怜，但在另一方面却代表着高得令人咋舌的劳工成本——这就是极端贫穷的最佳定律。就栽种棉花而论，佃农一年只要工作 6 个星期，但是这个佃农一家人，包括妻小和骡子，不管怎么穷困，一年 52 个星期还是要吃要喝。如此每周的收入虽是少得令人无法置信，但是换算成一捆棉花的劳工成本却又过高。一旦白人农民得以成为银行信用保险的对象，就可以购买机器；机器不用吃喝就可任劳任怨地工作。拖拉机和采收棉花的机器已经出现一段时日了，早在 1897 年，棉花就可以由机器来采收。迫使佃农离去的，就是经济因素——亦即南方经济的富裕。佃农也是心甘情愿地离开的，直到一代人以后，黑人才对古老的南方怀抱着乡愁。

科技的确有其重要的作用，但不是表现在拖拉机或是棉花采收机上，而

〇 土地休耕补贴制（soil bank）：以减产来抑制价格狂跌的法令。

是二手车。约翰逊博士有一回对我说："美国黑人解放与否，不是个问题。他们早已经解放了。问题是，白人何时才知晓？一个白人不管被黑鬼司机或是白人司机撞死，一样是死——如果黑人了解这一点，他就是个自由人了。"汽车不只让人来去自如，更给人握有权力的感觉；汽车使得黑人佃农在精神和性灵上都有一种操之在我的感觉。

在美国黑人的故事里，科技一直是个主要因素。若是没有惠特尼㊀的轧棉机，科技几乎将沦为次要因素，且自18世纪80年代开始，欧洲移民潮来到后，影响力日益缩减。北美洲的土壤和气候除了棉花之外，其他作物皆不适合。汽车、电器、拖拉机和棉花采收机的发展，终究将使得农场经济和务农的黑人走上穷途末路。然而科技，也就是以大量生产为主的工业，也为南方没有一技之长的黑人佃农提供另一种就业的机会。因此，这些"前工业时代"的南方黑人得以移居、赚钱、有接受教育的机会、参加工会，并步上政治的角力场。

但是，我想科技只道出一小部分，而且只能算是次要的事实。如果奴役黑人是一桩罪恶，正如我自己强烈感受到的，这样的罪恶就不能靠科技来克服；不但谈不上克服，至多只能被一颗悔悟的心打动；而且黑人自己不足以克服，得透过白人才行。事实上，美国黑人的地位得以提升，并不是靠自由派人士的经济政策或"改革"而成的，而是靠南方的白人——这些以联邦士兵的后裔自豪，并愿意有所转变者，如杜鲁门㊁和约翰逊㊂。

新政的那几年正是这种转变的开始，也是美国黑人首度崭露头角的时候，出现了不少卓越的人才、有远见的人以及真正想要成为自由人的人。这

㊀ 惠特尼（Eli Whitney，1765—1825）：美国发明家、制造商，发明轧棉机，并制造出利用动力传动机具的"均匀系统"步枪。

㊁ 杜鲁门：在总统任内曾试图通过一条有关美国黑人的法案，要求提供黑人平等的工作机会，取消人头税、私刑和公共运输上的种种歧视，可惜受到南方参议员的阻挠而未果。

㊂ 约翰逊：支持民权法案，以1965年的"投票权法案"来去除黑人不能行使投票权的障碍。

些大萧条时期的黑人学者和布道家真是非凡，而使他们强而有力的，并非只因才智、学识和无可妥协的尊严，而是由于他们的正直。我第一次和约翰逊博士见面时，是在纽约（或许是在 1940 年的秋天）布朗克斯维尔的莎拉·劳伦斯学院（Sarah Lawrence College），他对该校学生和教职员演说的会场上。他语惊四座，连以"超自由派"自居的教授都为之一震。他说，美国黑人最大的问题并不是压迫，也非歧视；在人类社会史上，只有非洲黑人不但愿意把同胞卖给阿拉伯人和白人作为奴隶，而且积极地进行。"除非美国黑人愿意面对自己根源的罪恶与神秘，不然不能得到真正的解脱。"他如是说道。不管在当时还是现今，这都是最刺耳的话。演讲完后，我走到他面前，跟他说："先生错矣。古希腊人，特别是黄金时代的雅典人不也是如此？修昔底德不是记述了雅典人奴役麦里兰人的恐怖行径吗？"他答道："我知道。不过，弄错的人是你。希腊人奴役的是自己的同类，并把他们卖给其他希腊人，而非像我们把同胞卖给外国人或侵略者。"

就是这种正直让马丁·路德·金得以崛起，使黑人领袖有一种由内在焕发出来的权威，成为道德的表征，不只受到黑人同胞的爱戴，连白人也为之折服。

或许黑人的声音扮演的角色更为重要。"美国的黑人问题"需要的是心态的转变，而不只是政策的改变，甚至农村社会学都无法处理这个心态的问题。虽然约翰逊博士很忙，不能和他常常接触，我还是从他那儿学到不少。但是，我却被瑟曼（Howard Thurman）的声音深深地震慑住。他是黑人大学霍华德大学的牧师。每次我到华盛顿过周末时，总会设法溜进教堂听他布道。瑟曼是最后一代声音最为动人的黑人布道家；这种声音的磅礴和纯粹之美可以穿透人心，然而在麦克风和扩音器盛行后，已不复见。在大萧条那几年，听收音机的习惯让我们对声音格外敏感。收音机使得伟大的黑人之声，像瑟曼的布道，走出黑人教堂，进入白人的家庭。

美国白人从奴役黑人的枷锁中获得真正的解脱,或许是始于大萧条之时。那时,美国革命的儿女们居然不让安德森㊀这位卓越的黑人声乐家在华府的立宪大厅演唱,此举使得最顽固的人都大为震惊,安德森也因此从声乐家一跃成为全国知名人物。当她唱起"让我的族人走吧",那美丽而空灵的歌声飘扬到每一个美国家庭的客厅,使美国白人体认到"黑人问题"的症结在于白人的良心,而不只是有关黑人的权益而已。

我加入外国记者协会几天以后(到纽约还未满 6 个星期),收到一封来自哥伦比亚大学的信函,署名是法肯索尔先生(Fackenthal)。信上写道:"敝校校长尼古拉斯·默里·巴特勒㊁记得早先在日内瓦的国际联盟中见过您,希望与您再叙。不知先生是否可在下周四到罗马图书馆的校长办公室和他一道喝茶?"我听说过这位巴特勒博士,但是绝对没有见过他这个人,也想不出他到底为什么要见我。

法肯索尔先生带我进入一间办公室,里头有个老先生弯腰驼背地坐在椅子上,眼睛一直盯着地板。

法肯索尔先生对他说:"校长,这位是德鲁克先生。你还记得上次在日内瓦和他相谈甚欢吧?"那老人连头都没抬起,只是稍稍举起那虚弱的手臂。

"我就让两位好好谈谈吧。"法肯索尔满脸笑容地说。但是,直到茶送上来之前,我和校长双方皆静默不语。

㊀ 安德森(Marian Anderson,1902—):美国女声乐家,亦是第一位在纽约市大都会歌剧院演出的黑人。著名指挥家托斯卡尼尼曾赞道:"这样的嗓子,一百年仅出现一次。"1939 年美国革命之女协会拒绝让她在立宪大厅开演唱会,而成为全国争论的事件主角。罗斯福夫人反对该事,于是退出该会,并赞助安德森在林肯纪念堂另开演唱会。

㊁ 巴特勒(Nicholas Murray Butler,1862—1947):美国教育家和政治领袖。哥伦比亚大学在他 44 年的领导下,成为全世界知名的大学。曾于 1912 年代表共和党竞选副总统。1928 年,在教皇碧岳十一世同意下,代表签订凯洛格－白里安协定(Kellogg-Briand Peace Pact),而于 1931 年和亚当斯(Jane Addams)荣获诺贝尔和平奖。他亦曾担任卡内基国际和平基金主席达 20 年,此组织为他说服卡内基(Andrew Carnegie)所创建的。

最后，老人倒了杯茶，终于开口问我："要一块方糖，还是两块？"

"谢谢，"我说，"我不加糖。"依旧没有反应，又是长达5分钟的肃静。然后，老人又问我："要一块方糖，还是两块？"我想，老先生一定是重听，所以我又重复回答了一次。又不言不语地过了5分钟，然后他又提出相同的问题，问我要加几块方糖。这次我答道："一块。"巴特勒博士很快地把一块方糖放进我的茶杯，递过来给我，然后又直直地盯着地板。

就这样沉默地过了20分钟，偶尔为我倒上一杯茶，递过来给我，然后问我要几块方糖。法肯索尔终于再度现身，愉快地说："真抱歉在两位谈得正起劲的时候打扰，不过，巴特勒博士，下一位客人还等着与您见面呢。"我回到位于市区的办公室后，才晓得法肯索尔的意图何在。（虽然，我还是不甚清楚他为何要我见那可怜的老人。）就在我准备离开办公室去哥伦比亚大学之时，有人送来一只大箱子，里面装的是巴特勒博士的演讲集和文件，还有50个已贴好了邮票的信封，收信人皆是法肯索尔先生，还有一张便条："每次您在报道中提到巴特勒校长或引用他的话，请利用此信封邮寄回法肯索尔先生处。"

我未曾有机会提到巴特勒校长，也没有引用过他的话，但是我却牢记法肯索尔先生在我离去时，对我说的话："希望您在英国的报纸上发表文章时，特别注意一下美国的高等教育。这应该是相当有趣的主题。"今天一般认为20世纪60年代是美国学术界的"黄金时代"，不过那个年代充其量只是一个财富、数字、补助金和自大傲慢的时代。就美国高等教育而言，伟大的时代应该是在20世纪30年代。那时的大专院校都不富有，但是表现得好极了。由于大萧条的关系，物价急剧下跌，但是学费和捐赠给校方的捐款却依然照旧。30年代那几年可谓是思考、冒险、令人兴奋和创新的时代。

巴特勒的老年痴呆症可说是具有高度的象征意义。一直到1945年，他都是挂名的校长，实际上管理校务的是法肯索尔。哥伦比亚大学，这家巴特勒一手建立的学校到了20世纪30年代已经非常成功。巴特勒可说是美国高等教育的最后一个巨人（第一个巨人则是在1869年担任哈佛大学校长的查尔斯·埃利奥特①，他在18世纪"专科学校"的遗迹上创立了现代的美国大学）。巴特勒比美国高等教育史上的任何人都要早当上校长，在位期间也最久。1888年他提倡教师的养成教育应该是属于"高等教育"的范围，而非仅止于"师范学校"，因此创立了教师学院，并把"教育"视为一门大学的研究学科。他在1902年开始担任哥伦比亚大学的校长，并把教师学院纳入哥大的体系中。我和他见面时，他已经当了49年的大学校长了，之后还做了8年，在83岁那一年完全失去行为能力才卸职。

年轻时的他可是相当激进的人物，因此赢得"神奇的尼古拉斯"这一封号。他极力主张的高等教育、对教育的系统研究、教育管理的注重、政府机关的改革、公职人员的大学进修、博士班学生的系统教学训练、研究生在教授指导下从事助教工作以汲取教学经验，以及把研究所视为一个独立的单位，进行有系统的募款和宣传，等等，都大大推进了美国的教育事业。巴特勒理念中的大学是一个公共服务的机构，因此不单是培养学生的摇篮，也不只是个研究单位，他认为领导能力、责任、对社区和政府等公共事务的专精等，也都是大学教育的焦点。随着巴特勒的日趋老迈，他的理念也成为老生常谈了。但在大萧条那个时代，却是满溢着各种新的想法、新的实验和新方向。

在大萧条时期，大学的确是"新闻"。使一场晚宴不欢而散的最有效的方法就是讨论有关大学教育的问题。例如哈钦斯②试图依照柏拉图学院来办

---

① 查尔斯·埃利奥特（Charles Eliot, 1834—1926）：美国化学家、教育家，1869～1926年任哈佛大学校长，以具影响力的教育批评家和改革家闻名。
② 哈钦斯（Robert Hutchins, 1899—1977）：美国教育家。1929年，年方30岁即成为芝加哥大学校长，直至1945年。1951年至1954年任福特基金会的副董事长，1954年任该基金会总裁。他也领导民主机构研究中心，同时是一名严厉而具争议性的美国教育评论家。任芝加哥校长时，废除足球和兄弟会，强调自由艺术重于专门研究。

芝加哥大学的作为，或是哈佛大学的废除教育一致性的主张，以及使大学成为高级"教育点心铺"等引起争议的做法……一同赴会的先生和太太也对"进步教育"①的优缺点进行争执。所谓"进步教育"到底是指废除所有加诸学生的规则、小班教学或是广泛地运用田野调查、电影，或是请"现实世界"的人来客座演讲等，没有人知道。每一所大专院校，不管多么小或是一点知名度都没有，无不进行课程改革，尝试新的理念与课程。

议论的焦点都在教学和学生的学习方面。很久以来，我就认为学校是教与学的地方。自从小学四年级受教于埃尔莎小姐和苏菲小姐之后，"教学观摩"一直是我不灭的兴趣。但欧洲的大学却强调专业生涯的准备、研究和学术工作，也就是把重点放在书房和实验室，而非教室，因此教学与学习就不显得特别重要。在大萧条时期的美国高等教育对教学却格外地专注，一切以教学为重。访客到校园后，首先知道的就是在教学方法方面，谁坐该校的"第一把交椅"。

有一回，我说自己将到明尼苏达大学（University of Minnesota）演讲，有人立刻告诉我："你一定得去，而且听听某人授课，那位老师可以说是有史以来教得最好的。"于是我问："他是研究哪个领域的？"那人回答："统计学。不过，他本人并不是研究这个学科的佼佼者，只能算是普通程度，但是就教统计学而言，他却是坐全国第一把交椅。"

这个人的确了不起，在短短的 5 分钟内，我从他那儿学到的统计学超过至今学到的全部，而我自己还教过这门学科呢。这个老师个儿不高，头上秃顶，而且留着胡子，看起来就像个小矮人。他带着博士班的学生进行讨论课程，把表格和图表投射在荧幕上，完全不加标示或是说明。他对大家说："请看这些数字。然后告诉我你看出来什么。"学生于是答道那些数字代表分配

---

① 进步教育：一种以杜威（John Dewey）及其追随者的理论为基础的教育体系，强调学校课程的开设应适合学生的能力和兴趣，而不应要求学生适应学校的课程。

不规则、显示出某种周期性或表现出内在的矛盾等。

这个小矮人老师听了之后，或点头，或微笑，或和学生论辩，不用一而再，再而三地解释就让大家明了那些数字形成的规则。然后，他又投射出两组数字，一看就知道互有关联，而且在长期的发展期间，每一个数字几乎都相互对应。学生异口同声说道："这两组数字显然有着某种因果关系。"老师说："每个统计学家看了之后，也是认为如此。但是，你们是否能告诉我其中的关联为何。这一列数字，"他指着左边的表格，"是每年在纽芬兰岛外海捕捉到的鲱鱼数量，而那一列数字，"他指着右边，"是同年北达科他州的私生子女数目。"

尽管大萧条时期特别强调教学与学习，对于"不出版，就出局"（"publish or perish"）这个定律也不是全然不知，然而，在当时著名的"高级研究学府"，如哈佛大学、哥伦比亚大学或芝加哥大学，第一个提出来的问题不是："这个人出版过什么著作？"而是："他书教得怎么样？"不管你拥戴何种教育哲学，是芝加哥哈钦斯的"新托马斯主义"⊖"进步教育"还是哈佛的"自行其道"，最重要的还是适合学生需要、因材施教，并引导他们学习。

当时也很注意大学在社会中的角色和功能。对任何从欧洲来的人而言，这可是个新鲜的主题。长久以来，柏林大学自从1809年创办以来，就一直被公认为"现代"大学的先驱与原型。但在大萧条时期的美国，孰为先驱、孰为原型，仍有许多争议。就在那几年间，州立的大专院校走向成熟，从地方学院晋身为"全国性"的大学。当然，有些州立大学，像北卡罗来纳大学和位于弗吉尼亚或密执安的"杰斐逊先生大学"已经小有名气，不过顶多只能和一些顶尖的私立学校"并驾齐驱"。现在，由政府税款补助的公立美国大学终于显示出其独特的性质，比方说艾奥瓦州立学院就和德国的"科技大

⊖ 新托马斯主义：从托马斯·阿奎那（Thomas Aquinas）的学说发展而来的哲学与神学体系。他的身后注解者以及该体系的现代复兴者，则被称为新托马斯主义。

学"以及接受政府赠予而兴建的传统农校有所不同：这是一所注重研究，以应用科学为主的卓越的学校，同时也是农业的决策中心。

特别值得一提的是多伊奇（Monroe Deutsch）这个人，一度被普林斯顿的教务长高斯（Christian Gauss）戏称为"美国教育界的大秘密"。每次有人谈到大学的结构和功能，总会有人说："关于这一点，研究得最深的是多伊奇。"多伊奇从不在公共场合出现，不参加会议、不演讲、不接受访问，也不让自己的照片出现在报纸上。如果有人打电话到加州大学找这个教务长，一定先被秘书拦截，问来电者的目的，若是报社打来的，一律惨遭封杀。要不，秘书就说："请写一封书信来，我一定会帮您转交。"要直捣黄龙，找到多伊奇的"巢穴"可是比登天还难——他的办公室就在柏克莱校区一栋旧大楼的地下室，门上连个名牌或标示都没有。

多伊奇倒是很乐意谈到大学的一切，特别是加州大学，毕竟这是他一生的全部，但是他却从未谈起过自己。他出生于旧金山的富有人家，很早就决定为公众服务，但是他的羞怯几乎已经到了病态的地步，是个标准的"见光死"，无法忍受自己在公众面前曝光，更别提出来"抛头露面"主持校务。于是他就为自己设计了一个角色，成为加州大学体系中的"幕后主持人"，从事名副其实的"地下工作"。他设计出综合大学校园的形式，如第一次世界大战后兴学的加州大学洛杉矶分校（UCLA），然后他又在加州设计出更具有"综合"特性的大学、州立学院和专科学校，不但维持了大学卓越的学术地位，更使得加州每个高中毕业生都有减免学费获得高等教育的机会。州立大学的财务得以独立，也都归功于他，他提倡大学每收一个学生就可以从州政府处得到一笔补助款。他还更进一步促使加州把高等教育列为该州最重要的政治支票，并将该州大学的首要教育目标定为矢志追求卓越。他说："要不是希特勒的关系，我们就无法一下子募集五六十名第一流的学者和教师。不过，从15年前开始，我就已经未雨绸缪，为了本州和大学做准备，说不定真的天降甘霖,我们终于得到上帝赐予的吗哪㊀。"

在大萧条那几年,另一波骚动是来自美国高等教育界进行得如火如荼的政治斗争。那时,美国共产党已经失势,无法操控美国的劳工运动,也无法动员美国的黑人,他们于是向美国大学下手,进行得最为激烈的就是纽约。正如往常,这些美国共产党员和他们的同路人一心一意要摧毁社会自由党,想夺取他们的影响力。他们的箭靶就是非共产党的左派分子,像纽约大学的哲学家胡克(Sydney Hook)、前布鲁克林学院院长也是经济学家的吉登斯(Harry Gideonse)和哥伦比亚学院的文学评论家特里林㊁等人。他们运用种种威胁、声明、布告、公开抨击,以及再典型不过的伎俩以杜绝悠悠之口,并诋毁和恐吓教职员、行政人员和学生,这些斗争手段无孔不入地渗透至全国每一所大专院校。15 年后,既懦弱又缄默的美国学术界,把对抗麦卡锡㊂、捍卫自由的责任大抵交给局外人,如老自由派人物,特别是保守主义者,最后甚至交给美国军方。大致看来,这就是集体违背良心的结果,有太多信奉学术自由的人都被打倒了。

在这一切混乱中,有些值得欣喜,有些则令人伤心,但都一样嘈杂。就在此时,从德国、奥地利、匈牙利和捷克等国涌入大批逃难而来的学者,从西班牙和意大利来的也有,不过数目较少。当然,大抵是因为这种混乱,才使得美国得以吸收这么多的学者。而美国大萧条时期高等教育界的这种混乱也使那些刚到新大陆的学者产生冲击力。英国也收容了不少从其他欧洲国家逃难而来的学者,特别是老一代、声名卓越的人士,但是他们对英国大学影响却不大。到达美国的那一批学者可谓躬逢其时,那时的美国正渴望新

㊀ 吗哪:以色列人漂泊荒野时,上帝所赐的食物,出自《旧约·出埃及记》。
㊁ 特里林(Lionel Trilling,1905—1975):美国作家兼批评家,被誉为"当代最具思想性和刺激性的文学批评家"。
㊂ 麦卡锡(Joseph Raymond McCarthy):美国共和党参议员(1947~1957 年),20 世纪 50 年代初煽起全国性运动,指控有大批美国共产党人渗入国务院和军队。所谓的"麦卡锡主义"则是指以反对美国共产党来迫害民主进步力量的法西斯行径。

价值、新理念、新方法、新声音和新面孔。事实上，美国大学对这些欧洲学者造成的冲击也不小，这点颇值得玩味，不过现在再来探讨或许已经太迟了。

美国造就了许多一流学者，这些人在自己的国家或许至多只能成为中上程度的学人，到了新大陆，他们不得不超越狭隘的学科范畴，以合乎学生的需要，或是进行"整合性"的课程教学。在欧洲的大学，由于制度的严苛，他们永远没有这个机会。就以意大利的学者费米（Enrico Fermi）为例，在获得诺贝尔奖之后，他还是不能对文学院的新生讲授物理，而另一位得诺贝尔奖的物理学大师齐拉特⊖也不得转教生物。这一切告诉我们，欧洲大学没有那股使学者"活跃"起来的动力；这些学者还是局限于他们的"专长"，仍停留在他们原来的领域。但在大萧条时期的美国，即使是规模最庞大的大学或是以研究所著称、注重"研究"的学校，如哈佛，尽管有政治斗争、暗中较劲的事情，但还算是一个共同体、一个社群，而不只是一栋建筑物而已。

在媒体的报道和舆论中，最受人瞩目的学校总是些招牌响亮的大学（虽然有些从现在的标准来看，还不算是规模很大，如普林斯顿）。我却发觉自己对一些小的学院越来越感兴趣。这些学校可谓美国教育的一大特色，欧洲就没有这样的学校，顶多像是在德国、法国和意大利的某些小型公立大学，仍旧是一个大的教育体系中的一部分，或是像在牛津和剑桥那种大型大学中的小学院。当年，美国这些小型学院只有 150～700 名学生，对我而言，这些学校和大型大学一样有着无与伦比的特质和价值。

在那几年中，我看过不少小型学院。我早就预料到欧战开始以前，可能

⊖ 齐拉特（Leo Szilard，1898—1964）：匈牙利裔美国物理学家，负责原子弹开发的物理学家小组成员之一，1949 年转而研究分子生物学。他那富有创造性的想象力，启发了不同领域的科学家。

无法继续为欧洲报社和财务机构工作。因此，我试着将事业重心转到美国来，从事写作，并进行巡回演讲。到了美国参战时，我一年大约做五六十场演讲，足迹遍布全国，而至少有一半的演讲是在小型学院举办的。

巡回演讲实在很苦。在那几年，我晚上都是睡在老式卧车上一路颠簸，从迪比到法戈，或是从新奥尔良至杰克逊维尔；而且常会碰到大雪，比方说到格拉提斯、俄亥俄州的比特里斯和内布拉斯加州等地——这些美国地名一直深深地吸引着我。途中也有许多新鲜事，例如到纽约一个迷人的18世纪俱乐部演说的那次经验，演讲的对象是所谓"美国殖民仕女"。我问主办单位："'殖民仕女'到底是哪些人？"所得的答案是："我自己也不知道，不过她们付的演讲酬劳是最高的。"到了会场，迎接我的女士说："我是此俱乐部的秘书，也是唯一75岁以下的会员。我们试着把耳朵还听得到的会员安排到前两排就座。不过，还是请您提高嗓门，因为听得到的那些人还是有点儿重听。其他人，您就不必理会了，她们已经完全听不见了。"演讲完后，有个老妇人缓慢地走向我这边。她是我所见过的唯一穿着古代妇女穿的那种三角胸衣的女人。这位女士在两个孔武有力的女仆的搀扶下，走到我面前对我说："对不起，我的耳朵不好，听不清楚您在说什么。不过，德鲁克先生，您不也觉得现在穷人也会出来争取他们应得的地位？"

还有一晚相当特别，那是在纽约罗切斯特的一个大学俱乐部。就在节目开始以前的10分钟，有人告诉我必须把演讲分成两部分，"在音乐开始前，先说一半，然后再讲另一半"。我问道："什么音乐？"那人回道："他们没告诉您吗？我们从伊斯特曼戏剧学院请两个学生来表演歌剧《阿伊达》死亡的那一幕，插在您的演讲当中。"因此，那对不幸的恋人在我脚下双双步上黄泉，此时主持人转过身来对我说："您刚才说的最后一个句子是……"

这种演讲方式可说是见识一个国家的最好方法，那几年，我跑遍了大部分的大城市，在小型学院演讲的次数也越来越多。这些学院渴望听到外界的声音，他们接纳程度高、殷勤热情而且让人好奇；他们就像这个国家，形形色色都有——有些标榜比"知名大学"的学术水准更高；有些依旧保持着19世纪神学院那种简朴的特色；有的极其保守，每晚到9点一概熄灯，只准在洗手间留一盏小灯；有的则过度放纵，担心学生会有"性压抑"的问题。并非每一个小型学院都有像奥伯林（Oberlin）、韦思礼安（Wesleyan）、波莫纳（Pomona）、格林聂尔（Grinnell）或是迈尔斯（Mills）这几所学校的学术表现、纪律和高标准，但是这些小型学院让访客了解到美国这个国家对教学与学习的认真，即使是财务状况最差、最蒙昧的"牛仔学院"也在不断地努力。

总之，大多数的教育实验皆在小型学院进行，因为它们规模小，所以可以让有勇气的教育行政人才放手一搏。例如，在俄亥俄州一个名叫耶洛斯宾斯的小镇有一所安蒂奥克学院，校长摩根（Arthur Morgan）是工程教育学家，他引进"建教合作"式的教育，学生一学年有5个月必须工作，而且是正规的全职工作，而其他7个月则在校学习，并得修满一定的学分。本宁顿这家小型学院是在1932年大萧条的谷底建校的，以成为一所"先进的"女子学院为理想，他们在大萧条的末期邀我加入教学阵容，为他们发展出整合的人文课程，希望同时具有学术严谨，如胡群斯在芝加哥所提倡的，和哈佛学生的自治精神，并提供本校的教师自由学习与教学的机会——这可是芝加哥和哈佛都没有的特色。

在那几年中，小型学院的财务状况说来要比大型大学来得好。就以本宁顿为例，把注册的新生人数控制在325名左右，不但经济而且易于教导，此外并不需要外界的捐助。这个学校的教授薪俸是全国最高的，师生比例也最高，才325名学生就有50个老师。当然，学费也相当高，不过没有学生因为付不起学费而被拒绝入学的，因为除了兴建新大楼需要资金外，学校唯一须募得的款项就是清寒学生奖学金，不然学校的财务就得以收支相抵了。那时，小型学校的花费比起大型大学实在是低得多，后者要支撑研究所这个重担，还有昂贵的实验室，还要养老迈而享有终身薪俸的教授。因此，小型学院要比声名响当当的大型学院更能付出高薪吸引有才之士，特别是在人文学科和艺术方面。

此外，小型学院常有一些不凡的人物，加州奥克兰迈尔斯学院院长莱因哈特（Aurelia Reinhardt）就是一例，她是典型蓝袜派①的老处女，斯坦福大学最卓越的史学家，也是胡佛总统（Herbert Hoover）的初恋情人，为了追求学术生涯而放弃婚姻。我因到迈尔斯学院进行为期三天的演讲，才认识她。30年来，她一直是该校校长，并使这所学校成为美国西部首屈一指的女子学院。莱因哈特女士特别高，骨瘦如柴，面色憔悴，声音和身材的特色也有点儿类似，身上常常裹着一层又一层大花的粉红色蝉翼纱。她在自己的住所为我举行接待会，在谈话告一段落时，有个学生突然声称："我在婚前绝对要保持处女之身。"莱因哈特女士转过身来以低沉嗓音对她说："这么一来，你可是在浪费大学时期的青春哦。"然后，她又继续对我说着凡尔赛和平会议（Versailles Peace Conference）的事，她就是美国代表团的一员。

不过，对于小型学院，我最深刻的记忆是关于一所非常小，而且鲜为人知的学校——堪萨斯的公谊大学。1941年的6月，外国记者协会组团到几家小型学院进行为期一周的外交事务研究会时，我也是其中的一员。和该州的贵格会教友往来密切的校长尽力对我们表示友善："你们只在本地停留一星期而已，所以我们不会试图改造你们的思想。各位先生，我知道你们都是从没有宗教信仰的东部来的，所以呢，"他指着外面一棵巨大的铜菊，"要抽烟的话，一定得到那棵树下。"那时的堪萨斯还有禁酒的法令，因此他就教我们在大街上要酒喝的暗号："只要你点的是双份的什么南方冰淇淋苏打，

---

① 蓝袜派（bluestocking）：指才女或卖弄学问的女子。源自18世纪中期英国伦敦一个由上层社会妇女所组成的团体"蓝袜社"。

你就可以喝到一杯威士忌了，不过请在结束一天的演说之后喝，因为你们即将对着最伟大的队伍进行演讲。""公谊大学"这个校名看来庄严壮大，事实则不然，当时大约只有150名学生，而且注册的人数越来越少（到今天，学生人数稍多，大概有900名）。我们在活动的那个星期吸引了一大群镇民前来共襄盛举，这次会议办得可说是圆满成功。让我颇为不解的是，这所学校是五层楼的建筑，而我们只能在四楼以下活动，不得爬上去。最后，在我们访问的最后一天，我问校长，为何不能上楼。他面露尴尬之色说道："楼上只有博物馆而已。你们从大城市来的人见过太多伟大的博物馆，可能会不习惯我们的。"

我想办法从他口中套出原委。这所学校根本用不着四五两层楼，下面三层已经绰绰有余。后来，该校有两个退休的教职员（一个西班牙教师还有一个老木匠）想到通过申请贷款在楼上设个博物馆，得到这笔款项后，他们还从堪萨斯的公谊会㊀获得每年50美元的补助金。这笔钱可说是少得可怜，几乎什么事都不能做，于是他们心生一计，用这笔钱来付邮资，寄信给分布在全国的校友和朋友们，请他们为这个博物馆出力，看是否有可以捐献的东西。

就在这个博物馆内，我看到了最令人叫绝的鹊巢，还有印第安人编的美丽的大篮子，是从基欧瓦斯、朋卡斯和温尼巴哥送来的；我从未见过做得这么精美的篮子，现在必定是价值连城了。他们收藏的匈牙利伪币该属世界第一的收藏，还有一只非常巨大、完全由青贝纽扣做成的帝俄双头鹰。在收藏之列的，还有堪萨斯的第一座草屋，你得蹲下来爬进去，进去后却撞上了堪萨斯第一部福特T型车。老木匠有点儿难为情地说："因为没有地方可以放

㊀ 公谊会（Society of Friends）：基督教徒宗教团体，一般又称资格会。"资格"原为一诨名，源自福克斯（George Fox）的名言："对主的话战栗（quake）。"该团体在1652年左右，由福克斯创建于英国，旨在反抗国家所统治的教会与某些被认为倾向于罗马天主教教会的教义与仪式。

这部车了。"创办博物馆的这两位老人在杂志上看到纽约的美国自然科学博物馆有一个"生境类群模型",里面有许多标本动物,还有人造棕榈树,所以他们也如法炮制,找来几只非洲动物,有狮子、斑马,甚至还有长颈鹿。那头狮子可是一只壮观的野兽,做张口怒吼状,但是嘴里却叼着堪萨斯的第一部打字机。同样地,这也是因为没有其他地方可以放置的缘故。

我深深被这个博物馆吸引而流连忘返,不过我得赶搭飞机了。下了楼,我发现同事皆群集在收音机旁——原来希特勒已经入侵苏联了。

我以外国特派员的身份出现在德梅因(Des Moines)《记录报》(Register)编辑韦麦克(William Waymack)的面前时,他问我说:"你是在《纽约时报》,还是在《芝加哥论坛报》服务?被派驻到欧洲的哪一个地方?"我告诉他,我是在美国为英国报纸写稿的外国特派员,他听了之后,大为兴奋,把所有的编辑都叫来集合,说道:"我们知道的外国特派员都是报道欧洲情况的美国记者,现在却有一位外国特派员是为英国报道美国情况的。"他并以我为专题,写了一篇文章刊在第二天《记录报》的头版。这位韦麦克可不是泛泛之辈,而是美国最杰出的新闻人士。他在1936年和1937年荣获普利策奖的最佳新闻编辑奖。他是美国中西部和农业问题的消息权威,对国外新闻非常感兴趣,对欧洲和亚洲的情势也颇有了解。他也是使艾奥瓦大学和埃姆斯的艾奥瓦州立学院更上一层楼的人。在大战后,他成为杜鲁门总统第一届原子能源委员会的成员。他从1921年起,就开始编辑德梅因的《记录报》。《记录报》曾被列为美国最好的十大报之一,对于国外的报道特别详尽。

韦麦克当然知道美国有外国来的记者。他每两三个月到东岸时会刻意地寻找这些外国记者。我们在德梅因认识后,他每次到东岸都会和我共进午餐或是晚饭。但是外国记者或是外国访客却很少到德梅因，他们大都待在东岸，只有在总统提名大会时，才会跑到芝加哥。他们有一回到底特律去福特的鲁治河厂区，在20世纪30年代这个地方可说是观光旅游必经之地，正如19世纪欧洲旅客必会到尼亚加拉大瀑布观览一样。当然，关于好莱坞也有一段典型的报道。在纽约和好莱坞之间则是一片荒原，是"水牛漫游之地"，小说家刘易斯[一]和门肯[二]对这块地域已着墨不少，看他们的作品就够了，何必自找麻烦大老远地跑去？因此，一个从国外来的记者到德梅因去认识中西部、玉米之乡、艾奥瓦大学、艾奥瓦州立学院、新政的农业政策和美国人民，的确是可以大书特书的事。

然而，不只是外国记者认为艾奥瓦是个"孤立"的地方。艾奥瓦就像美国大部分的地区，认为自己是"孤立"在一旁的，和外面的世界不同，远离强权的世界，在欧洲的纷争之外，有着不同的价值、文化和基本需求。当然，不见得"更好"。欧洲是精致、文化的象征，代表着许多"高尚的事物"，在那几年中，特别受到美国人的尊崇。那时，中西部的城市，如底特律、托莱多、克利夫兰、芝加哥和明尼阿波利斯，无不相互竞争，收集欧洲大师的作品放在当地新开幕的博物馆内；而在各大学，从纽约的哥伦比亚大学到太平洋岸的斯坦福，"西洋文化史"这一门大学的核心课程，更摒除一切有关美国的事物。那时，很少有美国人听过卡夫卡，卡夫卡热是几年后才开始的，大约是在20世纪40年代的中期，然而美国人眼中的美国和卡夫卡幻想中的"美利坚"却没有什么不同：是个孤立的地域，远离旧世界的罪恶、仇恨和限制。麦克里希[三]1939年写了一首诗，说道："美国就是希望。"在美国人以及欧洲人如卡夫卡的看法里，使美国孤立的并不是由于她是个

[一] 刘易斯（Sinclair Lewis，1885—1951）：第一位获得诺贝尔文学奖的美国作家。
[二] 门肯（H. L. Mencken，1880—1956）：美国报章杂志撰稿员，以社会评论闻名。
[三] 麦克里希（Archibald MacLeish，1892—1982）：美国诗人兼诗剧作家，热衷于政治活动，曾三度获普利策奖。

"国家"，而是一个"宪政体制"。美国人的希望不但是政治的，也是社会的；所谓的"美国梦"是个理想的社会，而美国人的才智在政治方面尤为特出。

当然，美国是一块领土，在地球表面占有一块特别的地区。但这块土地所秉持的原则是放诸四海皆准的，没有这原则，也许"美国"这个地方仍然存在，但就不是"美利坚合众国"了。自古至今，只有美国这个国家有着一位政治家圣贤——林肯。真正美国本土的艺术只有一种，那就是政治。若对那抽象的原则，也就是"宪法"宣誓服务不渝，一个人就可以成为美国公民。

从地理位置来看，大萧条时期的艾奥瓦、华盛顿的农业部和底特律的通用汽车总部离欧洲并不是那么遥远。在第一次世界大战后，很多美国年轻人无不向往那"伟大的旅程"，到欧洲一游于是成为经济情况许可的人最想做的事。即使在福克纳笔下那个约克纳帕塔法地区，代表着文化的无助的那个年轻叔叔也曾到过海德堡；他的另一部小说《圣殿》（*Sanctuary*）中的小镇女郎德蕾克被人带到巴黎以忘却孟菲斯妓院的恐怖与黑暗。然而，就精神层面而言，在大萧条那几年，欧洲和美国的距离却是再遥远不过了。

而新政却是有意识地再度肯定自己的特点，凸显美国独特的特性，特别是再强调美国的基本诺言：美国不像他国，不是一个"国家"，而是一个"信念"。这一点，不管是新政主事者，或是反对新政的人都点头同意。新政时期的辩论焦点并不是这个办法或那个方案是否正确可行，而是"具不具有美国的特质"。农业部长华莱士和他手下那批年轻的精英在美国主导的土壤保护区和农业福利计划，首先强调的就是"独特的美国特色"。事实上，新政的农业计划在当时可谓独步全球——目标在于创造数百万可获利的农作企业，每一项都是高科技、集中资金与运用教育资源的企业，而非只是简单的"农场"，皆自给自足，可独立作业，而且是每个家庭的根基。日本在第二次世界大战结束后，也采用类似的计划，大抵是由于美国的刺激，并以新政为仿效的对象。同样地，新政时期的美国也意识到美国工会的独特之处。他们的工会组织是个好战的团体，却不具有特别的意识形态，是和管理阶级对立的力量而非反对资本的敌人。新政知道其本质在于美国独特的立法概念，通过一定的法律程序，借由准法律机构，如证券交易委员会来进行管理，以反对欧洲那种独断而充满政治意味、无法可管的放任主义。

然而，若是不假思索地强调美国的一切必得具有独特的"美国特质"，而且有着独特的、美国本土的原因，这种"与众不同"的自觉也可能导向愚昧的盲目。就以新政最后几年的保健现象为例（已成了毋庸置疑的事实了），那呈"爆炸性成长"的保健支出就是独特的美国现象，表现出美国人特别的习惯、政策和阴谋。据研究，保健的付费机构显然偏袒医疗机构，由于私人或地区医院所具有的特性，导致医院的滥建，而且常常进行不必要的手术，谋求不当的收入。在美国，没有人了解日本、英国、瑞典、法国和德国等其他发达国家，同样面临保健支出庞大的问题，然而它们却不像美国保健付费机构或美国的社区医院，提供"供过于求"的病床数。就以英国为例，它们的"病床数目不足"才是导致保健支出过甚的主要原因。美国手术的泛滥也是一例。换句话说，在美国没有人愿意去了解美国面对的是一个共同的现象，并非有着特别的地域性的原因；要这么做，就等于质疑美国这个社会和政体独特的"美国特性"。同样地，在20世纪60年代晚期和70年代早期，学生的骚动不安也加上了一个"具有美国特点"的原因：越战，或是黑人贫民窟的问题。但是，这种现象在其他发达国家也发生过，先是在日本和法国，它们却没有越战或是黑人问题。

因此，美国信念很容易就沦为感情用事、自吹自擂以及民粹主义的咆哮，事实上也常如此。狄更斯在1843年出版的小说《马丁·朱述尔维特》（*Martin Chuzzlewit*），至今仍是讽刺美国民粹主义最有趣而且最辛辣入骨者。而狄更斯本人却在25年后为这部作品道歉，声明自己写得过于夸张。今天，我们却可在美国每一场政治大会和选举中发现狄更斯笔下的吹牛大王和江湖术士。

但美国信念也是林肯"最后最好的希望"。当然，正是由于这股信念，欧洲人才会一波波地涌向美国。受到吸引前来的欧洲人很快地就不再是欧洲人了。我告诉韦麦克自己为什么来到德梅因时，他微笑道："你这个外国特派员也做不了多久了。很快地，你就会成为美国作家。"几年后，我到本宁顿学院任教，选择自己想教的基础课程时，我并没有挑"西洋文化"这一门，而选择了美国历史和美国政府这两门学科。

我在和韦麦克初相见时，大概是在1938年初秋，也就是慕尼黑危机时，美国梦已经面临自己无法清醒面对的事实，那就是国际事务。

美国信念中的美国必定是要"孤立"的。事实上，在美国历史上所谓的"国际主义"，不过是孤立主义的一个形式罢了，骨子里还是不折不扣的孤立，企图借由自治、完美的机制——国际法庭、威尔逊的国际联盟和联合国等的运作，使美国免于涉入国际事务和外国政治，无须政治决策、主动干涉，就可维系世界的和平与秩序。若要使"美国梦"有意义，就只好对国际事务视而不见，不当成"重大事件"。难怪小施莱辛格⊖在其著名的《杰克逊时代》（Age of Jackson）一书中尽可能把国外大事略而不谈，甚至连外面的世界一齐摒弃在外，即使国外政治是杰克逊时代的一个重要着眼点，并为几年后得克萨斯的合并与墨西哥的战争埋下伏笔。对小施莱辛格来说，"杰克逊时代"却是美国历史上的英雄时期，正因为这时代强调"美国信念"，并赋予其新的意义。《杰克逊时代》是在1945年出版的，以号召美国人民和政府在美洲大陆建立人类的共同城市为任务，此一任务因国际危机和第二次世界大战一直未能实现。在那几年中，小施莱辛格是所谓的"国际主义者"，

⊖ 施莱辛格（Arthur Schlesinger, Jr., 1917—2007）：美国历史学家，因《杰克逊时代》一书而获普利策历史奖。

不得不相信联合国会维系世界的安全，使美国得以回归到国内事务并实行自己的任务。但是，正因如此，对美国而言，国际事务必得成为"非事件的事件"（non-affairs）。

然而，国际政治的现实总让人不得不正视国际事件；这一现实也表明，不管是信念、承诺、价值或是理想都只是手段，而非最终目的，而且能存活才是最重要的，远胜过远见。因此，国际的政治现实永远将美国当作许多国家中的一个环，而非独立的、地球上"最后也是最好的一个希望"。

1932年，罗斯福首度出马竞选总统时，他的舞台完全是以"孤立主义"作为背景。他对胡佛特别是自由派那一方提出的主要控诉便是胡佛对外面的世界关心太过，把注意力放在"外人"的事务上，如日本侵略中国，以及在拟定美国的国内政策时考虑对混乱中的世界经济是否会造成冲击。因此罗斯福上任后的第一次行动就是故意且公然破坏伦敦世界经济会议，以实现新政的诺言，亦即背离国际事件、对外责任，以及不参与国际合作。

4年后，也就是在1936年，罗斯福竞选连任，国际事务还是如不存在一般。罗斯福政府仍然毫无疑问地拥抱"孤立主义"。所谓的"国际主义者"是指华尔街的银行家、"死神的商人"，或是"英国殖民主义的工具"，不管怎么说，都是"多金的罪犯"。

一年后，世界开始有了巨变。到了1938年，美国已经心知肚明自己正面对着国际危机，必须有个根本的国际决策。问题是，美国若有国际政策如何能继续成为"最后的也是最好的希望"？慢慢地，美国政治开始有了转变，从大萧条时期的美国变成战前的美国，由其衍生出的基本立场仍然影响到40年后的内政和外交政策。

其中的一个立场便是阿加（Herbert Agar）所提出的。阿加就像韦麦克，是个卓越的作家、新闻工作人员，也是著名的报纸编辑，主编路易斯维尔（Louisville）的《信差》（Courier）。新政早期那几年，阿加已是美国梦最杰出的历史学家，最重要的著作是论述美国总统一职的《人民的选择》(*The People's Choice*)，1923 年出版，并荣获普利策奖中有关美国历史的奖项。本书皆以民主党总统为主角，强调美国的独特在其政治方面的远见、美国的远离罪恶、国家主义、权力政治和欧洲的"殖民主义"。然而，阿加也毫不犹豫地主张美国应该领导"十字军"对抗希特勒。

我第一次和阿加见面是在 1939 年的初夏，在我出版《经济人的末日》之后，他邀我到他在路易斯维尔的家小住一周。那时伦敦和巴黎都弥漫着绥靖主义的气氛，而华盛顿仍不惜一切想置身于欧战之外。但是，阿加认为战事已不可能避免，他自己下定论说，美国必然会被卷入其中。对阿加来说，避免美国所代表的一切遭到毁灭的最后努力就是秉持美国的价值、原则，即使不是居于领导地位，也得主动要求积极参与。阿加住在一栋位于玉米田中盖得杂乱无章的老农舍。在肯塔基的 6 月向晚，我们坐在长廊里，看着薄暮一点一点地消失。阿加啜饮着薄荷酒，谈着"美国统治下的和平"(Pax Americana)的蓝图，使美国的远见延伸至"大西洋社区"，以对抗任何威胁和平和自由的势力。杜勒斯⊖在 20 世纪 50 年代提出的积极防御条约，就是源于阿加的想法，肯尼迪的越南政策也是。阿加很快就成为美国参与欧洲事务的主要倡导人，在珍珠港事件后成为驻伦敦的美国战事情报局局长，也是美国和丘吉尔间最重要的联系人物。

韦麦克也在罗斯福政府之前成为"干涉主义者"，或许我们该说，他从未主张"孤立主义"。他本人和他主事的报纸都是为共和党服务的，曾强烈地反对罗斯福和他的新政。韦麦克的主要论点之一就是罗斯福的轻忽国际事务，这也是当年共和党人抨击他的地方，特别是有些共和党人如韦麦克和主张干涉主义的胡佛来往甚密。但是韦麦克不同于阿加，他仍然希望美国的干

⊖ 杜勒斯（John Foster Dulles，1888—1959）：美国外交家和政府官员，在艾森豪威尔总统内阁任国务卿。

预最多做到提供经济和财政支援给受到希特勒威胁的国家，而他所协助创设的政治组织是为"美国援助同盟国防御委员会"（Committee for the Defense of America by Aiding the Allies）。韦麦克认为，若是超过这个范围就得回归由美国的经济力支撑的威尔逊策略，也就是自治的世界秩序。在罗斯福不得不放弃孤立主义的立场时，就是走向这一点，这也决定了美国参战和战后那几年的外交政策。租借法案○、联合国和马歇尔计划○也是由这一点衍生而来，这个构想的始祖就是像韦麦克这样的人：来自中西部、属于自由派的共和党人。韦麦克的委员会又被称为"怀特委员会"，因为主席是艾伦·怀特（Allen White）——美国中部最有名的新闻工作者、共和党的圣贤、堪萨斯《公报》（Gazette）的编辑，他也是罗斯福、塔夫脱、柯立芝和胡佛的朋友。阿加出击拯救欧洲的同时，韦麦克和怀特也尽力在救美国，即使无法使美国孤立，也要维护美国的独特和独立。

但我认为，对国际风暴最可怕的回应是美国工会领导人刘易斯（John L. Lewis）所鼓吹的。他是矿工工会的会长，也是产业联合会○和工会主义的发起人。

我曾到阿加家做过客，韦麦克每次到东部也和我一同吃饭，但是我一共只见过刘易斯三四次面，是在他华盛顿的办公室进行的正式"访谈"，每次长达数小时。阿加和韦麦克都想知道我的看法，而刘易斯总是大做演讲，而且只说他感兴趣的主题。我去访问刘易斯是想明白劳工关系以及工会主义，他却滔滔不绝地谈着外交政策。他脑子里想的全是外交政策，并不断地将自己的孤立、走下坡、工会运动的失败及共和党的沦亡和毁灭等，归罪于外交

○ 租借法案（Lend-Lease）：第二次世界大战期间，美国对友邦提供援助的法律措施，是外援的主要方式。
○ 马歇尔计划（Marshall Plan）：用美国的经济力量去刺激苏联以外的欧洲之经济发展计划。
○ 产业联合会（Congress of Industrial Organizations）：1935年成立的工会团体，用以整合从事大量生产的工业。该组织于1955年合并美国白领工会，形成美国劳工联盟（AFLCIO）。

政策。他唯一认为可取的是极度孤立的外交政策，也就是说尽可能不和外面的世界接触，除此之外任何外交政策都是邪恶的，和美国理想不相容，必定会走向堕落，遭到扭曲并变成畸形。

我在1937年初次和他见面时，他已是家喻户晓的人物。那时，没有几个美国人知道他们的参议员、州长或是内阁阁员是谁，但是大家都知道这两个人：罗斯福和刘易斯，也都晓得刘易斯的长相——他那庞大的身躯、大头、浓眉和鬃毛似的灰色头发不时出现在漫画家的笔下。在那收音机盛行的年代里，他的声音，正如他的相貌，也是无人不知、无人不晓。他的声音是自然天成的宏伟，像是从牛角吹出一般，虽没有扩音机和麦克风，也可盖过劳工暴动的喧嚣声○。刘易斯虽生于艾奥瓦一个产煤的小镇，却有着一点英国威尔斯腔。这种声音用来朗诵名家之作，如莎士比亚、《圣经》、弥尔顿或班扬的《天路历程》（Pilgrim's Progress）等，可说是荡气回肠。这些作品，刘易斯都倒背如流，马上可以引用一大段。

那时，刘易斯可说是美国第二号最具影响力的人物，仅次于罗斯福总统。他的声誉历经十年不坠，一直到1946年杜鲁门总统跟他摊牌，取得矿坑的领导权，平息矿工的罢工行动，他才失去往日的光环。虽然报界和大众都认为他是非常强而有力的人物，他却从1937年起，就认为自己无能而且受人排拒。他以美国政界的李尔王自居，被两个不知感恩图报的"孩子"驱逐到荒野——那两个人就是罗斯福和他自己选出来的继承人，下一任产业联合会的领导人默里（Phil Murray）。他认为这两个人和外交政策这个"魔鬼"打交道，就是遗弃、背叛了他。

就像莎士比亚笔下的李尔王，刘易斯也有忠于他的科迪莉亚（Cordelia）和坎托（Kent），这两个人也和刘易斯一样有趣。一是他的女儿凯瑟琳，自

○ 如刘易斯在美国联合矿工工会的演说："我为你们申诉的态度，并非像个乞丐般微弱地要求施舍，而是如一个强大的部队首长，以洪亮如雷的声音去要求一个自由人应拥有的权利。"

始至终都对他忠心不二。事实上，刘易斯和他的女儿看起来反而像孪生子，而非父女。我在凯瑟琳年轻时就认识她了，她和父亲刘易斯站立、走动、说话都是一个样。毫无疑问地，凯瑟琳是当时美国劳工运动中最有才华、最能干的人，那时在劳工的土地上，还有许多巨人呢，但就美国产业和劳动力而言，却没有人比她了解更多，思考更为深入。她就像她的父亲，是个有煽动力的演说家。我想对工会和劳工关系有所了解时，就求教于她。从她身上可以看出她父亲年轻时的魅力，然而随着年岁增长，刘易斯这个劳工领袖却为虚荣和权力腐蚀了。然而，凯瑟琳之于父亲，却是百分之百地言听计从。根据华盛顿的飞短流长，凯瑟琳不止一次有结婚的念头，但是最后总是为了跟随父亲而违背婚约。每次刘易斯和记者见面时，凯瑟琳总在一旁，然而除非她父亲指定要她回答，她总是默不作声。刘易斯在群众的面前消失时，她也就跟着不见了。

刘易斯的"坎托"，那忠心耿耿，不求主人感谢、认可或是赏赐，只是一味付出的家臣，是另一个了不起的女人——罗奇（Josephine Roche）。她和刘易斯同年，皆生于1880年。罗奇的父亲曾是美国最有钱的人，也就是西部最大煤矿公司的老板。刘易斯发动的第一场劳工的阵地战就是以她父亲为征讨的对象，那时罗奇小姐还在上大学。之后，她竟跟随父亲的死对头刘易斯从事劳工运动。她不但是个杰出的社会工作人员，也有企业管理方面的才干，她把父亲留给她的煤矿公司治理得有声有色，不过，她还是最忠于刘易斯和他的联合矿工工会，并奉献出自己的一生和庞大财富。罗斯福总统曾任命她做财政部副部长，但刘易斯在1937年和罗斯福决裂时，她也就跟着辞职。罗奇年轻时是个美人，我在刘易斯的办公室见到她时，她的风采依旧。很明显地可以看出，她一直崇拜刘易斯，因此终生未嫁，而刘易斯对她就如坎托面前的李尔王，几乎没有注意到这个忠臣的存在，然而却又认为每次他一传唤，她就得立刻跑到他身旁，陪着他接受访问。

我在1937年初次见到刘易斯时，他才将近60岁，健康状况甚佳，又好端端地活了30年，到了1969年89岁高龄才过世，但是他总幻想自己是个精神崩溃的老人。他的确非常孤独，而且常常抱怨这一点，当然这是他自己的错：他想彻底地掌控工会，若有人对他形成一丁点的威胁，他就把人家逐出去。他责怪自己的孤单，正如他怪罪任何的不幸，如在他的世界里的头号敌人——"外交政策"，说得更精确的话，则是"国际主义"或是"干涉主义"。

刘易斯认为罗斯福之所以能得到提名并在选举中获胜该归功于他，这当然是有点儿夸张，不过他的功劳的确不小。罗斯福早先和工会的关系并不好，工会不相信他，认为他是个骄纵、有钱的"贵族"。刘易斯却背叛工会的老友，也是多年挚友的史密斯（Al Smith），支援罗斯福，才使得罗斯福在1932年大会得到提名。在罗斯福第一任的任期内，刘易斯也获得了报酬，罗斯福政府的确支持工会，特别是大量生产的产业工会，它是刘易斯借着产业联合会建立起来的。就产业联合会而言，刘易斯不但是创始人、主要的财务支援者，也是主席。

但是，在1937年，刘易斯却不听工会运动每一个人的忠告，决定策动"小钢铁"（"Little Steel"）的工人进行罢工。所谓的"小钢铁"其实是四家很大的钢铁公司，不过还是比美国钢铁公司（U.S. Steel）来得小。他想，有罗斯福总统的支持，应该胜券在握。结果罗斯福政府却作壁上观，最后刘易斯只好取消这个钢铁工人和大众都不看好的罢工行动。这当然是罗斯福不愿当冤大头帮刘易斯的原因，但是刘易斯深受挫折，觉得自己被背叛了，并深信罗斯福之所以背叛他是由于放弃"中立"走向"干涉主义"的外交政策。他对我说："一旦美国总统有向外发展的企图，就遗弃工人，投合那些老板的胃口，不再追求社会主义，而拥抱生产和利润。他也就背叛了美国，而成为帝国主义者。"就在那一年中，刘易斯公然和罗斯福划清界限，他孤立主义的立场也就更加坚定。1939年欧战爆发后，我去拜访他，他对我说："我们的参战是必然的。到时候，总统会以爱国心来号召工人齐心为美国努力，但是我可不会乖乖地听他的话。"

刘易斯这番威胁不是危言耸听。1943年，美军在北非和太平洋作战，国内不但无法配合前线，生产出足够的战备物资，还让前线的官兵面临物资短缺的危险。刘易斯非但不接受战时劳工委员会缩减薪资的要求，更变本加厉地策动煤矿工人罢工，使得整个战时生产作业有完全解体之虞。罗斯福总统斥责他把煤矿工人的私利摆在国家的存亡之前。刘易斯公开演说驳斥罗斯福："美国总统负责的是国家的安危，我则必须照顾矿工的利益。"并继续进行罢工，直到赢得他们要求的为止。

同样地，他也指责默里的对外行动，这样做等于是"遗弃"了他。多年来，默里一直是刘易斯在矿工工会最得力的助手，或许是唯一和他亲近的人。虽然默里只小他几岁，刘易斯还是觉得默里像他的儿子，而非同僚。刘易斯一头栽进那次钢铁罢工事件时，他信誓旦旦地说，万一罢工失败，他就辞去产业联合会主席一职。结果，这次的行动失败了。华盛顿每个人都知道，刘易斯胸有成竹地在等着他的辞职书被驳回，结果却照准。于是，刘易斯积极地为默里的竞选造势，使默里成为他的继承人。默里跟了他这么多年，即使不是他的下属，也是他的副手。但默里在短时间内就证明自己不是傀儡，而有自己的做法，在没有大肆宣扬，也没策动罢工的情况下，取得了钢铁工会的认可，这可是刘易斯办不到的。最后，在1938年初，默里公开支持走向国际的外交政策，刘易斯就和他决裂，公然诅咒他走向黑暗，并使煤矿工人脱离产业联合会。

有一回，我问刘易斯："你为什么确信战争是劳工运动的终结呢？我觉得20世纪工会和工会领导人似乎都从战争获得好处，不但巩固了自己的地位，也得到认可。"他回答："并非如此。他们只是变得堕落。劳工领袖在战时受到尊敬，有了地位和名衔，也受人看重，但是他们却以爱国和国家统一之名出卖了自己人。"他有一次说道："美国走向国际的外交政策指的就是从口袋掏出钱来，并使穷人吐出口中的食物来换取生产昂贵的武器和弹药。以往强调的是劳工的权益，现在则是劳工的义务，并转而支持更大的利润、更低的工资和更长的工时。大众也起而拥护老板，并以国家利益之名牢牢地控制劳工。如此一来，我们就等于放弃在美国这块绿意盎然的乐土建立耶路撒冷的梦想，让军事将领和政客集荣誉于一身。"我最后一次见到他是在1941年，希特勒刚入侵俄国，离珍珠港事件只有几个月之遥，他咆哮着说，那些贪婪的政客把我们拖入战场，并预言在罗斯福图谋不轨之下，希特勒会攻击美国（他和其他人一样，一点都没注意到日本）。他还断言整个战争就是银行家、军火贩子、知识分子，还有那些"老板"的阴谋，以永久破坏美国的自由、正义与平等。他说："我们已经取得了法国和荷兰的殖民地。我们也可以捍卫自由之名拿下大英帝国。然后，我们就会把'美国是最后也是最好的希望'这回事忘得一干二净。听到罗斯福宣称，为了拯救全世界，美国必须成为帝国主义的超级强权，大家于是叫好鼓掌。"

　　由于虚荣心的作祟、权力欲太强以及无时不怀疑有人策反，刘易斯的神智显然不是很清楚了。他一方面仍深切地关注美国并执着于美国梦，另一方面病态地仇恨英国，事实上他就是李尔王——一个从不清醒地看清自己愚行的李尔王。

　　就在我和刘易斯最后一次相见的几个月后，在那初冬时分我来到明尼阿波利最大的路德教会做礼拜，并为教友们讲述世界局势。我演讲完后，有位操着瑞典口音的老牧师说道："现在时局的确可怕。但是，我们不要忘了，今天来此聚会的每一位的先祖都是为了逃离永无止境的战争、愚昧的仇恨和欧洲那罪恶的傲慢，才来到美国的。我们缅怀祖先的筚路蓝缕，他们在冬天风雪的荒野上、夏日的狂风飞沙中辛苦地开垦，为的就是成为一个自由人，远离以国家光荣为名的邪恶与愚行，不想再见到伪装成军事胜利的独裁统治。我们不要忘了，我们的先祖之所以到这里来，是为了建立一个法治而非人治的新国家。让我们一起祈祷，希望美国仍是最后也是最好的希望，千万不要成为另一个虚荣的帝国。"

我深受感动。从来就没有人把美国梦解释得这么精辟、清楚而且动人。然而，就在我开车前往机场的路上，我知道这样的祷告也是徒然。光是善良本身是不够的。当时，"干涉主义"和"孤立主义"之间的争斗对美国梦的破坏，比起战争尤甚。事实上，不管是"干涉主义"还是"孤立主义"都是为了拯救美国梦，然而却使得国家为之瘫痪。我想，这终究会危害到美国的生存与团结。

飞机起飞，离开明尼阿波利约半小时左右，机长的声音从扩音器传来，要我们戴上耳机，听收音机广播。日本偷袭珍珠港了！两个小时后，我们在12月的暮色中，降落在芝加哥，机场处处可见荷枪实弹的士兵——纯真的年代就此告终。

几个星期后，美国的确背离了自己的诺言和信念，而选择做另一个"强权"。罗斯福为了安排加州居民，下令拘留所有的日裔美国人。

然而，那种天真无邪还在少数几个角落流连了一会儿。就在珍珠港事件后的六到八星期，我到华盛顿着手第一份有关战事的工作。我们在一栋老式的公寓旅馆小住，这家旅馆已歇业多年，政府接管后即将拆除。我们这些人员都挤在二居或是三居的公寓房里，而"大人物"（我也被列入其中之一）的私人办公室则在原先的浴室，以马桶为座位，加盖板的浴缸做办公桌。我们这些人都很生嫩，没有一个担任过公职或在大机关服务过，都是平凡的小百姓，不知制服上的勋章代表什么意思，也分不清哪个人是下士，哪个人是三颗星的将军。

我们看到第一部车停在外边时，都兴奋莫名。坐在驾驶座旁边的那个人先下了车。他打开同侧后面的车门让另一个看来比他年轻的人下了车。那年轻人又跑到另一侧去打开车门，请一个胖胖的、年纪大一点的人下车。当然三人都是穿着军服。较年长者把一个大包裹交给那个年轻人，年轻人再交给那个先下车的士兵。然后，三人齐步走进公寓。他们进入我们的办公室后，年长者自称上校，说今天来的目的是交给我们一份极机密的文件，由于机密非常，所以只能借给我们几天。他离去后，我们谨慎小心地打开包裹，发现里面有一本书：第一份有关欧洲国家的情报研究资料，开头第一句就是："爱沙尼亚人天生就有一夫一妻的倾向。"读了之后，大家哄堂大笑，笑得最大声的就是我们同事中的爱沙尼亚人。

办公室里有个女孩曾是商业艺术家，她建议我们把这个句子好好地写在一张纸上，掩盖住墙壁发霉、斑驳的部分。然后，我们就回到工作岗位上了，毕竟我们有太多紧急的事要处理，没有时间担心波罗的海国家的性问题。几天后，上校回来拿那份报告。他看到墙上贴的海报笑了出来，问道："这珠玑之语出自哪里啊？"有人答道："这就是您上次交给我们那份报告开宗明义的第一句。"他脸色铁青地说："立刻给我拿下来，撕个粉碎。那可是最高机密！"

沙因谦逊领导力丛书

**清华大学经济管理学院领导力研究中心主任
杨斌 教授 诚意推荐**

合作的**伙伴**、熟络的**客户**、亲密的**伴侣**、饱含爱意的**亲子**
为什么在一次次的互动中,走向抵触、憎恨甚至逃离?

推荐给老师、顾问、教练、领导、父亲、母亲等
想要给予指导,有长远影响力的人

沙因 60 年工作心得——谦逊的魅力

埃德加·沙因(Edgar H. Schein)

世界百位影响力管理大师之一,企业文化与组织心理学领域开创者和奠基人
美国麻省理工斯隆管理学院终身荣誉教授
芝加哥大学教育学学士,斯坦福大学心理学硕士,哈佛大学社会心理学博士

1《恰到好处的帮助》

讲述了提供有效指导所需的条件和心理因素,指导的原则和技巧。老师、顾问、教练、领导、父亲、母亲等想要给予指导,有长远影响力的人,"帮助"之道的必修课。

2《谦逊的问讯》(原书第 2 版)

谦逊不是故作姿态的低调,也不是策略性的示弱,重新审视自己在工作和家庭关系中的日常说话方式,学会以询问开启良好关系。

3《谦逊的咨询》

咨询师必读,沙因从业 50 年的咨询经历,如何从实习生成长为咨询大师,运用谦逊的魅力,帮助管理者和组织获得成长。

4《谦逊领导力》(原书第 2 版)

从人际关系的角度看待领导力,把关系划分为四个层级,你可以诊断自己和对方的关系应该处于哪个层级,并采取合理的沟通策略,在组织中建立共享、开放、信任的关系,有效提高领导力。

欧洲管理经典 全套精装

欧洲最有影响的管理大师
（奥）弗雷德蒙德·马利克 著

超越极限

如何通过正确的管理方式和良好的自我管理超越个人极限，敢于去尝试一些看似不可能完成的事。

转变：应对复杂新世界的思维方式

在这个巨变的时代，不学会转变，错将是你的常态，这个世界将会残酷惩罚不转变的人。

管理成就生活（原书第2版）

写给那些希望做好管理的人、希望过上高品质的生活的人。不管处在什么职位，人人都要讲管理，出效率，过好生活。

管理：技艺之精髓

帮助管理者和普通员工更加专业、更有成效地完成其职业生涯中各种极具挑战性的任务。

战略：应对复杂新世界的导航仪

制定和实施战略的系统工具，有效帮助组织明确发展方向。

公司策略与公司治理：如何进行自我管理

公司治理的工具箱，帮助企业创建自我管理的良好生态系统。

正确的公司治理:发挥公司监事会的效率应对复杂情况

基于30年的实践与研究，指导企业避免短期行为，打造后劲十足的健康企业。

读者交流QQ群：84565875

彼得·德鲁克全集

序号	书名	要点提示
1	工业人的未来 The Future of Industrial Man	工业社会三部曲之一，帮助读者理解工业社会的基本单元——企业及其管理的全貌
2	公司的概念 Concept of the Corporation	工业社会三部曲之一，揭示组织如何运行，它所面临的挑战、问题和遵循的基本原理
3	新社会 The New Society：The Anatomy of Industrial Order	工业社会三部曲之一，堪称一部预言，书中揭示的趋势在短短十几年都变成了现实，体现了德鲁克在管理、社会、政治、历史和心理方面的高度智慧
4	管理的实践 The Practice of Management	德鲁克因为这本书开创了管理"学科"，奠定了现代管理学之父的地位
5	已经发生的未来 Landmarks of Tomorrow：A Report on the New "Post-Modern" World	论述了"后现代"新世界的思想转变，阐述了世界面临的四个现实性挑战，关注人类存在的精神实质
6	为成果而管理 Managing for Results	探讨企业为创造经济绩效和经济成果，必须完成的经济任务
7	卓有成效的管理者 The Effective Executive	彼得·德鲁克最为畅销的一本书，谈个人管理，包含了目标管理与时间管理等决定个人是否能卓有成效的关键问题
8 ☆	不连续的时代 The Age of Discontinuity	应对社会巨变的行动纲领，德鲁克洞察未来的巅峰之作
9 ☆	面向未来的管理者 Preparing Tomorrow's Business Leaders Today	德鲁克编辑的文集，探讨商业系统和商学院五十年的结构变化，以及成为未来的商业领袖需要做哪些准备
10 ☆	技术与管理 Technology，Management and Society	从技术及其历史说起，探讨从事工作之人的问题，旨在启发人们如何努力使自己变得卓有成效
11 ☆	人与商业 Men，Ideas，and Politics	侧重商业与社会，把握根本性的商业变革、思想与行为之间的关系，在结构复杂的组织中发挥领导力
12	管理：使命、责任、实践（实践篇） Management:Tasks,Responsibilities,Practices	
13	管理：使命、责任、实践（使命篇） Management:Tasks,Responsibilities,Practices	为管理者提供一套指引管理者实践的条理化"认知体系"
14	管理：使命、责任、实践（责任篇） Management:Tasks,Responsibilities,Practices	
15	养老金革命 The Pension Fund Revolution	探讨人口老龄化社会下，养老金革命给美国经济带来的影响
16	人与绩效：德鲁克论管理精华 People and Performance: The Best of Peter Drucker on Management	广义文化背景中，管理复杂而又不断变化的维度与任务，提出了诸多开创性意见
17 ☆	认识管理 An Introductory View of Management	德鲁克写给步入管理殿堂者的通识入门书
18	德鲁克经典管理案例解析（纪念版） Management Cases(Revised Edition)	提出管理中10个经典场景，将管理原理应用于实践

彼得·德鲁克全集

序号	书名	要点提示
19	旁观者：管理大师德鲁克回忆录 Adventures of a Bystander	德鲁克回忆录
20	动荡时代的管理 Managing in Turbulent Times	在动荡的商业环境中，高管理层、中级管理层和一线主管应该做什么
21 ☆	迈向经济新纪元 Toward the Next Economics and Other Essays	社会动态变化及其对企业等组织机构的影响
22 ☆	时代变局中的管理者 The Changing World of the Executive	管理者的角色内涵的变化、他们的任务和使命、面临的问题和机遇以及他们的发展趋势
23	最后的完美世界 The Last of All Possible Worlds	德鲁克生平仅著两部小说之一
24	行善的诱惑 The Temptation to Do Good	德鲁克生平仅著两部小说之一
25	创新与企业家精神 Innovation and Entrepreneurship:Practice and Principles	探讨创新的原则，使创新成为提升绩效的利器
26	管理前沿 The Frontiers of Management	德鲁克对未来企业成功经营策略和方法的预测
27	管理新现实 The New Realities	理解世界政治、政府、经济、信息技术和商业的必读之作
28	非营利组织的管理 Managing the Non-Profit Organization	探讨非营利组织如何实现社会价值
29	管理未来 Managing for the Future:The 1990s and Beyond	解决经理人身边的经济、人、管理、组织等企业内外的具体问题
30 ☆	生态愿景 The Ecological Vision	对个人与社会关系的探讨，对经济、技术、艺术的审视等
31 ☆	知识社会 Post-Capitalist Society	探索与分析了我们如何从一个基于资本、土地和劳动力的社会，转向一个以知识作为主要资源、以组织作为核心结构的社会
32	巨变时代的管理 Managing in a Time of Great Change	德鲁克探讨变革时代的管理与管理者、组织面临的变革与挑战、世界区域经济的力量和趋势分析、政府及社会管理的洞见
33	德鲁克看中国与日本：德鲁克对话"日本商业圣手"中内功 Drucker on Asia	明确指出了自由市场和自由企业，中日两国等所面临的挑战，个人、企业的应对方法
34	德鲁克论管理 Peter Drucker on the Profession of Management	德鲁克发表于《哈佛商业评论》的文章精心编纂，聚焦管理问题的"答案之书"
35	21世纪的管理挑战 Management Challenges for the 21st Century	德鲁克从6大方面深刻分析管理者和知识工作者个人正面临的挑战
36	德鲁克管理思想精要 The Essential Drucker	从德鲁克60年管理工作经历和作品中精心挑选、编写而成，德鲁克管理思想的精髓
37	下一个社会的管理 Managing in the Next Society	探讨管理者如何利用这些人口因素与信息革命的巨变，知识工作者的崛起等变化，将之转变成企业的机会
38	功能社会：德鲁克自选集 A Functioning society	汇集了德鲁克在社区、社会和政治结构领域的观点
39 ☆	德鲁克演讲实录 The Drucker Lectures	德鲁克60年经典演讲集锦，感悟大师思想的发展历程
40	管理(原书修订版) Management(Revised Edition)	融入了德鲁克于1974～2005年间有关管理的著述
41	卓有成效管理者的实践（纪念版） The Effective Executive in Action	一本教你做正确的事，继而实现卓有成效的日志笔记本式作品

注：序号有标记的书是新增引进翻译出版的作品